新编

New Science of Social Security

社会保障学

张民省 编著

山西出版传媒集团
山西人民出版社

图书在版编目（CIP）数据

新编社会保障学 / 张民省编著. ——太原 ：山西人民出版社，2015.6

ISBN 978-7-203-09062-5

Ⅰ.①新… Ⅱ.①张… Ⅲ.①社会保障 Ⅳ.① C913.7

中国版本图书馆 CIP 数据核字（2015）第 111292 号

新编社会保障学

编　　著：张民省
责任编辑：冯灵芝
装帧设计：刘灵芝

出 版 者：山西出版传媒集团·山西人民出版社
地　　址：太原市建设南路 21 号
邮　　编：030012
发行营销：0351-4922220　4955996　4956039　4922127（传真）
天猫官网：http://sxrmcbs.tmall.com　电话：0351-4922159
E—mall：sxskcb@163.com　发行部
　　　　　sxskcb@126.com　总编室
网　　址：www.sxskcb.com

经 销 者：山西出版传媒集团·山西人民出版社
承 印 厂：山西大学印刷厂

开　　本：787mm×1092mm　　　1/16
印　　张：21.5
字　　数：500 千字
印　　数：1—1000 册
版　　次：2015 年 6 月　第 1 版
印　　次：2015 年 6 月　第 1 次印刷
书　　号：ISBN 978-7-203-09062-5
定　　价：48.00 元

前　言

　　当今世界，社会保障学是一门关系国计民生问题的重要学科，理论与应用兼备。但是，这门学科在我国诞生的时间较短，属于一门新兴的边缘性综合学科。正因如此，近年来国内虽然不断有诸如社会保障学、社会保障理论、社会保障概论、社会保障体制等教材和著作问世，但整体感觉还是缺乏完整性和系统性，许多著述的内容一直停留在对国家社会保障制度、政策的解释和说明上。而进一步厘清社会保障的范畴、相关概念、基本框架、知识体系，对我们制定适合中国国情的政策、措施，具有重要的现实意义。

　　目前，我国社会保障学科的发展初具规模，但与社会发展要求和自身发展目标相比，还有较大差距。主要表现在，以往我们对社会保障学的知识体系是从狭义上展开，即以社会救助（弱有所助）、社会保险（险有所保）、社会福利（利有所惠）等为研究对象，重点介绍养老保险、医疗保险、失业保险、工伤保险、生育保险、社会优抚等知识体系，着眼点在于解决老有所养、病有所医、失有所补、伤有所赔、育有所休和功有所褒等问题。而笔者以为，社会保障学的知识体系除社会保障制度产生、理论发展及上述内容之外，还应包括社会保障法制、社会保障基金、社会保障水平、住房社会保障、社会互助工作、社会保障制度创新等内容，以解决保有所据、政有所出、生有所托、心有所安、住有所居、弱有所帮、弊有所改等问题。正是基于上述认识，笔者继承了前人对相关问题的研究，以教科书的形式，力图简明、条理地勾画新的社会保障学知识体系，特别是介绍了 20 世纪 70 年代以来世界各国社会保障改革的情况，并通过分析、学习，总结先进发达国家的改革经验和教训，再从我国各项社会保障制度建设的现状出发，总结经验，分析问题，提出对策。

本书的创新之处在于：提出了区别于前人的、较为全面的社会保障学知识体系架构。比如，没有像国内其他学者的多数著述那样对社会保险的五大项目作详细介绍，而留待其他本专业课程作深入介绍。因为在笔者看来，这些内容只是社会保障理论与实践体系中的一个组成部分而已，还有其他与社会保障项目等内容同等重要的法律制度、基金管理、保障模式、保障水平、住房保障、社会互助、制度改革等问题共同构成社会保障学的学科范畴，并且这些问题都需要加以关注和解决。本教材的立足点，就是以概论的形式，较系统地反映社会保障学的整体面貌。

本书之所以称为"新编社会保障学"，是基于 2009 年 4 月笔者曾主编出版的《社会保障学》而言。因前书的编写迄今已经过去了七年时间，加之当初的编写人员业务素质各异，因此文字水平和资料应用多有不成熟和不准确之处。而本版的编写工作全部是笔者在系统学习、研究、总结国内同行的研究之后完成的，全书引用的社会保障法律法规、研究成果的资料都努力查找最新或较新的，旨在使社会保障学的知识体系进一步臻于完善、全面。

希望本书的出版，一方面，有利于推动中国社会保障学科理论与实践体系的完善；另一方面，能为中国特色社会保障制度的建立、发展和完善提供一些参考。

目　录

绪 论

社会保障作为市场经济发展的稳定器，对于促进社会进步、经济发展具有重要作用。而社会保障事业发展的程度如何，从根本上取决于社会保障人才的培养。在我国，随着社会主义现代化和改革开放事业的不断发展，社会保障理论滞后于实践的情况为较严重，因此难以适应经济社会的发展要求和丰富多变的社会实践的需要。因此，建立系统、全面的社会保障学理论体系显得十分紧迫和必要。

第一节　社会保障概述

社会保障学是研究社会保障工作及其发展规律的学科。社会保障学的建立是与社会保障工作的产生、发展密切联系在一起的，并在更高的层次上指导社会保障事业的发展。因此，在确定社会保障学的研究对象和知识体系之前，有必要先厘清社会保障的范畴。

一、社会保障的概念与特征

"社会保障"一词，源于英文 Social Security（本意为"社会安全"），最早见诸 1935 年美国制订的《社会保障法案》。因其概括而又确切地表达了全世界人民深切而广泛的愿望，所以在 1944 年于美国召开的第 26 届国际劳工大会上通过的决议中，正式以"社会保障"代替了"社会安全"、"社会保险"的提法。从此以后，这一概念为越来越多的国家所接受、认同和使用。

（一）社会保障的含义

我国在改革开放之前，很少有人将社会保障作为一个学术理论问题作全面、深入的研究，即便翻译过来的一些国外相关文献，用词也不太严谨，如常将社会保障和社会保险、社会福利混为一谈。改革开放以后，我国学者是从经济体制改革配套措施的角度，开始关注和研究社会保障问题的。

1982 年颁布的《中华人民共和国宪法》第 45 条规定："中华人民共和国公民在年老、疾病或者丧失劳动能力的情况下，有从国家和社会获得物质帮助的权利。国家发展为公民享受这些权利所需要的社会保险、社会救济和医疗卫生事业。"①这是国内较早对现代社会保障相关内容最权威的概括，但只是对社会保障某些方面的认识。1986 年，我国政府在六届人大四次会议通过的第七个五年计划中首次使用了"社会保障"一词，把社会保障作为一个总概念，并在其下列出了社会保险、社会福利、社会救助、医疗卫生事业、优抚安置工作等具体项目。②我国学术界是从 20 世纪 80 年代中期以后才逐渐介入社会保障研究的，目前我国学界对社会保障的定义尚没有最终统一。

关于社会保障的概念，20 世纪 90 年代以前的解释比较笼统。近年来，随着研究的深入，对社会保障的理解也不断深化。如《中国劳动人事百科全书》中认为社会保障是"由一整套完整的保险和福利项目构成的并由中央政府管理的体系"，"旨在向全体公民提供一系列基本生活保障，使其免遭或摆脱人生的一切灾害"。《中国民政词典》对社会保障的定义是："国家和社会依法对社会成员的基本生活给予保障的社会安全制度。"③《社会保障辞典》对社会保障的解释是："国家和社会根据立法，对由于社会和自然等原因造成生活来源中断的社会成员给予一定的物质帮助，从而保证其依法赋予的基本生活权利，维系社会稳定的社会安全制度。"④侯文若主编的《社会保障实务大全》对社会保障的界定是："工业化国家以政府为主体，通过立法程序、动员社会资金，用再分配国民收入的办法，对社会上贫者、弱者实行救助，使他们能够享有最低生活，对工资劳动者暂时或永远失去工资收入后给予一定程度的收入补偿，使他们能够享有基本生活，以及对城乡全体居民举办福利措施，而赖以收到安定社会、促进经济成长和增进人民生活福利成效的一种带有'社会安全网络'性质的社会事业。"⑤

郑功成主编的《社会保障学》的定义比较简洁，即："社会保障是各种具有经济福利性的、社会化的国民生活保障系统的总称。"⑥他指出社会保障有三个必备要素：一是经济福利性，即从直接的经济利益关系来看，受益者的所得一定大于所费；二是属于社会化行为，即由官方机构或社会中间团体来组织实施，而非供给者与受益者的直接对应行为；三是以保障和改善国民生活为目标，包括经济保障与服务保障。董克用、孙光德主编的《社会保障概论》没有直接给社会保障下定义，而是对社会保障制度进行解释，认为社会保障制度"是以国家或政府为主体，依据法律规定，通过国民收入再分配，对公民在暂时或永久失去劳动能力以及由于各种原因生活发生困难时给予物质帮助，保障其基本生活的制度"⑦。史柏年主编的《社会保障概论》的定义是："社会保障，是为保障民生以及促进社会进步，由国家和社会以立法为依据出面举办，由政府机关和社会团体组织实施，对因各种经济和社会

---

① 《中华人民共和国宪法》，中国法制出版社 1999 年版，第 16 页。
② 齐海鹏编著：《社会保障教程》，东北财经大学出版社 2006 年版，第 4 页。
③ 崔乃夫主编：《中国民政词典》，上海辞书出版社 1990 年版，第 105 页。
④ 张海鹰主编：《社会保障辞典》，经济管理出版社 1993 年版，第 200 页。
⑤ 侯文若主编：《社会保障实务大全》，新华出版社 1993 年版，第 1 页。
⑥ 郑功成：《社会保障学——理念、制度、实践与思辨》，商务印书馆 2000 年版，第 11 页。
⑦ 董克用、孙光德主编：《社会保障概论》，中国人民大学出版社 2001 年版，第 4 页。

风险事故而陷入困境的人群以及有精神需求的全体公民提供的福利性的物质援助和专业服务的制度和事业的总称。"①

上述专家或著作对社会保障的定义，都指出了社会保障本质的各个方面。但是，笔者以为，对社会保障概念的科学界定，必须体现它作为概念的确定性、周延性、本质性和抽象性的基本要求。因此，综合上述观点，本书对社会保障的定义是：社会保障是指国家或政府通过立法形式，运用社会化手段，满足一定社会群体的基本生活需要，同时根据经济和社会发展状况增进公共福利和服务，以维护社会和谐发展的一系列有组织的措施、制度和事业的总称。

（二）社会保障的内涵

本书对社会保障的定义包括社会保障的主体、客体、内容、手段和目标等多层含义。

（1）社会保障的主体是国家或政府，具有权威性。由于社会保障制度要通过立法强制实施，因此任何非政府机构都无法担当社会保障的重任，所以政府自然而然地成为社会保障独一无二的责任主体。政府是一个国家社会保障制度的构建者，也是社会公平的实施者。只有国家才能代表大多数公民的利益，协调不同群体、个人间的关系；只有国家才有权力、有能力建立社会保障制度，支撑起关乎亿万社会成员生存的社会保障大厦。

（2）社会保障的对象是全体社会成员，具有普遍性。社会保障通过钱、物援助的方式，为社会成员的基本生活提供安全保障，以确保社会成员不因特殊事件的发生而陷入生存困境。虽然不同社会群体和个人有出身、地位、角色、贡献等方面的差异，但是他们作为人，其尊严、权利、地位是没有差别的；作为分享社会发展成果，获得经济、社会、文化、人身、政治权利保护的主体，是没有差别的。

（3）社会保障的手段是通过立法确保实施，具有强制性。社会保障作为一种由国家或政府实施的社会行为，其效力是靠法律这一强有力的社会控制手段来保证的。我国通过的《中华人民共和国老年人权益保障法》和《中华人民共和国残疾人保障法》等，就是对社会保障以立法为手段的最好佐证。社会保障只有以法律为根据，以强制手段保证执行，才会取得真正成效。

（4）社会保障水平的"度"是人的基本生活需要，具有适度性。提供社会保障的基本目的不仅在于提供基本生活保障，而且在于通过社会保障连接生产与消费，以达到经济和社会的均衡发展。因此，"基本生活需要"有两层意思：一是保证在市场竞争中失败的人不遭到灭顶之灾，使其能够重新回到社会，参与市场竞争；二是通过提供适度的物质帮助，不至于使受助者产生过度依赖的负效应。

（5）社会保障制度是国家的社会经济政策，其实施目的是为了维护社会公平，促进经济发展，具有公平性。社会保障资金来源包括政府的财政拨款，单位和个人的缴费，也有社会的捐献，但以国家财政为后盾，通过国民收入分配与再分配的方式进行，以实现社会

---

① 史柏年主编：《社会保障概论》，高等教育出版社 2004 年版，第 5 页。

公平为目标。

（三）社会保障的基本特征

在不同国家和不同时期，社会保障一词曾有着不尽相同的解释，但今天各国社会保障的基本内容、性质、目的、宗旨却大体相同。这就是现代社会保障的共同特征。

（1）强制性。社会保障的强制性，体现为社会保障是通过国家立法来强制实施的。法律规定了国家、单位和个人的权利与义务。它涉及收入的再分配，如果不通过国家立法，很难强制执行。而不强制执行，就不能保障所有因故不能获得劳动报酬的劳动者的基本生活，就不能实现社会的稳定和经济的发展，就达不到社会保障的目的。

（2）公平性。实现社会公平是社会保障追求的目标。社会保障基金的分配虽然不可能绝对平均，但社会成员享受社会保障的机会均等、利益共享。也就是说，凡是生存发生困难的社会成员，都可以均等地获得享受社会保障的权利和机会，而且每个社会成员从社会保障中获得的帮助是基本均等的。

（3）互济性。社会保障的互济性体现在社会保障的国民收入再分配功能上，尤其在社会救助和社会福利方面表现最为明显。社会救助和社会福利资金均来自于劳动者的社会劳动剩余，体现了劳动者对非劳动者的无偿援助。如在社会保险方面，除了预筹基金的个人账户缺乏再分配功能外，其他几种模式均能体现"取之于己，部分用之于人；部分取之于人，用之于己"的再分配功能。

（4）鼓励性。社会保障制度的实施，在保障社会成员基本生活的同时，又具有鼓励其积极为社会多作贡献的功能。例如，对暂时或永久丧失劳动能力者，其社会保险与他以往的劳动贡献挂起钩来，通过给付标准的差别，鼓励劳动者在就业期间积极劳动。对因自然灾害及其他原因处于危难之中的社会成员，在给予物质保障的同时，鼓励其发展生产，摆脱困境。

（5）适度性。社会保障按照一定时期的生产力水平，对生存发生困难的社会成员给予基本生活帮助。这部分人的基本生活需要如果得不到保证，就会危及他们的生存，影响社会的稳定。当然，社会保障的水平是相对的，因社会生产力发展水平的不同而不同，并随着生产力发展水平的提高而提高。但是，无论在什么情况下，都必须对社会成员的基本生活需要给予物质保证。

二、社会保障的原则、功能与作用

现代市场经济不仅强调竞争原则，而且强调保障机制。社会保障制度不仅承担着"救贫"和"防贫"，保障社会成员基本生活的责任，还为全体社会成员提供与经济发展水平相适应的保障项目和公共服务，从而使人们能够分享经济社会发展的成果。

（一）社会保障的原则

国计与民生紧密相连。而社会保障关乎基本民生改善和社会公平正义，是实现基本公共服务均等化的重要体现，所以在实施过程中必须牢牢把握以下基本原则。

（1）普遍原则。社会保障的普遍原则是由社会保障的本质特征所决定的，它是把社会成员中所有符合法定资格条件的人都纳入社会保障体系，使他们即使遇到各种风险、事故或出现暂时困难，都能得到帮助。这是现代国家和文明社会正在追求和实践的一种理想和目标。在社会化大生产过程中，由于经济风险不断增加，所有社会成员只有联合起来，通过公助、互助和自助的形式，才能加大安全保障和提高生活质量。此外，这一原则还保证了社会保障基金不断增加的需要。由于扩大覆盖范围，使更多人加入到社会保障体系中来，从而大大增强了社会保障基金的实力，这样才能使参保者更有保障，抵御社会风险的能力大大增强。

（2）适度原则。社会保障的适度原则是指一个国家的社会保障项目、标准要与国家、社会及公民个人的财力、物力相适应。换言之，一个国家的社会保障水平应与其社会生产力发展水平相适应。世界各国的实践表明，社会保障水平具有刚性，易升不易降。因此，建立社会保障制度要非常谨慎。因为任何保障和福利开支的削减，都会遭到有关社会集团的反对而难以实施，其结果使国家和社会负担过重，反过来影响经济的发展。

（3）公平优先原则。在社会保障制度中，公平与效率都是社会保障追求的目标，但两者关系并非直接相关，而是间接通过经济发展产生联系。公平以效率为基本前提，如果社会保障制度阻碍了经济发展，尽管是公平的，也是毫无意义的。同时，效率又以公平为保证，若财富分配不公平，经济制度将面临严重的动力问题，效率也就成为空谈。因为市场经济机制本身追求的就是效率，所以需要在效率与公平的天平上，更加重视公平，给予弱势阶层一定的保障。只有突出公平优先，才能弥补市场效率至上所带来的弊端，保证经济效率的可持续性。

（4）权利义务对应原则。社会保障权利与义务是统一的。公民要享受社会保障权利，必须承担一定的义务。理解这一原则，应注意的是：第一，享有社会保障是人人平等的权利。即公民在生活上发生困难、遇到风险时，国家和社会应依法予以经济的保证，而不是施舍。人人平等地享受社会保障权利，意味着反对各种歧视，接受者的人格尊严要得到尊重。第二，权利主体应承担义务。即公民作为社会保障的对象也要履行应尽的义务，才能取得权利主体的资格。第三，坚持权利与义务的对应而不是对等。对等原则是商业保险中一项重要原则，所谓多投多保，少投少保，不投不保。而社会保障虽然强调权利与义务的对应，但并不像商业保险那样完全对等。社会保障之所以遵循对应原则，主要是与社会保障所追求的目标有关。

（二）社会保障的功能

社会保障作为现代社会健康文明发展的极其重要的基本制度安排，是社会公平的维系机制、经济成果的共享机制、政治文明的促进机制和人际关系的润滑机制。社会保障在现代社会经济发展中的功能体现在以下四个方面。

（1）调节投融资功能。社会保障基金直接来自于社会保险费、财政补贴以及资金运营增值收入，具有较高的稳定性，尤其是经过几十年的积累，会形成规模较大的社会保障储备基金。这些基金参与投融资虽然是社会保障基金保值增值的措施，但客观上通过这种活动调节资金的余缺，可以促进国家的经济建设和民众的生活改善。在发达国家，规模庞大的养老基金被用于国家基础产业的调整，成为对国家经济实行计划和合理调控的有效手段。在发展中国家，国家社会保障基金参与调节投融资的功能也很明显。另外，许多发展中国家还利用社会保障基金向成员个人融资，既有效地利用了基金，又解决了成员个人购买住宅等资金不足的困难。总之，调节投融资是社会保障的经济性功能之一。

（2）调节积累与消费功能。社会保障通常还被称为调节经济的蓄水池，具有非常有效的平衡需求的作用。当经济衰退、失业增加时，由于失业给付和社会扶助，抑制了个人收入减少的趋势，给失去职业和生活困难的人们以购买力，从而具有刺激有效需求的作用，一定程度上促进了经济复苏。而当经济增长、失业率下降时，社会保障支出相应缩减，社会保障基金规模因此增大，减少了社会需求的急剧膨胀，最终又促使社会的总需求与总供给达到平衡。可见，社会保障支出自动地随着国民经济运行变化情况反方向变动，这就是社会保障支出的"内在稳定器"的功能，以支出为手段，调节社会总供求关系，自动地平抑经济过热或过冷的现象，维持社会稳定，促进和保持国民经济的良性循环。

（3）国民收入再分配功能。社会保障是对低收入阶层给予生活所需要的给付，或者在年老、失业、伤病、残废等情况发生时予以必要的收入补贴，其结果对市场经济活动所造成的收入分配不公平进行了再分配，可以说这是社会保障的最主要的功能。社会保障对收入再分配有"垂直性再分配"和"水平性再分配"两种方式。前者是从高收入阶层向低收入阶层的收入转移过程，后者是劳动时与非劳动时、健康时与伤残时的所得转移过程。社会保障正是通过上述两种再分配手段来实现对国民收入的再调节，尽量缩小贫富差距，缓和社会矛盾。

（4）保护和配置劳动力的功能。在市场经济条件下，社会保障是保护劳动力再生产和促进劳动力合理流动及有效配置的重要制度之一。一方面，在市场竞争中，受优胜劣汰规律的支配，必然造成部分劳动者退出劳动力市场，这部分劳动者及其家属因为失去收入而陷入生存危机，而社会保障通过提供各种帮助使这部分社会成员维持基本生活需要，从而保护劳动力的生产和再生产。另一方面，通过建立全社会统一的社会保障网络，打破靠血缘维持的家庭保障格局，超越企业保障的局限，劳动者在变换工作和迁徙时无后顾之忧，从而促进了劳动力的合理流动，实现劳动力要素的有效配置。

（三）社会保障的作用

社会保障制度是社会和谐运行的重要内容，是现代社会健康文明发展极为重要的制度安排。"社会保障在实现社会公平和社会和谐中的重大作用是其他制度难以代替的。"①今天，中国构建社会主义和谐社会，绝对离不开社会保障制度的保障与维系作用。

（1）社会保障是促进经济运行的"调节器"。经济的健康发展，需要一个稳定的经济环境，其中特别是社会供求的基本平衡，是人们追求的目标之一。社会保障可以调节社会总需求，平抑经济波动。当经济衰退、失业率上升，失业保险和社会救助有助于提高社会购买力，拉动有效需求，促进经济复苏；当经济发展速度较快和失业率下降时，则通过缩减社会保障支出，如提高社会保障税、降低社会保障待遇水平等，使当时的社会总需求不至于过度膨胀。

（2）社会保障是化解社会不公的"平衡器"。社会保障是实现社会公平的重要手段，能够在一定程度上消除在社会发展过程中因意外灾害、疾病等因素造成的机会不均等，使社会成员在没有后顾之忧的情况下参与市场的公平竞争。此外，社会保障通过全体社会成员之间的风险分担，实现国民收入的再分配，减少社会分配结果的不公平，以增进社会的共同富裕，从而形成稳定的社会结构。

（3）社会保障是维护社会秩序的"稳定器"。今天，现代化的大生产和激烈的市场竞争不仅改变了人们的生活秩序，也给人们带来了风险。而社会保障给那些由于各种原因造成生活困难的劳动者以社会保险，就免除了他们生活的后顾之忧，从而消除社会不稳定因素，保证现代社会能在激烈的市场竞争中正常地、有效率地运转和发展。

（4）社会保障是保证人生需要的"安全网"。社会保障旨在为保证社会成员的基本生活权利而提供救助和补贴，保障人民群众在年老、失业、患病、工伤、生育时的基本收入和基本医疗不受影响，防止社会动荡；使无收入、低收入以及遭受各种意外灾害的人民群众有生活来源，满足他们的基本生存需求。其主要功能是消除市场化过程中产生的社会不稳定因素，建立以社会化为标志的生存安全网。

三、社会保障体系、内容与类型

社会保障制度在自身的发展过程中，相继出现了社会救济、社会保险和社会福利等形式，这几种不同的保障形式构成了社会保障制度的基本内容。它们在保障范围、保障对象、保障水平、资金来源等方面各司其职，共同承担着社会保障的经济和社会功能。

（一）社会保障体系

所谓社会保障体系，指一个国家或地区法定的社会保障所涵盖的全部项目构成的整体。它通过对国民收入的再分配，保障全体公民的基本生存权利，并不断提高人们的福利水平，是社会文明进步的标志，对社会稳定、社会发展有着重要的意义。

从社会保障体系的出现次序来看，大致可以分为三个阶段：首先是以体力劳动者为对

---

①衣同娟：《社会保障是和谐社会的基础工程》，载《大众日报》，2007 年 7 月 19 日。

象的劳动保障；其次是对全体劳动者的劳动保障；再就是把劳动者以外的一般公民，如个体经营者、自由职业者，或以财产收入和养老金、年金收入维持生活的无业者等都划入享受保障范围之内的全体国民保障。

从社会保障包含的项目来看，先是以病残老死及生育为主要内容，后来逐步扩展到对失业后生活的保障、社会性救济和社会福利等方面。无论哪一个工业化国家，基本上都遵循着这样一个发展过程来构建它们的社会保障体系，只是发展不太平衡而已。

国际劳工组织曾从广义上对社会保障体系作过规定，即："构成社会保障的各种要素或组成部分包括社会保险、社会救助、国家财政资助的福利、家庭津贴，以及储蓄性基金，还有雇主规定的种种补充性条款，加上环绕社会保障而开展的种种补充性项目。"[1]

我国学者对社会保障的外延作出划分始于 20 世纪 80 年代中期，国务院在制订"七五"计划时在广泛征求专家、学者意见的基础上，将社会保障的外延确定为社会保险、社会救济、社会福利和优抚保障。1993 年 11 月，中国政府确定"加快建设与经济发展水平相适应的社会保障体系"[2]，其主要内容包括：完善企业职工基本养老保险制度，健全失业保险制度，完善城镇职工基本医疗保险制度，推行职工工伤和生育保险，探索机关和事业单位社会保障制度改革，完善城市居民最低生活保障制度，鼓励有条件的企业建立补充保险，积极发展商业养老、医疗保险，建立以家庭为主，同社区保障、国家救济相结合的农村养老保障，在有条件的地方探索建立农村最低生活保障制度。

由此可以看出，广义的社会保障体系是指现代国家以社会救助、社会保险与社会福利等为主要内容，逐步构建起的保障国民社会安全体系。本书根据世界各国对社会保障的界定及开展的社会保障实践，认为我国的社会保障体系是以社会救助、社会保险、社会福利为基础，以基本养老、基本医疗、最低生活保障制度为重点，且包括优抚安置、住房社会保障在内，以慈善事业、商业保险为补充的多层次保障体系。

（二）社会保障的内容

归纳社会保障的理论与实践，一般认为，社会保障主要包括社会保险、社会救济、社会福利、社会优抚和社会互助等内容。其中，社会保险是社会保障的核心部分。

（1）社会保险，是指国家通过立法建立的一组面对有劳动贡献人群的社会保障制度，目的是使这些劳动者在因年老、失业、患病、工伤、生育而减少或丧失劳动收入时，仍能从社会获得经济补偿和物质帮助，保障基本生活。从社会保险的内容看，它是以经济保障为前提的。一切国家的社会保险制度，不论其是否完善，都具有强制性、社会性和福利性这三个特点。按照我国劳动法的规定，社会保险项目分为养老保险、失业保险、医疗保险、工伤保险和生育保险。社会保险的保障对象是全体劳动者，资金主要来源是用人单位和劳动者个人的缴费及政府的资助。依法享受社会保险是劳动者的基本权利。

---

① 王刚义、魏新武：《社会保障基础》，吉林大学出版社 1989 年版，第 21 页。
② 《中共中央关于建立社会主义市场经济体制若干问题的决定》，载《人民日报》，2003 年 10 月 22 日。

（2）社会救助，是指国家和其他社会主体对遭受自然灾害、失去劳动能力或其他低收入公民给予物质帮助或精神救助，以维持其基本生活，保障其最低生活水平的各种措施。社会救助的前身是社会救济。通常来说，救济是一种消极的救贫济穷措施，基于一种同情和慈善的心理，对贫困者行善施舍，多表现为暂时性的救济措施；而救助则更多反映了一种积极的救困助贫措施，它是由政府承担责任的长期性救助，是国家对于遭受灾害、失去劳动能力及低收入的公民给予物质救助，以维持其最低生活水平的一项社会保障制度。社会救助主要是对社会成员提供最低生活保障，其目标是扶危济贫，救助社会脆弱群体，对象是社会的低收入人群和困难人群。社会救助经费的主要来源是政府拨款和社会捐赠。

（3）社会福利。社会福利是现代社会广泛使用的一个概念，是国家旨在保证人们一定生活水平并尽可能提高人民生活质量，依法为所有社会成员普遍提供的资金和服务的社会保障制度。广义的社会福利，指为提高广大社会成员生活水平而提供的各种政策和社会服务，旨在解决广大社会成员在各个方面的福利待遇问题；狭义的社会福利，指对生活能力较弱的儿童、老人、妇女、残疾人、慢性精神病人等提供的社会照顾和服务。社会福利是一种服务政策和服务措施，其目的在于提高广大社会成员的物质和精神生活水平，使之得到更多的享受。同时，社会福利也是一种职责，是在社会保障的基础上保护和延续有机体生命力的一种社会功能。

（4）社会优抚，是对军人等对社会有特殊贡献的群体及家属提供各种优待、抚恤、养老、就业安置等待遇和服务的保障制度。社会优抚是优待和抚恤的统称，涉及社会保障的各个方面，内容比较广泛。优抚工作的目标是使优抚对象达到社会平均生活水准，国家对可能影响优抚对象的死亡、伤残、退役等因素，通过优抚保障设立了死亡抚恤、伤残抚恤、社会优待和退役安置及社会褒扬等方面的内容。社会优抚经费主要来源于中央财政拨款。

（5）社会互助，是指在政府鼓励和支持下，社会团体和社会成员自愿组织和参与的扶弱济困活动。社会互助包括提供资金的互助（如国内捐赠、海外捐赠、互助基金和义演、义赛、义卖等）和提供服务的互助（如邻里互助、团体互助和慈善事业等）。社会互助具有自愿和非营利的特征，其资金主要来源于社会捐赠和成员自愿交费，政府往往从税收等方面给予支持。其主要形式包括：工会、妇联等群众团体组织的群众性互助互济；民间公益事业团体组织的慈善救助；城乡居民自发组成的各种形式的互助等。

（三）社会保障的类型

由于不同国家政治、经济和社会背景各异，对社会保障的认识不一，不同国家的社会保障具有不同的制度特色。本书依据社会成员接受保障方式的差异，对社会保障的类型作如下划分：

（1）就业相关型保障。这种保障类型是一种保障对象享受社会保障的资格和待遇直接或间接与就业相关的社会保障制度。通常要考虑的制约条件是：是否存在雇佣关系、工龄的长短、工资水平等。一般认为，它包括社会保险、雇主责任制和储蓄基金制以及职工职业福利。

（2）收入调查型保障。这种保障类型是一种保障对象只限于贫困者和低收入者的社会保障制度，通常的做法是根据最低收入情况制定一条贫困线，对申请人的家庭收入、经济来源和贫困程度等进行调查，以确定其是否符合享受这类制度的条件。实际上它就是社会救助制度。

（3）普遍享有型保障。这种保障类型是一种保障对象不受收入、财产和就业的限制而面向全体公民或居民的社会保障制度。唯一的限制条件是在实行这种制度的国家或地区居住的年限。一般认为它是社会福利制度中除职工福利等有特别规定的制度之外的面向全民的其他福利津贴和服务。

（4）储蓄基金型保障。这种保障类型也称"公积金制"，是某些发展中国家采用的强制性储蓄制度，即通过立法，要求雇主和雇员都缴纳一定金额的保险费，分别记入每个雇员名下的账户，当雇员遭遇规定的风险时，便将其名下的储蓄保险金连同利息，一次性或以年金形式返还给本人。

（5）雇主责任型保障。这种保障类型是国家通过立法（一般被称为"劳工法典"或者"劳动法"），要求立法范围内的所有雇主都担负起保险责任，在其雇员遇到立法规定的风险时，直接向他们提供现金或服务保障。

第二节　社会保障学概述

在我国，社会保障学是一门新兴学科。改革开放以来，伴随着我国从计划经济体制向市场经济体制转变，社会保障制度建设也经历了由计划经济时代的单位福利制向今天的社会化保障方向的转变。20 世纪 90 年代中期，随着我国社会保障制度的改革与发展，中国的社会保障学作为一门独立的学科应运而生。

一、社会保障学的学科属性

社会保障学是一门以社会保障的基本内容（社会救济、社会保险和社会福利）及与之相关的法律法规等作为研究对象的综合性学科，主要研究社会保障制度及其运行规律。目前，我国对社会保障理论问题的研究尚处于起步阶段，学科体系尚不太成熟。

（一）社会保障学是一门新兴的边缘学科

社会保障学的本质在于揭示社会保障与经济发展之间的关系，揭示国家、企业和个人之间在社会保障过程中所发生的分配关系的本质，揭示社会保障基金扣除缴费、筹集储存、分配使用之间的内在联系及关系的本质，发现社会保障分配关系的运动规律。

由于社会保障学是以社会保障过程中的特殊分配关系及规律为研究对象，而分配关系属于经济关系的范畴,因而大多数学者认为社会保障学的学科属性应属于经济学。但是,社会保障学不能只从经济学的角度研究社会保障问题,因为社会保障是一项复杂的、涉及面广的社会事业,它不仅涉及经济问题,而且涉及法律问题、政治问题、伦理和社会问题,分配问题只是其中的核心问题,而不是全部内容。分配关系只是社会保障学研究的主体,它不能涵盖本学科的全部。目前,不仅经济学、社会学,还有法学、政治学、伦理学等学科,都从各自的角度对社会保障问题进行研究。社会保障学在以分配关系为主体研究社会问题时,不能不注意这些学科提出的新课题,并不断吸收它们的研究成果。因此,社会保障学在今天已经呈现出多学科交叉的特点,成为一门综合性的边缘学科。

正是因为社会保障学具有综合性,使得现实中许多研究者难以把握它的研究对象,经常以研究范围代替研究对象。这是因为,我国社会保障研究存在诸多缺陷,如在学科分类上,社会保障属于公共管理,但在实际研究中,公共管理能为之提供的概念工具和理论支撑却很少。作为社会保障思想渊源的保障哲学或福利哲学是福利文化的核心,在中国却研究甚少,而与社会保障学关系最近的社会政策学在中国起步又很晚,使得社会保障学的研究不得不依托于其他众多相关学科的支持。同时,还应注意,虽然社会保障学的研究范围有从经济学扩大到社会关系、法律关系、政治关系、伦理关系的趋势,但是其研究的核心问题仍然是分配问题。它通过研究特殊渠道的国民收入的分配与再分配,以改进分配关系为重心,来协调其他各种社会关系。

(二)社会保障学的研究对象

任何学科都有自己的研究对象,研究对象的不同是学科之间相互区别的主要标志,也是建立学科体系的基础。

社会保障学的研究对象是什么?有人认为,是社会保障过程中形成的各种社会关系和经济关系以及制约这些关系形成和发展的各种社会经济规律,主要研究社会保障政策、社会保障制度、社会保障管理等问题,核心是协调各种社会关系。而各种社会关系的协调又是通过各种经济关系即物质利益关系的调整来实现的,社会保障实施过程的实质是收入再分配过程。

也有学者不以为然,认为该观点有两个问题:一是社会关系和经济关系两个范畴的内容较广,社会关系包括生产关系、经济关系、政治关系、法律关系、宗教关系等,经济关系包括生产关系、分配关系、交换关系和消费关系,社会保障学究竟研究什么关系?二是如果把社会关系和经济关系都作为研究对象,其研究对象就具有双重属性,那么社会保障学的学科属性如何确定?因此提出,社会保障学的研究对象是国家实施社会保障过程中的分配关系及其规律。[①]原因是虽然社会保障的最终目标是促进社会稳定与和谐,但是达到这一目标的最终手段是通过收入再分配来协调各方面的利益关系,因而社会保障学应在社会稳定与和谐这一既定的目标下,研究如何分配的问题。

①曹信邦:《社会保障学科建设势在必行》,载《经济师》,1998年第11期。

本书采用后一种观点，认为"社会保障学的研究对象是国家实施社会保障过程中的分配关系及其规律"的表述，抓住了社会保障的本质。众所周知，社会保障的实质是以国家为主体对个人所需物品的一种特殊分配形式，是分配领域中一个特殊的渠道，是现代社会生存发生困难的社会成员获取消费资料和生活资料的基本途径。

（三）社会保障学的学科性质

社会保障属于什么学科？由于研究者的专业背景不同，往往会对社会保障学的学科性质形成不同看法。目前对社会保障学学科性质的争论主要集中于经济学、社会学和政治学三个方面。

经济学界一般将社会保障学归入经济学科，将庇古、凯恩斯等这样一些声名显赫的经济学家对社会保障的理论贡献作为社会保障学的理论基础和源泉进行研究，将社会保障视为一种对经济生活起调节作用的利益分配手段；社会学界则从社会公平原则出发，将柏拉图的《理想国》、莫尔的《乌托邦》等经典社会学名著视为社会保障学的理论源泉，认为社会保障的存在目的在于解决各种社会问题，推动社会全面进步；政治学界认为，社会保障事业事关国家的政治稳定，因而将其归入政治学范畴。而在我国，将社会保障归入管理学科的公共管理类。

社会保障的学科性质，之所以出现这些不同的观点和争论，是由社会保障的学科特点决定的。因为社会保障学是在经济学、社会学、政治学等多学科的基础上发展起来的交叉学科，从社会保障的基本范畴分析，社会保障学涉及国家宏观经济运行效率及政府宏观经济调控政策选择，因而必然具有经济学的意义；但同时，社会保障也是管理学、社会学、政治学研究的重要领域，在实践层面上又涉及相当多的法律问题。因此，有学者认为："社会保障学应该在高校经济类、管理类、社会学、法学类专业普遍开设，结合各类专业的特定要求，对课程进行具体设置及安排，在以上适用专业中合理定位社会保障学科功能"[1]。

而社会保障学要成为一门独立的学科，必须要有自身严密的体系结构和特有的运行规律，这涉及社会保障学的研究范式。"范式"一词，美国科学哲学家库恩在1968年出版的《科学革命的结构》一书中首次提到。在库恩看来，研究范式就是指从事某一科学的研究者群体所共同遵从的世界观和行为方式，它包括三个方面的内容：共同的基本理论、观念和方法，共同的信念，某种自然观。从研究范式的概念层面来讲，由于社会保障目前还不具备作为一门独立学科的能力，对它的学科定位问题还没有一个共同的结论，因此我们认为，社会保障的研究范式处于正在形成的过程中。

二、社会保障学的知识体系

社会保障学的知识体系比较复杂，它涉及与人的生活和发展相关的许多方面。"鉴于社

---

[1]李捷枚：《社会保障学科定位及教学中的民生时代特征》，载《时代教育》，2011年第4期。

会保障独特的性质及其在人类社会发展进程中所占有的越来越重要的地位，将其作为任何一个学科的分支均非合适。而作为一个相对独立的学科来发展或许更有利于社会保障理论的健康发展。"[1]我们将从以下几个方面建构中国特色的社会保障学体系。

（一）社会保障的基本知识

任何社会制度都具有其建立和发展的思想理论基础，社会保障制度的建立和发展同样具有自身的理论基础，而且其理论具有更加复杂和丰富的特色，特定的社会现实往往促生特定的社会保障思想理论，进而影响社会保障政策选择，并决定社会保障制度模式。本书第一章主要介绍社会保障的含义与特点、体系与功能、原则与类别，阐明研究对象、研究方法及与相关学科的关系等内容；社会保障基础理论部分，主要考察社会保障产生的一般原因和条件，回顾资本主义前的保障形式和社会保障在资本主义社会的产生与发展，剖析当今世界社会保障的改革和发展趋势，概述我国社会保障制度的建立、改革和发展的情况；分析社会保障的思想与理论的形成和发展，介绍影响西方国家社会保障制度改革和发展的重要理论和思想，以及中国学者在构建社会主义和谐社会过程中对社会保障理论的研究和思考。这些内容是社会保障学的理论基石。

（二）社会保障的运行机制

社会保障制度的运行涉及对社会保障提供者与接受者（即国家、企业和个人之间）的责任与权利，社会保障主要内容构成之间，社会保障制度与经济、政治、社会与历史文化发展之间等各方面关系的调整。基于社会保障模式的选择、社会保障水平的确定、社会保障基金的使用具有调节和维护社会关系的作用，本书把社会保障法制、社会保障模式、社会保障水平、社会保障基金称为社会保障运行机制。社会保障法制介绍按照社会保障项目设置需要而制定的法律、法规体系的内涵、特点和意义，指出现代国家均应通过制定社会保障法律规范来保证社会保障制度真正得到贯彻实施；社会保障模式是对不同社会保障的内在基本规定性及主要运行原则的理论概括，由此可以了解社会保障模式的类型、优缺点，借鉴国外社会保障模式改革的经验，明确中国社会保障制度改革的目标；社会保障水平是社会成员享受社会保障待遇的适度指标，是社会保障体系运行状况的显示器，只有把握好社会保障的适度水平，才能在不伤害效率的前提下实现社会公平；社会保障基金是实现社会保障各项政策目标的重要保证，必须了解这笔基金的来源与构成，特别是要认识社会保险基金的特点与作用，理解被视为老百姓"养命钱"的社会保障资金从筹集、储存到增值和给付，都必须有严格的管理程序。

（三）社会保障制度的构成

社会保障体系的内容研究构成了社会保障研究的核心，是影响社会保障制度实际效果

---

①郑功成：《社会保障学——理念、制度、实践与思辨》，商务印书馆 2000 年版，第 36～37 页。

的重要方面。其中，社会救助制度介绍了社会救助的含义与特征、对象与功能、体系与标准、管理与运行等内容，在现代社会保障体系中是最低层次的保障；社会保险制度介绍工薪劳动者在年老、疾病、生育、失业以及遭受职业伤害的情况下，国家对他们建立物质帮助的制度内容，这是社会保障制度的核心内容；社会福利制度阐述了社会福利的含义和特征，介绍了西方国家社会福利的性质和内容，描述了我国社会福利制度的现状和发展前景；社会优抚制度介绍了世界各国对军人及其家属这一特殊群体的优待、抚恤和安置保障；住房社会保障阐述了一个国家的住房制度对于国民经济持续健康发展的重要意义，介绍了住房社会保障的形成和发展、形式与内容，提出了中国住房社会保障制度的改革与发展的目标和措施；社会互助工作把社区服务与慈善事业纳入社会保障范畴，成为社会保障制度的主要补充和实现形式，此二者都是在政府的鼓励和支持下，由社会团体和社会成员自愿组织和参与的扶弱济困活动，具有非营利的特征。上述章节中，本书以一定篇幅介绍了中国相关制度的建设状况，分析了存在问题及其原因，并有针对性地提出了完善相应制度的若干建议。

建设完善的、具有中国特色的社会保障制度，是社会主义市场经济体制的基本内容和重要支柱，直接关系到我国能否建立社会主义市场经济体制的大局，因此本书最后一章总结了我国改革开放以来社会保障制度建设取得的主要成就，展望了未来一个时期我国社会保障制度建设的目标和任务等。

三、社会保障学与其他相关学科的关系

社会保障学是一门涉及面广、建立在多学科交叉渗透基础上的综合性学科，与经济学、社会学、政治学等学科关系密切，同时又有明显区别。

（一）社会保障学与经济学的关系

当代社会经济体制与社会保障的关系基本上是市场经济与社会保障的关系，因此我们首先要关注社会保障与经济学之间的关系。

（1）社会保障学与经济学的联系在于经济学为社会保障学提供了理论基础。首先，社会保障制度的建立和发展，都是以相应的西方经济理论为基础和指导的；其次，马克思政治经济学的社会再生产的基本原理和社会产品分配的原理，是社会主义社会保障学的理论基础；再次，马克思关于社会产品再分配的理论，明确了社会保障基金要通过国民收入的分配和再分配来建立。经济学中的概念和工具是分析社会保障政策的基础。西方经济学中的收入分配理论、就业理论、贫困理论、制度学说与私有化理论等，都有助于分析和解决现代社会保障制度中的某些政策与技术选择难题。社会保障制度是对贫困人群采取的援助措施，因此需要对贫困情况进行客观评估，而评估时要运用经济学的一些指标，如度量收入分配差别的罗伦茨曲线和基尼系数、衡量贫困指标的恩格尔系数等。经济学是现代社会保障理论及政策实践的重要基础，它所揭示的普遍原理与方法，对社会保障制度实践有着

特别重要的指导意义。

（2）社会保障学与经济学又有明显的区别。主要表现在：首先，研究对象不同。经济学以整个国民经济活动为研究对象，即以国内生产总值、国内生产净值和国民收入的变动及就业、经济周期波动、通货膨胀、财政与金融、经济增长等之间的关系作为研究对象；社会保障学则以社会保险、社会救助、社会福利作为主要的研究内容，探究各个具体保障项目的产生及其运行规律等。其次，研究目的不同。研究社会保障的目的是稳定社会，促进整个社会经济的协调稳定发展，为社会成员的基本生活提供安全保障，确保其不因特定事件的发生而陷入生存困境。而研究经济学的目的是解决国内或国外重要经济问题，总结市场经济运行的经验，以便改善其运行，并在必要的时候提供政策建议。再次，研究方法不同。经济学主要以实证经济学的研究方法，力图使经济学成为一门公正客观、精确解释经济现象并作出预测的科学。而社会保障学虽然从理论上适用经济学的研究方法，但在实践中由于涉及面广，实际运用了经济学、政治学、社会学中的许多研究方法。

（二）社会保障学与社会学的关系

社会保障学始于各种社会问题，止于解决各种社会问题。如果从社会保障的出发点与追求目的来考虑，社会学无疑是社会保障最重要的基础理论之一。

（1）社会学为社会保障学奠定了必要而坚实的理论基础。社会学研究的所有问题不仅为社会保障研究奠定了必要而坚实的理论基础，而且直接指导着社会保障理论制度实践。例如，社会保障制度的确立是由于特定的社会问题的客观存在，但是什么问题是社会问题、这种社会问题达到何种程度时会对整个社会正常运行构成威胁、需要采取何种措施才能缓和或化解、社会是否公平、社会进步的标准是什么等，所有这些均需要社会学来回答。首先，社会保障的出发点是诸如养老、医疗、贫困、灾害等客观社会问题，需要通过社会保障机制才能解决；其次，社会保障制度的确立和发展，通常被视为社会发展的重要方面和重要标志；再次，社会学还构成了社会保障理论发展进程中最早和最直接的源头，如人道主义、伦理道德、历史传统文化等就是社会保障的道德基础和最初的理论渊源。因此，尽管经济学在当代社会保障理论和制度实践中占有重要的地位，但是不能否认，社会学的影响其实早已渗透在社会保障学者的血液之中。

（2）社会学把社会作为一个整体观察的视角适用于社会保障学。在社会发展的进程中，经济、政治、法律、文化、道德、思想、意识乃至存在的各种社会问题等，都是密切联系的。而社会学的优势正在于将社会看成一个整体的，而这种整体观对于社会保障问题解决有着非常直接的启示。社会保障学就是从社会总体出发，以人为中心，为解决有关社会问题而采取的社会政策的预防性措施。这就要求社会保障学要以社会学观察、研究社会问题的观点、方法来研究社会保障的诸多问题。社会是一个复杂的整体，包括物质的、精神的、经济基础的、上层建筑的各个方面，且又都是相互关联、相互影响、相互制约的，社会整体中的各个方面处于不间断的矛盾和冲突中，从而产生了一系列的社会问题，而社会保障正是化解这些社会矛盾的重要手段之一。

（三）社会保障学与政治学的关系

政治学是研究社会政治现象及其发展规律的学科，是研究统治集团与被统治集团之间关系的学说。"按照马克思主义对政治含义的理解，政治是人们在特定的经济基础上，通过夺取或者运用公共权力，实现和维护特定阶级和社会利益要求，处理和协调各种社会利益的社会关系。"[①]

（1）政治学与社会保障学均重视人与社会的关系。政治学揭示人与社会的关系，以及对人的发展与社会进步的追求，对社会保障理论研究与政策选择无疑具有重要的影响。而做好政治学领域的核心工作，几乎均与社会保障有着密切的联系。例如，现代社会保障制度就是以国家与社会承担责任的面孔出现的，而民主不仅帮助许多国家选择了自己的社会保障制度，而且也使这一制度更加符合人民的意愿；在世界各国，现代社会保障制度安排不仅属于法制建设的内容，而且是被法制化了的事业；社会保障的最主要的功能在于保障人的生存权和发展权，而社会保障制度在世界各国的多样化发展又与主权及所涉及的人权联系在一起；不同的政党与政权对社会保障的不同主张，表明推进或改良社会保障制度是政党与政权的重要使命，而包括中国在内的许多国家改革社会保障制度的核心问题，则是重新处理政府与市场、中央与地方、发展与稳定等的关系。

（2）社会保障制度总是与政治制度紧密相关，它绝不是超阶级意识的人道主义，而总是为一定的政治目的服务的。因此，研究社会保障学不能不研究政治学。从政治学的定义中我们就可以看出，政治强调的是一种社会关系，并且指明了这种社会关系在本质上是在一定经济基础上形成的利益关系。它强调只有借助于社会公共权力来维护、实现和协调的社会利益要求和社会关系才具有政治性，它是从经济关系基础上形成的利益关系这一社会关系的本质出发，揭示了政治的含义。由此可见，政治学研究的核心领域，几乎均是与社会保障有关的基础性理论问题，这些问题的研究结果毫无疑问可作为研究与解决现实社会保障问题的理论基石。

除此之外，社会保障学还与人口学、医学、行政管理学等学科有一定关系，只有对社会保障学所涉及的各个学科的理论和知识进行综合性研究，才能使这门学科不断完善，最终形成较为完整的理论体系。

第三节　研究社会保障学的意义与学习方法

建立和完善社会保障制度，是目前我国社会建设的重要任务之一。而随着经济体制改革的不断深化，社会保障作为一种弥补市场缺陷的政府行为，正日益显示出其重要意义。

---

①王浦劬主编：《政治学》，中国人民大学出版社 2002 年版，第 4 页。

随着经济的发展和化解社会问题的需要，学有所长的社会保障专业人才必将受到各类用人单位的欢迎。

一、研究社会保障学的重要意义

经济基础决定上层建筑。今天，随着经济体制改革的不断深化，政治、经济和社会理论界也日益重视起对社会保障理论的研究，希望并使之逐步走向科学化与现代化，从而对我国建立和完善社会保障事业提供理论支持。

（一）有助于我国经济社会的协调发展

社会要发展，变革就不可避免。随着我国改革开放的不断深入、社会主义市场经济体制的不断完善，优胜劣汰的市场竞争机制使少数人的基本生活受到影响，必然冲击社会环境的稳定，阻碍社会经济的发展。因此，作为矫正和弥补市场分配内在缺陷主要工具的社会保障越来越重要。然而，国家如何通过法律、法规对国民收入进行分配和再分配来保障社会成员的基本生活，基本的规律是什么……都需要从理论上对社会保障进行指导以推动社会保障学科的建设。但是，在我国，随着市场经济的不断发展，社会保障理论尚难以完全适应社会并指导实际工作。因此，迫切需要建立科学、完善的社会保障理论。

（二）有助于建立健全中国特色的社会保障体系

独立于企业、事业单位之外，统一、规范、完善的社会保障制度，是一个国家社会保障体系成熟的标志。我国社会主义市场经济体制的建立和发展，呼唤完善的社会保障体系的诞生，同时，也为完整社会保障体系的建立创造了有利条件。在这种历史背景下，研究社会保障学尤其具有重要意义。完善社会保障体系是建设中国特色社会主义、加快社会主义现代化建设的重要任务，是关系我国改革、发展、稳定和长治久安的大事。做好这项工作，必须以毛泽东思想、邓小平理论、"三个代表"重要思想为指针，以科学发展观统揽全局，切实从满足和实现最广大人民群众根本利益的高度出发，认识建立健全社会保障体系的重要性和紧迫性，认识研究社会保障学的重要意义。

（三）有助于政府更好地发挥社会保障功能

现代意义上的社会保障，从它诞生之日起就是政府行为。德国开始建立社会保障时，依据的基本理论是政府不仅要对社会秩序和国家安全负责，而且也要对文化和社会福利负责。我国作为社会主义国家，从为全体人民谋福利出发，必须更加重视社会保障制度建设。因为随着社会的发展，人们越来越多地要求社会经济发展的巨大成果要惠及每个社会成员，尤其是对平等的追求，更加深了这种愿望。在这种情况下，政府应积极创造条件，保证每一名社会成员的基本生活需求甚至更高的精神需求都能得到实现。同时，市场经济的激烈竞争势必导致一些市场主体在竞争中失败，从而使其在社会中处于不利地位，而政府存在的一个重要职责就是保障他们享有最基本的权利。

（四）有助于培养社会保障事业需要的人才

在计划经济体制下，我国的社会保障事业主要是以低工资、高就业的形式，通过企业来实施对社会成员的保障，所以不可能产生社会保障学和对社会保障学的研究。20 世纪 90 年代以来，随着市场经济的发展，经济活动市场化，企业不再代替国家行使保障职能，使国家建立和实施社会保障制度提到了重要的议事日程。而目前，我国从事劳动保障工作的人员大部分是以前从事劳资、人事等方面工作的人员转行而来，专业化社会保障管理人才缺口很大。虽然一些在岗人员也经过培训，但是专业化的素质仍然较低。所以，在高校开设社会保障专业课的意义，就是为促进我国劳动力市场的发育、企业内部人力资源管理体系的完善及社会保障制度建设，培养具备比较扎实的经济学、管理学、社会学和社会保障学专业知识，能在政府部门、政策研究部门、大中型企事业单位从事劳动与社会保障工作，并具有一定理论研究能力的高级复合型人才。

二、社会保障专业的培养目标

社会保障学是一门综合运用经济学、社会学、政治学等学科理论与方法，研究劳动就业和社会保障规律的学问，主要培养了解和掌握中外劳动及社会保障理论与政策法规，专业基础知识扎实，业务知识面宽，掌握各项社会保障事务管理技术与方法的专门人才。

（一）培养学生参与社会保障管理的专门知识

社会保障学科是培养社会保障及相关领域高级专业人才的新兴学科，也是日益重要的新兴学术领域。基于社会需求、专业属性及培养目标的要求，从强化学生人文素质与科学素质，培养其创新精神与实践能力，使其德、智、体、美全面发展的需要出发，社会保障专业在课程设置上组织了管理学、经济学、社会学、基本技能等知识模块，开设了管理学、公共管理学、人力资源管理学、公共政策学、统计学、社会保障概论、社会保险学、社会保障基金管理、社会保障国际比较、劳动就业学、劳动关系管理、职业指导等等专业核心课程。这些知识模块的选择和组合，基本上满足了劳动和社会保障专业对知识结构和技能的要求，具有较强的科学性、实用性和社会适应性。通过学习本专业的基本理论和知识，可以掌握以市场为基础配置劳动力资源及对社会就业进行管理、调控的理论和方法，能够开展就业供求研究及职业中介、职业培训、职业准入、职业指导等工作；学习、研究社会保障理论及运作模式，能够依据法律法规对养老、失业、医疗、工伤、生育等保险体系进行管理；学习、研究社会主义市场经济条件下的劳动关系，能够运用法律武器对劳动争议进行有效的调节、仲裁并参与劳动关系监察等工作。

（二）提高学生解决社会保障问题的理论水平

社会保障是民生之安，关系着每个人、每个家庭的福祉。就社会保障而言，中国需要执行的是一个从规模上来说史无前例的任务：编织一张覆盖全国城乡人口，纵贯养老、医疗、就业、社会救助和福利的安全网，将这个高速发展的国家包在里面，缓冲各种失速与不平衡带来的风险。而在此方面，目前还存在不少问题：一是社会保障覆盖面小、实施范围窄的问题。比如在实施城市居民最低生活保障制度的过程中，一些没有进入再就业服务中心及没有参加社会保险的各类企业下岗职工或失业人员，他们中的一部分家庭人均收入低于当地城市居民最低生活保障标准，却还没有进入这条"最低保障线"。二是社会保障制度正常运行所需的资金缺口还比较大。近几年来，参加社会统筹的企业离退休人员每年新增 200 多万人，养老金支出数额越来越大。尽管中央政府下了很大决心确保企业离退休人员养老金的发放，帮助地方解决拖欠养老金的问题，但一些地方旧的拖欠未了，新的拖欠又来，极大地影响了社会保障制度的正常运行。三是社会保障制度的管理不够规范，尤其是社会保障基金的管理不够规范。一方面，我国现行的社会保障管理体系极其分散，职能相互交叉，这样容易发生筹资过程中的矛盾和造成各部门之间对权力的相互攀比、责任的相互推诿。另一方面，从总体来看，我国的社会保障体制规范性不强，资金管理分散，缺乏有效的监督制约机制，挤占、挪用甚至挥霍浪费的现象时有发生。四是社会保障执行成本高，征缴手段滞后，拖欠偷逃现象严重。从整体上看，我国现行社会保障的法律、法规不健全，社保工作在许多方面只能靠行政手段予以推行，国家的立法滞后，地方立法分散，还没有建立起一套统一严格、适用范围广的社会保障法律制度，致使社会保障资金筹措和管理很不规范，执法的刚性不强，强制性较差，缴费人逃避缴费时有发生。这些问题都呼唤理论研究和管理实践的工作者去思考和解决。

（三）增强学生处理社会保障实务的工作能力

社会保障实务，是指具体承担的社会保障事务。如宣传贯彻国家、省、市有关劳动保障工作的方针、政策和法规，承担辖区内人力资源社会保障服务工作的组织实施；根据国家政策、法规，搞好城乡统筹就业，发展劳务经济，做好农村富余劳动力转移就业、农村劳动力职业技能培训和新型农村社会养老保险试点工作；为城乡求职人员提供"一站式"服务。免费开展失业登记、求职登记、职业指导、职业介绍、培训申请、鉴定申请、人力资源社会保障事务代理等服务；配合有关部门落实就业再就业政策，积极开发乡镇、街道、社区就业岗位，拓宽就业渠道；开展城乡就业培训，做好《就业失业登记证》核发管理工作，为自谋职业、自主创业的下岗失业人员、大中专毕业生、农民工等申请小额担保贷款办理有关手续；及时接收、管理社区退休人员，提供社会保险查询服务，开展领取养老金资格认证工作；配合劳动保障监察部门监督检查劳动保障法律、法规的落实情况；督促本辖区用人单位参加各种社会保险并按时缴纳社会保险费；做好基础管理工作，搞好劳动保障各项统计工作等。本专业的毕业生适合到各级人力与社会保障部门、民政部门、卫生部门等从事社会政策的制定与组织管理工作，也可以进入相关科研机构、政策研究部门、高等院校从事研究和教学工作，或进入企事业单位、保险公司、街道社区等从事社会保障管理与服务方面的工作。

三、社会保障学的研究方法

对于汇集了多学科基础理论的社会保障学研究领域，我们应该以不同的视角和方法来研究。其中马克思主义的唯物辩证法是最根本的方法。这一方法对于其他所有社会科学领域的研究具有重要的指导意义。

（一）综合研究法

社会保障制度涉及社会发展的许多领域，是一项综合性社会调控和安全制度，所以其研究方法也应该是综合性的。由于社会保障以降低收入风险为主要目标，保障机制的正常运行包含了保险金、覆盖率、抚养比、工资替代率等一系列涉及国民收入再分配的经济问题，因此必然需要经济学的研究方法。但是，由于社会保障涉及公众意识及公民权利问题、公民需求问题、政府决策问题及政府行政能力等问题，这些问题分别或同时与伦理学、社会学、心理学、政治学和管理学等几个学科发生对应关系。此外，上述问题是否构成大范围的社会问题、对这些问题应该采取何种方式加以解决……这些问题的确定需要采用现代技术手段才能加以科学定位，因此，必须以经济学方法为主，以社会学方法为辅，以社会调查为主要技术手段，采用跨学科的研究方法对社会保障问题进行综合研究。

（二）实证研究法

社会保障学是一门实践性很强的科学，实证研究方法的特点在于以客观公正的立场与态度，通过广泛收集各种可能的资料，对已经发生的真实而典型的社会保障事件进行分析。社会保障学的实证研究的目的，在于真正发挥社会保障理论对实践的指导作用。所以，研究这门学问必须密切联系实际，坚持面向实际的实证研究法或调查研究法。这种方法是以实事求是的精神，通过实际的调查研究，收集大量资料，并进行定性与定量相结合的研究。在当前和今后一个相当长的时期内，我国社会保障研究的目的应该是为我国社会保障制度改革和建立有中国特色的社会保障体系服务，并为之提供更具现实意义的指导与启示。

（三）理论研究法

社会保障研究具有明显的应用性研究特点，但并不排斥基本理论研究的存在。相反，还需要有比较坚实的基本理论研究作为基础。没有系统的社会保障基本理论研究，必然制约社会保障研究的深度和可持续发展，也必然制约社会保障研究现实目标的实现。过分重视社会保障对策的研究而忽视社会保障基本理论研究，必将使社会保障对策研究成为空中楼阁，这将不利于我国社会保障研究的进一步发展，也不利于我国社会保障制度改革和有中国特色的社会保障制度的完善。理论研究的任务不仅在于揭示社会保障制度产生和发展的一般规律和特殊规律，而且要为社会保障政策的制定提供科学依据，使社会保障政策与本国国情及所处的时代相适应，并保持自身正常、健康、高效、持续运行。

（四）历史研究法

历史研究方法是用历史的观点对社会保障活动进行观察与研究，注重考察社会保障和社会保障科学的起源、发展与演变的过程及这一过程对社会的影响与作用。社会保障的特点、原则、模式、经验和教训具有历史性，同时社会保障制度的发展也呈现出明显的阶段性，不同国家社会保障制度的发展也都具有自己的特殊性。这就要求我们在研究社会保障时，既要研究当代社会保障制度的现状，也要研究社会保障的基本历史进程，更要研究不同阶段各国社会保障制度的特点，特别是不同国家社会保障制度的国别特色。

（五）系统研究法

从系统论出发，社会保障活动是一个由社会保障活动主体、结构与过程等要素组成的系统，它本身包含了大量的次级系统，同时又处于社会环境的大系统中，因此需要运用系统研究方法，兼顾局部需要与整体利益、当前效益与长远目标，推动社会保障活动的顺利进行和良性发展。如社会保障制度构成和社会保障基金的运行效果是社会保障制度的重要组成部分，有关社会保障制度构成和基金运营的研究应该在社会保障制度研究中占有重要的地位，但是社会保障制度的对象是社会成员，研究社会保障制度内容构成和基金运行的目的，也是为了更好地为社会成员提供充分有效的保障，这就决定了社会保障制度研究的重点应该是社会保障的对象。

（六）比较分析法

不同国家、不同社会，其社会保障制度和发展必然具有自己的特殊性。实事求是地对世界上发达国家取得的成功经验进行比较、鉴别，是当今社会科学研究的普遍做法。而比较分析的视角又是多种多样的：从社会保障来看，如历史的比较、制度的比较、方法的比较、环境的比较、政策的比较、中外的比较等，都是比较分析的重要方法。这一方法的好处在于通过与同类的或不同类的、传统的或新兴的、单个类型的或复杂结构的、自然的或人为造成的不同社会制度的国家等进行横向或纵向比较研究，从中总结成功的经验和失败的教训，探索社会保障的普遍性、相关性或差异性。

第一章 社会保障的历史沿革

社会保障是现代工业文明的产物，是经济发展的"推进器"，是维护百姓切身利益的"托底机制"和维护社会安全的"稳定器"。但是，社会保障制度并不是到了工业社会就一下子凭空构建起来，它的形成和发展经历了漫长的艰辛探索。对社会保障制度历史过程的学习，有助于帮助学习者了解历史脉络，掌握基本内容，从而为领会、贯彻社会保障制度的宗旨奠定基础。

第一节 古代社会保障概述

社会保障制度虽然是近代以来的新事物，但在人类发展历史中，社会保障制度的酝酿早在原始社会末期就开始了，并随着经济的发展经历了氏族保障、家庭保障、教会保障和政府保障等多种形态。

一、中国古代的社会保障

中国是一个有悠久历史的文明古国，中华民族是一个有丰富文化传统的民族，依据自己的生产方式和生活方式，中国古代的政治家和思想家逐渐提出了一些有关社会保障的思想和主张，推行过一些关乎社会保障的政策或措施。这些思想和措施随岁月的流逝已发生沧桑巨变，但其中的精华却传递至今，成为中国社会保障制度的文化源泉。[1]

（一）仁爱与保息

儒家思想是我国古代占统治地位的意识形态，其倡导的大同思想是中国人民美好的精神追求，其中也包含了丰富的社会保障思想。孔子曾对其弟子说过这样一段话："大道之行也，天下为公，选贤与能，讲信修睦。故人不独亲其亲，不独子其子；使老有所终，壮有所用，幼有所长，矜寡孤独废疾者皆有所养。"[2]孟子继承了孔子的仁爱思想，也把孝亲当作最基本的道德规范，他说："事，孰为大？事亲为大。"[3]他认为国家的稳定依赖家庭的安宁，有了家庭的稳定，才有国家的安宁。因此，孝在家庭稳定中就有特别重要的意义。

---

①朱红艳：《中国古代社会保障思想和措施》，来源：http://china.findlaw.cn，2011-03-23。
②《礼记·大同》。
③《孟子·离娄上》。

儒家的大同仁爱思想和孝道伦理，之所以在其后千百年封建社会中被奉为主流价值观，是因为它适应了自然经济家庭生产方式的需要，它维护了家庭的保障功能，进而维护了社会的稳定。当然，在要求家庭担负主要保障功能的同时，历代统治者也重视社会的责任，采取了一系列政策措施，以弥补家庭功能之不足。自唐虞起，中央就设有九官，其中司徒专门处理百姓事务，如《周礼》记载国家应"以保息六，养万民"，主要内容："一曰慈幼，二曰养老，三曰赈穷，四曰恤贫，五曰宽疾，六曰安富。"[1]这些措施大体上相当于今天的儿童福利、老人福利、就业服务、社会救济、医疗保健、社会安全等。

（二）仓储与赈灾

早在西周时期，政治家们就意识到：丰年时储藏多余谷物以备凶年缺粮时用，是立国安邦所必需。《礼记》有载："国无九年之蓄，曰不足；无六年之蓄，曰急；无三年之蓄，曰国非其国也。"[2]春秋战国之际的思想家墨子提出同样的看法，认为"国无三年之食者，国非其国也。家无三年之食者，子非其子也"。

在储粮备荒思想影响下，自西周开始就出现了一种救荒、济贫的重要政策——仓储制度。古时候最早的仓储称为"委积"，意指除税收以外储蓄之余财，其用途包括济贫、救荒、供养征战阵亡者的老弱眷属、招待宾客等，属地官司徒的职掌之一。自西周以来，仓储制度延续于历朝历代而不衰，只是名称各异、做法有别罢了。如战国时期叫平籴仓；汉代称常平仓；隋代设义仓、社仓；唐代设常平仓和义仓；五代后周设惠民仓；宋代推广惠民仓、广惠仓、丰储仓；明代有预备仓、济农仓；清代州、县设常平仓，市、镇设义仓，乡村设社仓等等。中国古代的仓储制度虽兴废无常，且在各朝各代都发生过因政府官员管理不善，致使粮食霉烂、浪费或被贪污、中饱私囊等现象，但它确实起到了保护农业生产和救荒、济贫的作用。

（三）致仕与养老

我国古代官制中，"致仕"的政策始于商代，《尚书》中就有关于辅佐商汤的伊尹年老告退的记载："大夫七十而致事(仕)。"这样，官员到了七十岁高龄就"告老还乡"作为西周礼制的一项内容确定下来，并且为后来各朝各代所沿用。"致仕"后，告老退休的官员因曾为国家出过力，退休后朝廷都有一套赏赐和供养的规定。汉代官员退休时，朝廷给予一次性的重赏，此外还给原俸的三分之一，直到去世。唐代对退休大臣不但赏赐从优，而且明文规定"五品以上致仕者，各给半禄"；有突出贡献的，经皇帝恩准，可得全禄。京官六品以下、外官五品以下，退休时各给一份承业田以养老。到了宋代、明代，退休官员的俸禄更有提高。

自商周以来的致仕退休制度为各朝统治者所沿用，这一方面是鼓励在职官员效忠朝廷，

---

① 《周礼·地官·大司徒》。
② 《礼记·王制》。

恪尽职守，为其解除后顾之忧；另一方面也能促使年老有病的官员退出职位，让贤明之人接替，以提高效率。

（四）守望与互助

"守望"语出《孟子·滕文公上》："死徙无出乡，乡田同井，出入相友，守望相助，疾病相扶持，则百姓亲睦。"这一思想主张人们无论死亡或搬迁，都不用背井离乡，而可以在家乡同耕一块田，有任何难关都能相互照顾。有疾病和痛苦，要互相帮扶，彼此和睦、友好地相处。在中国古代以农业立国、以家庭为基本生产单位、以自然村落和族群社区为主的社会结构下，邻里守望相帮是很重要的生存条件。北宋大臣吕大防、吕大临兄弟俩在自己家乡蓝田（今陕西省内）与邻里亲友共同制定的"乡约"，把社会民众相互帮助的要求用契约规范的形式确定下来，其主要内容是：德业相劝，过失相规，礼俗相交，患难相恤。

与守望相恤思想相关的民众互助互济的保障措施，如邻里相帮操办丧葬事宜等，体现了众人出力帮助苦主分担灾难的思想。而最能反映这一思想的互助保障措施是社仓制度。社仓是仓储制度的一种形式，与其他仓储形式如平籴仓、常平仓等不同的是，它是以民间力量为主兴办的一种互助互济性质的备荒仓储。

（五）扶弱和居养

我国古代的春秋之际，孔子的大同思想就包含了对"矜寡孤独废疾者皆有所养"的主张；管子主张以"养长老，慈幼孤，恤鳏寡，问疾病，吊祸丧"以"匡其急"。[①]这些同情、关怀、帮助社会弱者的思想在中国古代有很深厚的文化基础，而且代代相传，一直延续至今。

与此相关，中国古代有一种收养抚恤孤寡、流浪、乞讨人员的"居养"制度。居养制度产生于汉代，起初是一种暂时性的收养行为，宋代以后社会上出现一种固定的居养机构如居养院、安济坊、福田院和漏泽园等，专为收容流民、乞丐和鳏、寡、孤、独、残疾无依者。明清以后，为弱者提供院内救济的居养机构较为普遍，如明朝洪武三年（1370年），命令全国州县普设惠民药局，此外还设置栖流所、养济院等，给贫困病疾者以救济。清自雍正起，在各地设置普育堂，其中育婴堂负责收容和养育弃婴，普济堂为老年、残疾无依靠者提供住院救济。

二、欧洲古代的社会保障

关于欧洲社会保障的起源，学术界有不同的划分方法，这些划分方法表现了对社会保障作用的不同理解。有些人将欧洲乃至整个西方的社会保障的渊源追溯到《圣经》中关于利他主义的道德说教；有人则认为，社会保障是一种经济社会形态，不应以"性善"或"性恶"、"利己"或"利他"等哲学伦理范畴来界定；还有些人把英国伊丽莎白一世时期实行的"旧济贫法"看作是现代西欧社会保障的开端。

---

① 《管子·五辅第十》。

（一）欧洲古代的社会保障

在欧洲古代农业社会中，社会进行自我保护的基本形式取决于贫富之间、强弱之间的相互对立和相互依存。"慈善"一词在希腊文中的含义是神对人的爱。

公元前 5 世纪，欧洲的一些国家就有了社会保障思想的萌芽。在罗马社会中，"慈善"可以引申为统治者对他们子民的恩惠，或者引申为富人对雇工和雇农的馈赠。在当时，相互对立和相互依存的双方各自的义务表现为:在经济上和社会上占据保护人地位的统治者或者雇主，出自不同的原因和目的，对他们的统治对象和剥削对象承担最低生活保障的义务(在他们尚能参加劳动、创造价值的时候)；而作为依附者的劳动人民的义务则是劳作、顺从和自力更生。

古希腊人提出了自己的"幸福论"，认为幸福是与别人共享而得来的，富人要幸福离不开穷人的"效劳"，但也要想办法为穷人提供财富，使穷人有机会获得"幸福"；古罗马人提倡宗教责任观，认为富人为穷人解除痛苦是教义中所包含的一种责任，要使受救济的穷人不因此丧失尊严，而富人则因此愈显尊贵；希伯来人认为，人们公平地享有社会物质财富，是一种正义的观念。公正就是个人按其功劳获得应有的财富，每个人都应公平地享有社会财富。这些在当时社会条件下不可能实现的理想和思想，包含了不同动机的慈善事业和社会工作的思想萌芽。[①]

古代的瑞典有传递"仁杖"的邻里互助习俗，其做法是在一根长约三尺的木杖上刻着:"乡邻们，当仁杖传到你家时，请对贫困者给予帮助和照顾。"这样的"仁杖"传到谁家，谁家就要承担起帮助和照顾有困难的邻里的义务。后来这一传统又发展为"保健储蓄箱"的方式，即乡邻们每月从收入中抽出少许钱物投入其中，作为救济贫困之用。此时，人们所进行的工作只是社会成员之间自发形成的互助互济。

较大规模的、有组织的社会自我保护措施，始见于 6 世纪末的罗马城邦社会。当时城邦的市政当局曾用捐款和公款购买谷物（粮食），无偿地分发给丧失劳动能力者和阵亡将士家属。一方面廉价出售以压低市场物价，保证社会需求；一方面将谷物无偿地分给丧失劳动能力的人和阵亡将士的遗属，用以减缓社会矛盾。区别于现代社会保障的是，这种早期的保护性措施以施舍为其突出特点，而没有为人们提供安全感和自尊感。

（二）慈善事业时代

在奴隶社会与封建社会交替之际，西方社会出现了世俗的慈善事业。这是因为，由于统治者的残酷剥削和压迫，导致民不聊生，社会问题层出。一些社会人士出于怜悯与同情、宗教信仰和其他种种不同的动机，对社会上的穷苦人进行一些慈善性的施舍。同时，统治阶级为了安抚黎民百姓，维护其剥削统治，也以恩赐的形式举办一些施舍性的事业。这种慈善事业在世界各国都持续了相当长的时间。

---

① 《社会工作》，来源：http://www.chinabaike.com/article/baike/1001/2008/20080511。

中世纪时，教会的慈善事业成为社会保障的主要形式。因为教义说，保护孤儿、照顾寡妇、帮助老弱病残者，这些行为不但是教士的义务，而且是教徒死后避免天谴，使灵魂得救的方法。这种宗教观念，引导信徒们去从事各种各样的慈善活动。到了中世纪末期，欧洲社会的保障形式仍然是以低下的生产力为基础，以教区领主或氏族地主对佃农的人身束缚为前提，在极其狭小的范围内实施。为了再生产的需要，教区领主或贵族土地所有者须保证佃农能维持最低生存条件，这样农户才能为他们耕耘劳作，跟随他们征战杀伐，而统治者和财产所有者们则负责为年迈的佃户免费提供住处，在荒年为贫困农民提供种子和口粮。此外，教会也在本教区内主持和管理慈善事业，为丧失劳动能力者提供最低限度的生活保障。上述保护措施通常是约定俗成的，由于没有法律的保护，保障的实施在很大程度上取决于统治者的好恶和年成的好坏，存在着相当大的不可预测性和主观随意性。

文艺复兴之初，欧洲农业社会中的人身依附关系开始瓦解，连年不断的战争和遍及欧洲大陆的天灾人祸，使成批的农业人口离开故土向城镇流动，这些农业人口在摆脱了人身依附关系的同时也失去了职业保障和生活保障，一些人沦为城镇贫民或城镇乞丐，旧式的、狭小的、地区性的农业社会提供的保障对这些人已经失效，由教会或教区主办的各项慈善事业又难以单独地满足新形势下社会生活的基本需求，保障形式的改革迫在眉睫。

（三）社会保障制度的萌芽

随着社会生产力的进步，贫困现象和社会问题日益严重，仅靠民间或者宗教的慈善事业已经不能解决社会对保障的需求。从 14 世纪以后，英国曾经多次公布法律，禁止对体力健壮的乞丐和游民施赈救济，并以种种刑法强制乞丐和游民做工。为了维持社会秩序，实现政权稳定，在 15 世纪以后，宗教团体和其所掌握的慈善事业逐渐被政府接管。

15、16 世纪之交，英国由于圈地运动的原因，大量农民被逐出土地，丧失生计，流入城市，危及城市正常生活和社会稳定。鉴于这种情况，1601 年英国伊丽莎白时期制定了著名的《济贫法》（旧济贫法），主要内容有：建立地方行政和征税机构；为有能力劳动的人提供劳动场所；资助老人、盲人等丧失了劳动能力的人，为他们建立收容场所；组织穷人和儿童学艺；提倡父母子女的社会责任；从比较富裕的地区征税补贴贫困地区。该法最富有代表性的措施是建立"贫民习艺所"，强迫贫民劳动，以杜绝流浪现象。该法兼有强迫劳动和福利救济的性质，但以前者为主，强调对不劳动者的惩罚过于对需求者的救助。

《济贫法》为英国奠定了政府主持公共救济事业的基本方式，但是颁行之后也出现了一些问题，如造成了为数极多的贫民没有救济就不能生存的现象，养成了不少人的依赖性心理；不重视贫民的自尊心，而且干涉了贫民谋生的自由。因此，1834 年，英国议会修正并颁布实施了《济贫法修正案》（新济贫法）。该法克服了旧济贫法中的一些规定的弊端，如滥施救济、管理不善等。它废除了"院外救济"，规定贫民只有在进入"济贫院"后，方可获得食物救济。而该院实际上是"劳动院"，工作繁重，待遇低下，食物很差，住宿拥挤。人们按年龄性别分居，这造成贫困者家庭被拆散，骨肉分离。而且不得到监工书面批准，在济贫院中的贫民不得外出或者接见来访者。这样，穷人除非万不得已，否则不会申请救济。新济贫法打上了早期资本主义工业化的深深烙印，在利润和金钱面前，资产阶级政府比封建君主专制政府还要穷凶极恶。

三、中外古代社会保障评析

中国和欧洲都有着悠久历史和文明，古代的政治家和思想家依据各国的生产和生活的实际，都提出了一系列有关社会保障的思想和主张，推行过一些社会保障方面的社会政策措施。这些思想和措施随着岁月的流逝而变化、增减，但总结和集成其中的精华，却能够充沛现代社会保障制度的思想源泉。

（一）古代社会保障的作用

历史上任何一种保障形态，都是其所在社会赖以生存的经济发展及社会结构和政治状况、意识形态等各种要素互动的产物，具有社会自我保护的功能。

古代奴隶制、封建制经济的发展也孕育了高度灿烂的文明。中国和欧洲古代的社会保障实践，都包含着较为丰富的社会保障思想和具有切实功效的社会保障措施，这些措施作为家庭保障的补充，确实在一定程度起到了救助危困、分担风险、促进生产、稳定社会的作用。虽然这些思想和措施极其朴素、零散，极其原始、自发，不具有现代社会保障制度系统、全面、科学、高效等特征，但它们毕竟是世界社会保障发展史的第一个阶梯。诸如中国传统社会所弘扬的仁爱、大同、敬老、慈幼、济困、助残、互助互济、患难相恤的精神，就是中国现代保障制度的重要思想内核，早期推行的社会保障的若干措施，也为后来中国社会保障事业的开创和发展，提供了制度层面、技术层面的众多借鉴。

回顾和分析中国、欧洲古代国家社会保障形成和发展史，可以看出，在漫长的人类历史中，尽管可以根据主要的生产方式来界定社会的主要分配方式，但是不能把这种划分作简单化的理解。到以资本分配为主的历史阶段，也夹杂有按劳动和需求进行社会再分配的因素。这种社会再分配有时表现为约定俗成的给予，有时表现为慈善机构的救济，有时表现为群众自发的互助，有时表现为受法律约束的强制性保险和政府发放的福利补贴。

（二）古代社会保障的缺陷

在漫长的古代社会，对社会成员的保障实践长期处于现代社会保障制度的救济阶段，这主要是囿于当时社会生产力水平低下，只能开展有限的济贫活动来维持部分社会成员因灾或其他不幸事件濒临死亡线时最起码的基本生活，其历史局限性非常明显。

（1）居高临下的施舍性质。无论是慈善事业时代还是济贫制度出现以后，因为统治者与被统治者地位不平等，加之并没有相应的法律制度来规范这种行为，即便有法律制度也完全是有利于统治阶级的，其各种救济活动很自然地成为统治者居高临下的施舍，即灾民与贫民并不天然具有获得救助的权利，他们是否能够得到救助，或这种救助能否解决灾民和贫民的生存危机，完全取决于统治者和实施救助的教会等机构，有时甚至以牺牲人格或接受惩罚为条件。

（2）保障项目极为有限。古代社会的社会保障项目在世界各国都是极为有限的，并集中体现在救灾济贫项目上。以中国封建社会的社会保障为例，就只有救灾、济贫、优抚等三大项目。其中，救灾项目可以分为赈款救灾、赈谷救灾、以工代赈等内容，它是旧中国社会保障制度中的主体项目。与救灾措施相比，旧中国的济贫措施显得十分薄弱，基本上局限于对部分无家可归、无力生存的"孤老残幼"进行有限的临时救助，只能算是救灾措施的补充；优抚则是旧中国能够引起统治者重视的一个保障项目，它面向服役的军人，包括死亡抚恤、伤残抚恤及对军人家属的有关照顾等内容。由此可见，这一阶段的社会保障项目是十分有限的。

（3）保障水平极端低下。由于慈善事业与政府的济贫政策实施并非一种固定的、必行的社会政策，加之受当时财力的限制，其保障水平极端低下。以中国古代的救灾为例，多数情况下是采取赈谷救灾的方略，但赈谷也不过是临时的应急之策，有时大灾发生，官方只在灾民外流路线设置粥棚向流民施粥，解决的只是一时的生存问题。这从一个侧面说明了当时救灾济贫处于极端低下的水平。

（三）古代社会保障的启示

古代的社会保障，一方面以向社会成员提供不同形式的劳动机会的方式维护社会的生产关系，以适应特定的经济社会发展的需要；另一方面，它又以向社会成员提供与生产力发展水平相适应的最低生活保障的方式来缓解阶级矛盾，稳定社会秩序。这就是各种社会保障形式的双重性质，即强迫或鼓励劳动和福利救济。

古代社会保障的实践启示后人，不论哪一类的保障形式都要既具备保障生产的功能，又具备保障生活的功能。历史上经济的发展、政局的变动、社会伦理思想的冲击，尤其是社会结构的变迁，使各种社会保障相应地改变其内容和形式，但是，其双重性质从未改变过。而且，强迫劳动（或鼓励劳动）和福利救济之间还要保持一定的平衡，否则，一旦出现了与经济社会发展不相适应的过于偏重一方而忽略另一方的失调现象，就可能阻滞生产的发展，甚至引起社会震荡。相反，如果能将社会的自我保护功能发挥得当，那它就可能同时有利于生产发展和社会安定。

历史证明，社会再分配是一种为了维护社会稳定、保证社会再生产的机制。在随后出现的资本主义社会，私有制和市场经济的体制决定了分配要以供求关系为主要依据，分配政策要适应私人企业对最大利润的追求。但是，这种以市场标准为公平尺度的分配模式，也难免在竞争的环境中损害或牺牲社会和他人的利益，造成新的社会不公。

第二节　现代社会保障制度的产生与发展

现代社会保障制度的形成，是在一定的经济、社会、政治、思想理论和组织及物质基础条件下形成的。近代工业革命以后，西方社会为解决日益严重的社会问题而颁布法令，创建组织，创新制度，发展慈善事业，这成为社会保障事业发展的直接前提。

一、现代社会保障制度产生的背景

无论是社会保障活动的起源还是现代社会保障制度的发展，其影响与制约社会保障的因素是多方面的，尽管在多数情况下经济因素可能发挥着更大的作用，但也不能排除一定时期内政治的、社会的或思想理论等因素也起着支配作用。

（一）工业革命推动

经济因素毫无疑问是社会保障制度的重要影响因素。在工业化、社会化大生产的竞争压力下，以家庭为基本生产单位的自然经济趋于瓦解，伴随机器大工业而来的工厂企业迅速取代一家一户的手工业生产作坊，成为社会的基本生产单位；在工商业资本的迅速扩张和渗透下，与自然经济、半自然经济相联系的封建土地制度日趋瓦解，圈地运动合法化使劳动者与土地分离，社会上存在大量失去土地保障的雇佣劳动者；在追求超额利润目标的驱动下，企业（工厂）之间竞争加剧，技术设备更新速度加快，对劳动力的需求减少，使社会上出现大批处于失业、半失业状态的"相对剩余人口"；在资本家的激烈竞争以及资本家对劳动者的残酷剥削下，社会上两极分化现象严重，失业、贫困、疾病、伤残、年老等情况给劳动者带来的经济和社会风险加大。工业化经济背景下的一系列社会变化都是形成现代社会保障制度不可缺少的重要因素。

（二）社会关系的变化

社会因素是社会保障制度产生与发展的基础性影响因素。社会保障作为一种社会制度，是社会发展到资本主义社会阶段，随着工人阶级的出现而产生的。工业化所伴随的人口往城市集中，使整体社会出现高度的都市化。工业化的结果，使大量农村劳动力纷纷前往都市谋生，以劳力换取薪酬过日子。工人依靠自己的体力干活，工资是生活费用的唯一来源。而失业是资本主义生产的伴侣，因此，个人一旦失业，一家生活将陷入困境。再者，劳工在生产的过程中，如遇伤害、疾病、残疾等，在小家庭无法获取外援的情况下，将无法应付此种经济不安的威胁。当工人处于失业、疾病、工伤、年老等境地时，迫切希望社会给予生活保障。但是这些流入都市的移民，并非都能找到工作，有些地方移民大量聚集，甚至成为贫民窟。加上都市人口数量大、密度高、社会流动大，近邻关系趋向解体，为解决此种社会危机，需要建立社会保障制度予以应对。

（三）政治因素的作用

随着生产的发展，社会财富增多，资本主义社会能分出一部分社会财富用于社会保障。同时，工人占劳动群众人口的大多数，是社会财富的主要消费者，资本主义要扩大再生产就必须以社会保障手段维护其社会生产关系，这就从经济上提出了社会保障的原因和条件。但是，无论社会原因和经济条件怎样成熟，资产阶级并不会自动地付出它已经得到的社会财富。不经过激烈的斗争，社会保障是不能实现的。到了 19 世纪 70 至 80 年代，西欧工人阶级斗争深入发展，一些国家以立法的形式给工人以经常性的社会保障；资产阶级政府也意识到必须进行社会改革，才能维护自己的政权和阶级统治。因为资本主义生产制度建立之后，社会上贫富差距拉大，为避免劳资对立与仇恨，引起劳资冲突，政府必须安抚贫困劳工的情绪，因此会通过诸如劳工保险等措施，保障劳工生产、生活安全，借以安定民生。在这种情况下，社会保障作为一种国家的社会制度就产生了，开始时表现为以政府的力量配合民间慈善团体来推行社会保障事业。

（四）思想理论渐趋成熟

任何社会改革都需要有理论的支撑和社会舆论的支持。19 世纪后期，面对资本主义社会矛盾日益尖锐、工人阶级反对资产阶级的斗争日益高涨的形势，社会改良思潮兴起，一些学者提出了在不改变资本主义生产关系的条件下，由政府通过立法，实行某些社会政策，提高工人的物质文化生活水平，以缓和阶级矛盾的主张。具有代表性的有德国新历史学派（亦称讲坛社会主义者）的施穆勒、布伦坦诺等人提出的福利国家理论。该学派主张国家直接干预经济生活的管理和负起文明与福利的职责，认为国家不应该仅仅消极地充当"守夜人"，凡是个人不能办到的事情，皆由国家干预办理。他们认为政府应该举办一些公共事业，以促进文化、公共卫生和保护老幼贫疾者等社会目标的实现，政府要改革济贫法，制定全国最低生活标准，对劳动者实施强制性的社会保险制度，以缓和阶级矛盾，促进德国经济的发展。

同时，社会保障的产生和发展也依赖于社会互助组织和商业保险提供的经验和基础，社会互助组织和商业保险产生和发展于社会保障之前，社会互助组织为社会保障提供了组织方面的经验，奠定了组织基础；商业保险为社会保障提供了技术方面的经验，奠定了技术基础。此外，国际社会的倡导和推动、各国的历史文化因素等，也对现代社会保障制度的形成产生了一定影响。

二、现代社会保障制度的建立

16 世纪初，随着教权的衰落、王权的兴起，宗教的慈善事业也逐步让位于政府的救济，社会各界纷纷要求国家在社会保障方面承担更多的责任。在这种历史背景下，建立社会保障制度的条件日益成熟。

（一）德国社会保险制度的建立

现代社会保障制度的诞生，一般以德国首相俾斯麦于 1883—1889 年间制定的疾病、伤残和老年三项社会保险立法为标志。

1881 年 11 月 17 日，德国皇帝威廉一世颁布了著名的《黄金诏书》，强调要采取若干保护劳工利益的社会措施推行"社会改革"，该诏书也作为"德国社会政策大宪章"而闻名于世。1882 年，俾斯麦政府又提出《疾病社会保险法草案》。1883 年 5 月 31 日，德国国会经过辩论，以多数票通过《疾病社会保险法》，这也是世界上第一部社会保险法。1884 年和 1889 年，德国又相继颁布了《工伤事故保险法》和《老年与伤残强制保险法》。俾斯麦政府颁布的这三部法律，均由雇主与劳工联合组成的自治机构予以落实，由政府予以监督。疾病保险的保险费，由雇主承担 1/3，劳工自行承担 2/3；灾害保险的保险费，全由雇主承担；老年残疾的保险费，雇主与劳工各承担一半，再由政府对每一个人的年金进行一小部分补贴。

此外，德国政府还以法令的形式规定了劳工星期日休息的权利，并限制童工、女工的最长工作时间。尽管这三部法规在颁布时所覆盖的范围有限，仅涉及就业人口的 1/5，而且所提供的保险待遇很低，甚至不能满足最低生活所需，但从法案确立的理念以及一系列制度性规定来看，它毕竟是人类历史上关于社会保险最早的、较完备的制度性安排。至此，德国成为世界上第一个建立社会保险制度的国家。俾斯麦在德国历史上以"铁血宰相"著称，1883 年，他在解释政府为何要为工人搞社会保险时一语道破天机："一个希望得到养老金的人，一般不会好斗，而且易于管理。"[①]德国颁布的这三部法律，客观上起到了调整劳资关系、缓和社会矛盾的作用，可谓是"三部大法安天下"。

（二）现代社会保障制度的推广

20 世纪初，德国社会保障制度在欧美发达国家得到逐步推广。各国政府结合德国的先进经验和本国的实际情况不断完善自身的社会保障体系，使社会保障制度在全世界范围内得到初步发展。

英国社会保险制度酝酿于 19 世纪末，出现于 20 世纪初。1905 年，英国颁布的《失业工人法》规定：伦敦的每个区建立贫困委员会，同时成立伦敦中心委员会，贫困委员会的职责是熟悉他们所在区的劳工状况，对劳动救济申请者进行区分，并帮助适合该法情况者寻找工作；中心委员会及贫困委员会的开支由志愿捐款以及每区按税值每镑 1 便士的比例承担；伦敦以外地区依照伦敦地区的做法设立同样的贫困委员会。1908 年，英国议会正式批准养老金法案，明确规定了英国国家养老金制度的普遍性和免费性原则。法令规定：任何人只要符合该法所规定的条件，就可以领取国家养老金；支付国家养老金所需的一切费用均来自于议会批准的拨款；申请领取养老金者必须年满 70 岁，作为英国公民至少已达

---

①龙翼飞：《社会保障与法治建设》，载《光明日报》，1998 年 12 月 21 日。

20 年，年收入不超过 31 英镑 10 先令。1908 年的养老金法是 20 世纪初英国颁布和实施的第一部重要的社会保障法令，成为英国现代社会保障制度的开端。

1911 年，英国颁布的《国民保险法》，在世界上第一次正式建立了失业保险制度。该法规定：失业保险适用于建筑业、工程建造业、造船业、机械制造业、铸铁业和锯木业。失业保险津贴申请人必须在过去五年中曾在上述行业中工作 26 周以上，以规定方式提出申请并且自申请之日起一直失业；失业保险制度实行缴费原则，工人每周缴纳 2 便士半，雇主每周为每位雇工缴纳 2 便士半，国家垫付工人及雇主缴款总数的 1/3。具备领取失业保险津贴资格者，从其失业后的第二周开始每周可领取 7 先令，12 个月中领取失业保险津贴的时间最长不能超过 15 周。同时，《国民保险法》还在英国建立起了国民健康保险制度，健康保险实行缴费原则，是英国的第一部社会保险立法。法令规定：所有 16 岁以上被雇佣以及那些未被雇佣但具有被保险人资格者，可依该法参加健康保险，所有被保险人有权依该法所规定的方式与条件得到健康保险津贴及医疗服务。

法国于 1898 年颁布了《工伤保险法》，给工人提供由雇主承担费用的工伤赔偿。雇主一般将自己企业雇员的工伤保险交由保险公司经营，工伤补偿也由保险公司支付。1905 年，法国颁布法令，规定工伤事故受害人有权直接对雇主所委托的保险公司提起有关工伤保险补偿的诉讼。工伤补偿制度最初只适用于工业企业，1899 年扩大到因使用机械而导致工伤事故的农业工人，1906 年扩大到商业从业人员，1914 年又扩大到林业人员，以后又在自愿的基础上扩大到所有行业的劳动者以及某些特定职业病患者。这样，工伤事故保险制度在法国逐步建立起来。

法国的养老保险业也以雇主提供的养老保险形式出现。1888 年建立了重型钢铁工业保险基金。但是，由雇主提供的各种保险基金很不稳定，雇员的养老权益经常受到损害。法国政府曾试图采取措施规范这种养老基金的发展，如 1885 年法国颁布法令，对各项退休基金制度进行重组和扩大，从而结束了雇主对退休基金的随意性支配。该法令还规定，雇主濒临破产、企业关闭或者企业转让时，由雇主或雇员向福利机构缴纳的所有款项，必须对雇主与雇员的利益继续有效。

20 世纪初，法国政府进一步推进国家对各类养老保险基金的干预，以便促使其更加规范化运行，保护工人的养老权益，同时进一步扩大可以享受养老金者的范围。1910 年 4 月，法国政府首次颁布《工人和农民退休制度》，随后又于 1911 年 7 月立法，1912 年 2 月修订了该法。正是在这一阶段，农民、矿工、铁路工人的"特殊制度"得以确定和成熟起来。1910 年立法确立的《工人和农民退休制度》成为现代法国社保制度的雏形。它规定养老金费用由雇主及雇工分担，国家给予少量补贴，要求年收入 3000 法郎以下者必须参加，年收入在 3000～5000 法郎者自愿参加。1911 年以后，法国又规定，如果雇员不能提供缴纳分摊金的证明，法庭将裁决雇主解除其对雇员的养老保险义务。

（三）现代社会保障首发于德国的原因

虽然 19 世纪的德国无论在工业化规模还是在社会对现代化保障的需求方面都不能和英国相比，但是，如果注意到德国当时的社会政治结构就不难发现，德国确实具备了率先实行国家社会保障的经济、政治和社会条件。

（1）经济原因。从 19 世纪中叶开始，整个德意志经济发展相当迅速，尤其是煤铁等重工业部门发展很快，到 60 年代，德意志的工业产值已赶上法国。从这一阶段开始的第二次工业革命是以德意志为中心的，除了短暂的萧条外，德意志经济一直处在繁荣状态。1871 年德意志帝国的建立实现了德意志的统一，之后德国经济增速十分惊人。经济实力的增长使得社会保险这个比社会救济制度更为先进的社会保障模式在德国迅速建立起来。

（2）政治原因。1871 年，德国实现统一，其统治者雄心勃勃，企图加快国内经济发展，对外扩大殖民势力。为了实现这些目标，政府必须对内安抚好工人群众，调和劳资关系，解除劳动者对各种风险的担忧。而在现实社会中，19 世纪的下半期，由于马克思主义在工人中的传播，工人与资本家的阶级斗争在德国迅速发展。出于进行"消除革命的投资"的目的考虑，俾斯麦政府受德国新历史学派有关改善工人境况、缓和阶级矛盾、政府出面干预经济和社会生活管理的主张的影响，仿效一些社会团体的济贫行为以及官方和一些私营行业雇员享受养老金和病假工资的先例，决定由政府出面举办社会保险事业。

（3）文化因素。德国之所以能够率先自上而下地推行国家社会保险，还与其社会保险的传统分不开。早在 17 世纪，在德国普鲁士地区的采矿业中，就形成了较为著名的矿工协会、疾病保险机构等组织。这种组织起初是自愿参加的，后来在国家干预下开始带有半强制的性质。1845 年，普鲁士政府又曾以法令的形式使这种疾病保险方式法制化和正规化。根据有关法令，矿山、高炉等行业都被强制建立雇主和工人联合委员会管理下的地区性疾病保险组织，疾病和丧葬抚恤费用的基金由雇主和雇员按同等比例分摊。实际上，这是普鲁士国家强制保险原则的首次应用。到 19 世纪六七十年代，这类疾病保险组织已普及德意志的其他邦国。[①]

三、社会保障制度走向成熟

德国建立的社会保险制度为欧洲各国树立了榜样。1890 年至 1911 年间，欧洲各国纷纷效仿德国，也相继颁布了包括医疗、养老、失业、工伤等内容的社会保险法律，开始建立国家统一的现代社会保障制度。

（一）美国制定《社会保障法案》

由于 1929—1933 年世界经济危机爆发，美国受到严重冲击，失业率居高不下，社会急剧动荡。1932 年，富兰克林·罗斯福当选美国第 32 任总统，为了缓和当时因贫富差距过大

---

①周佩璇：《论现代社会保障制度首先产生于德国的原因》，载《经济视角》，2006 年第 7 期。

导致的严重社会矛盾，他开始着手建立国家和社会依法对社会成员基本生活给予保障的社会安全制度。1935 年 8 月 14 日罗斯福政府颁布《社会保障法》，包括社会保险、公共援助、社会服务、老年伤残保险、医疗补助、孕妇和残疾儿童补助六大方面。这部法律是美国历史上第一部社会保障法案，标志着美国政府由此开始正式介入社会保障事务。

社会保障法的主要内容包括：在联邦政府设立社会保障署；实行全联邦统一的养老保险制度，建立养老保险基金；对雇佣 8 人以上的雇主征收失业保险税；由州政府实施老人和儿童福利、社会救济和公共卫生措施等。罗斯福认为，一个政府"如果对老者和病人不能给予照顾，不能为壮者提供工作，不能把年轻人注入工业体系之中，听任无保障的阴影笼罩每个家庭，那就不是一个能够存在下去或是应该存在下去的政府"，社会保障应该负责"从摇篮到坟墓"整个一生。为此，美国政府规定，凡年满 65 岁退休的工资劳动者，根据不同的工资水平，每月可得 10 至 85 美元的养老金。关于失业保险，罗斯福解释说："它不仅有助于个人避免在今后被解雇时去依靠救济，而且通过维持购买力还将缓解一下经济困难的冲击。"[①]至于保险金的来源，一半是由在职工人和雇主各交付相当于工人工资 1%的保险费，另一半则由联邦政府拨付。美国的这部社会保障立法，反映了广大劳动人民的强烈愿望，得到绝大多数人的欢迎和赞许。

美国的社会保障项目旨在为工作人员及其家属提供老年人、残疾人、生存者的基本生活收益。与社会福利不同的是，社会保障受益者是有条件限制的。其前提是，如果一个人及家庭想要得到社会保障，他必须有就业记录，工作一定的时间，而且在就业时必须对社会保障体系有所贡献，按时缴纳社会保障金。这个项目由社会保障管理局（SSA）管理，最初的受益支付采用了一次性付清的办法。在美国，社会保障体系主要包括老年保险和遗属保险共同组成的"老年及遗属保险"，以及残疾保险、医疗保险、失业保险、补充保障收入和其他社会救助计划。

美国《社会保障法》在社会保障立法史上具有重要意义，该法第一次使用了社会保障的概念，第一次规定了社会保险、社会福利和社会救助等都是社会保障的子项目，确立了社会保障普遍性和社会性原则。从此，社会保障作为一个世界大多数国家的基本法律制度被确立并实施起来。

（二）英国建成"福利国家"

1941 年，英国成立社会保险和相关服务部际协调委员会，着手制订战后社会保障计划。经济学家威廉·贝弗里奇受英国战时内阁财政部长、英国战后重建委员会主席阿瑟·格林伍德委托，出任社会保险和相关服务部际协调委员会主席，负责对英国的社会保险方案及相关服务（包括工伤赔偿）进行调查，并就战后重建社会保障计划进行构思设计。第二年，贝弗里奇主持提交了《社会保险和联合服务》（1942）与《自由社会里的充分就业》（1944）的研究报告，即著名的"贝弗里奇报告"。

---

① 《罗斯福新政》，来源：http://baike.baidu.com。

报告继承了新历史学派理论有关福利国家的思想，从英国现实出发，指出贫困、疾病、愚昧、肮脏和懒惰是影响英国社会进步、经济发展和人民生活的五大障碍，并据此提出政府要统一管理社会保障工作，通过社会保障实现国民收入再分配的建议。报告设计了一整套"从摇篮到坟墓"的社会福利制度，提出国家将为每个公民提供 9 种社会保险待遇，还提供全方位的医疗和康复服务，并根据本人经济状况提供国民救助。

报告提出了关于公民有权享受社会保障的重要主张，即社会保障应遵循以下原则：一是普遍性原则，即社会保障应该满足全体居民不同的社会保障需求；二是保障基本生活原则，即社会保障只能确保公民最基本的生活需求；三是统一原则，即社会保险的缴费标准、待遇支付和行政管理必须统一；四是权利和义务对应原则，即享受社会保障必须以劳动和缴纳保险费为条件。这些原则的提出和实施，使社会保障理论更加丰富和成熟。

报告共分六个部分，分析了英国社会保障制度的现状、问题，对以往提供的各种福利进行了反思，并系统勾画了战后社会保障计划的宏伟蓝图。在贝弗里奇报告的基础上，英国政府于 1944 年发布了社会保险白皮书，基本接受了贝弗里奇报告的建议，并制定了国民保险法、国民卫生保健服务法、家庭津贴法、国民救济法等一系列法律。如 1946 年颁布的国民保险法基本采取了报告的建议，规定参保人必须按照年龄、性别和婚姻及就业状况不同缴费，在业人员待遇按照同等比例确定，失业、生育、疾病、丧偶和退休等各项福利待遇都是如此。1948 年，英国首相艾德礼宣布英国第一个建成了福利国家，贝弗里奇也因此获得了"福利国家之父"的称号。

（三）现代社会保障的全面发展

从德国社会保障制度的建立，到美国《社会保障法》的实施，形成了由国家财政出资的济贫、由受益人缴费的互助和自保相结合的社会保障体系。此后欧美其他国家以及亚洲国家也逐步建立了社会保障制度。而第二次世界大战之后，相对稳定的政治环境为各国社会保障制度的全面发展提供了重要保障。

首先，英国福利国家社会保障制度的实施，影响到了整个欧洲，瑞典、芬兰、挪威、法国、意大利等国也纷纷效仿英国，致力于建设福利国家，使社会保障迅速发展而进入繁荣时期。这些国家的福利性政策主要表现在：第一，国家主管的社会保障项目得到了较好的发展，国家政权进入了社会经济生活并占据了决定性的地位。第二，社会保障的覆盖面和受益范围进一步扩大，社会保障计划不同程度地向全民化、普及化方向发展。第三，各国社会各阶层的社会权利在一定意义上趋于平等，社会保障已发展成为向社会的每一个成员提供全面安全和提高生活质量的服务工具。

其次，现代社会保障制度开始在全世界推广。1952 年 6 月，国际劳工组织日内瓦会议通过了社会保障的国际性文件：《社会保障最低标准公约》（第 102 号公约）。该公约规定了社会保障制度的主要方面：医疗照顾、疾病与生育补助、失业救济、家属津贴、工伤保险、残疾及老年和遗属补助。《社会保障最低标准公约》被视为现代社会保障制度发展史上的重要里程碑。之后，不但发达国家，发展中国家也纷纷建立起自己的社会保障制度。从1958年至1967年的10年间，实行社会保障的国家由80个猛增到120个。到20世纪末，已有172个国家和地区建立了不同形式的社会保障制度。中国的社会保障制度就是在此期间建立起来的。

迄今，社会保障法律制度在当代世界各国的法律制度中占有重要地位，已成为各国治国安邦的一种基本手段。甚至可以说，社会保障制度的完善与否已经成为一个国家社会文明进步程度的标志之一。

（四）现代社会保障制度面临的危机与改革

20世纪70年代，石油价格的两次大幅上涨，国际金融体系瓦解，使发达国家的经济经历了一个重大的转折。从1974年到1975年的经济危机之后，经济由战后的迅速发展转入严重的"滞胀"阶段，但是社会福利的发展速度仍然十分迅速，其支出的增长速度超过了经济增长的速度，造成了与经济发展的严重脱节，庞大的社会福利费用支出日益成为发达资本主义国家的沉重负担，西欧、美国、日本等国家和地区的社会保障制度相继陷入"入不敷出"的困境。

为了摆脱福利危机的困境，各国政府开始重新审视现行的社会保障制度的作用，认为过于慷慨的社会保障承诺存在严重缺陷：一是日益增多的福利支出使得赤字攀升，债台高筑，许多西方国家出现了巨大的财政"黑洞"；二是日益增多的福利服务使一部分人只想索取，不想贡献，社会保障制度违背了追求社会公平的初衷；三是沉重的福利负担使西方国家生产成本上升，竞争力下降，失业率居高不下；四是沉重社会福利负担造成的压力，使西方国家社会危机和冲突加剧。[①]

20世纪70年代以来，西方国家对社会保障制度都进行了一些调整和改革：一是增收节支，具体措施是：提高缴纳社会保险费的上限，或取消缴费上限。例如，比利时1981年以后取消了职工缴纳失业保险、医疗保险、生育补贴等的缴费工资上限；提高社会保险费率，包括提高职工的保险费率和雇主的保险费率。英国、德国、法国等不同程度地提高了社会保险费率，征收社会保障所得税；修改社会保障金实施办法，对过去社会保障待遇标准自动随物价、工资或生活费指数变化的政策进行调整。为了限制保障金的增长，一些国家还采取了限制措施；二是实行社会保障的"私人化"、"资本化"。所谓私人化，就是改变社会保障全部由国家包下来的办法，政府尽量缩小干预社会保障的范围和项目，把这些项目交由非政府志愿机关、工人合作社和其他社会团体承担。英国、丹麦、比利时、德国、瑞典等国都相继采取了这些措施；所谓资本化，主要是为了解决养老金的资金储备问题。

此外，有些国家允许在养老金的管理上采取私人保险公司的做法，用储备积累支付养老金。有些国家还设法解决社会保障管理部门官僚主义、组织混乱、服务不善等弊病，以节约资源，提高效率，改进服务。

---

①史柏年主编：《社会保障概论》，高等教育出版社2005年版，第13～15页。

第三节　我国的社会保障制度

与国家的发展命运紧密相连，中国的社会保障制度发展道路同样经历了漫长曲折的过程。改革开放以来，中国政府不断总结自身社会保障制度的成就与不足，通过一系列改革和调整，逐渐形成了适合中国国情的社会保障体系。

一、民国时期的社会保障制度

民国时期（1911~1949），是中国社会结构剧烈变动、社会因素不断生成和近代工业进一步发展的时期，统治者为了维护既得利益，曾制定和颁布了一些社会保障的法律法规，并在一些地区和企业实施了若干社会保障项目与措施。

（一）社会保险制度

在民国以前和民国时期，中国还谈不上有什么社会保障，工人的工作、生活甚至生存都得不到保障，为了生存下去，工人们自发地组织起来与资本家进行斗争。1921年7月中国共产党成立之后，工人阶级在中国共产党领导下更加积极地投身到争取自身生存权的斗争中来。经过工人阶级长期不懈的斗争，终于在1923年3月，北洋军阀政府匆匆颁布了一个条文不甚完备的《暂行工厂通则》，该通则规定："厂主对于伤病之职工，应酌量情形，限制或停止其工作；其因工作致伤病者，应负担医药费，并不得扣除其伤病期内应得之工资。"1927年9、10月间，国民政府农工部将《暂行工厂通则》修改为《工厂法》，规定："厂主对于工人应为灾害保险，在工人保险条例未规定以前，厂主得查照抚恤条例办理。前项抚恤条例，另定之。"国民政府颁行的《工厂法》，是我国第一部真正意义上的全国性的工厂立法，在中国法制近代化过程中占有举足轻重的地位，是中国工厂立法走向近代化的一个重要里程碑。[1]11月，国民政府还公布了《监察工厂规则》。但是，由于军阀割据、政局不稳、政令不畅等原因，这些通则、条例和规则在各地均未得到认真执行。

（二）社会救灾制度

民国时期是中国人民多灾多难的时期。这一时期，除了连绵不断的国内外战争，还有水灾、旱灾、蝗灾、地震、冰雹、暴风、霜冻、病虫、瘟疫等各种自然灾害频繁发生，而且常常是多灾并存，纵横交错。面对如此严重的自然灾害及给社会经济生活带来的巨大冲击，北洋军阀政府和国民政府初步建立起了以总统制为核心的中央一级专职救灾体制，明确了救灾工作是一项重要的政府行为，制定和颁布了救灾救济方面的法规，采取了一些政策措施。1912年1月1日，孙中山宣布成立中华民国临时政府时，中央设内务部，省设民政厅，掌管全国和地方赈恤、救济、慈善等事项。北洋军阀政府时期仍设内务部，下设赈

---

①饶水利：《南京国民政府颁布的〈工厂法〉研究》，华中师范大学（2007）硕士学位论文。

务处。每当各地灾情严重时，就由它处理全国赈务。赈务处属临时性机构，事毕即撤销。

南京国民政府建立后，设行政院为最高行政机关，下设内政部（1927 年成立，原直属于国民政府），1929 年还成立了赈灾委员会，1930 年改称赈务委员会，掌管全国的赈济行政事务。这是我国在中央一级机构中首设的专职救灾机构。各省也有相应的机构——赈务会，由省政府、省党部及民众团体组成。1928 年，国民政府颁布了《勘报灾歉条例》，1934年重新修订。该条例提出了报灾、勘灾的期限和具体办法，规定对于超过期限者严加惩罚。各级勘灾人员要把受灾地亩、应赈户口、灾情程度等详细上报，并按受灾情况的轻重规定了减免赋税的具体比例和缓征缓收赋税的具体年限。

应该说，无论是北洋政府还是国民政府所采取的救灾政策和措施，都确实在一定程度和范围内取得了一些成效，对此避而不谈或加以否定都是不符合事实的。但是同时也应该看到，其政策和措施有诸多不足之处和局限性，由于战争频仍，政治腐败，军政开支庞大，财政经常处于入不敷出、债台高筑的状态，政府直接用于经济建设的资金很少，用于救灾救济的资金更是微乎其微。

（三）救济与福利制度

在社会救济与福利方面，国民政府的主管机构是内政部和社会部。社会部原是国民党中央执行委员会的下设机构，成立于1938 年 3 月，1940 年 10 月改隶行政院，并将内政部民政司所掌管的社会福利划归该部，专设社会福利司管理其事。抗战胜利后，社会部增设社会救济司、劳动局、社会保险局筹备处等机构。

抗战时期，国民政府采取了一些适应战时需要的社会救济与福利措施，发布了一些新的社会救济与福利方面的法令。1937 年，行政院通过了《非常时期救济难民办法大纲》，成立了"非常时期难民救济委员会"，省及院辖市设立分会，县、市设立支会，专办难民收容、运输、给养、保卫、教护、管理及配置等救济事项。1939 年 4 月颁布了《非常时期难民服役纲要》，规定依据情况安排难民服兵役和工役，以役代赈，同年 10 月发布了《抗战建国时期难童救济教养实施方案》。这些纲要和方案推动了难民救济工作的进行。1940 年，国民政府社会部制定了一系列法令，对社会救济与福利的对象、设施、方法、经费等作了规定。1941 年，颁布了《奖助社会福利事业暂行办法》，规定凡公私主办之社会福利事业成绩优异者，均给予一次性或经常性补助金，以资鼓励。社会部在一些城市设立了直属的社会服务处，开展救济活动。1943 年 2 月，国民政府还颁布了《社会救济法》，这是中国有史以来第一次有关社会救济工作全面专门的立法。

值得注意的是，尽管当时的国民政府颁布了不少社会救济与福利方面的法律法规，但是真正实施的并不多。再加上上述救济型社会保障措施的临时性和随意性特征非常突出，救济的谷物和银两乃是杯水车薪，收效甚微。

二、新中国建立之初的社会保障制度

1951 年 2 月 26 日，当时的政务院颁布了自 1951 年 3 月 1 日起正式实施的《中华人民共和国劳动保险条例》，这是新中国制定的第一部社会保险法，标志着新中国社会保险制度的建立。到改革开放前，我国的社会保障制度经历了初创、调整和停滞三个阶段。

（一）初创时期

1949 年 10 月 1 日中华人民共和国成立，当时充当临时宪法的《中国人民政治协商会议共同纲领》为建立新中国社会保障制度提供了最基本的法律依据。具体而言，在养老金制度、医疗保障制度及社会救助制度等方面有了较为具体的规定。

（1）在养老保障方面。1950 年，政务院发出《关于退休人员处理办法的通知》，承认在民国时期有关行业就已建立了退休金制度；1955 年，国务院公布《国家机关工作人员退休处理暂行办法》和《国家机关工作人员退职处理暂行办法》，开始建立机关、事业单位工作人员的养老保险制度；颁布于 1951 年 2 月的《中华人民共和国劳动保险条例》经过 1953 年、1956 年两次修订，覆盖范围进一步扩大，企业职工养老金制度也逐步建立起来；1958 年，国务院公布《关于工人、职员退休处理的暂行规定》，同年，国务院公布《关于现役军官退休处理的暂行规定》，建立起由民政部和军队政治机关共同负责的军官退休制度；1964 年，财政部等发布《关于解决企业职工退休后生活困难救济经费问题的通知》，建立起退休人员生活困难救助制度；1966 年，第二轻工业部等发布《关于轻、手工业集体所有制企业职工、社员退休统筹暂行办法》和《关于轻、手工业集体所有制企业职工、社员退职暂行办法》，尝试建立集体企业职工养老保险制度。

（2）在医疗保障方面。1952 年 6 月，政务院颁布《关于全国各级人民政府、党派、团体及所属事业单位的国家工作人员实行公费医疗预防措施的指示》以及《国家工作人员公费医疗预防实施办法》，这两个行政法规将公费医疗的实施范围由原来的革命根据地公职人员扩大到全国各级人民政府、党派、工青妇等团体、各种工作队以及文化、教育、卫生科研、经济建设等事业单位的国家工作人员和革命残废军人，由此确立了我国的公费医疗制度；1953 年卫生部颁布《关于公费医疗的几项规定》，将公费医疗的实施范围扩大到高等学校的在校学生及乡干部；1955 年 4 月 26 日，国务院颁布了《关于女工作人员生育假期的通知》，规定了国家机关工作人员的生育待遇。1956 年，又将公费医疗制度扩大到各国在华工作专家、国家机关退休人员与高等学校退休人员等。

（3）在社会救助方面。1949 年 12 月，针对城市大量流落街头的难民、灾民、无业人员等贫困人口，政务院发布了《关于生产救灾的指示》，内务部发布了《关于加强生产自救劝告灾民不往外逃并分配救济粮的指示》。1950 年 6 月政务院发布了《关于救济失业工人的指示》，7 月劳动部发布了《救济失业工人暂行办法》。与此同时，政府拨出大量粮食和经费，对不同情况的人员给予不同的救济。1952 年全国 152 个城市经常得到救济的有 120

余万人。从 1953 年到 1957 年，国家支付城市社会救济费 1 亿多元，救济了 1000 多万人。1956 年，进入全面建设社会主义时期以后，在城市形成了就业与保障一体化的保障制度，农村生活困难的农民由生产队给予补助，社会救济费用全部由国家承担。

此外，这一时期，我国还建立了比较完善的军人优抚制度。如《共同纲领》明确规定，"革命烈士家属和革命军人家属，其生活困难者应受国家和社会的优待，参加革命战争的残疾军人和退伍军人，应由人民政府给以适当安慰，使其能谋生自立"，并要"逐步实行劳动保险制度"等。这一时期，我国的社会保险制度有以下特点：其保障对象为城镇企业职工，是一种不分险种的"一揽子"保险计划；与中国高就业政策或者说"零失业"政策一致，没有失业保险的内容；在风险分散的机制上，是以企业保险为主，辅之以社会保险的混合制度，传统说法为"劳动保险"。[①]

（二）调整时期

从 1957 年开始，国家转入有计划地全面进行社会主义经济建设时期。1957 年 3 月和 1958 年 3 月，国务院先后颁行了《关于工人、职工退休处理的暂行规定》、《关于工人、职员退职处理的暂行规定》等法规，使企业职工的退休养老成为一项独立的制度安排；1962 年 2 月国务院又颁布了《关于精简职工安置办法的若干规定》等法规，并开始在中国农村普遍建立起县、乡（公社）及村（生产大队）三级医疗保健网。这一时期，卫生部、劳动部、内务部等也发布有关决定，对公费医疗、劳保医疗、农村"五保"保障和军属优待制度等进行了相应的调整，军人的退休制度亦得到确立。在这一时期，国家—单位保障制度仍然延续着创立时期的格局，国家（主要体现在中央政府）承担着主要责任，各种单位承担着相关责任，只是保障内容发生了一些变化。如城镇职工的退休制度从劳动保险中独立出来并趋向正常化，社会保障覆盖面在稳步扩大；农村五保制度、合作医疗制度及其他各项社会保障政策得到了一定程度的完善。

但是，因为受到"大跃进"等政治运动的影响，中国由原来的城市工业畸形发展变为职工人数大规模削减（从农村进城再回农村去），有关福利事业也同样经历了一个从大发展到大削减的过程，农村中合作医疗亦曾经历过从"一哄而起"到一些地方办办停停的现象，因此，拟议中的社会保障制度调整任务并未完成。为重新寻求社会保障计划与经济发展之间的平衡，1958 年到 1966 年国家颁布了一系列的法律法规调整新中国建立初的部分社会保障制度。1965 年卫生部和财政部颁发了《关于改进公费医疗管理问题的通知》；1966 年劳动部和全国总工会联合发出了《关于改进企业职工劳保医疗制度几个问题的通知》。这两个文件分别对劳保医疗、公费医疗制度进行调整，象征性地引入个人负担机制。与此同时，这一阶段还调整了学徒的社会保险待遇，制定了病、伤、生育假期的规定，规定了职业病范围和职业病患者的保险办法，建立了异地支付社会保险待遇的办法。

---

①李珍主编：《社会保障理论》，中国劳动社会保障出版社 2001 年版，第 14～15 页。

（三）停滞时期

1966 年"文化大革命"一开始，原社会保险的管理部门工会、劳动部门、内务部门等被撤销，社会保险无人领导、监督、执行。"文化大革命"发生不久，在一些地方出现了社会保险金收支混乱，行之有效的异地支付社会保险待遇办法被迫停止执行，给长期享受保险待遇的人员造成很大的不便，并且助长了虚报冒领、错支错领的现象。财政部于 1969 年 2 月发出《关于国营企业财务工作中几项制度的改革意见》（草案）的通知，规定国营企业一律停止提取劳动保险金，企业的退休职工、长期病号工资和其他劳保开支都改在营业外列支。同时，正常的退休退职工作在许多地方被迫中止。"文化大革命"前，全国共积累保险金近 4 亿元，"文化大革命"中被全部冻结。

同时，因政务院内务部撤销，灾民救济和社会救济工作缺乏统一的组织和领导，基层福利机构被解散，一套行之有效的规章制度被废止，致使职工福利事业受到冲击。同时许多福利生产单位被撤销或并入有关工业部门，许多福利设施被占用、合并、撤销，大批符合救济条件的困难户得不到及时救济。一些优抚对象无故被取消荣誉称号，造成多起冤假错案。民政机构被撤销或合并，使安置工作无法正常进行。部队中大批伤、病、残战士长期滞留部队，退伍军人，特别是回农村的退伍军人，生产和生活中存在的困难得不到解决，出现了许多问题。

一直到 1976 年 10 月"文化大革命"结束，我国的社会保障事业基本停滞不前，甚至出现倒退的局面。我国国营企业的劳动保险实质上由社会保险倒退为企业保险，导致出现了两个严重后果：一是社会保险的统筹调剂工作停止，社会保险的统筹调剂职能丧失，使社会保险失去了其应有的互济功能；二是造成行业间、企业间负担的不平等。社会保险微观化为企业保险，加大了社会保险待遇上的"苦乐不均"现象，同时也恶化了职工养老金筹资与给付上的冲突。社会保险基金停止积累，由企业实报实销，加重了企业的负担，影响了企业的积极性。另外，还造成了正常的退休制度中断。[①]

三、改革开放以来我国社会保障制度的发展

改革开放以来，我国政府总结历史经验和教训，对新中国建立以来的社会保障制度进行了全面梳理和调整，并开始对中国社会保障制度进行改革与完善。

（一）改革开放前社会保障制度面临的问题

传统计划经济体制下的中国社会保障制度曾因适应中国社会经济发展水平而在一定时期得到广泛的肯定，但随着经济的发展、经济体制的转变，这种原有的社会保障模式日益暴露出其缺陷和不足。

（1）从经济结构看，中国的经济结构是一个典型的城乡二元经济结构，城市发展水平

---

① 夏咏梅主编：《社会保障概论》，安徽大学出版社 2001 年版，第 286～287 页。

大大高于农村；从所有制结构看，城镇又存在国有经济和集体经济，而两者的生产力水平相去甚远。与这一特点相适应，中国的社会保障制度也具有二元结构的特征：首先是城乡的二元保障结构；其次在城镇又存在明显的国有和集体不同保障的二元结构。

（2）在社会保险方面，城镇居民有较高和较全面的社会保险体制的保护，而农村社会保险制度基本上是空白，生老病死等风险引起的损失基本上由家庭承担。从积极的意义上说，在这种制度安排下，个人责任重，国家的负担轻，有利于储蓄和投资的增长；但是从消极的方面看，农村家庭仍是一个生产和消费单位，社会保障制度缺位，家庭处在巨大的风险之中，生存环境异常脆弱，因病致贫、因病返贫现象较为普遍。

（3）在社会福利方面，早熟与缺位并存。包括国有企业和机关、事业单位的"单位福利"和"企业福利"大大高于经济发展水平，具有明显早熟特征；而城镇集体企业和广大农村，福利制度基本上是缺位的、不发达的，与经济发展水平不相适应。

（二）中国社会保障制度的改革探索

从中国共产党十一届三中全会（1978）到十五大（1997）之前，是我国社会保障制度改革的探索时期。这一时期，社会保障制度改革是国有企业改革的配套措施，处于传统与现代交织的状态。

（1）改革养老保险制度。随着我国城市经济体制改革和国有企业改革的发展，养老保险制度的改革也开展起来。首先，是对养老保险及基金筹集方法进行改革，建立了由社会专门机构对企业职工的养老基金进行统一征集、管理和调剂使用的资金制度，改变了原先企业职工退休金由本企业自行支付的方式，避免了由于企业自行支付职工退休金所带来的弊端。1997 年 7 月，国务院颁布《关于建立统一的企业职工基本养老保险制度的决定》，进一步对养老金的规定、结构、给付办法进行了明确的界定。其次，开始整合城乡统一的养老保险制度。2009 年、2011 年分别开展新型农村社会养老保险和城镇居民养老保险试点，2014 年 2 月，国务院出台《关于建立统一的城乡居民基本养老保险制度的意见》，决定将新型农村社会养老保险（新农保）和城镇居民养老保险（城居保）两项制度合并实施。

（2）改革医疗保险制度。新中国建立以来，我国实行的医疗保险制度的主要缺陷在于保险的覆盖面比较窄、社会化程度低、资金的筹集渠道和标准不尽合理等。从 1984 年开始，国家就开始对原有的医疗保险制度进行了一系列的改革。最初是引入个人分担机制和实行社会统筹，许多地区实行了公费、劳保医疗费用与个人挂钩的办法，就医时，个人适当承担部分医疗费用。在此基础上，部分省市开展了离退休人员医疗费用和在职职工大重病医疗费用社会统筹的试点。[①]

（3）建立失业保险制度。为了适应经济体制改革和劳动用工制度改革的需要，实现企业竞争中的劳动力合理流动，破除长期以来不合理的企业铁饭碗现象，1985 年国务院颁布了《国营企业职工待业保险暂行规定》，1993 年 4 月国务院正式颁布了《国营企业职工待

---

①章晓懿主编：《社会保障制度与比较》，上海交通大学出版社 2005 版，第 18～22 页。

业保险规定》(中华人民共和国国务院令第 110 号),这标志着我国失业保险制度的建立。该规定在实施范围上虽只涵盖了国有企业,没有从根本上解决其他所有制企业职工的失业保险问题,但在国有企业内部扩大了对象和范围,将失业保险的范围由原来的 4 种人扩大到因企业或外部原因造成的各种失业人员。

(4)建立工伤保险制度。我国的工伤保险制度建立于 20 世纪 50 年代,保险的范围比较窄,保险的水平也偏低,已经不适应企业的实际情况和职工的实际生活需要,并且缺乏在整个范围内的统筹调剂。从 1988 年起有关部门对企业的工伤保险制度在一些省市进行了改革试点工作,在此基础上国家劳动部于 1992 年颁布了《中华人民共和国企业职工工伤保险条例》(征求意见稿),对工伤保险制度进行了进一步规范和发展。

(三)中国社会保障制度的进一步完善

1994 年,中国共产党第十四届三中全会通过《关于建立社会主义市场经济体制若干问题的决定》,把建立社会保障制度作为社会主义市场经济基本框架的五个组成部分之一。之后,中国社会保障制度建设的步伐明显加快[①]。

(1)社会保障体系框架基本形成。《中华人民共和国社会保险法》颁布实施,企业职工基本养老保险制度进一步完善,新型农村社会养老保险制度和城镇居民社会保险制度正在合并。新型农村合作医疗保险制度、城镇居民基本医疗保险制度和城乡医疗救助制度全面实施,失业保险与促进就业联动机制基本建立,覆盖城镇职工的工伤保险和生育保险制度普遍实施。全面建立和实施农村最低生活保障制度,实现了从单位和家庭保障向社会保障、从覆盖城镇职工向覆盖城乡居民、从单一保障向多层次保障的根本性转变。

(2)扩大社会保险覆盖面。根据 1999 年颁布的《社会保险费征缴暂行条例》,各级社会保障管理部门采取各种措施,努力扩大社会保障的覆盖面。2007 年中国共产党十七大报告提出国家要"加快建立覆盖城乡居民的社会保障体系",实行"五险合一"统一征收迈出步伐,全国城镇基本养老保险、基本医疗保险、失业保险、工伤保险、生育保险的参保人数,新农保和城镇居民养老保险、新农合参保人数都有大幅度增长。在短短的几年里,数亿人被纳入社会保障覆盖范围,建立起世界上最大的社会保障计划。

(3)保障水平有了较大幅度提高。2005 年至 2014 年连续 10 年调整企业退休人员养老金。开展了门诊统筹,逐步提高城乡基本医疗保险报销比例,各级财政提高了城镇居民基本医疗保险、新型农村合作医疗补助标准,城镇职工基本医疗保险最高支付限额由职工年平均工资的 4 倍提高到 6 倍,城镇居民基本医疗、新型农村合作医疗的最高支付限额,分别达到居民年人均可支配收入、农民年人均纯收入的 6 倍以上。失业保险、工伤保险、生育保险待遇,以及城乡低保、农村五保、优抚对象抚恤和生活补助标准进一步提高。

(4)拓宽社会保障金筹集渠道。一方面,按照《社会保险费征缴暂行条例》规定,政府有关部门采取一系列措施,改差额缴拨为全额征缴,清理追缴企业欠费,严格稽核缴费

---

①林晓洁:《十六大以来我国社会保障工作取得突破性进展》,载《中国劳动保障报》,2012 年 10 月 23 日。

基数，努力提高收缴率，加强基金征缴。另一方面，中央财政调整财政支出结构，较大幅度地提高了社会保障的资金投入，用于弥补地方下岗职工基本生活保障和养老金支付缺口，社会保障基金规模不断扩大。为了应对国际金融危机，社会保险领域首次对困难企业实施缓缴五项社会保险费的办法，降低了四项社会保险费率，并加大三项社会保险补贴力度，直接为企业减负，稳定职工就业，促进了经济较快企稳回升。

（5）加快解决历史遗留问题。1998 年以来，明确国有企业下岗职工基本生活保障制度和深化企业职工养老保险制度改革的政策措施，部署确保国有企业下岗职工基本生活、确保企业离退休人员养老金按时足额发放的工作任务。对招用就业困难人员和就业困难人员灵活就业后申报就业并缴纳社会保险费的各类企业，在相应期限内给予养老保险、医疗保险和失业保险补贴或适当的岗位补贴。将关闭、破产国有企业未参保退休人员全部纳入城镇职工基本医疗保险，统筹解决将其他关闭、破产企业退休人员和困难职工纳入医疗保险，将国有企业"老工伤"人员纳入工伤保险管理，将未参保集体企业和"五七工"、"家属工"[①]等群体纳入养老保险等。

（6）社保公共服务体系初步形成。从 1999 年开始，劳动保障部门通过试点，与银行、邮局等社会服务机构密切合作，全面实现了企业离退休人员基本养老金的社会化发放。迄今，全国有县及县以上经办机构 8000 多个，工作人员达 16 万人；全国街道、社区、乡镇、行政村建立的基层服务站所超过 19 万个，专兼职工作人员达 37 万人；医保定点医院 9.6 万个，定点零售药店 11.3 万个。建立了中央、省、市三级网络，并全部实现了省、部联网，实现了数亿参保人员的监测数据上传。

至此，经过 30 多年建设，我国已经"逐步建立起与市场经济体制相适应，由中央政府和地方政府分级负责的社会保障体系基本框架"[②]。

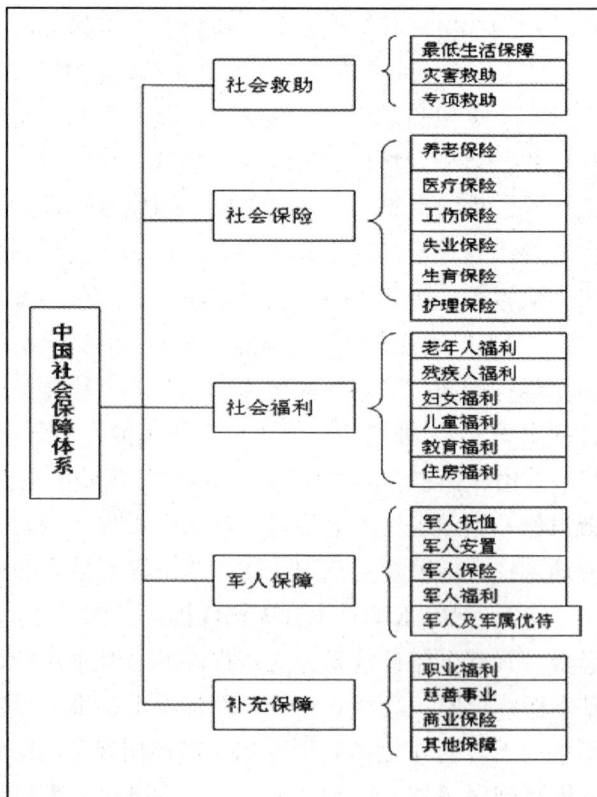

中国社会保障体系

- 社会救助
  - 最低生活保障
  - 灾害救助
  - 专项救助
- 社会保险
  - 养老保险
  - 医疗保险
  - 工伤保险
  - 失业保险
  - 生育保险
  - 护理保险
- 社会福利
  - 老年人福利
  - 残疾人福利
  - 妇女福利
  - 儿童福利
  - 教育福利
  - 住房福利
- 军人保障
  - 军人抚恤
  - 军人安置
  - 军人保险
  - 军人福利
  - 军人及军属优待
- 补充保障
  - 职业福利
  - 慈善事业
  - 商业保险
  - 其他保障

---

① "五七工"、"家属工"，指 20 世纪六七十年代初，响应毛泽东"五七"指示，走出家门参加生产劳动，组建街道"五七"厂或进入企业不同岗位的城镇职工及其家属。他们不同于一般意义上的临时工，多数人是在计划经济时期企业计划用工不足时的一种特殊用工形式。

② 国务院新闻办公室：《中国的社会保障状况和政策》，来源：人民网，2004-09-07。

第二章　社会保障的理论演进

社会保障是现代国家一项基本的社会经济制度，是社会安定的重要保障，也是社会文明进步的重要标志。从比较来看，西方社会保障理论的基础是效用价值论，强调社会保障对维护资产阶级国家统治的重要性。但西方经济学理论的创新和发展，极大地促进了西方社会保障理论的繁荣，为西方国家社会保障实践提供了多方面的政策依据。马克思主义社会保障的理论基础是社会再生产理论和剩余价值理论，强调国家在社会保障中的作用。这些理论对世界各国社会保障制度的产生、演变产生了重要的导向作用。

第一节　近代社会保障思想的产生

近代工业革命大幅提升了人类的物质文明，但也造成许多社会问题浮出台面，例如环境污染、失业、工伤事故等。而物质和科学的进步延长了人的寿命，也因此造成了人口爆炸性增长。这些问题呼唤社会保障制度的产生。

一、空想共产主义

随着资本主义的发展壮大和矛盾的累积，空想共产主义、空想社会主义及社会改良主义在批判资本主义、唤醒人民为争取自由和民主而斗争的同时，对建立未来人类理想社会组织形式也提出了许多积极的设想。

（一）莫尔的社会理想

托马斯·莫尔（1478—1535），是文艺复兴时期英国空想共产主义的奠基人。1516年，他出版了《乌托邦》一书。该书揭露了英国资本主义原始积累时期的圈地运动称为"羊吃人"的运动。在书中，莫尔以公有制为基础设计了一个理想的社会模式。

莫尔在书中批判了新生的资本主义关系，描写了人民的痛苦，叙述了一个航海家航行在异国他乡———乌托邦的旅行见闻。"乌托邦"一词来自希腊文，意即"乌有之乡"。莫尔设计的"乌托邦"，是位于南半球的一个岛国，他以该岛构思了一个幸福的、理想的国家状态。在这里，莫尔系统地规划了乌托邦的政治、经济、科学文化、社会生活、宗教、对外关系等方面的主要特征。在这一社会中，社会的基础是财产公有制；人们在经济、政治权利方面都是平等的；实行按需分配的原则；公民们在这里轮流到农村参加劳动，每天工作 6 个小时即能满足社会需要，其余时间从事科学、艺术、智慧游戏活动。每十年调换一次住房，穿统一的服装，在公共餐厅就餐。这里没有商品货币关系；金银被用来制造便桶溺器；社会管理者由大家秘密投票选举产生，职位不得世袭，实行一夫一妻制和宗教自由政策。①莫尔在社会主义史上第一次提出了消灭私有制，建立公有制的问题。然而，处于那个时代的莫尔不可能理解资本主义的历史地位，也无法找到实现理想制度的途径，因此他的乌托邦就只能是空想而已。

（二）闵采尔的社会理想

托马斯·闵采尔（1490—1525），是 16 世纪德国出现的早期共产主义思想家之一。他受过良好教育，精通拉丁语和希腊语。15 岁时就组织过反对天主教会的秘密团体，支持马丁·路德的宗教改革。但是他的主张更为激进，认为天主教的"赎罪说"是"给破房子刷白粉"，他认为房子破了，应该拆掉破房子，而不是刷白粉。1521 年他发表了《布拉格宣言》，主张用暴力实现社会变革。

闵采尔是德国宗教改革的激进派领袖，在德国宗教改革运动中，他代表平民战线的革命家给宗教以严厉的抨击。他号召跟随他的人用实际行动包括武装斗争的形式进行社会改革，来实现上帝的公义。他认为压迫他们的封建王侯和教会即将毁灭，公正平等的理想社会即将实现。他主张建立完全平等的理想社会，在这里消灭一切诸侯和贵族，废除封建压迫制度，没有等级差别，没有私有财产。他宣称："在上帝亲自治理的千禧年国度里，没有阶级差别，没有私有财产，没有欺诈与压迫。"②恩格斯对他的思想曾给予高度评价，称"闵采尔的纲领，与其说是当时平民要求的总汇，不如说是对当时平民中刚刚开始发展的无产阶级因素的解放条件的天才预见"③。闵采尔思想作为一种空想共产主义，却充满了社会福利的意识。

（三）康帕内拉的社会理想

托马斯·康帕内拉（1568—1639），是意大利文艺复兴后期空想共产主义者。1591~1597 年，康帕内拉因发表反宗教著作三次被捕，先后坐牢 6 年。1599 年 9 月，康帕内拉因参与领导南意大利人民反对西班牙哈布斯堡王朝的斗争被西班牙当局逮捕。1622 年，他在狱中完成的《太阳城》一书，是具有深远影响的空想社会主义著作。

康帕内拉的《太阳城》是西方社会福利思想体系形成的一个重要来源，其社会福利思想表现为：在经济上主张公有制与和谐的劳动分工及就业保障；强调受教育和全面发展是公民应该享受的福利；重视形成互助互济的和谐人际关系与共享较高的医疗、母婴与老年福利待遇。在《太阳城》一书中，他借航海家之名，描绘了一个理想社会。在这里，没有剥削，没有私有财产，一切生产和生活资料都归全民所有，人们过着绝对平均

---

①高永：《托马斯·莫尔与他的绝命书》，载《世界文化》，2007 年第 7 期。
②《德意志平民宗教改革家》，来源：http://www.eeloves.com/104789。
③恩格斯：《马克思恩格斯全集》（第 7 卷），人民出版社 1959 年版，第 413 页。

的生活；实行普遍的义务劳动制度，一切劳动均由全体居民共同承担，劳动是全体太阳城居民的普遍义务；实行按需分配的原则，居民生活用品由社会进行统一分配，任何人不会获取超过他所应得的东西，但也不会不给他所必需的东西；太阳城里实行"哲人政治"，只有大智大慧的"贤哲"才能担任最高管理人（称为太阳）及其助手；教育与生产相联系，存在脑力劳动与体力劳动的差别，实行教育和生产相结合的公共教育制度。"太阳城"保障每个人的基本需要，对社会弱者和残疾人有适当安排，使他们也能做力所能及的工作。康帕内拉的空想共产主义思想在近代思想史上具有崇高的历史地位，也是 19 世纪科学社会主义的重要理论来源。①

上述三位早期空想共产主义者的思想较为全面、系统、深刻地显示了社会保障之光，他们的某些主张和建议对后来唤起人民为争取自由和民主而斗争，推动社会改革，建立健全社会保障制度具有极其深刻的意义，对后来社会保障理论的形成产生了积极影响。

二、经济自由主义

经济自由主义是一种支持个人财产和契约自由权利的意识形态。经济自由主义主张限制政府在经济事务中的操控，让市场机制发挥调节资源的作用。经济自由主义认为，任何外在的人为影响，尤其是政府的各类调节企图，不仅不会使情况变得更好，而且会变得更糟。其代表人物主要有英国的亚当·斯密、大卫·李嘉图和托马斯·马尔萨斯。

（一）亚当·斯密的自由经济思想

亚当·斯密（1723—1790），是英国的哲学家和经济学家。他的《国民财富的性质和原因的研究》一书是第一本试图阐述欧洲产业和商业发展历史的著作，建立了现代的经济学学科，也提供了现代自由贸易、资本主义和自由主义的理论基础。

亚当·斯密反对国家干预经济的发展，认为在市场这只"无形的手"的作用下，人人追求自己的利益比人为地以善良意愿的旗号能更好地促进社会利益。虽然斯密不主张国家干预经济的发展，但是，他依然认为，社会财富的增长要服务于人类的繁荣与幸福，而且社会应该关注普通劳动者生活状况的改善。社会财富的增长意味着社会大部分成员生活状况的改善，这是对全体社会成员有利的事情，而大部分成员陷入贫困的社会则不能说是繁荣幸福的社会。同时，供给全体社会成员以衣食住的人，在自己的劳动生产物中分享一部分，使自己得到过得去的衣食住等方面的条件，这样才算是公正的社会。他高度评价劳动者的幸福，认为幸福是社会进步繁荣的表现，"劳动者报酬优厚，是国民财富增进的必然结果，同时是国民财富增进的自然征候。反之，贫穷劳动者生活维持费不足，是社会停止不进的征候，而劳动者处于饥饿状态，乃是社会急速退步的征候"②。这里，

---

① 陈雷：《解读康帕内拉〈太阳城〉的和谐社会福利思想》，载《中国青年科技》，2008 年第 12 期。
② 亚当·斯密：《国民财富的性质和原因的研究（上卷）》，商务印书馆 1972 年版，第 64～66 页。

亚当·斯密是从正义的、进步的角度评价劳动者应得的报酬。所以，他主张劳动者的工资不仅要维持劳动者的生活所需，还应该能够超过自己所需，因为劳动者还必须赡养自己的家人。

（二）李嘉图的税收理论

大卫·李嘉图（1772—1823），是英国资产阶级古典政治经济学的主要代表之一，也是英国资产阶级古典政治经济学的完成者。其主要代表作是 1817 年完成的《政治经济学及赋税原理》，书中阐述了他的税收理论。李嘉图继承并发展了斯密的自由主义经济理论，认为限制国家的活动范围、减轻税收负担是经济增长的最好办法。

大卫·李嘉图认为，人口的发展受到生产力发展水平、社会经济财富状况的制约。当人口对生活资料产生压力时，补救办法只有两种，或者减少人口，或者更加迅速地积累资本。工资作为劳动的自然价格应该能够维持劳动者的生活，同时满足劳动者延续劳动力再生产的需要。李嘉图反对英国的济贫法，认为济贫法存在弊端，它不能改善贫民的生活状况，却使贫富双方的状况趋于恶化。贫者不能变富，富者却变穷。维持现行的济贫法需要越来越多的基金，会把国家的全部收入吸纳进去。济贫法不加区分地对所有贫民进行救济，使一部分有工作能力的人产生了依赖思想，它把那些勤勉工作的人们的工资给予了这部分人，鼓励了好逸恶劳和浪费的行为。李嘉图主张废除济贫法，他强调贫民应该通过个人努力摆脱困难，深刻认识自立的价值。主张逐渐缩小济贫法的范围，反对在全国征收济贫税，主张由各教区征收自己的济贫基金，这样效果会更好。[①]

（三）马尔萨斯主义

托马斯·马尔萨斯（1766—1834），是英国的经济学家。他在《人口论》(1798)一书中提出，人和动物、植物一样，都听命于繁殖自己种类的本能的冲动，造成了过度繁殖。因此人口有超过生活资料许可范围而增长的恒常趋势。他断言：人口按几何数列增加，而生活资料只能按算术数列增加。

马尔萨斯主义产生于 18 世纪，主要观点是马尔萨斯在其代表作《人口原则》和《政治经济学原理》中提出的"人口论"思想。他认为，人类必须控制人口的增长，否则贫穷是人类不可改变的命运。马尔萨斯认为，试图消灭贫困对穷人和富人都没有好处，富人会产生权力感，穷人则会产生依赖感，这对人类心灵都是有害的。他对英国的济贫措施提出了批判，认为济贫法的实行产生了很多弊端：一是造成人口增长，而食物却不见增长；二是接受救济的人一般不是有价值的社会成员，他们以救济为生；三是济贫法影响人们的自立意识的发挥；四是济贫法不利于勤俭节约意识的培养，它削弱了人们的储蓄能力和意愿；五是济贫法对民众自由构成影响，政府借济贫法对社会经济进行干预。

马尔萨斯提出了三个解决贫困问题的方法：一是废除现有的济贫法；二是鼓励人们

---

① 丁建定、魏科科：《社会福利思想》，华中科技大学出版社 2005 年版，第 69～71 页。

开垦土地，鼓励农业而不是制造业、畜牧业；三是由各地为极端贫困者建立济贫院，国家统一征收济贫税，收容贫民。济贫院强迫所有能够工作的人进行工作，而不是把济贫院当作是过舒服生活的避难所，这样就能够增加英国普通人的幸福总量。[①]

三、空想社会主义

进入近代社会以后，西方国家资本主义的发展使阶级矛盾和社会矛盾不断尖锐，社会动荡不定，空想社会主义理论纷纷出现，呼吁在现代大工业的基础上建立没有剥削、没有压迫的理想社会。

（一）圣西门的空想社会主义

昂利·圣西门（1760—1825），是法国的空想社会主义者。从 1798 年起，圣西门致力于学习多方面的文化知识，1802 年开始，出版了《一个日内瓦居民给当代人的信》、《人类科学概论》等一系列著作。在书中，他对资本主义制度进行了尖锐的批判，认为竞争和无政府状态是一切灾难中最严重的灾难。与此同时，他对未来社会制度提出了许多积极的主张，即实行所谓一种"实业制度"。

在圣西门设计的社会制度中，人人都要劳动，没有失业现象，实行"按能力计报酬，按工效定能力"的原则。他主张应由知识分子和实业家掌握社会、经济、文化各方面的权力，人人都有劳动的权利和义务。圣西门的社会保障概述起来有"满足人民的需要"、"促进无产者福利的提高"、"保证社会的安宁"等三个方面，并把它作为社会制度的"唯一的和固定的目的"。圣西门的实业思想和工业化主张成了第二帝国时代工业化的主导思想，对法国近代经济发展产生了重大而深远的影响。

马克思、恩格斯在《共产党宣言》中，称圣西门的思想体系是"本来意义的社会主义和共产主义体系"，并以继承了他的思想为荣。圣西门几乎发现了所有后来社会主义思想的萌芽。他提出了"一切人都应该劳动"，察觉了"法国革命是阶级斗争"，宣布"政治是关于生产的科学"，并且预言"政治将完全为经济所包容"，提出了"计划生产"、"按能分配"等思想。但是，圣西门却不主张消灭私有制和进行暴力革命，不主张搞无穷无尽的阶级斗争。[②]因此，圣西门是空想社会主义的创始人。

（二）傅立叶的空想社会主义

夏尔·傅立叶（1772—1837），也是法国的空想社会主义者。他的主要著作是《关于四种运动和普遍命运的理论》、《宇宙统一论》和《经济的和协作的新世界》等。在书中，他深刻批判了资本主义社会，认为资本主义是"温和的监狱"、"贫困的温床"。他设计的理想社会叫做"法朗吉"，意为"具有共同目标的集体"。他描绘的未来社会是一个公平、公正

---

①姜丽美：《马尔萨斯济贫思想的客观评判及当代启示》，载《华北电力大学学报》，2010 年第 3 期。
②董煊：《圣西门的实业思想与法国近代的工业化》，载《中南民族大学学报》，2004 年第 1 期。

的社会，他幻想通过这种社会组织形式和分配方案来调和资本与劳动的矛盾，从而建成人人幸福的和谐社会。

在著作中，傅立叶认为迄今为止人类社会的发展经历了蒙昧、宗法、野蛮和文明四种制度，都经历了由盛到衰的过程。被资产阶级视为永恒的文明制度，也不过是社会发展的一个阶段。这种制度是万恶之源，是人人相互反对的战争，是贫富分化的极端、商业欺诈的乐园、道德败坏的温床。他主张消灭文明制度，建立和谐制度。在这样的和谐制度中，人们按性格组成"法朗吉"，人人按兴趣爱好工作，而且可以随时变换工作。法郎吉的产品按劳动、资本和才能分配，人人都可入股成为资本家，从而消灭阶级对立。在这样的协作制度下，教育与生产劳动结合了起来，妇女会获得完全解放，城乡差别和对立也将消失。但傅立叶不主张实行社会革命，而只是期待富人慷慨解囊。[①]

（三）欧文的空想社会主义

罗伯特·欧文（1771—1858），不仅是空想社会主义思想的倡导者，而且努力在各种场合实现自己的理想，他构想的理想社会制度是"劳动公社"。欧文最重要的著作是《新道德世界书》，在书中他表达了最明确的共产主义思想。

欧文设计了一个同资本主义相对立、没有剥削的理想社会。作为其基层组织的合作公社，是建立在公有制基础上集体劳动的生产单位和消费单位，其最高权力机关是社员大会，公选产生的理事会是常设的领导机构。为了使工人阶级生活更美好，并且让村民内在和外在的性格彻底而全面地得到改进，他抛弃传统工厂的那种残酷剥削工人的管理制度，在自己所管理的新拉纳克大棉纺厂进行全新的改革试验，缩短工时，提高工资；禁止使用童工，为儿童开办学校和托儿所；开办商店，为工人提供便宜的生活品；修建工人住宅，改善工人居住条件，改进卫生设备；建立食堂，发放抚恤金，设立互助保险，提供医疗服务等等。在试验的基础上，他设计出自己心目中的理想社会——合作村，合作村实行权利义务平等、财产公有、联合劳动、联合消费、联合保有财产和特权均等原则。每个成员都各尽所能，共同劳动，共同消费劳动产品，共同管理公社事务。为了给工人创造更合乎人的尊严条件的生活，提出消灭私有制，过渡到共产主义等。[②]

总之，上述三位空想社会主义者，他们的思想都充满了社会福利的内涵，但最根本的缺陷是阶级调和论，否认武装夺取政权。因此，他们所设计的社会主义实践最终只能以失败而告终。

---

① 《空想社会主义思想家——傅立叶》，来源：http://www.gl2e.com/html。
② 黄徐箐：《论欧文的空想社会主义》，载《学理论》，2011 年第 21 期。

第二节 现代社会保障理论的发展

在西方国家走向工业化、市场化、社会化的过程中，社会保障理论的发展也有一个从简单到复杂的认识过程，并直接导致了社会保障制度安排的出发点由解决劳资纠纷、缓和劳资矛盾，逐步转变为构筑市场经济运行体系的重要组成部分。关于现代西方社会保障理论的看法，大致分为国家干预主义、经济自由主义、中间道路三大流派。

一、国家干预主义

所谓国家干预主义，是指一种主张削弱私人经济活动的范围，由国家干预和参与社会经济活动，在一定程度上承担多种生产、交换、分配、消费等经济职能的思想和政策。它主要强调自由市场机制的缺陷必须通过国家干预来弥补，表现在社会政策方面，国家必须承担起"文明和福利"的职责，肯定政府在社会财富再分配中占有的重要地位。

（一）德国的新历史学派

德国新历史学派催生了现代社会保障制度。19 世纪前期，德国出现以李斯特为代表的经济国家主义和罗歇尔为代表的历史学派，他们反对以英国为代表的自由放任主义的经济政策，主张国家对经济进行有力的干预。19 世纪 70 年代以后，随着资本主义的发展，新历史学派取代旧历史学派适应资产阶级统治的需要产生和发展起来。新历史学派又被称为"讲坛社会主义"，其代表人物有古斯塔夫·施穆勒（1838—1917）、阿道夫·瓦格纳（1835—1917）、路德维希·布伦坦诺（1844—1931）。

新历史学派的社会改良政策有两个支撑点：一是他们从伦理道德出发，认为劳资冲突不是经济利益上的对立，而是感情、教养和思想存在差距而引起的对立。因此，在他们看来，劳资问题是一个伦理道德问题，不需要通过社会革命来解决，而只要对工人进行教育，改变其心理和伦理道德的观点，便可以解决。二是他们的国家观。该学派主张国家至上，国家直接干预经济生活，承担起"文明和福利"的职责。新历史学派的政策主张包括：一是国家的职能不仅在于安定社会秩序和发展军事实力，还在于直接干预和控制经济生活，即经济管理的职能。二是国家的法令、法规、法律至上，决定经济发展的进程。三是经济问题与伦理道德密切相关，人类经济生活并不是仅仅局限于满足本身的物质方面的欲望，还应满足高尚的、完善的伦理道德方面的欲望。四是劳工问题是德意志帝国所面临的最严峻的问题。五是国家应通过立法，实行包括社会保险、孤寡救济、劳资合作以及工厂监督在内的一系列社会措施，自上而下地实行经济和社会改革。

新历史学派的政策主张被 19 世纪七八十年代的普鲁士宰相俾斯麦所接受，成为德国率先实施社会保险制度的理论依据。正是在这种背景下，从 1883 年开始，德国陆续推出了《疾病保险法》、《工业伤害保险法》、《老年与残疾保障法》、《孤儿寡妇保险法》等社会保险法典。新历史学派的主张后来经过制度学派在美国得以发展，并得到欧洲一些国家的认可，这是西方国家初级社会保障的思想基础。

（二）英国的费边社会主义

费边社会主义是 19 世纪末 20 世纪初资本主义开始从自由竞争向垄断过渡时期的阶级矛盾急剧尖锐化的产物，它试图用温和的、渐进的改良政策实现所向往的"社会主义"。其价值观念是英国在二战后实施"普遍福利"政策的理论基础。费边社会主义是在"费边社"的基础上形成的一种社会思潮。

"费边社"是英国社会主义运动中心以研究和教育宣传为主要目的，成立于 1884 年，其成员包括一批关心社会问题的中产阶级知识分子，如著名的文学家伯纳德·萧伯纳、社会理论家悉尼·韦伯和阿特丽丝·韦伯夫妇等。他们以古罗马名将费边作为学社名称的来源。他们主张采取温和缓进的方法来改良社会，反对用革命暴力去推翻资本主义，故以公元前 3 世纪古罗马一位因主张等待时机、避免决战的战略而著名的将军费边的名字命名社名，简称"费边主义"。

费边社会主义的主要观点是：主张阶级合作、社会和平，反对暴力革命，害怕阶级斗争，希望通过民主选举建立地方自治市政机关，逐步掌握煤气、电力、自来水等公共事业所有权，运用温和渐进的方法和一点一滴的改良，实现社会主义。认为个人必须为社会工作，社会反过来应保证个人自我价值的充分实现。社会作为一个有机体，贫富差距不能过大，否则极易损害有机体的效率。每一个人过上有尊严的生活是其天赋的权利，国家有责任和义务采取各种手段，包括通过某种形式的财富再分配来调整自由放任的市场只讲效率而不求公正的状态。[①]

费边社会主义认为，社会主义应该是"国家社会主义"，它是"医治有缺陷的工业组织和极端恶劣的财富分配办法所引起的疾病的良药"。费边社会主义有三个基本的价值理念，即平等、自由和互相关怀，平等有利于社会的整合；自由可以使公民实现自己的生活价值和目标；互相关怀能够弘扬利他主义，促进社会和谐。恩格斯指出，费边社会主义这些形形色色的资产阶级社会主义者的主要目的"就是使资产者皈依社会主义，从而用和平和立宪的办法来实行社会主义"[②]。

（三）瑞典的斯德哥尔摩学派

斯德哥尔摩学派又称瑞典学派、北欧学派，是当代西方经济学的重要流派之一，它产生于 19 世纪末 20 世纪初的斯德哥尔摩大学，其代表人物有大卫·达维逊、古斯塔夫·卡塞尔、克努特·维克塞尔等瑞典经济学家。瑞典学派开创了以国家干预实现"充分就业"和"收入均等化"的瑞典社会福利模式，成为独特的"混合经济"的"福利国家"。

---

①袁德：《评费边社会主义学派的福利观》，载《社会福利》，2002 年第 3 期。
②《马克思恩格斯全集》（第 37 卷），人民出版社 1971 年版，第 351 页。

瑞典学派的理论渊源是克努特·维克塞尔（1851—1926）的累积过程理论。这一理论将资本边际利润率和利息率的差异及其相对变动视为宏观经济变动的基本决定因素。根据这一理论，维克塞尔提出控制利息率以维持经济稳定的经济政策主张。维克塞尔的累积过程理论和宏观货币政策主张，不仅是瑞典学派的理论渊源，而且开了现代西方国家干预主义经济学的先河，成为凯恩斯主义经济学的理论渊源之一。维克塞尔在1898年出版的《利息与价格》为瑞典学派的经济理论奠定了重要基础。维克塞尔在该书中首先批评了旧的货币数量论，认为它是一些同实践很少有关系，有些方面简直是完全没有关系的理论，因而是错误的。在他看来，在一个银行信用已充分发展的经济社会中，一般价格水平取决于银行提供的贷款条件或贷款利率。他认为，确定这一问题的关键在于货币利息率，即市场利息率同自然利息率之间的差异。维克塞尔试图从区分这两种利息率的差异出发来说明经济周期波动的原因，这就是所谓积累过程原理，即宏观动态的均衡分析。维克塞尔的积累过程原理在资产阶级经济学说史上是具有承前启后意义的。

瑞典学派在政治上主张建立社会民主主义秩序，即工人和雇主（资本家）都处于平等地位，各自都有自己的阶级组织——总工会和雇主协会，国家是超阶级的，因而居民享有充分的民主。有关工资和其他劳资纠纷问题，由雇主协会与工会双方自由谈判，协商解决，协议不成，则由超阶级国家政府出面谈判。这样，全社会依靠政府、雇主协会和工会三大权力中心相互协调、相互制衡，就可以维护阶级合作与社会民主主义的正常秩序。在经济上，他们主张建立混合经济。瑞典学派把战后世界各国的经济制度划分为三种模式进行分析比较之后认为，最理想的经济模式乃是以瑞典为代表的混合经济制度，即社会民主主义经济制度。

在社会保障方面，瑞典学派主张实现收入均等化，建立社会福利保障制度，通过收入再分配的方法（主要是累进所得税和转移性支付）举办社会福利事业，使社会各阶级、集团之间的收入和消费水平趋于平等化。事实上，瑞典的社会福利保障制度的建立，在一定意义上对广大劳动群众的生活是有利的，因为它在一定程度上解除了广大职工生老病死和失业等的后顾之忧，从而有利于安居乐业，也有利于社会稳定。而"由于社会财富分布的不均匀，富人和穷人的边际效用是不同的，富人增加的财富的边际效用比穷人的低，因此要实现社会福利的最大化，应该把富人的一部分收入转移到穷人手中，从而增加穷人的边际效用，使整个社会的效用和福利增加"[①]。

二、福利经济学的演变

随着工业化、市场化、社会化的发展，经济学家对社会保障功能的肯定也有一个从简单到复杂的认识过程，这直接导致了社会保障制度安排的出发点由解决劳资纠纷、缓和劳资矛盾，逐步转向构筑市场经济所必需的制度体系。

[①]徐则荣：《瑞典经济模式和瑞典学派》，载《山东社会科学》，2008年第7期。

（一）古典福利经济学

福利经济学作为一个经济学的分支体系，最早出现于 20 世纪初期的英国，其代表人物是英国著名经济学家塞西尔·庇古（1877—1959）。福利经济学是西方经济学家从福利观点或最大化原则出发，对经济体系的运行予以社会评价的经济学分支学科。福利经济学的产生，为社会保障的发展提供了较为系统的理论支持。

边沁的功利主义原则是福利经济学建立的哲学基础。庇古是资产阶级福利经济学的创立者。他把福利经济学的对象规定为对增进世界或一个国家经济福利的研究。庇古认为福利是对享受或满足的心理反应，福利有社会福利和经济福利之分，社会福利中只有能够用货币衡量的部分才是经济福利。1920 年，《福利经济学》的出版是其福利经济学产生的标志。庇古根据边际效用基数论提出两个基本的福利命题：国民收入总量愈大，社会经济福利就愈大；国民收入分配愈是均等化，社会经济福利就愈大。庇古从第一个基本福利命题出发，提出社会生产资源最优配置的问题。他认为，要增加国民收入，就必须增加社会产量。而要增加社会产量，就必须实现社会生产资源的最优配置。从第二个基本福利命题出发，提出收入分配均等化的问题。他认为，要增大社会经济福利，必须实现收入均等化。

庇古以边际效用价值理论为基础，把福利分为两类：一类是广义的福利，即社会福利；另一类是狭义的福利，即经济福利。广义的福利包括占有财物产生的满足，涉及自由、家庭幸福、精神愉快、友谊、正义等，但比较难计算。狭义的福利是指可以用货币计算的那部分福利。经济福利是社会福利的一部分，但影响却是决定性的，在很大程度上反映社会的福利状况。庇古认为，凡是能增加国民收入总量而不减少穷人的绝对份额，或者增加穷人的绝对份额而不影响国民收入的总量，都表明社会福利的增加。庇古把收入的均等化作为衡量社会福利的一项标准，把社会福利与国家干预收入分配联系起来，无疑是具有开创性的。[①]

在上述理论分析的基础上，庇古提出了实现社会福利最大化的措施，即转移富人的财富给穷人。这里财富转移有两种——自愿转移和强制转移。自愿转移是富人把自己收入的一部分举办教育、娱乐、保健等社会福利事业，或创办一些科学和文化机构；强制转移是政府通过累进税和遗产税等方式征收富人的财富。

（二）新福利经济学

1929~1933 年的资本主义世界经济危机以后，英、美等国的一些资产阶级经济学家在新的历史条件下，对福利经济学进行了许多修改和补充。西方经济学家 20 世纪 30 年代以后在继承和批判庇古福利经济学的基础上建立起"新福利经济学"。

1932 年，英国经济学家利奥尼尔·罗宾斯发表了《论经济科学的性质和意义》，对庇

---

① 陈支农：《庇古与〈福利经济学〉》，载《财经政法资讯》，2001 年第 2 期。

古的福利经济学进行了批评。1939年尼古拉斯·卡尔多发表了《经济学的福利命题和个人间的效用比较》，将帕雷托的系数边际效用价值论引入福利经济学，并把帕雷托提出的社会经济最大化的新标准——帕雷托最佳准则作为福利经济学的出发点。随后，卡尔多、希克斯、伯格森和萨缪尔森等经济学家对帕雷托最佳准则作了多方面的修正和发展，并提出了补偿原则论和社会福利函数论，创立了新福利经济学。

意大利经济学家维弗雷多·帕累托是新福利经济学的先驱。他着重研究生产资源在社会生产中如何达到最优配置，认为当整个社会的生产和交换都最有效率时，整个社会的福利就最大。帕累托的"最优状态"概念是福利经济学的重要分析工具。帕累托最优状态指的是这样一种状态：任何改变都不可能使一个人的境况变得更好，也不会使别人的境况变坏。按照这一规定，一项改变如果使每个人的福利都增进了，或者一些人福利增进而其他的人福利不减少，这种改变就有利；如果使每个人的福利都减少了，或者一些人福利增加而另一些人福利减少，这种改变就不利。

新福利经济学家运用"序数效用论"、"帕累托最优"、"补偿原理"、"社会福利函数"等分析工具来说明政府应当保证个人的自由选择，通过个人福利的最大化来增进"整个社会的福利"，以此实现社会福利的极大化。当一国的经济福利总和增加时，整个社会的福利保障水平也就随之提高。新福利经济学认为，最大福利的内容是经济效率，而不是收入的均等分配。所谓经济效率，是指生产资源的使用达到最适度状态，即实现了"帕累托最优"，又称帕累托效率。当资源得到最适度配置时，经济就是有效率的，因而才能达到最大化的社会福利。

（三）凯恩斯主义

约翰·梅纳德·凯恩斯（1883—1946），是英国著名的经济学家。20世纪30年代，在西方爆发了一场灾难性的经济大危机，使西方长期以来信奉的自由放任的自由主义经济政策破产，凯恩斯主义经济学应运而生。

20世纪30年代，凯恩斯发表了一系列关于国家权力和整体经济趋势的效果的文章，发展了货币政策不仅仅是一个固定的参照物的理论。凯恩斯的代表性著作是1936年出版的《就业、利息和货币通论》，他在数中提出有效需求理论，是现代社会保障制度建立的理论基石之一。凯恩斯的经济理论认为，宏观的经济趋向会制约个人的特定行为。18世纪晚期以来的政治经济学或者经济学建立在不断发展生产从而增加经济产出的基础上。而凯恩斯则认为对商品总需求的减少是经济衰退的主要原因。由此出发，他认为维持整体经济活动数据平衡的措施可以在宏观上平衡供给和需求。因此，凯恩斯的经济学理论和其他建立在凯恩斯理论基础上的经济学理论被称为宏观经济学，以同注重研究个人行为的微观经济学相区别。

凯恩斯认为，生产和就业的水平决定于总需求的水平，总需求是整个经济系统里对商品和服务的需求的总量。凯恩斯指出，当生产和就业状况迅速恶化时即便理论说得再好，事实上这个自动调节机制没有起作用。问题的关键在于"需求不足"是否存在。为解决有效需求不足的问题，凯恩斯主张确定经济政策的目标时要刺激需求，才能使资本主义经济实现充分就业。他认为，在经济危机期间，资本家对未来丧失信心，而借贷投资又需支付利息，所以货币政策对刺激需求的作用不大。他提出，政府要积极干预经济，推行扩张性的财政政策。扩大政府支出，实行赤字财政，即政府的财政政策应从传统的预算平衡思路中解放出来，走向主动的、积极的赤字预算，以刺激社会经济活动，增加国民收入。还可以实行适当的通货膨胀政策，即国家通过自己控制的中央银行系统增发纸币，扩大信贷，压低利率。在凯恩斯的国家干预思想中，社会保障占有相当重要的地位，他主张通过累进税和社会福利等办法重新调节国民收入分配，还提出消除贫民窟、实行最低工资法、限制工时立法等主张。他倡导积极国家，反对自由主义的消极国家，强调维护资产阶级民主制度。第二次世界大战以后，凯恩斯宏观经济理论占绝对主导地位，成为建立国家的重要思想基础和资本主义各国制定公共政策的主要理论依据。在社会保障制度理论方面，凯恩斯主义是一个新的里程碑，它直接推动了第二次世界大战后社会保障制度在全世界范围内的建立。[①]

二战以后，这一趋势发展成为新古典主义综合学派。20世纪80年代凯恩斯主义经济学受到货币主义、新古典宏观经济学等的挑战，因此新凯恩斯主义经济学适时兴起。新凯恩斯主义者继承了传统凯恩斯主义者国家应该干预经济的基本主张，既吸收了新古典经济学的一些合理的理论和政策主张，又在吸取当时一些宏观经济实践经验教训的基础上，发展了国家干预经济的理论，使得国家干预经济的政策发展到一个新的水平。

三、新自由主义

到19世纪末，自由放任的自由主义在西方的影响趋于衰落，取而代之的是新自由主义。新自由主义主张在新的历史时期维护资产阶级个人自由，调解社会矛盾，维护资本主义制度，反对国家对于国内经济的干预。新自由主义是一个包括众多学派的思想的理论体系。新自由主义中影响最大的是伦敦学派、现代货币学派和供给学派。

（一）伦敦学派

伦敦学派是在19世纪二三十年代开始形成起来的以英国伦敦经济学院为中心的当代西方经济学的一个重要流派。创立者是埃德温·坎南（1861—1935），主要代表人物是弗里德里克·哈耶克（1899-1992）等。

哈耶克不仅明确主张自由化，强调自由市场、自由经营，而且坚持认为私有制是自由的根本前提。哈耶克的经济思想属于最为彻底的经济自由主义，他偏重于从伦理学的角度来探讨"自由"、"平等"的含义，反对任何形式的国家干预，鼓吹实行竞争性私人货币

---

①陈龙、乔晶：《凯恩斯的有效需求不足理论》，载《江西社会科学》，2002年第2期。

制度下的自由市场经济，因而也可以称哈耶克是极端的经济自由主义者。要对哈耶克经济思想在历史中的地位进行正确的判断，就必须对哈耶克经济思想产生的历史环境进行分析，用历史这面镜子对哈耶克的经济思想进行检验。

长期以来，凯恩斯的理论和政策都是哈耶克批评的目标。哈耶克认为，判断一个社会好坏的标准不是经济福利，而是人的自由程度。哈耶克特别反对把经济福利作为理想社会的目标。他认为追求经济福利的目标必然导致国家干预经济。理想社会要通过法治才能实现，而要做到这一点，就要实现思想解放，把人的思想从崇尚国家的现代蒙昧主义下解放出来，去自觉地为实现这种理想而奋斗。

（二）现代货币学派

现代货币学派是 20 世纪 50 年代中期在美国出现的新自由主义学派(也称新保守主义学派)，代表人物是密尔顿·弗里德曼（1912—2006）。

弗里德曼反对国家干预，鼓吹自由放任的信条，认为市场自发力量可以使资本主义经济自然地趋向均衡。他认为，资本主义经济的动荡都是由于实行政府干预市场经济的错误财政金融政策造成的。他反对凯恩斯主义用扩大政府财政支出的财政金融政策来消除失业的办法，提出所谓"自然失业率"的概念，即在没有货币因素干扰的情况下，让劳动力市场和商品市场的供求力量自发发挥作用时所应有的处于均衡状态的失业率。按照这一概念，就业水平应取决于劳动力市场的一般条件，而不应该取决于政府的就业措施。弗里德曼反对由国家运用传统的货币政策来调节货币流通量，主张实行所谓"单一规则"的货币政策，即把货币供应量的年增长率长期固定在与预计可能有的经济发展速度大体一致水平上的货币政策。这种理论被称为货币主义。在社会保障方面，弗里德曼认为，高效率来自市场竞争，如果对低收入者给予"最低生活水平的维持制度"，会挫伤人们的劳动积极性，最终有损于自由竞争和效率，因此，弗里德曼反对对低收入者发放差额补助的社会保障制度，但是完全取消又会遭到社会公众的反对。为了既救济贫困，又不损于竞争和效率，弗里德曼主张采用负所得税。通过负所得税，既能帮助低收入者维持最低生活水平，又不会挫伤人们的工作积极性。

（三）供给学派

供给学派是 20 世纪 70 年代中期在美国出现的一个反对凯恩斯主义有效需求理论、特别重于供给方面的新自由主义学派。在美国，供给学派存在着"极端供给学派"和"温和供给学派"之分，极端供给学派的主要代表人物有阿瑟·拉弗、保罗·罗伯茨等人。

供给学派主张通过恢复金本位制来紧缩货币供给量，从而降低通货膨胀率；主张对富人减税，刺激其增加储蓄和投资的积极性，对穷人削减福利开支，刺激其工作的积极性，从而增加社会的有效供给和实现政府的预算平衡。供给学派对 20 世纪 80 年代早期美国里根政府的经济政策产生了较大影响，里根"经济复兴计划"的根据主要就是供给学派的论点和主张。因此，西方经济学界有时把供给学派思想称为"里根经济学"。

供给学派在社会保障方面的主要论点有：第一，减税不会加剧贫富悬殊。他们认为，持久地降低税率，将会刺激储蓄，提高储蓄率，从而增加商品和劳务的供给。商品和劳务供给的增加，将会开辟新的税源，并使税收总额随总产量的增加而增加，财政将会保持收支平衡，一切经济活动将正常、顺利地进行。减税政策就是长期的经济稳定政策。在他们看来，减税可以使富人更富，同样能使穷人增加收入，所以那种担心减税有碍于"均等化"的顾虑是没有根据的。减税既可以增进效率(因为富人愿意投资，穷人又愿意加班、兼职)，又不会有碍于"公平"(因为失业者有工作可做，穷人能增加收入)。第二，社会福利的税收效果是，选择工作所获得的收入与选择领取救济金所获得的收入，两者在数量上非常接近。认为社会福利金、社会安全保障、失业补偿金所得转移的社会福利制度，实际上是"鼓励那些不工作的人，打击在工作的人"。如果说失业补偿有任何一点价值的话，那并非是它能维持社会总需求，而是它能提供一个绝对的最低所得，使人们不致因不幸遭遇而挨饿。但是，当人们认为依赖失业补偿金强于从事工作时，社会福利制度就会产生重大扭曲。

四、中间道路学派

所谓中间道路学派，是介于国家干预主义和经济自由主义之间的一种理论。作为一种学说或思潮，中间道路理论的产生以 1938 年英国前首相麦克米兰出版的《中间道路》一书为标志。该书认为，走中间道路就是通过对资本主义进行调节，不仅能使经济得到发展，还将为人民提供一定的社会福利。因此，被称为中间道路学派。

（一）民主社会主义理论

民主社会主义是 20 世纪初欧洲工人阶级政党提出的一种社会改造理论。

19 世纪末以前，欧洲的工人运动受马克思主义的影响很大，主张革命和阶级斗争，认为共产主义取代资本主义是人类社会发展的必然规律。马克思和恩格斯去世后，出现了马克思主义修正思潮。费边社会主义、讲台社会主义和德国的伯恩斯坦坚持认为，由于时代的变化，马克思主义主张的用革命和阶级斗争消灭资本主义的方法已经过时了，取而代之的是用议会民主的方法和平进入社会主义。他们与马克思主义最本质的区别在于，他们反对共产主义，坚持社会主义；反对无产阶级专政和一党专政，坚持多党制和议会民主；反对阶级斗争和暴力革命，主张阶级合作和合法斗争。这些思潮被欧洲各国工人政党所接受，成为他们的行动纲领，1918 年正式取名为民主社会主义。

民主社会主义不仅反对资本主义，也反对国际共产主义运动，号召建立政治民主、经济民主、社会民主和国际民主，而这些民主是与自由相容的民主。在经济政策上，主张公共利益优先于私人利润的利益，生产必须是为人民的整体利益而计划的。经济目标要实现充分就业，增加生产，提高生活水平，实行社会保障，推行收入与财产的合理分配。民主社会主义认为实现社会主义有各种手段，并不把公有制看作目标，而只是一种实现目标的手段。在社会福利方面，主张其原则是"满足人类的需要"。工人享有"享受医疗保险和产期津贴的权利；休息的权利；因年老、丧失工作能力或失业而不能工作的公民有获得经济保障的权利；儿童有享有福利照顾的权利；青少年有按照其才能接受教育的权利；得到足够住房的权利"；"社会党人为取消性别之间、社会集团之间、城乡之间、地区之间和种族集团之间的一切法律上、经济上和政治上的歧视而奋斗"。[①]

民主社会主义是与马克思主义有着根本区别的号称代表工人阶级利益的理论纲领，它不认为社会主义是必然要实现的科学目标，而只是一种信仰；马克思主义的终极目标是要实现共产主义，民主社会主义则反对共产主义，社会主义就是它的全部信仰；在社会主义的政治体制上，它反对共产党人垄断全部政治权力，允许其他政党的存在。归根到底，民主社会主义是对资本主义的一种改良，它要在资本主义的范围内，对资本主义进行一定程度的改革。

（二）社会市场经济理论

第二次世界大战后，德国在反思法西斯给世界带来巨大灾难的同时，面临着重新选择经济政策的任务。社会市场经济理论就是战后德国领导人艾哈德（1897—1977）提出的一种经济理论，其代表作是《大众的福利》、《德国重返世界市场》等。

关于社会市场经济理论，艾哈德强调以下几个最基本的原则：

一是自由原则。他认为，自由是考虑一切问题的出发点和基础，没有自由，便没有一切。当然，这个自由不是无边无际的，是必须在法律限定的范围之内。政治自由是指要有不受压迫和剥削，自由表达自己的意志的权利。经济自由是指有自由经营、自由择业、自由进行经济活动、自由迁徙和自由竞争的权利。没有自由竞争，便没有经济繁荣，便没有把国民生产总值这块"蛋糕"做大的物质基础。人的自由是指人有权按照自己的意志表达自己的愿望，并在国家宪法和法律允许的范围内采取一切自己认为必要和可行的手段和方法实现自身的价值。只有当人们拥有自主决定权的时候，他才能在善与恶、真与假、正确与谬误、光明与黑暗之间按照自己的判断作出抉择。

二是社会平衡原则。在优胜劣汰、适者生存的市场经济下，必然会出现落伍者、失败者和贫弱者。为了避免两极分化，贫富过于悬殊，一定要考虑到社会的弱者，必须要按照社会公正的原则对社会财富进行合理分配，必须实行社会保障，必须实行人道主义精神。但应当指出的是，这里必须首先强调要实行自力更生的原则，就是说，必须主要依靠自己的力量去谋求生存的条件，只有在自己做了最大努力仍不能维持生存的情况下，才能指望国家和社会的救援，从而实现社会的积极的平衡。

三是向社会负责的原则。指每个社会成员必须孜孜不倦、自强不息，通过自己诚实的有创造性的勤奋劳动不断创造财富，对社会做出贡献，并要对社会、对他人和家庭负

[①]殷叙彝：《社会党国际文件集 1951—1987》，黑龙江人民出版社 1989 年版，第 7 页。

责，不能自私自利，不能崇尚拜金主义，不能"人不为己，天诛地灭"。就是说，作为社会成员，首先要讲道德、讲责任、讲奉献，然后才是索取。只有每个社会成员都这样去做，经济才能持续健康发展，政治局面才能稳定，道德情操才能高尚，世间才能充满友爱，社会才能长治久安，民族才能屹立于世界。这些是艾哈德社会市场经济理论的深刻含义和核心所在。

四是中庸的原则。他既厌恶传统资本主义社会中的"自由主义"，也明确反对实行计划经济和导致"平均主义"的苏联式的僵化的社会主义。他认为，只有充分吸纳两者的长处，摈弃两者的弊端，才能找到一条新的不偏不倚的道路。

艾哈德强调："社会市场经济的深刻含义在于把市场上的自由原则同社会平衡和每个人对整个社会的道德上的负责精神结合起来。"[1] 他的这个著名论断是德国关于社会市场经济的权威解释，常被后人引用并成了基督教联盟党在制定经济政策和社会政策时的重要理论依据。

（三）第三条道路

20 世纪 80 年代末 90 年代初，由于西方国家新自由主义的自由化、私有化政策造成了新的经济衰退和社会危机，中间道路学派以新的面孔即"第三条道路"出现。第三条道路理论的主要代表人物是安东尼·吉登斯（1938—），其理论被英国首相布莱尔、美国总统克林顿、德国总理施罗德等政界人士所实践，在欧美形成一种社会思潮。

在社会保障方面，吉登斯认为贫困的产生不仅仅是个人懒惰所致，更为重要的是社会中结构性因素的存在。而且，减少贫困的出现无论对于个人还是国家都是至关重要的。他还认为，福利国家存在结构性缺陷，其提高经济效益与企图实行再分配之间的关系非常薄弱。针对于此，吉登斯"第三条道路"思想提出了积极的社会福利思想。即：坚持"无责任即无权利"的原则，主张个人、集体和国家一道为福利国家做出贡献；主导多元化，坚持国家主导社会福利的前提下，尽量发挥个人、家庭和民间社会组织的责任和作用；国家的财政支出重点由直接经济资助变为人力资本投资；目标为建立一个社会投资型国家。吉登斯的"第三条道路"思想对于各国政治影响巨大，指导了英国、德国等的改革。其中的"积极福利"思想更是转变了人们对福利的惯性思维，无论对整个国家还是单个国民都意义重大。[2]

第三条道路的主张包括：第一，在政治政策上，主张实行新的社会治理方式。它倡导政府由管理型向治理型转变。在社会生活中政府只牵头，但不包办，鼓励公民参与，发挥民间组织作用，增加地方政府权力；第二，在经济政策上，奉行"市场社会主义"信条，模糊所有制定位，摒弃国有化政策，主张走一条有别于自由放任和国家干预的新混合经济之路；第三，在福利政策上，放弃过去或削减或扩大福利的做法，变福利政策为

---

①转引自刘光耀：《社会市场经济之父——艾哈德》，载《中国改革报》，2007 年 4 月 19 日。
②陈文甜：《吉登斯"第三条道路"福利思想述评》，载《科教文汇》，2010 年 34 期。

投资政策。通过在经济、教育、培训等领域的政府投资和个人投资，提高接受福利者进入市场的能力，帮助他们适应就业，以防一些人滥用福利。

第三节　社会保障理论的中国化

今天，在我国社会保障体系进入加快建设、全面定型发展新阶段的关键时期，学习马克思主义的社会保障思想，辩证地理解马克思等对社会保障的认识，有利于我们用科学的社会保障原理来指导中国的社会保障改革与发展实践。

一、社会主义社会保障的理论基础

社会主义社会保障的理论来自于卡尔·马克思（1818—1883）和弗里德里希·恩格斯（1820—1895）在 19 世纪工人运动实践基础上创立的马克思主义理论体系。马克思主义关于人的需要的理论、社会再生产理论和社会产品分配的基本原理，是社会主义社会保障的理论基础。

（一）马克思主义关于人的需要的理论

马克思主义认为，人的需要是人的本性，满足人的需要是社会生产活动的基本动力，是社会主义生产的根本目的，这一基本观点构成马克思主义社会保障的理论基础之一。[①]

在现实世界中，个人有许多需要，人的需要是人的实践活动的内在动因，人的需要和满足人的需要的实践活动，把人们必然地联系在一起，形成人的社会关系，铸成人的社会本质或本性。人的需要是在一定的社会关系条件下，通过人的自由自觉的实践活动得到的。因此，人的本质需要是社会性需要，即人的需要是在互相提供中得到满足的。同时，人的需要是多样性、多层次的，马克思主义通常把人的需要划分为生存的需要、发展的需要、享受的需要。不断满足人的这些需要，才能充分发挥人在社会生产中的积极性和创造性。

而生存的需要是最基本的需要。列宁指出，社会主义充分保证社会全体成员的福利和他们获得自由的全面发展。社会主义的生产目的是满足人们日益增长的物质文化需要，而首先保证的是生存需要。社会保障制度的建立正是社会主义社会全体公民基本生活需要得到保障的制度基础。

（二）马克思主义关于社会再生产的理论

马克思在社会再生产理论中论述了两个方面的重要思想：一是物质资料的再生产是社会再生产的重要内容；二是劳动力再生产是社会再生产的必要条件。马克思关于社会

---

①裴倩茹：《从科学社会主义视角看我国社会保障体系的发展》，载《魅力中国》，2010 年第 26 期。

再生产的"两种生产"理论，是社会保障的基本原理之一。马克思主义的社会保障思想是社会主义国家建立社会保障制度的理论基础，而马克思主义的社会保障思想又是以其社会再生产理论为基础的。

马克思认为，物质资料再生产是人类生存和发展的物质基础，而物质资料再生产是劳动者和劳动资料结合的过程，在进行物质资料再生产的同时，进行着劳动力的再生产。只有将劳动力源源不断地再生产出来，社会再生产才能不断地进行下去。劳动力再生产包括劳动者的体力再生产和智力再生产。前者是劳动者体力的恢复和身体素质的提高过程，后者则是劳动者劳动技能和知识的更新和发展过程。劳动力再生产的基本手段是消费，包括个人消费和社会消费。

马克思主义认为，在商品经济条件下，消费的条件主要从两方面得到满足：一是由个人通过提供资本或劳动从市场上获取；二是通过社会保障来满足他们的基本消费需求。在工业化以前，劳动力再生产主要是通过家庭进行的，而在机器大生产后，在生产社会化的条件下，劳动者的劳动风险逐渐增加，失业、工伤等都使家庭保障越来越无法应对新的风险，而为了确保劳动力扩大再生产，适应现代经济发展的需求，必须通过社会保障来减轻劳动者的各种风险，保证社会再生产的顺利进行和社会的协调发展。

（三）马克思主义关于社会产品分配的理论

马克思关于社会产品分配的理论，直接为社会保障理论提供了理论依据。马克思的"生产、分配、交换、消费"理论，是他整个政治经济学体系的理论基石，也为他写作《资本论》提供了正确的思维方式。马克思关于社会产品分配的基本原理，从社会分配的角度论述了建立社会保障的可能性。

1891年，马克思在他出版的《哥达纲领批判》一书中指出，社会产品在分配之前应作以下扣除："第一，用来补偿消费掉的生产资料的部分。第二，用来扩大再生产的追加部分。第三，用来应付不幸事故、自然灾害等的后备基金或保险基金。……剩下的总产品中的其他部分是用来作为消费资料的。在把这部分进行个人分配之前，还得从里面扣除：第一，和生产没有直接关系的一般管理费用。和现代社会比起来，这一部分将会立即极为显著地缩减，并将随着新社会的发展而日益减少。第二，用来满足共同需要的部分，如学校、保健设施等。和现代社会比起来，这一部分将会立即显著增加，并将随着新社会的发展而日益增加。第三，为丧失劳动能力的人等等设立的基金。总之，就是现在属于所谓官办济贫事业的部分。"[①]马克思关于社会总产品分配时的"六项扣除"理论，分别满足生产正常进行的需要和社会稳定的需要，指明了社会总产品分配的顺序和原则。

根据马克思的社会总产品分配理论，我们可以把社会总产品简单地划分为两大部分，即社会扣除部分和个人消费品分配部分，也可以把六项扣除和个人消费品分配逐项分列并划分为七个部分，还可以按社会总产品的最终用途划分为补偿部分（扣除的第一项）、

---

① 《马克思恩格斯选集》（第3卷），人民出版社1995年版，第303页。

积累部分（扣除的第二项）、保险部分或后备部分（扣除的第三项）、社会消费部分（扣除的四至六项）和个人消费部分（六项扣除后的剩余部分）。当然，还可以根据科学分析的需要，按其他标志进行新的组合和划分。不管如何分类，社会总产品每一个构成部分的形成条件和依据都是各不相同的，而且各个组成部分之间也是相互依存、互为消长，在一定条件下可以相互转化。

马克思的这一论述，揭示了社会总产品分配的基本内容，可以说是对各种不同的社会经济形态下的宏观分配活动规律的科学概括和总结。

二、马克思主义的社会保障思想

在马克思所处的历史时代，西方国家的社会保障实践尚处在起步阶段，研究的材料也十分有限，但马克思及其思想理论的传承者恩格斯、列宁等还是从历史唯物主义和辩证唯物主义出发，在研究资本主义生产方式和对未来新社会预测中，阐述了一系列社会保障的思想。

（一）关于社会保障基金的来源

马克思是马克思主义的创始者和伟大的经典作家，但客观而论，马克思对社会保障的论述并不像对资本的解剖那样系统，而是散见于其多种著作中的有关章节，并融入其整个思想体系及对整个社会制度的分析之中。

马克思的著述特别是《资本论》堪称百科全书，几乎涉及经济、社会、政治乃至文化等各个方面。他在《资本论》中曾论述过建立社会保障基金的必要性：可变资本在再生产过程中，从物质方面来看，总是处在各种会使它遭到损失的意外和危险中，因此，利润的一部分，即剩余价值的一部分，必须充当社会保障基金。

马克思在《哥达纲领批判》中对社会保障基金来源与作用曾作了分析，指出："如果我们把'劳动所得'这个用语首先理解为劳动的产品，那么集体的劳动所得就是社会总产品。现在从它里面应该扣除……用来应付不幸事故、自然灾害等的后备基金或保险基金。""剩下的总产品中的其他部分是用来作为消费资料的。"[1]这里马克思不仅指出社会主义社会必须建立保险制度，而且论证了社会主义社会保险基金是社会总产品的一种扣除。这一思想包含着社会主义国家社会保障的重要理论基础。

根据前述关于社会总产品分配时的"六项扣除"的设想，马克思指明了社会总产品分配的顺序和原则，即在国民收入的初次分配中，要扣除用来应对不幸事故、自然灾害等的后备基金和保险基金，以满足社会生产的正常运行。在再分配的过程中，要扣除"为丧失劳动能力的人设立基金"，以满足社会稳定的需要。马克思的这一论述从社会产品分配的高度概括了社会保障制度的性质和内容，提出了广义的社会保障学说，成为社会保障

---

① 《马克思恩格斯选集》（第3卷），人民出版社1995年版，第302页。

实践的重要理论依据，指出了建立社会保障基金的必要性及其基金来源。接着马克思又指出："从一个处于私人地位的身上扣除的一切，又会直接或间接地用来为处于社会成员地位的这个生产者谋利益。"①在这里，马克思是结合按劳分配来说明的，马克思看到了按劳分配事实上的不平等，为了弥补这一不平等和消除贫困差距，必须从消费资料中进行一些扣除，建立社会保障后备基金，一方面满足社会成员的公共福利，另一方面给丧失劳动能力的贫困者提供援助和救济。

关于社会保障基金的来源问题，恩格斯在《反杜林论》中也作了论述，指出："劳动产品超出维持费用而形成的剩余，以及生产基金与后备基金从这种剩余中形成的积累，过去和现在都是一切社会的、政治的、智力的继续发展的基础。"②在这里，恩格斯不仅说明了社会保障后备基金的来源，而且着重指出社会保障后备基金对未来社会的稳定发展、政治安定、国民教育有基础性的作用，因而在社会生产中建立社会保障后备基金是非常必要的。

（二）关于社会保障的基本原则

马克思主义充分肯定国家在社会保障中的重要作用，其目的是要保障人全面的、充分的发展，所以建立全面的社会保障制度是社会主义的本质要求。

在苏联，1917 年列宁领导建立了世界上第一个社会主义国家，他对社会主义社会保障的阐述更加明确。他提出社会主义社会保障应遵循如下原则："最好的工人保险形式是国家保险。这种保险是根据下列原则建立的：（1）工人在下列一切场合（伤残、疾病、年老、残废；女工怀孕和生育；养育者死后所遗寡妇和孤儿的抚恤）丧失劳动能力，或因失业失掉工资时国家保险都要给工人以保障；（2）保险要包括一切雇佣劳动及其家属；（3）对一切被保险者都要按照补助全部工资的原则给予补助，同时一切保险费都由企业主和国家负担；（4）各种保险都由统一的保险组织办理。这种组织应按区域和被保险者完全自理的原则建立。"③

列宁关于社会主义社会保障的原则明确了以下内容：第一，保障项目。社会主义保障具有保障范围广、项目多的特点，包括工伤保险、医疗保险、养老保险、失业保险，还有对残疾人以及寡妇孤儿所设的各种救济项目。第二，享受对象。包括一切的雇佣劳动者及其家属，不论劳动者身份和企业性质如何，只要符合条件，都可以享受国家规定的各种保障，这体现了人民当家做主、享有平等权利的社会主义优越性。第三，支付标准。津贴支付以劳动者的全部工资为基础，按照补助全部工资的原则发放，以保障劳动者的基本生活。第四，基金来源保险费由企业主和国家两方负担，劳动者个人无须缴纳保险费。第五，管理机构。由国家建立统一的保险机构管理各种保险业务，以便各项保

---

① 《马克思恩格斯选集》（第 3 卷），人民出版社 1995 年版，第 9～10 页。
② 《马克思恩格斯选集》（第 3 卷），人民出版社 1995 年版，第 538 页。
③ 《列宁全集》（第 17 卷），人民出版社 1959 年版，第 449 页。

险基金的统筹安排，同时可以防止多头管理、政出多门、互相扯皮的官僚现象，从而减少保险成本。

列宁的这一思想后来在苏联社会保障实践中得到了运用，十月革命以后，列宁亲自签署和审批了多项有关社会保障的法令，并将最初成立的人民救济委员会改为社会保障人民委员会，并通过政府立法与政府行为来实施社会保障。

（三）马克思主义社会保障思想的价值

马克思主义社会保障学说是马克思主义经典作家在论述其分配理论和再生产理论的过程中建立起来的，与其他社会保障理论相比较，其思想有以下四方面的重要价值。

（1）指出了社会保障制度的实质是国民收入的分配。根据马克思的思想，为了实现国民收入的合理分割，国家政府应当参与分配，通过社会保障制度在分配机制上的特有功能，缓解社会分配的不公正状态，从社会道德和人类文明所要求的公正目标出发，为一部分特殊的社会成员提供基本物质生活需要，以求得国民收入分配的公平性。说明了社会保障制度在积累与消费以及社会再生产的过程中具有"缓冲器"的作用。

（2）站在社会再生产的角度上，明确了社会保障制度的社会地位。这主要体现在两方面：一是说明了社会保障是社会再生产的必要条件，特别是劳动力再生产所必需的条件，为劳动力再生产过程中随时可能遇到的风险、灾害提供保障，成为再生产的"安全阀"，增强了社会保障的理论价值和实践意义；二是说明了社会保障制度是社会经济正常运行的稳定系统。根据马克思主义的观点，社会保障对社会经济运行有两方面的作用：一方面建立生产后备基金，防止再生产中断，直接为经济运行服务；另一方面为丧失劳动能力者提供救济，为其他成员提供养老和医疗保障，间接地为经济运行服务。这两方面对经济运行的安全与稳定都是具有作用的，因而是社会经济运行的稳定系统。

（3）从政府行为的角度说明了社会保障的责任主体。马克思主义认为，社会保障是一项社会化的事业，任何个人和团体都无法使社会保障实现其功能的社会化，只有通过国家政府的权威性以及立法的形式来实施，才能保证社会保障制度的统一性、平等性和有效性。指出国家在举办社会保障制度中的责任有：建立统一的组织，经办各种社会保险事务，在社会保障实施与组织管理中承担主要责任；国家通过立法建立社会保障，并强制实施，把社会保障由民间推向政府，从自发推向自觉，从零星分散推向体系完备；政府承担主要资金来源，是法定社会保障项目资金的主要提供者，政府资金主要来源于国民收入分配的扣除；工人由于更新换代劳动力或因失业失去收入时，国家应给予保障，以维持这些人员的基本生活需要。

（4）把社会公平作为社会保障制度的运行目标。马克思在论述其资金来源的"扣除"理论时，主要是结合按劳分配理论说明的；在论述按劳分配时，马克思看到了按劳分配事实上的不平等，为了弥补这种事实上的不平等和消除贫困差距，从而实现社会公平，他主张从消费资料中进行一些扣除，建立社会保障后备基金，一方面满足社会成员的公共福利；另一方面给丧失劳动能力的人或贫困者提供援助和救济，使他们能够维持基本的生活水平。①

三、社会保障理论在中国的发展

新中国建立以来的社会保障制度，是以毛泽东、邓小平等为代表的历代中国共产党领导集体，对国内外社会保障制度的思考和探索的结果。在理论上，既继承了苏联公有制条件下的社会保障制度，也有对西方发达国家社会保障制度的学习和借鉴，并丰富于中国特色社会主义条件下的社会保障实践。

（一）新中国建立前后对社会保障的认识

1921 年，中国共产党在建党之初就将建立社会保障制度作为自己的奋斗目标之一。当年 8 月，在上海成立了专门领导工人运动的机构——中国劳动组合书记部，创办了机关报《劳动周刊》。1922 年 8 月拟定的《劳动法案大纲》第十一条提出，"对于需要体力之女子劳动者予以五星期之休假"，并对劳动者的劳动时间、劳动报酬、劳工教育以及劳动保险等方面均提出了具体要求。1925 年组织召开的第二次全国劳动大会提出："应实行社会保险制度，使工人于工作伤亡时，能得到赔偿。"1931 年第一次中华苏维埃共和国正式颁布的劳动法，在根据地实行社会保险，规定雇主每月缴纳工资总额的 10%～15%作为保险金。②1940 年陕甘宁边区政府颁布了《边区战时工厂集体合同暂行准则》。抗日战争时期，在陕甘宁等抗日根据地颁布和推行了一系列社会保险法。

1945 年，毛泽东在《论联合政府》中提出"在新民主主义的国家制度下，将采取调节劳资利害关系的政策"③，1947 年又在《目前形势和我们的任务》中明确提出了"劳资两利"的思想，指出："一切离开这个总目标的方针、政策、办法，都是错误的。这无疑为后来的社会保险的建立甚至为建国之后社会保障制度的建立提供了具有指导意义的依据。"④解放区后来实行的社会保险，就是按毛泽东"劳资两利"的总目标拟定的，解放战争时期，社会保险的法规更趋完备，且推行地域进一步扩大。例如，1948 年东北地区颁布的《东北条例》几乎将所有公营企业职工都覆盖进去，大约有 420 个企业和 80 万职工享受到了保险待遇。这个条例是我国首次在较大范围内实行社会保险制度，它对促进生产和支援解放战争起到了重大作用，也为新中国建立后建立社会保险制度积累了经验。也就是说，对中国共产党人而言，争取并实现劳动和社会保障权，是无产阶级政党政治诉求的基本内容之一，更是共产党执政合法性的根本要求之一。

1949 年 9 月 29 日颁布的《中国人民政治协商会议共同纲领》，为新中国的社会保障

---

①任保平：《马克思主义的社会保障经济理论及其现实性》，载《当代经济研究》，1999 年第 4 期。
②本书编委会：《当代中国的职工工资福利和社会保险》，中国社会科学出版社 1987 年版，第 293 页。
③《毛泽东选集》（第 3 卷），人民出版社 1991 年版，第 1058 页。
④《毛泽东选集》（第 4 卷），人民出版社 1991 年版，第 1256 页。

制度建设提供了最初也是最基本的法律依据，将"逐步实行劳动保险制度"作为新政权的执政方略之一。后来，政务院根据这个规定，由劳动部和中华全国总工会于 1950 年起草了《中华人民共和国劳动保险条例》（简称《保险条例》），并于次年正式颁布。随着财政状况的根本好转，1953 年政务院对《保险条例》进行了修正，并公布了修正后的《保险条例》。之后，又连续颁发三个重要文件，即《关于中华人民共和国劳动保险条例若干修正决定》、修正后的《保险条例》和《保险条例实施细则修正草案》，再加上随后颁发的一系列政策规定，到 1956 年，新中国的社会保障制度建设已初具形态，以苏联模式为基本特征的"国家保险"制度最终确立。

（二）改革开放初期的社会保障思想

1978 年是中国社会保障制度建设发展历程中一个重要年份，当年五届全国人民代表大会第一次会议通过的《中华人民共和国宪法》，对一系列有关社会保障方面的问题作出了原则性规定。1986 年始，《国民经济和社会发展第七个五年计划》中首次使用了"社会保障"概念。自此，我国对社会保障理论的研究也广泛开展起来。

（1）社会保障制度建设必须立足于中国的现实国情。邓小平关于中国初级阶段现实国情的判断，为我国社会保障制度建设确定了基调。由于我国仍处在社会主义初级阶段，生产力不发达，因此，社会保障要受这样一个低水平生产力的制约，而不能片面追求过高的社会福利。针对有人脱离中国国情而提出在中国也要搞福利国家的观点，邓小平明确指出，"我们也反对现在要在中国实现所谓福利国家的观点，因为这不可能"[①]，"我们只能在发展生产的基础上逐步改善生活。发展生产，而不改善生活，是不对的；同样，不发展生产，要改善生活，也是不对的，而且是不可能的"[②]。

（2）社会保障制度建设是促进社会公平的必要手段。邓小平说："社会主义的本质，是解放生产力，发展生产力，消灭剥削，消除两极分化，最终达到共同富裕。"[③]"社会主义的目的就是要全国人民共同富裕，不是两极分化。"[④]市场经济是讲究效率的经济，也是有着巨大风险的经济，它并不保证社会成员的基本生活需要。社会主义是一个追求共同富裕的社会，不能一方面产生富裕的阶层，另一方面又制造贫困的阶层。因此，就必须建立一个不完全依赖市场的制度来促进社会成员生活的公平的制度，即社会保障制度。社会保障制度不仅是缩小社会成员之间收入差距的手段，也是保证社会成员生存权的手段。

（3）社会保障制度建设是保证国家稳定的重要内容。政治和社会环境的稳定是改革和发展的前提，这是邓小平一贯加以提醒和强调的，他指出："没有安定团结的政治局面，

[①]《邓小平文选》（第 2 卷），人民出版社 1994 年版，第 257 页。
[②]《邓小平文选》（第 2 卷），人民出版社 1994 年版，第 257～258 页。
[③]《邓小平文选》（第 2 卷），人民出版社 1994 年版，第 373 页。
[④]《邓小平文选》（第 3 卷），人民出版社 1993 年版，第 110～113 页。

不可能搞建设，更不可能实行改革开放政策。"[1]"中国的问题，压倒一切的是需要稳定。没有稳定的环境，什么都搞不成，已经取得的成果也会失掉。"[2]正是在邓小平这些稳定促发展的理论框架下，中国的社会保障制度建设成为保证国家稳定的重要内容。虽然从形式上说，它是一种经济手段，但就其所起的作用来看，也是一项带有重要政治意义的社会稳定措施。这一时期，中国共产党人对社会保障制度的认识，既说明了中国社会保障制度建设应建立在中国社会主义初级阶段的基础上，应与中国国情相适应，同时也为社会保障促进社会公平和保证国家稳定构建了大的理论框架。

（三）市场经济条件下对社会保障理论的深化

我国政府对健全社会保障制度重要性的认识，是随着经济体制改革特别是国企改革的不断深化而提高的。1993年中共中央决定"建立多层次的社会保障体系，对于深化企业和事业单位改革，保持社会稳定，顺利建立社会主义市场经济具有重要意义"，确定了我国社会保障制度的目标是：建立适应社会主义市场经济体制要求的、适用于城镇各类企业职工和个体劳动者，资金来源多渠道、保障方式多层次的社会救济、社会福利、优抚安置制度。指出在社会保险方面，要逐步建立社会基本保险、补充保险和商业保险、个人储蓄性保险等分工明确、职能互补的完整的体系。为社会保障规定了三项原则：一是建立多层次的社会保障体系；二是城镇职工养老和医疗保险金由单位和个人共同承担，实行社会统筹和个人账户相结合；三是社会保障行政管理和社会保险基金经营要分开。

2000年，中共中央《关于制定国民经济和社会发展第十个五年计划的建议》指出，"完善的社会保障制度是社会主义市场经济体制的重要支柱，关系到改革、发展、稳定的全局"，再不是把社会保障制度仅仅作为国有企业改革的配套措施，而是把它放在经济体制和整个社会发展的高度来加以定位。后来，国务院《关于完善城镇社会保障体系的试点方案》明确了我国社会保障的总体目标是"建立独立于企事业单位之外、资金来源多样化、保障制度规范化、管理体系社会化的社会保障体系"，从而将社会保障置于经济的内生环境中，考虑了经济效率与经济增长，体现了社会保障与生产力发展水平相一致、社会保障权利与义务相一致、公平与效率相一致的原则。

2002年，中国共产党十六大报告提出："坚持社会统筹和个人账户相结合，完善城镇职工基本养老保险制度和基本医疗保险制度。健全失业保险制度和城市居民最低生活保障制度。多渠道筹集和积累社会保障基金。各地要根据实际情况合理确定社会保障的标准和水平。发展城乡社会救济和社会福利事业。有条件的地方，探索建立农村养老、医疗保险和最低生活保障制度。"同时，报告用大量篇幅对促进就业、深化分配制度改革和健全社会保障体系作了部署。

2003年，中国共产党十六届三中全会《关于完善社会主义市场经济体制若干问题的决

---

① 《邓小平文选》（第3卷），人民出版社1993年版，第199页。
② 《邓小平文选》（第3卷），人民出版社1993年版，第284页。

定》对加快建设与经济发展水平相适应的社会保障体系进一步指明了方向，提出了"省级统筹养老保险"，并提出创造条件，"在全国范围内统筹养老保险"的基本方法，包括依法划拨国有资产充实社保基金等具体方案措施。2004年十届全国人大二次会议通过宪法修正案，把"国家建立健全同经济发展水平相适应的社会保障制度"写入宪法；十六届六中全会通过《关于构建社会主义和谐社会若干重大问题的决定》，提出"社会和谐是中国特色社会主义的本质属性"，这是中国共产党人在建立有中国特色的社会主义过程中探索什么是社会主义本质认识的又一重大发展。

2007年，中国共产党十七大报告强调"社会保障是社会安定的重要保证"，提出"必须在经济发展的基础上，更加注重社会建设，着力保障和改善民生，推进社会体制改革，扩大公共服务，完善社会管理，促进社会公平正义，努力使全体人民学有所教、劳有所得、病有所医、老有所养、住有所居，推动建设和谐社会"的思想。这是因为，多年来虽然我们一直强调的是"效率优先，兼顾公平"，但在实际执行过程中往往只注重效率，而忽视社会的公平性。今天中国的执政者提出，要"加快建立覆盖城乡居民的社会保障体系，保障人民基本生活"的任务，指出"要以社会保险、社会救助、社会福利为基础，以基本养老、基本医疗、最低生活保障制度为重点，以慈善事业、商业保险为补充，加快完善上述保障体系"。这些思想可以说描绘了我国社会保障的美好蓝图。

2012年，中国共产党十八大指出"社会保障是保障人民生活、调节社会分配的一项基本制度"，要求"要坚持全覆盖、保基本、多层次、可持续方针，以增强公平性、适应流动性、保证可持续性为重点，全面建成覆盖城乡居民的社会保障体系"。2013年，十八届三中全会又进一步提出"建立更加公平可持续的社会保障制度"的改革目标，标志着我国社会保障制度改革进入一个新的重要发展时期。

总之，社会主义社会保障理论是一个开放的理论体系，随着实践的发展不断丰富和发展，且将随着我国社会主义市场经济和社会保障制度的发展而不断发展，同时又不断为社会保障实践提供具体的理论指导。

第三章 社会保障法制

社会保障法律制度是调整社会保障关系的法律规范的总称，指国家立法机关和行政机构用法律、法规、命令、条例等形式来肯定、明确、规范社会保障行为规则的总和。它不仅集中体现了国家采用社会保障手段来解决有关社会问题的意志，也是实现社会保障制度良性运行的保证；不仅是对受保对象权利和义务的行为规范，也是社会保障管理机构、业务机构及其工作人员的行为准则。

第一节 社会保障法概述

建立健全社会保障法律法规是实现各项社会保障有法可依的重要保证。纵观世界各国的社会保障制度，都是立法先行。法律法规体系建设是所有国家执政和行政的需要。

一、社会保障法的内涵

社会保障法到底调整哪些社会关系，这些社会关系的属性是什么？基于对社会保障法所调整的社会关系的理解，我们首先要对社会保障法的含义与特征进行厘清。

（一）社会保障法的含义

在各个国家的社会管理中，社会保障法是由一定数量的法律、法规、命令、制度等构成的多层次的法制系统，它既包括宪法等确立社会保障基本原则的国家大法，又包括各项社会保障制度的专门法律；既包括中央政府及其社会保障职能部门制定的法律、法规，也包括各级地方政府及其社会保障职能部门制定的法规、规章。

可以看出，社会保障法是调整以国家和社会为主体，对遭受社会风险的社会成员摆脱困境或提高其生活质量、保证其生存权和发展权而发生的社会关系的法律规范的总称。这个定义包含了以下内涵：

（1）强调承担社会保障的责任主体主要是国家。国家是社会保障的责任主体，在所有的主体中，国家始终居于主导地位，负责保障社会成员的基本生活并进一步提高他们的生活质量。国家虽然是首当其冲的责任主体，但它并非是唯一主体，在社会保障的实践中，国家还须依法责成、委托、准许或鼓励企事业单位、公益性社团法人和群众性社区机构等，在社会保障事业中发挥组织管理、协调、教育、捐助、服务等补充作用。

（2）规定社会保障的对象是可能遭受社会风险的所有社会成员。制定社会保障法是因为公民在社会中随时可能遭受社会风险，国家有责任凭借社会保障制度，帮助公民摆脱困境。所以，社会风险的存在是社会保障法产生的前提，而且社会保障的对象事实上是全体社会成员，即包括已经处于"困境"的社会成员和将会面临"困境"的社会成员。

（3）社会保障的目的是为了帮助社会成员度过其遭受到的社会风险，摆脱困境甚至提高生活质量。我们可以看到，这个目的包含两个层次，首先是摆脱困境，保证其生存权；其次是在此基础上，保证、提高其生活质量，保证其发展权的实现。

（4）社会保障的手段是国家和社会给予遭受风险的社会成员一定的物质帮助。这种帮助体现为金钱、实物以及服务等。如为老年人、残疾人等提供多种形式的社会服务，如医疗服务以及生活照料等。

（二）社会保障法的特征

社会保障法律调整的对象是与社会保障活动有直接关系的各方，并且严格限定于直接的社会保障活动之中。与其他部门法相比，社会保障法具有以下特征：

（1）社会保障法具有广泛的社会性。社会保障法最明显的特征即广泛的社会性，这主要是因为社会保障法是典型的社会法。社会保障法的社会性主要体现在：第一，保障对象的普遍性。由于社会风险的不确定性，而且随着社会经济的发展，社会保障越来越从选择性向全民性方向发展。第二，社会保障责任和义务的社会性。即社会保障通过立法在政府、社会和公民之间合理分担保障责任和义务，形成资金筹集渠道多元化、社会风险分散化的保障机制，以保证社会保障制度正常运行。第三，保障目的的公益性。即社会保障立法的出发点是为保障全体社会成员的生活安全，实现社会的公平和稳定，因此社会保障法是具有社会公益性的法律。

（2）社会保障法兼具强制性和自愿性。社会保障法兼具强制性和自愿性，主要体现在它的调整方法上。社会保障法带有明显的国家干预特征，是通过国家赋权强制推行的涉及公民生活安全的一系列准则，明确规定国家（各级政府）、社会、企业、个人及有关各方在社会保障中必须履行的义务，社会保障的具体项目、实施范围、资金筹集、待遇标准、计算方式等，均须依据法律的规定遵照执行；而企业补充养老保险、个人储蓄性养老保险、农村中互济性养老保险以及社会服务制度的实施，甚至社会保险事业管理中的某些环节，一般均应在自愿基础上采用平等的方法。

（3）社会保障法兼具实体性和程序性。根据法律所调整的内容的不同，可以分为实体法和程序法，规定法律关系主体权利与义务的法是实体法；规定实体法的运用和实现手段的法是程序法。一般而言，实体法和程序法是一种互为依存的关系，实体法和程序法总是相对应而存在的。例如有实体性的民法就有与之相配套的民事诉讼法，有刑法就有相应的刑事诉讼法。而社会保障法则不然，它的实体性规范和程序性规范总是规定在一起的，很难将其硬性割裂开来。社会保障法的这一特征与行政法颇为相似。

（4）社会保障法具有较强的技术性。在实践中，社会保障的运营须以数理计算为基础，这使得社会保障立法需要有特定的技术性，最典型的就是"大数法则"、"平均数法则"。另外，在一些保障项目的费率、保障对象的确定上，也常常会用到统计技术。以养老保险为例，其法律制定涉及退休后存活年岁的确定、养老保险基金的社会统筹范围的确定、养老保险费率的确定等种种问题，都需要运用数理技术及社会保障精算来确定。

（三）社会保障法的调整对象

社会保障法的调整对象是社会保障关系。社会保障关系包括国家社会保障职能机构、集体（企事业单位和社区）以及公民在社会保障活动中所发生的各种社会关系。

作为社会保障法调整对象的社会保障关系有以下特征：

（1）社会保障关系是发生在社会保障过程中的社会关系。换言之，只有构成社会保障运行系统中某种要素的社会保障关系，才属于社会保障关系。

（2）社会保障关系是以实现公民的社会保障利益为目的的社会关系。即是说，各种社会保障关系都是围绕着如何使公民获得社会保障利益而展开和运行的。

（3）社会保障关系是体现社会连带责任的社会关系。参与社会保障供给和管理的各个主体，特别是政府、企事业单位等，共同对公民获得社会保障利益承担连带责任。

（4）社会保障关系是以社会保障经办机构为轴心的社会关系整体。就是说，社会保障过程中的各种社会关系大多以社会保障经办机构为一方当事人。正是由于社会保障机构参与各种社会保障关系，才能够形成统一的社会保障供给系统和管理系统。

（5）公民所参与的社会保障关系是兼有人身关系属性和财产关系属性的社会关系。即公民的社会保障利益一方面与自身生存不可分离，具有人身利益属性；另一方面是以获得物质帮助为内容的财产利益。

二、社会保障法的基本内容

社会保障法以保障全体社会成员基本生活需要和经济发展权利为目的，调整对象以国家和社会为主体。为了保证有困难的劳动者和其他社会成员，以及特殊社会群体成员的基本生活，在社会保障法中，必须对社会保障法的主客体及其关系予以明确。

（一）社会保障法的主体与客体

社会保障法律制度主体，是指在各种社会保障活动中的有关机构和当事人。主体资格由法律规定，并在社会保障运行过程中客观存在。社会保障法律制度的主体包括：

（1）国家或政府。在社会保障中，国家不是法人。因为国家直接参与社会保障活动，并对社会保险、社会福利、社会救助、军人保障等各项社会保障制度的实施给予财政上的支持，从而成为社会保障法律关系中的特殊主体。国家的特殊主体地位大部分是通过各级政府来体现的。因此，各级政府也成为社会保障法律体系中的特殊主体，而各级政府的主体地位又是通过各级政府的职能部门来体现的。

（2）社会保障的实施机构。实施机构直接承担着实施各种社会保障事务的责任，既依法享有向企业、个人等征收社会保险费的权利，又承担着具体运作社会保障项目的义务，因而是社会保障法律体系中的当然主体。因此，社会保障实施机构应当作为特定的政府或社会的事业性法人机构而依法成立，并接受政府、社会的监督。

（3）企业或用人单位及乡村政权或集体经济组织。这些单位或组织不仅承担着一定的向社会保障机构提供基金的责任，而且要承担诸如职业福利、集体福利的管理与实施责任，从而对社会保障有着直接的义务与权益，也是社会保障法制关系中的当然主体。

（4）社会成员或劳动者或其家庭。社会保障都是面向城乡居民与劳动者，他们是社会保障的直接义务者和受益者，既要缴纳一定的资金，承担一定的义务，又能按规定获得一定的保障收益，因而是社会保障法制关系中的当然主体。

社会保障法律制度的客体，是指社会保障法律制度各主体的权利和义务共同指向的目标。从社会保障的实践内容来看，社会保障法律制度的客体是指社会保障规定项目和范围内的各种物质利益和自然人。这是因为，一方面，社会保障有的项目所保障的是以客观存在的财产物质上的利益为具体的保障对象，而有的保障项目则是以保障自然人的生活与身体为目标的；另一方面，社会保障的目的主要是为社会成员的基本生活提供物质保障，保障的实现又是通过支付货币或提供劳务等方式来进行的。因此，人是社会保障法律制度中最重要的客体，而物则是社会保障法律制度中的特殊客体。

（二）社会保障主体的权利和义务

在社会保障法律关系中，社会保障机构和社会成员具有完全主体资格，其他主体则具有特殊主体资格。这种主体构成，正是社会保障事业的公益性、福利性、社会性的具体体现。一个国家的社会保障法律制度，规定着各种主体不同的权利和义务：

（1）国家和政府行政管理机构及实施机构具有对社会保障的决策、规划和贯彻实施监督，对社会保障基金进行筹集、管理、投资及支付，为保障人提供服务，对保障人实施保护及对违反社会保障法行为进行行政处罚等权力。

（2）企事业单位有按规定为劳动者办理社会保险、缴纳社会保险费，要求社会保障机构提供社会保险政策的咨询，就与本单位有关的社会保险争议提出仲裁或诉讼，监督社会保障机构及工作人员的工作等权利和义务。

（3）社会成员享有在碰到自然灾害及丧失劳动能力或丧失劳动机会，失去生活来源时，可按法律规定享有向社会保障机构申请领取社会救助、社会保险及其他待遇的权利，以及有请求提供社会保障政策的咨询及其他服务事项的权利。社会成员负有按规定参加社会保障和缴纳一定社会保障费的义务。

（三）社会保障法律关系的特征

所谓社会保障法律关系，指社会保障关系的主体在社会保障活动中，根据社会保障法规而形成的一种权利和义务的关系。由于社会保障法所调整的对象与其他法律调整的对象不同，因而社会保障法律关系具有自身的特征。

（1）社会保障法所规范和调整的是社会保障活动以及社会保障主体的行为，因而社会保障法律关系产生和存在于社会保障活动之中，许多社会保障制度内容本身就是法规。

（2）社会保障法律关系中，社会保障管理机构作为社会保障主体，既是法规、政策的制定者，又是社会保障制度及法规的执行者，同时又是社会保障法规所调整的对象。因此，社会保障法律关系没有社会保障机构的参与就无法形成。而在实践中，如果不把社会保障管理机构的职责和权利关系界定清楚，社会保障法律关系也将混淆不清。

（3）根据不同的社会保障制度，社会保障法律关系的强制性程度也不同。主要表现在：社会保障法规一般由国家立法机构或由其授权于行政机关制定，作为法律规范，所有法律关系涉及和调整的对象必须严格遵守和执行；社会保障机构依法进行的行为具有强制性的法律效力；任何法律主体都必须按照法律规定履行职责和义务，任何违反法律的行为均将承担法律责任。

三、社会保障法的地位与作用

社会保障法律制度是国家法律制度体系的重要组成部分。社会保障制度运作中的所有关系和实施方式，都必须由社会保障法加以规范和确定。认识社会保障法的地位，首先必须确定它是不是一个独立的法律部门。

（一）社会保障法是一个独立的法律部门

当前，世界大多数国家在法制建设中都特别重视社会保障法律制度建设，但在实际工作中，社会保障法律制度建设相对独立。这是因为社会保障法律制度所调整的对象非常广泛，社会保障范围具有全民性，社会保障工作涉及面较为复杂，处理的问题带有特殊性，不能被其他法律法规所包容，也不能被其他法律部门所代替。

（1）社会保障法所调整的社会关系具有独特的性质。任何一个独立的法律部门所调整的社会关系都有其独特性，所调整的社会关系不同正是一法律部门同其他法律区别之所在。社会保障法律制度作为一个独立的法律体系，意味着社会保障立法是从社会保障内在需要出发建立起来的完善的、自成体系的法律制度。社会保障法所调整的社会保障关系是依据大数定律，为分散风险，预防和克服社会成员所遇到的社会风险过程并由国家强制实施社会保障活动中所发生的社会关系，而这一关系不能被现行其他独立的法律部门所调整。

（2）从社会保障法所调整的社会保障关系的重要性看，社会保障法调整的社会保障关系关系到全体社会成员基本生存权和发展权等人权目标的实现，是整个社会得以良性运转的保障，因此它是一个非常重要的法律部门。随着现代工业的发展，今后它必将发展和扩大，社会保障立法的前景是十分广阔的。从整个社会的发展来看，也很有必要将其作为一个独立的法律部门进行研究，这样不仅有利于社会保障法的学科建设，也有利于更好地发挥社会保障法调整社会生活的作用。

（3）社会保障法的调整方法独具特色。"调整对象并不是划分法律部门的唯一标准，有时调整的方法也是划分法律部门的重要根据。"①社会保障法权利、义务的实现，既包括自愿平等的民事方法，也包括强制命令的行政方法。如，城镇职工社会保险制度的建立具有强制性，须采用行政方法；而企业补充养老保险、个人储蓄性养老保险、农村互助互济性养老保险以及社会服务的实施，一般均应在自愿基础上采用平等的方法。至于对违法行为的制裁，则民事制裁、行政制裁、刑事制裁三种方法均被采用。社会保障法综合运用不同的调整方法，但这并不能否定其部门法的存在价值，相反，这正表明它所具有的法学交叉学科和边缘学科性质的独特之处。

（4）制定社会保障法是协调新的社会关系的需要。在经济和社会的发展过程中，不可避免地会不断产生一些新的社会关系，当这些社会关系发展到一定程度的时候，就会有新的与之相适应的法律制度或法律部门产生，如经济法和环境保护法。同样，随着我国市场经济体制的确立，原来单纯的自我保障、企业保障方式已越来越不适应社会经济发展的要求，有必要从民法、经济法、行政法中分化出一部独立的法律——社会保障法，这样才能更好地服务于经济基础，更好地有助于法学理论研究和社会保障法的立法、执法和司法活动，也更有利于社会保障法律意识的提高。

（二）社会保障法与其他相关法律

社会保障法律制度是一个规范性的有机系统。社会保障法律通过制定一系列社会保障法规，在规范特定社会保障事务的同时，对各种社会保障制度之间及与其他社会制度之间的关系进行协调。

（1）社会保障法与劳动法、商业保险法的相通之处。社会保障法与劳动法有共同之处，它们是首先关注社会基层群体的法律，都给予社会成员以人文意义和政治意义的关怀。而且社会保障法是在劳动法基础上发展起来的，早期的劳动法从限制童工、改善劳动卫生条件开始为劳动者提供救助；工人中互济组织的成立实际上是社会保障的前身。可以说，为劳动者提供生存保障的劳动法中已经包含了社会保障的内容；社会保障法与商业保险法有一定的共性，受保人遇到风险后都能获得一定的补偿，它们都是为受保群体服务的，都力图保障受保人免受风险连累，因此都可以起到分散社会成员的风险的作用，达到保障社会成员的生存权和发展权的实现。

（2）劳动法与社会保障法属于两个不同的法律部门，主要表现在：社会保障法调整

---

① 史探径：《我国社会保障法的几个理论问题》，载《法学研究》，1998 年第 4 期。

国家、用人单位、公民（劳动者）、社会保障经办机构因社会保险、社会救助、社会福利、优抚安置等发生的关系。这些社会保障关系不一定都与劳动过程有关；而劳动法主要调整劳动者与用人单位之间的劳动关系，它调整劳动关系以及与劳动关系有密切联系的其他社会关系，它必定与实现社会劳动有关；社会保障法调整的内容是社会保障机构应当给予被保障人的各项待遇，如社会保险、社会福利、社会救济和社会优抚待遇等；而劳动法调整的内容是劳动者的劳动，一般而言仅涉及与劳动者有关的社会保险。

（3）社会保障法与商业保险法也有较明显的区别：从法的性质上来看，社会保障法侧重于公法性质，凡是社会保障法规定的受保范围，必须参加社会保障，目的是为了维持社会安定；商业保险法偏重于私法性质，是保险公司向投保人收取保险费，并实现损失补偿和人身给付的一种经济保障活动；从组织机构和目的上看，社会保障法由国家行政机构统一组织管理并靠行政强制力保证实施，其机构不得以赢利为目的；而商业保险法由一定的企业如保险公司组织，并以赢利为目的，追求利润最大化；行为准则不同，社会保障法给予社会成员的保障待遇并不必然以社会成员支付为条件；而商业保险法实行不投不保、少投少保、多投多保等商品交换原则。

（三）社会保障法的作用

现代社会保障事业立法的原则，除了增加政府的职责，更要明确限制政府的权力，避免以社保名义侵害国民福利的政府行为。因此，制定社会保障法的作用，可以从市场经济、公民权利、社会稳定三个方面加以认识。

（1）规范和促进市场经济的健康发展。市场经济是人类社会历史进步过程中重要的社会发展阶段，而社会保障法律制度是市场经济建立和发展的必要条件之一。这是因为对于整个社会的良性发展来说，市场经济存在着其自身不可避免的局限性，单纯依靠市场经济的竞争机制，必然会造成一部分劳动者离开甚至失去工作岗位，形成贫富不均，使劳动者衣食无靠，陷入生存危机，而正是社会保障法对这一部分社会成员予以关怀，使他们获得基本的物质资料，维持基本生活水平，从而使劳动力的再生产成为可能。此外，随着市场经济的发展，日益增多的社会保障项目，必然给社会成员提供更多的社会保障服务，而社会保障的服务性工作的增多，也会增加劳动者的就业机会。社会保障的这些作用，都需要通过法律的规范和保障，才能充分发挥出来。

（2）保障公民生存权和发展权及其他人权的实现。公民的生存权、发展权及其他人权是公民与生俱来的权利，国家和政府有责任保障公民这些权利的实现。联合国大会1966年12月16日通过《经济、社会、文化权利国际公约》，曾对社会保障权利作了全面规定，强调缔约国承认人人有权享受社会保障，包括社会保险，强调对作为社会的自然和基本单元家庭的保护、对母亲和儿童的特殊保护，承认人人有权为自己和家庭获得相当的生活水准，包括足够的食物、衣着和住房，并不断改进生活条件，确认人人免于饥饿的基本权利等，强调人人享有教育和文化方面的权利等。也就是说，人的生存权，不仅在于最基本生存物质条件的满足，而且在于追求有质量的存在。

（3）缓和社会矛盾，促进社会公平。社会公平是人类社会发展中产生的一种客观要求。社会公平体现在经济利益方面主要是社会成员之间没有过分悬殊的贫富差别。在市场经济条件下，收入分配制与竞争机制相联系，必然形成社会成员之间在收入分配方面的不均等，甚至相差十分悬殊。为解决这一社会问题，就需要运用政府的力量对社会经济生活进行干预，通过社会保障措施，对社会成员的收入进行必要的再分配，以缩小社会成员之间的贫富差距，弥补市场经济的缺陷，缓和社会矛盾，以促进社会公平目标的实现。在这一方面，社会保障法可以起到对社会成员收入分配进行调节的作用。

（4）保证人们基本生活，维护社会稳定。没有社会的稳定，就没有经济的发展和社会的进步，而社会保障则是社会稳定的重要防线。一方面，社会保障法律制度具有预防性，即不是在人们因生活贫困和贫富两极分化而引发社会动乱时才发挥作用，而是预防人们生活的解体及社会情绪，从而使社会秩序免遭威胁；另一方面，社会保障法律制度本身就是一种社会安全体系，它通过对没有生活来源者、贫困者、遭遇不幸者和一切工薪劳动者在失去劳动能力或工作岗位后提供救助来满足其基本生活需要，保证其基本生活需求，消除社会成员的不安全感，以维护社会稳定。因此，社会保障又被誉为"社会安全网"和"社会减震器"。

第二节　社会保障法的渊源及发展

法的渊源和法律体系是两个相互联系的概念。法的渊源，也就是法的效力渊源。法律体系，也称为部门法体系，是指一国的全部现行法律规范按照一定的标准和原则，划分为不同的法律部门而形成的内部和谐一致、有机联系的整体。

一、社会保障法的渊源

法的渊源，是指一定的国家机关依照法定职权和程序，制定或认可的具有不同法律效力和地位的法的不同表现形式。即根据法的效力来源划分出法的不同形式，如制定法（包括宪法、法律、行政法规等）、判例法、习惯法、法理等。

（一）宪法

宪法是国家最高立法机关制定的国家根本大法，具有最高的法律地位和法律效力，也是社会保障法的最根本的渊源，是制定具体社会保障法律的依据。各国的宪法都规定了社会保障的内容，如德国 1919 年制定的《德意志宪法》即《魏玛宪法》规定，联邦对"救贫制度"、"孕妇、婴儿、幼童及青年之保护"、"公众卫生制度"、"工人及佣人之保险"、"公共福利之维护"等有立法权；1984 年《中华人民共和国宪法》第 45 条规定：中华人民共和国公民在年老、残疾或者丧失劳动能力的情况下，有从国家和社会获得物质帮助的权利。国家发展为公民享受这些权利所需要的社会保障、社会救济和医疗卫生事业。这为社会成员获得物质帮助权提供了最根本的法律依据。

（二）法律

此处的法律是狭义上的法律，仅指由各国家立法机关制定的规范性文件，包括基本法律和基本法律之外的其他法律。在中国，基本法律是指由全国人民代表大会制定的，规定或调整国家和社会生活中在某一方面具有根本性和全面性关系的法律，包括刑事、民事、国家机构设置等领域的基本法律。基本法律以外的其他法律，又称非基本法律，是指由全国人民代表大会常务委员会制定和修改的，规定和调整除基本法律调整以外的关于国家和社会生活某一方面具体问题的关系的法律。

（三）行政法规

行政法规是由最高国家行政机关为实施宪法和法律而制定的关于国家行政管理活动方面的规范性文件。在我国，国务院制定的行政法规也是重要并且数量很大的一种法的渊源，其效力仅次于法律。如我国政府的《行政法规制定程序暂行条例》规定，行政法规的名称是"条例"、"规定"和"办法"等。

（四）部门规章

部门规章是指国家行政机关所属各个部门根据宪法、法律和行政法规制定的规范性文件。其中"规章"只是统称，实践中并没有一个规范文件用"规章"作为具体名称的。在我国，用得较多的名称是"通知"、"办法"等。

（五）地方性法规

地方性法规是由地方国家权力机关以及较大的市的立法机关制定的在本地方区域内实施的规范性法律文件和规章。如在我国，法规和规范性文件的名称一般为"条例"、"规定"、"办法"、"实施细则"等；地方性规章是指省、自治区、直辖市人民政府，省、自治区人民政府所在地的市和国务院批准的较大的市以及经济特区所在地的市的人民政府制定的规章。

（六）国际条约

各国政府签署和参加的国际组织（国际劳工组织、联合国等）所通过的国际公约，也是有效的法律渊源。例如，国际组织通过的《经济、社会、文化权利国际公约》中规定，"缔约各国承认人人有权享受社会保障，包括社会保险"。各国政府对于国际公约予以批准或签署，签约国就有义务保证其实施。

在中国，社会保障法的渊源一般指效力意义上的渊源，主要是各种制定法。

二、社会保障法的发展

在现代社会里，社会保障制度是国家的基本制度之一，是国家通过立法建立起来的。社会保障法就是调整在社会保障中发生的各种权利义务关系的法律规范的总称，同时也是社会保障制度的法律表现形式。

（一）社会保障法律的类型

由于世界各国的社会制度不同，经济发展水平不等，文化历史各异，建立社会保障法律制度的时间先后不一，因而形成了不同类型的社会保障法律制度。按照通常的分类标准，主要分为四种类型：

第一，传统型的社会保障法律制度。美国、日本等发达资本主义国家实行该类制度。这类社会保障法律制度坚持"选择性"的保障原则，即对不同的社会成员适用不同的保障标准，社会保障费用由国家、雇主和劳动者三方承担，社会保障的待遇给付标准与劳动者的收入和社会保障交费相关，强调劳动者个人在社会保障方面应承担的责任。

第二，福利型社会保障法律制度。英国、瑞典、挪威等西欧和北欧部分国家实行该类制度。这类社会保障法律制度坚持"普遍性"的保障原则，社会保障基金主要来源于国家税收，社会保障的范围包括"从摇篮到坟墓"的各种生活需要，给付的待遇标准是统一的。这种制度下的社会保障待遇水平过高，国家负担过重，正在被迫进行调整。

第三，国家型社会保障法律制度。原苏联以及东欧、中国在计划经济条件下都曾实行过该类制度。这类社会保障法律制度坚持"国家统包"的保障原则，社会保障费用由国家和用人单位负担，职工个人不必缴纳保障费用；社会保障的范围包括职工的基本生活需要；社会保障事务由国家统一设立的保险组织经办，职工参加管理。这种制度下，保险费用完全由国家和用人单位包揽，不利于企业参与市场竞争，不利于劳动力合理流动，不利于职工树立自我保障的意识。曾经实行的社会保障法律制度，也属于该种类型。

第四，储蓄型社会保障法律制度。新加坡、马来西亚等新兴市场经济国家大都实行该类制度。这类社会保障法律制度实行"个人账户积累"的原则，社会保障费用由劳资双方按比例交纳，以职工个人名义存入个人账户，在职工退休或有其他生活需要时，将该费用连本带息发给职工个人。这种社会保障法律制度有利于树立自我保障意识，鼓励人们的劳动积极性，有利于保障劳动者的基本生活需要，但这种制度在使用调剂和保障互助功能方面有一定缺陷。

（二）国外社会保障法律的改革与调整

现在国际上对社会保障法律制度进行改革与调整的最新提法，叫"机构、制度和待遇重组"[①]。发达国家在社会保障法律制度方面的调整措施主要有：

---

①龙翼飞：《完善我国的社会保障法律制度》，来源：中国人大网，2000 年 8 月 25 日。

第一，通过立法改变社会保险基金的筹集模式。如欧洲各国在养老保险体制方面采取的"三支柱体系"，就是这个社会保险基金筹集模式改革的典型。在该体系中，第一支柱是采用现收现付（由正在工作的一代人供养已退休的一代人）方式筹集养老保险基金；第二支柱则由雇员所在公司和雇员共同缴纳养老保险金存入雇员个人账户进行养老保险金积累；第三支柱是实行商业性的个人自愿养老保险计划，政府对个人自愿养老保险金的储蓄实行一定数量的免税政策。

第二，通过立法和严格执行措施，改变社会保障资金支出。例如，削减社会公共福利开支，限制国家退休金发放数量，严格审查领取社会救济、医疗补贴的社会成员的家庭经济状况，纠正社会福利全民享受的传统做法。

第三，通过立法改变社会保障的管理体制。完善并增强社会保障法律的实施和运行机制，以保证社会保障行政管理、事务经办和监督控制的分开，确保社会保障活动有效、依法进行。

第四，通过立法调控社会保险基金的运营管理。为了使社会保险基金保值增值并更好地支持资本市场的发展，各国通过立法对社会保险基金的投资结构和运营管理采取新的措施。如在社会保险基金的投资结构方面，各国法律规定不一，但都以立法形式规定了养老保险基金投资比例的法定上限。

（三）各国社会保障法律制度建设的特点

尽管当代世界各国的社会保障法律制度类型各有不同，但在法制建设的进程中呈现出以下共同的特点：

第一，在建立社会保障法律制度过程中发挥国家的主导作用。在现代社会里，社会保障是由政府管理的一项社会事务，政府本身就是社会保障法律关系的重要主体。国家应当而且也能够主动地利用对社会的干预手段，通过立法，调整利益冲突，推动建立符合社会公共利益的社会保障制度。社会保障从"家庭自我保障"和"慈善救济"发展到现代意义上的社会保障正是各国政府运用法律手段强制推行的结果。

第二，社会保障法律制定要与社会发展阶段和经济发展水平相适应。世界各国的社会保障法律制度，都不是凭空建立起来的，立法所确定的社会保障对象、社会保障项目、社会保障待遇水平，无一不受到本国社会经济发展阶段和经济发展水平的制约和影响。因此，各国的社会保障法律制度都随着本国经济的发展，呈现出社会保障对象的范围由窄到宽、社会保障项目由少到多、社会保障标准由低到高的共同特点。

第三，社会保障法律制度的内容应符合国情。如，美国根据联邦制的国情，联邦统一立法所规定的保障项目和保障标准虽然适用于全国，但允许各州通过立法增加保障内容；日本的人口老龄化问题突出，日本政府就通过立法对原有的养老保险制度进行改革，增大养老保险基金的积累，延长退休年龄，推迟支付养老金期限。有些国家为了提高国民素质，把义务教育和就业培训列入社会保障项目之中。有的发展中国家，为了鼓励就业、消除"养懒汉"现象，不搞失业保险制度。

第四，适时对社会保障法律制度进行调整。经济全球化使各经济体的相互依存、影响日益加深，要求各国积极应参加国际经济合作，按照平等互利原则处理双边甚至多边的关系，因此各国的法律也应做出相应调整。例如，劳动力的跨国流动，必然带来劳动者在就业、养老、失业、医疗等方面的社会保障问题，需要通过调整社会保障法律制度加以解决。近年来，许多国家如德国、法国、美国、意大利、瑞士等，已经采取了互相签订双边协议的办法，解决两国劳动者在对方国家从事工作遇到的社会保障问题。

三、社会保障法的基本体系

社会保障在现代国家的一个重要发展就是以社会保障法律体系为基础，具有国家强制性。因此，社会保障制度在现代社会首先表现为一套完整的法律和政策体系。根据大多数学者对社会保障体系建构的认识，一个符合现代社会原则的社会保障法律体系至少应由以下七个部分构成。

（一）社会保险法

在社会发展中，劳动者是主力军，其切身利益能否得到基本保障，直接关系到整个社会能否良性运行。为了规范社会保险关系，维护社会保险参加人的合法权益，使公民共享发展成果，促进社会和谐稳定，需要制定社会保险方面的法律法规，解决劳动者的基本生活保障问题，它覆盖的主体对象是创造社会财富、决定经济增长的劳动群体。社会保险制度的构建与完善，是整个社会保障体系的支柱。一般说来，社会保险法律体系由老年社会保险、医疗社会保险、失业社会保险、工伤社会保险、生育社会保险、疾病残疾社会保险、遗属社会保险七个部分组成。目前，在中国"社会保险法律体系框架主要应由五个部分组成：生育保险法律制度、医疗保险法律制度、失业保险法律制度、工伤保险法律制度和养老保险法律制度"[①]。

（二）社会救助法

作为最基本的社会保障的社会救助制度只保障最低生活水平，主要解决贫困或不幸社会成员的生存危机。它的实施一方面是为了消灭社会的绝对贫困现象，在现代市场经济运行过程中体现公平原则；另一方面也使没有基本生活保障的社会成员的生存发展权利得以实现。根据中国在城乡各地所实施的社会救助制度以及社会经济的发展状况，中国社会救助法律体系应该主要由下列两部分构成：扶贫法以及包括农村贫民救助、"五保户"救助和城镇居民最低生活保障制度等方面的社会救助法。

---

①劳动部课题组编：《中国社会保障体系的建立与完善》，中国经济出版社 1994 年版，第 21 页。

（三）社会福利法

社会福利法是调整在实施社会福利过程中产生的社会关系的法律规范的总称，是以提高公民的生活质量为目的的一系列社会保障制度，特别着眼于保障妇女、儿童、老人和残疾人等弱势人群的基本生活状况的改善。制定社会福利法律的目的，是促进整个社会成员的生活福利水平的普遍提高。同时，因为社会福利包括政府与社会通过各种福利服务、福利企业、福利津贴等形式，面向全体国民，内容广泛（如国民教育福利、住宅福利、职业福利及社会化的老年人福利、儿童福利、妇女福利、残疾人福利等），因此，其法律体系层次也是众多的。

（四）社会优抚法

社会优抚安置作为一种特殊的社会保障制度，是针对社会上一部分人群，主要是退伍军人、伤残军人、现役军人家庭、为国捐躯军人家庭。为使这部分特殊社会群体在心理上获得慰藉，在物质上获得帮助，现代各国无不由国家或政府出面举办各种各样的优待事业，开展抚恤和安置活动。其法律体系应由退伍军人就业安置、现役军人及家属优抚、烈属抚恤、军人退休生活保障等方面的法律规范构成。

（五）社会保障基金管理法

社会保障基金是社会保障制度得以顺利推行的物质基础，是根据国家有关法律、法规和政策的规定，为实施社会保障制度而建立起来的专款专用的资金，必须严格按照法律的规定筹集、运营、管理和使用。社会保障基金的构成，源于社会保障制度各构成部分形成的基金，所以一般按不同的项目分别建立，如社会保险基金、社会救济基金、社会福利基金和社会优抚基金等，必须根据特定的用途筹集、运用和管理，实现专款专用。社会保障基金管理法就是要在在安全、高效和公开的原则下，对社会保障基金的收缴、发放、投资和运营等进行规范。

（六）社会保障监督法

加强对社会保障的监督管理，是社会保障体系正常运行的前提条件，对实现社会保障的功能具有重要意义。目前，社会保障监督体系不完整、层次不清、关系不畅、行政分割、松散无力等问题，已成为制约我国社会保障监督体系健康平稳运行的瓶颈，因此健全社会保障监督体系具有很强的现实意义。社会保障监督法一方面要明确社会保障各管理部门的责任、权利（权力）和义务，以及监督机构的主要职责，并须特别规定监督部门的法律责任。社会保障监督法的立法重点应是规范各级社会保障监督委员会的工作，加强基金监督机构的自身建设，做好各自业务工作，防止内部发生问题；加强监督体制建设，形成行政监督、专门监督、社会监督互为补充的机制；强化企业年金监管，进一步规范企业年金基金管理机构运营行为。

（七）社会保障争议解决程序法

社会保障所涉及的内容通常与公民的基本生存权利有关，如养老金、工伤保险、失业保险、困难补助费等。而一般情况下，在各种社会保障关系中，享受社会保障权利的人大多都属于弱势群体。当公民行使社会保障权利发生争议时，应当有简单、快捷的法律途径获得帮助，包括司法途径。所以，在社会保障争议解决程序法中，应当尽可能地使受害人获得便捷、公正的司法服务。还要进一步完善劳动监察法规与劳动和社会保障争议仲裁机制，建立一个有异于诉讼程序的特别程序来解决社会保障中的争议问题。

第三节　中国的社会保障法制

中国共产党十八大报告指出："法治是治国理政的基本方式。"[①]建立一个现代化的、具有中国特色的社会主义社会保障法律体系，直接关系到中国经济体制改革的成败、社会的全面发展和社会的稳定。从法律的角度来看，社会保障属于国家管理的一项社会事务，属于政府的职能。健全、完善社会保障法律制度，形成社会保障法治化的局面，应是国家需要采取的紧迫和长远之策。

一、我国社会保障法律制度的现状

我国的社会保障法律制度建设始于 20 世纪 50 年代初，在改革开放以来取得突破性进展。目前，覆盖城乡居民的社会保障体系框架初步建立，社会保障覆盖人群迅速扩大，社会保障待遇水平稳步提高。我国社会保障法律制度的建设与发展，让人民群众实实在在地受益，对保障和改善民生、促进经济发展和维护社会和谐稳定发挥了重要作用。

（一）计划经济时期的社会保障法制建设

我国的社会保障工作始于 20 世纪 50 年代初。当时，新中国刚刚成立，百废待兴，国民经济基础相当薄弱。由于当时特殊的历史条件和时代背景，这一时期我国实行的是计划经济体制，社会保障的法律建设也体现出强烈的计划经济的色彩。

1949 年中国人民政治协商会议通过的《共同纲领》是新中国的临时宪法，其中规定，要在企业中"逐步实行社会保险制度"。这是新中国建立社会保障法律制度的基本法律依据。根据这一规定，我国从社会保险立法开始了我国社会保障立法的进程。1950 年劳动部颁布的《关于劳动争议解决程序的规定》是新中国第一部有关劳动争议解决程序的规章，是中国社会保障立法的另一个重要领域。

1951 年 2 月，政务院发布了《中华人民共和国劳动保险条例》，这是新中国成立后的

---

①胡锦涛：《高举中国特色社会主义伟大旗帜，为夺取全面建设小康社会新胜利而奋斗》，人民出版社2012 年版，第 27 页。

第一部社会保险法规，奠定了我国社会保障法律制度的基础。《中华人民共和国劳动保险条例》对于生、老、病、死、伤残等情况的保险都有了具体规定。该条例的实施，标志着新中国社会保障法律制度的诞生，奠定了我国社会保障法律制度的基础。

同时，国家机关、事业单位的社会保障制度也以行政法规的形式建立。加上之后陆续颁布的有关养老、医疗、工伤、扶贫、救灾、社会福利和优抚安置等方面的规定，初步形成了与计划经济相适应的包括社会保险、社会救济、社会福利和社会优抚安置在内的社会保障法律制度，显示了劳动人民当家做主的权利和国家对劳动者权益的保护。

1957 年以后，适应社会、经济形势的发展，我国政府对一些不适应经济建设的社会保障法律制度进行了必要的修正和补充，逐步完善了以社会保险为中心的社会保障法律制度。为了适应形势的发展，对一些不适应经济建设的社会保险制度进行了必要的改革，对社会救济和社会优抚立法进行了补充。

"文化大革命"期间，社会保险制度遭到严重的破坏，负责职工社会保险事务的工会停止活动，负责社会保障行政管理的劳动部、民政部、卫生部、人事部门等长期处于瘫痪状态，形成了事实上的企业自我保障局面。

（二）改革开放之初的社会保障法制建设

改革开放开始，我国的经济体制开始由计划经济向社会主义市场经济转轨，社会面貌从农业社会向工业社会转变。从改革开放开始到 1993 年我国政府决定构建社会主义市场经济体制之前这一时期，我国社会保障法制建设得到了一定的恢复和发展。

1978 年颁布的《关于安置老弱病残干部的暂行办法》和《关于工人退休、退职的暂行办法》、1980 年颁发的《关于老干部离职休养的暂行规定》，恢复了我国的退休和离休制度，1980 年公布的《革命烈士褒扬条例》等一系列政策性文件，对社会优抚制度进行了修复。到 20 世纪 80 年代中期，形成了以企业为主体的社会保障系统，为 90 年代社会保障法律制度的全面改革和发展奠定了基础。

从 20 世纪 80 年代中期开始，社会保障立法在适应经济制度改革中全面展开。1986 年，我国第一次明确提出了"社会保障"的概念，将社会保险、社会福利、社会救济和社会优抚制度统一纳入了社会保障体系，为社会保障法律体系的形成奠定了基础。1986 年，六届人大通过了《中华人民共和国义务教育法》，规定实施义务教育是社会福利的一项重要内容。1986 年国务院颁布了《国营企业职工待业保险暂行规定》，首次在我国建立了企业职工待业保险制度。1987 年颁布了《退伍义务兵安置条例》，1988 年颁布了《军人抚恤优待条例》，在此基础上形成了以国家保障为主、社会优待帮助为辅的社会优抚运行机制，建立了涉及优抚对象各个方面的社会保障体系，进一步完善了我国的社会优抚法律制度。1988 年 7 月 21 日，颁布了《女职工劳动保护规定》（国务院 1998 年第 9 号令），是新中国成立以来第一部比较完整和综合的女职工劳动保护法规。1989 年颁发的《关于公费医疗保险的通知》，对公费医疗开始进行改革。1990 年通过了《中华人民共和国残疾人保障法》，这部综合性基本法颁布后，国务院有关部门先后颁布了一系列法规和文件，使残疾人保障有了法律依据。1992年，七届人大通过了《中华人民共和国妇女权益保障法》，这是我国第一部综合性保障妇女权益的基本法律。1996年颁布的《国营企业职工养老保险暂行规定》，在我国初步确立了失业保险制度。1991年发布的《关于企业职工养老保险制度改革的决定》，明确了养老保险费实行社会统筹。1992年发布的《工伤与职业病致残程度鉴定标准》，在全国范围内统一了各项标准。1992年4月，七届人大五次会议通过了《中华人民共和国妇女权益保障法》，其中对我国妇女的政治、文化教育、劳动、财产、人身、婚姻家庭等方面的权益作了具体规定。

（三）我国社会保障法制建设的快速发展

20世纪90年代以来，我国的经济体制由计划经济向社会主义市场经济转轨，国家对经济结构进行战略性调整，形成了以公有制为主体、多种经济成分并存的格局。与此同时，我国政府根据两种经济体制转换过程的实际，坚持以"低水平、广覆盖、多层次"的基本方针对社会保障制度进行改革，逐步由"全部包揽"向"国家、单位、个人"三方共担转变，由"企业自保"向"社会互济"转变，由"福利包揽"向"基本保障"转变，由"现收现付"向"部分积累"转变，由"政策调整"向"法律规范"转变。这一时期，是中国建立真正意义的社会保障制度的一个极为重要的时期。[①]

（1）法律制度建设取得了突破性进展。经过二十多年努力，已经建立起比较完整的社会保障法律体系，诸如《社会保险费征缴暂行条例》(1999)、《城市居民最低生活保障条例》(1999)、《失业保险条例》(1999)、《工伤保险条例》(2003)、《就业促进法》(2007)、《城镇企业职工基本养老保险关系转移接续暂行办法》(2010)。特别是《中华人民共和国社会保险法》，2011年7月1日正式实施。这是一部包括养老、医疗、失业、工伤、生育等五个险种在内的综合法。

（2）企业职工基本养老保险制度进一步完善。城镇职工基本养老保险省级统筹制度全面建立，企业职工基本养老保险关系转移接续办法制定实施，事业单位养老保险制度改革开展试点，企业年金制度建设取得积极进展。完善失业保险制度，加快劳动力市场建设，逐步使下岗职工由企业再就业服务中心保障基本生活，转向享受失业保险，走向劳动力市场就业。这项工作先在东部沿海地区和具备条件的城市进行试点，总结经验后稳步推开。

（3）社会保险的覆盖面扩大，保险费征缴率提高。在城镇强制推行以养老、失业、医疗为重点的社会保险覆盖，这既是增加社会保障资金的重要途径，又是建立新体系的重要条件。同时，中央和地方各级财政预算要适当调整支出结构，增加社会保障支出比例。还要采取多种措施，开辟新的筹资渠道，补充社会保障基金。全面建立和实施农村最低生活保障制度。积极发展商业健康保险，实现了由单位和家庭保障向社会保障、覆

①赖达清：《社会保障法——保障公民生存权利的法律形式》，四川人民出版社2003年版，第52~54页。

盖城镇职工向覆盖城乡居民、单一保障向多层次保障的根本性转变。

（4）养老保险社会化管理和服务积极推进。逐步做到退休人员与企业事业单位相脱离，实现了基本养老金的社会化发放，积极开展退休人员由单位服务到社区管理服务的过渡。加强了对社区的领导和管理，强化社区服务功能。同时，注意做好社会保障体制转换过程中的工作衔接。

总之，近年来社会保障法律制度建设、改革的深化，使我国已经基本形成以社会保险、社会救助、社会福利法律法规为基础，以基本养老、基本医疗、最低生活保障法律法规为重点，以慈善事业、商业保险法律法规为补充的社会保障法律体系框架。

二、我国社会保障法制建设存在的问题

中国是世界上最大的发展中国家，人口多、底子薄，各地经济发展状况不平衡。要在这样一个具有14亿多人口的大国建立适合国情的社会保障制度遇到的问题也是前所未有的。因此，必须正视我国社会保障法律制度建设和实践中存在的问题。

（一）社会保障法制体系尚不健全

改革开放以来，我国国民生产总值增长速度很快，但作为市场经济的重要法律之一的社会保障法却迟迟没有出台。尽管我国在社会保险领域已颁布大量的行政法规、规章和相关文件，但一直没有一部统一的基础性立法。而社会保障包括社会救助、社会保险、社会福利、慈善捐助等多个体系，需要的社会保障立法还很多。目前颁行的《社会保险法》也只是社会保险方面的综合性法律，表现出众多的原则性、原理性框架，不像单行法那样规定得那么细致。同时，社会保障工作在许多方面只能靠政策规定和行政手段推行；社会救济、社会福利和优抚安置的立法相当欠缺；社会保障工作在许多方面只能靠政策规定和行政手段推行，由此导致社会保障的覆盖面小，权威性极差，保障程度低。目前，在社会保障方面发生争议，进行仲裁或提起诉讼时，由于立法滞后，仲裁机构和人民法院无法根据有效的法律规定进行仲裁或判决，一定程度上处于无法可依之状态。

（二）法律法规的立法层次较低

我国现有的社会保障法律法规立法层次低，缺乏较高的法律效力和必要的法律责任制度。社会保障法是我国法律体系中的一个独立法律部门，理应由全国人民代表大会及常务委员会制定社会保障的基本法律。但是，我国自1979年以来，却没有制定和颁布实施专门调整社会保障关系的基本法律，有关社会保障的制度被分散在不同的法律规范文件中。这种状况与社会保障法所处的地位是不相符的。完整的法律规范应当由假定、处理和制裁构成，无法律责任、制裁措施的法律规范，是一个有严重缺陷的系统，无法发挥法律规范的强制功能。在我国已经制定出台的社会保障法规中，比较普遍地存在着缺乏法律责任的现象，无法确保社会保障措施的有效实施。如社会保险是社会保障制度的

核心内容，但目前《社会保险法》在社会保险费用的征缴、支付、运营、统筹、管理的规定上都相对粗疏。国家立法滞后，地方立法分散，造成社会保障收、支、管等各方面都存在较大漏洞。

（三）法律实施机制比较滞后

社会保障的实施机制包括行政执法、司法、争议解决的仲裁活动、法律监督程序等。目前，我国社会保障的筹资机制、保障机制、管理机制、运行机制、监督机制都不够健全。作为社会保障制度核心的《社会保险法》虽然出台了，但是仍然存在着以下不足：第一，授权条款太多。如多处规定"具体办法由国务院规定"。第二，基金的性质未予以确定。社会保险基金是参保人的公共资金，是他们的保命钱，如果不定性，政府就认为是政府的钱，或者社保机构会把它当成自己的钱。目前来看，各地社会保险基金存在大量节余现象，这是违背社会保险的本质的。第三，运行规范不太具有操作性。如经办机构应承担经办服务责任，应强调统一经办、统一征缴。现在社会保险征缴办法尚不规范，社会保障监督机构没有与管理机构严格分开，缺乏对欠缴社会保险费和拖欠离退休人员、失业人员保险金行为的法律制裁措施；对非法挪用、挤占保险金的违法甚至犯罪行为不能予以及时惩处，保险基金的运营处于不安全状态。

（四）法律适用范围比较狭窄

作为现代公民的社会权和宪法权利，社会保障权具有法律强制性、主体多元性、关系复合性、公益性和可诉性的特点。在我国，由于社会保障体系运行的机制仍旧是不明朗、不规范的，社会保障体系功能弱化，不能产生体系效应，这是我们社会保障立法体系的明显缺陷。目前，享受社会保障的人员大多集中在城镇，尤其集中在城镇机关、事业单位和国有企业职工中实行施，而这些人只占城镇人口的很少一部分，城市集体、私营和外资企业的职工也只是参照执行，许多的自由职业者、个体劳动者和广大农民几乎没有社会保障，基本处于社会保障体系之外。

三、我国社会保障法律制度的完善

在建立社会主义经济体制和社会主义法制国家中，法制建设至关重要。加快我国社会保障法的立法进程，尽快建立起一套完备的社会保障法律制度并保证实施，是建立社会主义市场经济体制的前提和保证。

（一）完善我国社会保障法律制度的原则

社会保障的立法原则是调整社会保障法律关系所应遵循的基本准则，它全面反映社会保障法所调整的社会关系的客观要求，对社会保障法如何调整社会保障法律关系进行整体指导和规范。[①]

（1）普遍性原则。法的最大特点就是其权威性、普遍性，短期内不会随意更改。从世界范围来看，最早提出普遍性原则的是"现代社会保障之父"贝弗里奇，他在《社会保险及有关服务》里首次建议"全面和普遍的原则"，把全体国民作为社会保障覆盖对象。[②]一个国家制定社会保障法规，目的是化解劳资矛盾，处理好各方面利益关系，从而有利于社会和谐，促进社会稳定。

（2）公平性原则。建立社会保障制度的目的就是保障社会成员的基本生活，保障他们作为社会成员应有的权利，社会保障是保障公平。社会保障法强调公平优先表现在：一是保障范围公平，即保障覆盖范围内的所有社会成员在社会保障权益方面的公平性。二是保障待遇公平，即社会保障一般只为国民提供基本生活保障，超过基本生活保障之上的需求通常不能从社会保障途径获得解决。三是保障过程公平。社会保障为社会成员解除后顾之忧，维护社会成员参与社会的起点与过程公平，为缩小社会成员发展结果的不公平起着重要作用。[③]

（3）效率性原则。效率性原则是指在社会保障立法中要防止社会保障的再分配功能可能对经济发展产生的负面影响，主要涉及两个方面。一方面，高福利制度体现了形式上的"公平"，常常以牺牲经济效率为代价，进而影响了企业的再投资，同时也影响了国家对外竞争能力。另一方面，大量的社保基金如何实现保值增值，来应对迅猛而至的城市化、老龄化的压力，这是一个很实际的问题。虽然存银行、买国债看似安全性高，却面临着贬值风险，从而影响到基金的投资效率。因此，必须以法律的形式保证社会保障效率的最大化。

（4）操作性原则。一部好的法律的重要特点就是可操作性强，社会保障法规的制定要避免仅是些原则性话语，如果不能解决实际问题，倒不如不制定出台或暂缓制定出台。如在我国，制定社会保障法要明确提出解决诸如养老保险个人账户"空账"、历史债务、基金保值增值难、统筹层次低、基金监管难、社会保险覆盖面应有多大等问题的具体规定。要把我国在社会保险制度改革实践中一些行之有效的成功经验加以吸收，上升到法律层面，如"收支两条线管理"办法，建立"政府领导，税务征收，财政管理，社保支付，审计监督"的各职能部门分工协作机制。

（二）借鉴发达国家经验，完善我国的社会保障法律体系

社会保障立法内容是与社会保障体系的内容紧密相关的。我们应该借鉴西方发达国家社会保障的经验，选择适合我国的社会保障体系，确定我国社会保障立法模式和内容。

（1）立法体系的架构上，应结合我国法律体系的特点，采用"多法并行"模式，不宜

---

①黎建飞：《社会保障法》（第二版），中国人民大学出版社 2006 年版，第 11 页。
②覃有土、樊启荣：《社会保障法》，法律出版社 1997 年版，第 99 页。
③郑功成：《社会保障——理念、制度、实践与思辨》，商务印书馆 2000 年版，第 258 页。

采用"大法统一"模式。所谓"多法并行",是指社会保障立法可以就社会保障的五个方面的基本内容——社会保险、社会救济、社会福利、社会互助、优抚安置分别立法,形成社会保障多部平行法。而我国其他部门法基本上都是采用这一立法模式。鉴于我们现有的立法准备工作不是很充分,若采用社会保障法统一立法即"大法统一"的立法模式,很可能会因追求"一统"而进一步形成新的立法缺陷。

（2）提高立法层次,增强社会保障制度的稳定性。我国已经走过了较长时期的行政立法阶段,现阶段可以也应该进入向全国人大立法发展的阶段。从长远来看,要制定《社会保障法》以统领整个社会保障法制体系,严格界定社会保障的范围、对象、标准、职责、权利与义务以及组织结构、监管体系等内容,以保证社会保障工作有法可依。

（3）内容上要与其他法律部门相衔接。社会保障制度的立法内容应与其他专门立法内容相互衔接、相互补充和制约,以保证社会保障法规的有效实施。如,社会保险基金被违法挪用、挤占问题,现行的《中华人民共和国刑法》并没有相应的罪名加以制裁。为确保社会保险基金的安全,建议全国人民代表大会常务委员会制定和通过关于制裁挪用、挤占社会保险基金的违法犯罪行为的补充规定。

（4）适应 WTO 规则,调整中国社会保险业的相关制度。市场经济是法治经济,作为扩大了的市场经济——经济全球化,如果在全世界范围内无法形成相对稳定和权威较高的游戏规则（条约、习惯、惯例等）,则不能称之为经济全球化,当然,WTO 也没有其存在之可能。能起"稳定器"、"安全网"作用的社会保障制度作为市场经济建立的前提和保障在世界范围内必将形成,只有这样,国际资源特别是人力资源的自由流动方能顺利实现。

（三）从法治的高度维护公民社会保障权

社会保障权作为现代社会公民的基本人权,是维护人的生存和人的尊严的基本需要,它经历了从自然权利到法定权利再到实然权利的演化过程。社会保障法律制度从法制到法治,一字之差,强调要将僵化的法律制度、法律典则变成法的实践体系。

（1）进一步明确公民的社会保障权利。我国现行宪法涉及社会保障的内容主要是第44、45条的规定,只规定了公民在"年老、疾病或丧失劳动能力"的情况下有权获得物质帮助,而未能将失业、生育规定于其中。因此,《宪法》应适应建设社会主义市场经济和构建社会主义和谐社会的需要,体现以人为本的理念,在"公民的基本权利和义务"中明确规定公民依法享有社会保障权,将社会保障权的四个主要权项,即社会救助权、社会保险权、社会福利权和社会优抚权都包括在内,同时规定公民在社会保障方面的某些义务,形成一个科学、系统的社会保障权利体系,为制定社会保障法律法规提供宪法上的权威依据。

（2）加快社会保障的各项具体制度建设。社会保障法是以社会利益为本位,以社会公平为价值追求,保障公民社会保障权利实现的法律制度的总称。没有健全的社会保障法律体系，就不可能出现健全、完善和成熟的社会保障制度和真正完整并可实现的社会保障权利。当前，我们应积极学习和汲取国外在社会保障方面的先进经验，结合我国的具体国情，加快社会救助、社会保险、社会福利和社会优抚方面法律的立法进程，尽快形成完整统一的社会保障法律体系，使社会保障有法可依，使公民社会保障权利的实现获得法律上强有力的支持和保证。

（3）建立完善的社会保障权利救济制度。社会保障权的核心是给付领受权，无救济就无权利。这是因为，社会保障制度必须通过法律的强制性保证其有效实施，对在社会保障法律制度实施过程中会存在的违法行为，如一些单位不按照法律规定为职工办理社会保险，或者拖欠社会保险费；某些社会保障部门不作为，应该给予公民的社会保障待遇不给予，或者一些地方政府部门挪用或挤占社会保障方面的资金等等。这些违法行为的实质是对公民社会保障权利的侵犯，损害了公民社会保障权利的实现，只有设置健全的救济手段，才能使公民的社会保障权在受到侵犯时能得到及时有效的救济。救济的手段主要是行政救济和司法救济，特别是司法救济，尤其重要。

（4）加强社会保障执法力度。立法只是完成法制的基础工作，法律作为一种条文规定是不能自主实施并产生效用的。对那些没有按照法律规定执行社会保障项目，我们要通过人大、政协、行政监察等途径加强对社会保障法律实施情况的监督，提倡社会各界通过对法律实施情况的监督、劳动者的投诉举报来促进社会保障法律的落实。同时，在执法实践中，还要加强对社会保障纠纷案的审理，在有条件的地方设立人民法院劳动和社会保障法庭，专门审理劳动和社会保障争议案件。

第四章 社会保障模式

传统社会对人们生存风险的保障是一种与小农经济相适应的保障方式，它以家庭保障为核心与重点，辅之以邻里（社区互助）与亲友相帮。伴随着工业化的兴起与发展，以及自给自足的小农经济向市场经济的转变，人们遭遇风险的机会大大增多，程度大大增强。在这种情况下，现代社会保障制度出现了，并在不同的国家形成了不同的制度模式。

第一节 社会保障模式概述

模式，是解决某一类问题的方法论。社会保障作为人类生活的一种基本需要，从世界范围来说虽然有其共同点，然而，由于各国的社会制度、经济发展水平及文化传统不同，其保障模式必然会有差异。从国际经验来看，凡是社会保障问题解决得比较好的国家，都建立了比较适合国情的社会保障模式。

一、社会保障模式的内涵

社会保障模式是对不同社会保障的内在基本规定及主要运行原则的理论概括，反映着一国在某一历史时期社会保障制度的战略方向。适当的社会保障模式选择，对一个国家建立社会保障制度具有主要的导向作用。

（一）社会保障模式的含义

社会保障模式是社会保障范畴中解决社会问题所采用的方式。就理论上讲，社会保障模式是一种可以有效解决社会问题、消解社会风险的方法和制度；就实践上讲，社会保障模式在不同的制度领域则形成不同的制度实践，社会保障形成不同的制度群并体现一定的思维和理念。

可以说，"社会保障模式是对不同社会保障的内在基本规定及主要运行原则的理论概括，它反映了一国在某一历史时期社会保障制度的战略方向。"[1]在不同的社会保障理念影响下，各国社会保障制度内容、水平、运行机制各有其特点，而由于社会保障理念受到所在国家社会、经济、政治、历史文化的影响，因此，社会保障模式事实上是由社会、经济、

---

①任保平：《中国社会保障模式的选择及其构建》，载《学术论坛》，1998 年第 1 期。

政治、历史文化发展决定的。从理论出发进行分析，可以阐发社会保障模式与制度内容、制度目的之间的联系，也就是社会保障模式的逻辑性理论；从实践出发进行分析，可以立足各国、各地区不同的制度实践，特别是各国不同的立法实践，透视社会保障模式的多种类型，乃是社会保障模式的个别性理论。

社会保障作为一项综合性的社会事业，必须建立适合国情的管理模式。建立科学的、适合各自国情的社会保障管理模式，有利于建立科学的社会保障管理体制。在合理的社会保障管理体制中，各种机构与组织之间相互影响，形成合理的激励、约束和监督相结合的机制，从而推动社会保障制度的运行，有利于保护劳动者的合法权益，维护社会的安定团结。合理的社会保障模式可以分散劳动者遇到的各种风险，在市场经济体制下，优胜劣汰的市场机制使企业和劳动者既有机遇又有风险。在这种情况下，建立科学的社会保障管理模式，有利于适合国情的社会保障制度的建立。

（二）社会保障模式的本质

社会保障模式是由不同的筹资手段有机结合而成的。不同筹资手段的不同组合，也就形成了不同的社会保障筹资模式。一个国家的社会保障模式的本质，主要表现在筹集资金的形式方面。

（1）征税制。即开征社会保障税（社会保险税）筹集社会保障资金。这种模式的特点是，以公民福利权利为核心，以国家为主体；以国民的充分就业和收入为社会保障的目标；社会保障原则倾向于社会公平；保障内容覆盖面广，保障标准高；不过分强调保险原则，主张福利的普遍性和统一性；不过分强调权利和义务对等。社会保障的资金来源主要由国家税收来解决，保障的主要形式是国家支付，最大限度地体现了社会对全体人民公平利益的保障。这是一套被人称做"从摇篮到坟墓"的社会保障制度，目前采用这一模式的国家主要有英国、爱尔兰、芬兰、挪威、瑞典、瑞士等国家。

（2）交费制。即按着统一的费率交纳社会保险费用。这种模式始建于德国，主要特点是以面向劳动者建立各种保险制度为基础，强调政府、社会、雇主、雇工共同承担社会保障责任；要求权利和义务相统一。保险基金以保险费为主。目前采用社会保险模式的国家有德国、比利时、卢森堡、荷兰、意大利等欧洲联盟国家。

（3）储蓄制。即政府通过法律形式规定统一的费率，将企业和个人交纳的社会保障费统一存入一个账户，由个人支配使用，但政府有调剂的权力。这种制度模式以新加坡为代表，另外还有马来西亚、印尼、斯里兰卡等国家。

（4）国家保障制。这是与就业相关联的社会保障制度模式，强调国家的责任，社会保险的对象是国有经济部门的雇员。社会成员一旦就业，便自动加入了受保障者的行列。这种模式始于原苏联，后曾在许多社会主义制度国家推行，目前主要有朝鲜、古巴等。

（5）自由保险制。这种模式强调社会保险制度的效率，实行社会保险与市场经济对接。对所有的工作人员均一视同仁，强调政府、企业、个人的三方责任，强调权利和义务相结合的原则。保障项目的参与实行强制性和自由选择相结合，侧重于以充分就业为首要条件的宏观调控。采用这种模式的国家主要有美国、日本和澳大利亚。

（三）选择社会保障模式的原则

一个国家对社会保障资金筹措模式的选择，既要考虑到市场经济和社会化大生产对社会保障制度要求的共性，又要考虑到本国的国情。

（1）因地制宜的原则。一个国家不管是什么意识形态、实行哪一种社会保障基金筹集模式，对社会保障制度在市场经济中的作用已达成共识，那就是社会保障不再被看成是对国家的负担，而被看成是在经济工作中使工作能力、效率和动力保持高水平的一种手段。如果一个国家缺少完备的社会保障体系，那无论这个国家构建哪种性质的社会、建立哪种市场经济体制，都是不可能的。

（2）兼顾公平和效率的原则。社会化大生产要求建立一个由政府统一组织、统一管理的社会化管理体制和社会保障筹资模式。同时，市场经济体制又强调社会保障筹资模式必须兼顾公平和效率。在效率优先的条件下，实现收入再分配的适度公平，并讲求权利和义务的对称性，全体社会成员应该在承担相应义务的基础上享受社会保障的权利。

（3）依法进行的原则。一个国家完备的社会保障体系，还要有一个强有力的、稳健的社会保障基金筹资模式作保证，即社会保障基金筹资模式要有严密的法律体系支撑，社会保障基金筹资的全过程包括筹资机构的设置、筹资对象、筹资客体的权利和义务、筹资管理、筹资比例等都应通过法律来规定。

（4）有机结合的原则。一国社会保障的社会化水平的标志是统筹层次。统筹层次越高，可进行余缺调剂等转移支付的空间就越大，社会保障的覆盖面也就越大。一般而言，缴费形式的筹资模式灵活性较强，税收具有强制性和统一性的特点，不同的国家和地区可以结合实际情况，充分考虑其对社会、政治、经济等方面的影响及其相互之间的正负效应，相互吸收，协调推进，探索适合国情的社会保障模式。

二、社会保障模式的选择

由于各个国家的工业化发展水平、社会转型程度、政治经济体制、国民需求及传统习惯等不同，各国社会保障模式选择反映的便是社会保障制度及其项目在其国家和地区安排与运作所表现出来的具体特征。

（一）选择社会保障模式的根据

社会保障制度的建立和运作，最核心的问题是资金筹措方式的选择。一个国家社会保障模式的选择与这个国家社会保障事业所需经费的筹集渠道及各责任主体承担的比例密切关联，是各国社会保障制度得以建立并运行的重要依据。

1.财政拨款

在现代社会保障制度中，最主要的责任主体是政府，政府财政拨款便成为社会保障基金一个固定的、主要的来源。许多国家将社会保障基金直接纳入财政预算，有的国家虽然社会保障基金在财政预算系统之外运行，但也通过财政专户对其进行密切监控；有的国家建立了完全独立于国家财政预算系统的社会保险基金系统（如新加坡、智利等），国家财政仍承担着对社会救济、社会福利事业的直接拨款责任，有时还对系统之外的社会保障基金给予适当的援助。

国家财政对社会保障的支持，可以概括为三种方式：一是财政直接拨款，即政府直接拨款实施社会保障项目，社会救助基金、军人保障基金及有关公共福利基金主要由政府财政拨款形成；二是承担社会保障运行费用，这一部分拨款虽然并不直接用于受保障者，却维护了社会保障基金的完整与安全，从而也是实施社会保障制度的重要经济条件；三是实行税收优惠或让利，这是一种间接资助形式，即向企业和个人征收税前缴纳的社会保险费、对社会保障机构筹集的基金实行免税优待以及对社会保障对象享受的各项待遇不征税。

2.雇主和个人缴费

雇主与个人缴费是各国社会保障基金的重要来源。在市场经济条件下，各国都制定了相应的社会保险法律法规，这些法律法规无一例外要求雇主、个人承担缴纳社会保险费的责任。

雇主承担社会保障责任的方式，是为其雇员向社会保险机构缴纳社会保险费，它一般按雇员工资总额的一定百分比缴纳，由社会保险机构依法强制征收。社会保险费作为保障费用，体现为雇主扩大再生产的要求，为雇主扩大再生产的必要条件；作为生活劳动消耗的补偿基金，是对雇主再生产的补偿，是简单再生产的维持费用。因此，雇主缴纳的社会保障费用在本质上构成了雇主的"经济型"负担，是使雇主生产经营顺利进行的内在要素。国家机关等对公务员或公职人员而言也是雇主，也需要承担雇主的责任和义务。不过，这种雇主缴费的来源是国家税收形成的财政资金。

就社会成员个人而言，既是社会保障的受益人，也是社会保障基金的承担主体，他们也应承担相应的义务。个人承担社会保障费用包括两个方面：一是法定社会保险制度通常要求劳动者承担相应的缴费义务；二是社会成员在享受有关社会福利尤其是社会服务时，亦可能需要承担有限的付费义务。个人缴纳相应的社会保障费用，不仅有利于减轻国家财政的负担，还体现了社会保障的权责结合与责任分担的原则，同时增强了个人的自我保护意识，引起了社会成员对社会保障基金管理和监督的重视。通常，在社会保险制度中，劳动者按工资或收入的一定百分比缴纳社会保险费（只有工伤保险不要求个人承担缴费义务）；在一些社会福利与社会服务中，受益者则根据规定的条件在享受相应待遇及服务时支付有限的费用。

3.其他渠道

社会保障基金筹集除了财政拨款、用人单位和个人依法缴费的主渠道外，还有几个辅助渠道：社会筹资、基金运营增值、社会福利服务收费、发行特种国债、国际援助等，也是社会保障基金的筹集来源。

社会筹资渠道主要有社会捐赠和发行彩票。社会捐赠是以自助自愿的方式筹集社会保障资金的一种形式，也是一条重要的社会保障基金来源渠道。社会捐赠被直接吸纳到慈善公益机构并根据实际需要使用，或者由慈善公益机构根据某些特定事件（如自然灾害）或特定对象（如灾民）的需要临时向社会募捐。募捐的方式有直接筹款、义卖、义演等多种方式。[①]同时，在许多国家，筹集社会保障基金的经常性渠道是发行福利彩票，它完全由公众自由参与，所筹集的资金用于兴办各种社会福利事业。

另外，利用社会保障基金的运营增值也十分重要，它包括储蓄增值和投资收益（通过储蓄取得的利息和通过投资而获得的利润）。基金数额越大，投资风险越小，获得的回报和收益就越多，有些国家仅靠基金增值部分就可应付年度开支。以上这些来源渠道虽然在过去不被重视，但随着社会保障制度对市场机制的重视与利用，适当收费成了社会福利事业的重要财政来源，而基金运营收益则成为基金制社会保障制度的重要保证。

（二）社会保障模式的类别与特点

研究社会保障模式的类别，是各国根据实际寻找适合本国国情社会保障模式的基础性工作。我们从社会政策保障对象范围视角，将社会保障模式划分为补缺型社会保障模式和普惠型社会保障模式。

1.补缺型社会保障模式

补缺型社会保障模式，又称为剩余型社会保障，是指当家庭和市场机制瘫痪时，国家为社会无法自助者提供暂时性和救济性的救助。补缺型社会保障能够起到支持和防止意外的作用，是把市场和家庭看作满足个人需求的主要制度结构。

美国社会保障制度是"补缺"型社会保障模式的代表，只为老年人、残疾人、儿童等弱势群体建立了公共医疗保险和医疗救助制度，其余人群多依靠商业保险获得医疗保障。美国社会保障制度强调帮助生存困难的特殊群众，目的是维持特殊社会阶层的基本生活，因此保障水平较低，制度覆盖面积小；美国的社会保障制度，权利和义务紧密相关，与西欧部分发达国家实行的普遍年金、普遍儿童津贴和免费医疗服务制度截然不同，他们采取"受益人同时也是缴费者"的办法，要享受社会保障权利必须先缴费。

美国的社会保障资金来源是多渠道的，由联邦政府、地方政府、企业和个人共同提供。而且对非政府资金来源非常重视。劳动者的社会保障费全部由被保险人及企业缴纳的保险费解决，社会保障基金的筹集由雇主和雇员各承担50%左右，只有特殊项目才由政府资助。在管理上，美国实行联邦、州和地方三级相对独立的财政体制，联邦、州和地方政府在财权、事权的划分上十分明确，各级政府的管理责权划分在联邦宪法中有明确规定。

今天，随着人口老龄化的加剧，美国的现收现付模式也受到了挑战，社会保障基金的

---

①郑功成等：《中华慈善事业》，广东经济出版社1999年版，第26页。

收支渐渐难以平衡，基金的储备出现了严重危机，最终导致政府于 1983 年进行了社会保障模式的改革，实行"以现收现付为主，半基金积累制为辅"的一揽子计划，以解决基金的来源问题。改革的效果非常显著。

2.普惠型社会保障模式

普惠型社会保障模式，指为全体公民提供的一种制度化的常态性社会制度，是社会制度结构中常规化、永久性的重要组成部分。在普惠型社会保障模式下，保障对象可以扩展到社会的全体成员，从而实现由选择型保障到普惠型保障的转变。

英国是福利型社会保障制度的代表性国家，强调为公民提供社会福利既是政府的责任，同时也是公民的权利，因此该国社会福利具有普遍性，其目的是提高全体公民的生活质量。英国的社会保障体系建立于 1946 至 1948 年，其主要依据是经济学家贝弗里奇的社会保障思想。通过多年的发展，基本形成了一套"从摇篮到坟墓"的社会保障制度。

英国的保障基金主要来源于三个方面：一是税收。税收中用于社会保障项目的支出分为用于社会福利和救助等方面的救济性支出和用于社会保险等项目的支出。二是雇主和雇员上交的基金。三是社会保障基金的投资收入。

英国实行高度集权的社会保障管理体制。中央负责统一制定重大的全国性社会保障政策，具体事务绝大部分由中央政府在各地的派出机构承担，地方政府只是根据自身财力大小提供一些补充性的、地方性的社会服务，中央政府对其中许多项目提供资金支持。英国的财政部门负责征集和分配社会保障资金，审核社会保障机构资金支出，审核社会保障的有关预算，参与社会保障资金的管理。

英国的福利型社会保障制度同样也给政府带来巨大的财政负担，同时普遍福利和高税负导致"奖懒罚勤"，降低了效率，引发了"失业陷阱"和"贫困陷阱"等问题。因此，在 20 世纪 70 年代经济滞胀的形势下，英国率先在社会保障方面进行了减轻负担的改革。

（三）社会保障模式的特点

每一种社会保障模式的内涵各不相同，其制度重点也不相同。而每一种社会保障模式都是在一定的社会、经济、文化、历史背景下形成的，因此存在以下两大特点。

1.社会保障基本模式的相对性

按照政府对社会成员承担社会保障责任由小到大，社会保障基本模式排序依次分为强制储蓄型模式、社会保险型模式、福利国家型模式三种类型。在这三种模式中，无论采取哪种模式，政府都要承担最后兜底的责任。当社保资金收不抵支时，政府作为最后责任人要负责到底。但是，在不同的模式中，政府所承担的责任大小不同。首先，从权利与义务的关系来看，三种模式中，强制储蓄型完全强调个人权利与义务的对等，个人享有保障的多少完全取决于个人缴费的多少。社会保险型也强调权利与义务的对等性，但弱于强制储蓄型模式。在该模式中，个人保障给付水平的高低与个人缴费有关，但不是一一对等。福利国家型的保障具有普遍性，完全不强调权利与义务的统一性，社会成员只要被制度覆盖就能够享有一份保障，而且制度内个体间的保障差异不大，个人享有的保障与个人贡献关联不大。其次，从社会保障给付水平来看，福利国家型给社会成员所提供的保障给付水平较高，而且成员之间的保障差异不大。该模式提供保障的目的不仅仅是缓解和预防贫困，更多的是提高全体社会成员的生活质量。社会保险型的保障给付水平高低与个人和企业的缴费有很大的关系，各国所提供的保障水平高低不等。再次，从财务制度所采取的形式来看，强制储蓄型的社保基金筹集模式采用完全积累制，由供款和投资收益的积累决定给付水平。这种模式，能够形成庞大的基金积累，缴费率相对比较稳定。而"社会保险型和福利国家型两种模式在筹集资金时一般采取现收现付制度，由当年的支出需求决定缴费率，基金没有盈余，难以应对人口的变动与突发事件"。[1]

2.社会保障国别特色的绝对性

社会保障国别特色的绝对性，是"指同一社会保障模式下不同国家之间社会保障制度的差别。这种国别特色既与各国社会经济和历史文化传统密切相关，也与各国社会保障制度自身的发展演变直接相关"。[2]德国与美国都是实行投保资助型社会保障制度的国家，但是，这两个国家的社会保障制度存在一定的差异。如，德国最初建立社会保障制度的目的是为了缓和阶级矛盾，带有明显的政治色彩；而美国社会保障制度的建立是为了缓和经济危机，具有经济色彩；德国给付水平高，贫富差距小，相比之下美国的支付水平较低，贫富差距也较大。英国和瑞典都是实行"普享性"的福利国家，但是两国"普享"标准不一样，英国福利国家制度的"普遍性"只立足于保证公民的"最低"生活水平。如，英国经历了两次世界大战，许多战争遗留问题急需解决，英国政府对国民的数量和质量更加关注，英国人民更加团结，当时具备了建立福利国家的社会条件；而瑞典几乎没有遭受战争的破坏，经济实力更为强大，具备建立福利国家的经济条件。此外，英国社会保障制度的再分配力度相对较弱，社会贫富差距相对较大；而瑞典社会保障制度的再分配力度相对较强，社会贫富差距相对较小，社会更显公平。此外，英国虽最早建立福利国家，但瑞典福利国家的建立则更为彻底与完善。

三、影响社会保障模式的因素

每一个国家社会保障模式的选择都是在一定的社会、经济、文化、历史背景下形成的，它不是单一因素作用的产物，而是多种因素综合作用的结果。每一种社会保障模式的存在都有其客观性，受到客观因素的影响。

（一）经济发展水平

社会保障模式是一种制度选择，而这种制度较一般社会制度更多受到了经济基础的影响。在经济发展水平低的情况下，国民的社会保障需求受到抑制，国家也只能选择低水平

[1]刘志英：《社会保障基本模式的相对性与国别特色的绝对性》，载《学习与实践》，2006年第9期。
[2]刘志英：《社会保障基本模式的相对性与国别特色的绝对性》，载《学习与实践》，2006年第9期。

的社会保障模式。这种情况下只能实施最基本的社会福利与社会救助项目，而无法选择高水平的保障项目，从而使社会保障模式的结构表现为低层次性和不完整性。反之，如果一国的经济发展水平较高，国家有充足的财力发展社会保障需求，国民有缴费的经济能力，那么就可以选择高水平的社会保障模式，这种社会保障模式就会依据社会成员多方面的需求走向项目齐全化和体系完整化。[①]

（二）经济理论导向

从理论上讲，社会保障制度的出现可以有两种途径：一种是自发性的，由社会风险特定主体的自觉出现而逐渐制度化，例如行业内互助性保障模式的逐渐定型，民间慈善组织的出现和成熟及带来的民间保障模式的制度化；一种是强制性的，由社会权力组织，往往以法律的形式来构建和贯彻一种社会保障制度，多是先有制度，后有现实效果。而纵观目前多数国家、多数社会保障制度，都属强制性的，而此中缘由与社会保障模式选择中社会思想的显赫地位有关。当然，按照社会发展的前进式信念，自发性的社会保障模式也会逐步完善，但是社会保障制度的自发性完善远比诸如交易制度的自发性完善要脆弱得多，必须有先进的社会理论在现实运作之前作出论证。进一步讲，社会思想对社会保障模式的具体选择也有很大的影响。我们认为，当社会思潮中对个人的地位和能力给予足够承认的情况下，自发性的保障模式将存在，非官方组织的保障能力会比较强，这时候的社会保障模式将趋于分散和多样化；当社会思潮中对国家、政府的能力比较认可，政府的行政能力比较强势的情况下，政府主导的保障模式将出现，并使社会保障趋向统一和集中，表现为标准的统一、资金的集中。

（三）社会体制变迁

社会管理体制的选择和影响，对于社会保障模式而言是决定性的。具体而言，在经济体制上计划经济体制的社会保障是一种纳入国家计划的社会保障，保险与救济的区别应该是不存在的，每个人的社会保障待遇都是福利性的，但是这样的福利性社会保障要求极高的经济水平，否则将有悖于经济规律；在市场经济体制下，社会保障的诸多制度安排与市场规律接轨，要么并入或接壤市场交易之规则，要么补充或维护市场运行。在社会结构上，高度的城市化和工业化将使社会保障以产业灾害为起点，并延伸出相对统一的社会保障制度，而在城乡相对分立的社会中，社会保障则必然面临二元化趋势。在社会权力结构上，一个私法组织发达的社会，社会保障模式将弱化，与政府财政关系混乱，往往产生行业性的自循环保障模式；而在一个公权力组织发达的社会，政府主导社会事务，往往使社会保障与政府财政的关系比较亲密，社会保障的资金问题、社会保障的运行滞胀往往隐藏于政府财政支持的背后。

[①]任保平：《影响社会保障模式选择的一般因素分析》，载《陕西师范大学学报》，1998 年第 6 期。

（四）法治环境优劣

社会保障的实施有赖于社会的制度信仰，尤其是对法律制度的信仰，没有比较完善的法律体系，社会保障制度的有效架构是很难想象的。纵观西方社会保障制度，均是在法律体系的框架下来保障其有效运行的。从某种意义上讲，社会保障制度是以法律的手段来实现社会财富的再一次分配，故而法治的水平关系到社会保障制度运行的效率，并在制度调和过程中关系到社会保障模式的选择。社会保障模式的具体构建往往是财富转移的技术性问题，并表现为不同的法律技术的实践。所以，在一个缺乏法治的社会里，社会保障制度的建立不仅是艰难的，而且将是一种在法律技术上高消耗的制度；而在较好的法治社会中，法律技术自身的成本会比较低一些。

第二节 社会保障模式的类型

第二次世界大战后，社会保障制度进入全面发展阶段。由于世界各国实行的社会制度不同、经济发展水平不等，再加上历史、文化等方面的差异，各国的社会保障制度的实施时间、保障方式、保障水平等也各有不同。依据社会保障资金筹集和供给方式的不同，世界上先后出现了一些不同的社会保障模式。

一、福利国家模式

福利国家型社会保障模式被认为是"从摇篮到坟墓"的保障模式，是社会保障模式的理想形态。目前，北欧国家和英国的社会保障基本上可归入此类。

（一）福利国家模式的产生与发展

福利国家型模式是西方资本主义国家通常采用的一种社会保障模式，也是各国社会保障制度的目标模式。这种模式起源于英国，但在瑞典的社会保障模式中，更能体现出其完善与成熟。

（1）福利国家模式的起源。英国是世界上实行国家福利型社会保障最早的国家，因此，他们的社保制度是世界上最发达和最完整的社会保障制度之一。在第二次世界大战期间，英国政府还把建成"福利国家"作为战后重建的一个目标，委托牛津大学著名经济学家贝弗里奇制订战后的英国福利计划。1942年11月，《贝弗里奇报告》发表，为英国公民设计了"从摇篮到坟墓"的社会保险和福利项目，使英国成为一个典型的"福利国家"。二战以后，英国工党上台执政，逐步推行《贝弗里奇报告》中的社会保险计划，先后颁布了以国民保险制度为核心的一系列重要法案。随着这些法案的生效，1948年7月，英国政府首相艾德礼向全世界宣布，英国建成了"福利国家"。《贝弗里奇报告》不仅是英国社会保障计划的思想基础，而且是其他西方国家在战后恢复时期社会政策参考的依据。到20世纪80年代末，英国的社会保障制度体系已趋于完善。继英国之后，瑞典、法国、丹麦、荷兰、比利时等国家也纷纷宣布建立了"福利国家"，并风靡一时。20世纪五六十年代，福利国家模式达到鼎盛时期。

（2）福利国家模式的代表。英国被称为是福利国家的始创者，但瑞典后来居上，以其完整的社会保障制度和最高的社会保障水平取得"福利国家的楷模"、"福利国家的橱窗"的称号。瑞典自1983年建立老年保险制度以来，社会保障体系不断扩大和完善。20世纪50年代，瑞典开始按"福利国家"模式改造原社会保障制度，建立了更为广泛和优厚的公共补贴制度，与社会保险一起构成平等程度高、保障标准高的社会保障体系。在这种方式下，社会保障成为政府对国民收入进行再分配的有力工具，通过向收入来源中断或收入不足的失业者、残疾者、退休工人发放社会保证金，给农民等低收入人群增加工资待遇等方式，减少收入差异。该模式是带有浓厚的社会主义色彩、具有绝对公平特征的社会保障体系。当然，这种全方位的福利制度，过分强调社会公平，也导致效率损失，引发道德风险。

（二）福利国家模式的特征

国家福利模式最大特征是社会保险以更为统一的形式覆盖了所有的社会成员，而不论其经济地位和职业状况如何。福利国家模式所推行的政策具有以下主要特征：

（1）累进税制与高税收。国家通过确立累进税制对国民收入所得进行再分配，使社会财富不集中于少数人手里；同时，为维持福利国家对公民高水平的福利支出，也必然需要高税收来支撑和维持。因此，高税收不仅是福利国家的财政基础，而且构成了福利国家的重要特征。

（2）普遍覆盖与全民共享。"普遍性"和"全民性"构成福利国家型社会保障的基本原则，其目标不仅使国民免遭贫困、疾病、愚昧、肮脏和失业之苦，而且在于维持社会成员一定标准的生活水平，加强个人安全感。各种保障制度，不仅限于被保险者一人，而且推及家属；不只限定于某一保险项目，而且推及维持合理生活水平有困难和经济不安定的所有事件，以最适当的方法给予保障。

（3）政府负责与保障全面。在福利国家，政府是社会保障的当然责任主体，不仅承担着直接的财政责任，而且承担着实施、管理与监督社会保障的责任。同时，福利国家的社会保障项目众多，待遇标准也较高，保障项目涵盖了每个社会成员"从摇篮到坟墓"的一切福利保障需求，而个人通常不需要缴纳或只需要低标准缴纳社会保障费用，福利开支主要由政府和企业承担。这种保障模式强调国家的主体地位，强调企业的社会责任，而忽略个人享有社会保障权利与应尽社会保障义务的对等性。在福利国家的公民看来，提供社会保障是国家的基本义务，而享受社会保障是公民的基本权利。

（4）社会保障的"高水平性"。福利国家型社会保障制度因政府是自由竞选产生的原因，导致政治家上台以后不得不努力兑现竞争时的承诺，从而使全体国民的社会福利项目和保障水平呈现出不断上升的趋势，甚至于导致政府财政支出的不堪重负。该模式为社会成员提供了宽范围、高水平的社会保障，全面性社会保险制度和广泛而优厚的社会福利制度使其社会保障支出占国内生产总值的比例比较大，社会保障水平在世界上最高，养老金、医疗保障和失业保障等项目支出的增长一直快于 GDP 的增速，20 世纪 70 年代中期以后失业保障支出增长更快。

（三）福利国家型模式的分析

福利国家型模式虽然在制度设计上具有追求完美的特点，但在实际运行过程中也存在着难以为继的问题。

（1）福利国家模式的优势。二战后至20世纪70年代初，由于欧洲经济的快速发展，福利国家在完善和发展社会保障体系方面有了相对雄厚的物质基础，社会民主主义体制的福利模式在北欧各国陆续形成，较好地"促进了经济的稳定与发展，缓和了社会矛盾，稳定了社会秩序，缩小了贫富差距，促进了社会公平。"[①] 这是因为，福利国家均以保障公民权为原则，具有普遍的覆盖面、较高的保障标准、较高的收入替代率以及服务面比较广泛等特点。福利国家模式以大众的广泛参与为核心，以提高人民的生活水平为目的，政府为所有公民甚至有些国家为非本国公民提供免费或低费的医疗保健；在公立学校为所有学生提供免费或低费的教育；在妇女儿童保障方面为所有孕妇提供孕期护理，对有孩子的家庭提供子女津贴；实行人人享受养老金的待遇，其中自由职业者以及没有工作的家庭妇女也享有领取养老金的权利；推行广泛的个人住房政策，而不是"公共住房"政策。

（2）福利国家模式的不足。从20世纪70年代末开始，实行福利国家型社会保障制度的国家也先后出现了一些问题。首先，高福利滋生了"福利病"。由于劳动者过于依赖高福利的保障体系，调动不起工作积极性，从而产生了"养懒汉"的现象，带来的结果便是失业率居高不下。其次，企业的竞争能力削弱。福利国家主要是通过对企业高额的税收来实现对公民普遍的高福利水平，这无疑使企业的负担变重。企业用于人力资源方面的支出过多，使生产成本攀升，继而企业的国际竞争力就会下降，并导致逃税、资本和人才外流，经济资源和人力资源浪费严重。而政府将税收的绝大部分用于福利支出的同时，用于投资的比例就会减弱，最终导致福利国家内部经济产业持续低迷，生产力水平相对下降。第三，国家财政不堪重负。长期以来，实行福利国家型社会保障模式的国家，其公共支出一直呈直线上升趋势，公共支出增长率远远高于同期国民收入增长率。但是，当社会保障水平以"刚性"不断上升，其增长速度明显超越经济增长，当经济衰退与失业危机到来时，政府所承担的财政压力是可想而知的。为支撑高福利支出，这些国家税收的边际税率很高，但仍然满足不了迅速增长的公共支出需求。"由于大量发行货币所带来的货币贬值以及人民实际生活水平的下降，各国不得不向发达国家借债来弥补国内的财政赤字。"[②]

---

①丁建定：《社会保障概论》，华东师范大学出版社 2006 年版，第 107 页。
②依茹：《福利国家的优势、劣势及其对我国的启示》，载《法制与社会》，2011 年第 8 期。.

二、投保资助模式

投保资助模式是工业化社会的产物，是在工业化取得一定成效，经济有较雄厚基础的情况下实行的。因此，又称为"社会共济型社会保障"，目标是公民在失业、年老、伤残以及由于婚姻关系、生育或死亡而需要特别支出的情况下，能得到经济补偿和保障。

（一）投保资助模式的产生与发展

投保资助型模式首创于工业化发展和成熟较早的德国，是国家干预的产物。此后这种模式被众多发达国家所青睐和采纳，其中最具典型意义的国家是美国。投保资助型社会保障制度又称自保公助型社会保障制度。

（1）投保资助模式的起源。投保资助型社会保障是从德国建立的。19世纪80年代，德国处于俾斯麦当政时期，被称为"铁血宰相"的俾斯麦基于德国当时的社会背景，首创了与工业社会相适应的社会保险制度，建立了现代社会保障制度。德国的社会保障体系完备，社会保障机构实行行业组织管理或地区组织管理，除失业保险外，保险机构均由劳资双方共同参与自治管理，不隶属于政府机构。德国社会保险主要包括养老保险、事故保险、失业保险和医疗保险等。社会救助则由政府统一实行，包括生育补助和儿童补贴、社会补贴、社会救济金等。经过20世纪30年代的经济大萧条和第二次世界大战，西欧一些国家和美国将俾斯麦创造的社会保险制度进一步发展为比较完善的投保资助型社会保障制度。美国1935年颁布的《社会保障法》就是在德国社会保险制度基础上制定的，它将德国历史学派的"国家干预"理论与凯恩斯提出的"有效需求"和依靠政府干预经济摆脱失业和萧条的理论相结合，确立了"保险费用部分由雇主、部分由雇员缴纳，国家给伤残和养老保险提供津贴"的原则，追求的社会目标是使受保人不致陷入贫困。由此把义务和权利作为对等条件，建立了以企业和个人投保为主的投保资助型社会保障制度。

（2）投保资助模式的代表。美国是实行投保资助型社会保障制度的典型国家。自1935年8月，美国国会通过《社会保障法》，建立起包括社会保险、公共救助和儿童福利等三项社会保障制度，这是在德国社会保障制度基础上建立的第一个完整的社会保障制度。该法律实施以后，美国的社会保障制度经过多次修订和补充，已在全国建成了比较健全的社会保障体系。主要内容包括老（年）残（障）遗（属）的社会保险、失业保险、工伤保险和福利补助等。在美国的社会保障制度中权利与义务紧密相关，与西欧发达国家实行的普遍年金、普遍儿童津贴和免费医疗服务制度迥然不同。他们采取"受益人同时也是缴费者"的政策，规定享受社会保障权利必须先缴费。劳动者的社会保障费全部来源于被保险人及企业缴纳的保险费，社会保障基金的筹集也由雇主和雇员各承担50%左右，只有特殊项目才由政府财政资助。美国社会保障体系内容庞杂，覆盖面广，集资渠道广，管理层次多。在美国，社会保障是重中之重。据统计，其"社会保障项目就有300多种，仅各种退休计划就有十几种之多。社会保障的覆盖面比较广，90%的人享受不同程度的福利。有的人甚至可以同时领取四种退休金，形成退休后收入比退休前多的奇怪现象"[1]。

（二）投保资助模式的特征

投保资助型模式的最大特征是建立在不同职业基础上，充分反映职业和收入的特点，并由一系列行业和地区组织分开管理的基金组成，分别提供社会保险，社会成员缴纳和接受保险金额依据职业和收入情况而定。

（1）以劳动者为核心。即投保资助型社会保障模式的保障对象是"有选择性的"，而非"全民"的，并不是所有的社会成员都被纳入社会保障对象。该模式对不同的社会成员选用不同的保险标准，并以劳动者为核心建立社会保险制度；不同人群、不同地区实行差别保障，社会保障缴费标准、给付水平都存在一定的差异性，不具有"同一性"与"普遍性"。这种制度面向劳动者，且主要是工薪劳动者，围绕着劳动者在年老、疾病、工伤、失业等社会保险项目，并用以保障劳动者在遭遇这些事件时的基本生活。在某些情形下，社会保险制度还通过劳动者惠及家庭成员。

（2）责任分担。投保资助型保障强调劳动者在社会保险中的责任，社会保险费由国家、雇主和劳动者三方共担，以劳动者和雇主的社会保险缴费为主，国家财政给予适当支持。但在不同的社会保障项目中，国家、雇主和劳动者各有不同的角色：在社会保险中，企业和个人是主要缴税（费）者，政府只是最后责任人的角色；在社会救济、社会福利制度中，政府则是最主要的责任人。总体而言，这种模式中雇主与劳动者个人分担社会保险缴费责任，国家财政给予适当支持，从而是一种风险共担和责任分担的社会保障机制。[2]

（3）权利与义务相对应。投保资助型社会保障模式比较重视社会保险中权利与义务的关系，强化自我保障意识，在一定程度上体现了效率原则。劳动者享受社会保险的权利与社会保险缴费义务相联系，享有的社会保险待遇水平与社会保险缴费多少和个人收入情况相联系，权利与义务比较对等。

（4）基金使用互济。投保资助型社会保障模式的社会保险基金筹集模式采取现收现付制度，雇主和雇员的社会保险缴费只记录个人缴费情况，不建立以给付为目的的个人账户。社会保险基金在被保险人间统筹使用，特别是在代际间转移支付，这既符合社会保险的大数法则原理，又体现了社会保险的互助互济宗旨。[3]

（5）社会保障的重点在于解决"困难"。以美国为例，20世纪90年代在公共项目下的补贴型社会福利占国内生产总值的20%，这种做法使美国绝对贫困人口从20世纪50年代末期的近4000万人降为几千人。美国的这种着眼于解决困难的保障制度虽然并不能完全消除贫富悬殊，却保证了大多数人的基本需要，并在一定程度上避免了福利国家普遍存在的

---

①中国社工协会新闻中心：《从各个方面看美国社会工作的五大特点》，来源：中国社会工作网，2006-11-05。

②郑功成主编：《社会保障学》，中国劳动社会保障出版社2007年版，第171页。

③丁建定主编：《社会保障概论》，华东师范大学出版社2006年版，第100页。

"养懒汉"情况。[1]

（6）保障项目的参与实行强制性与自由选择相结合的原则。对于那些涉及人们生存与基本生活需要的保险项目，如老龄、疾病与失业等，美国实行法律性的强制参与办法，对于其他项目，特别是同少数高标准需要有关的保障项目，则实行自由选择。

（三）投保资助模式分析

投保资助模式的优点在于很好地兼顾了公平与效率。通过国家公共补贴等方式，投保资助模式有效地调节了收入差异，实现了社会保障的调节功能。同时，几乎所有的社会保险待遇的获得都是以个人缴费为前提的，强调权利与义务的相对统一。这种制度内在的激励机制促进了社会保障制度效率目标的实现。但是，这种模式的缺点也是显而易见的。

（1）投保资助型社会保障模式易受人口结构变化的影响，缴费率需不断调整。如，在人口老龄化加剧与就业比例下降时，缴费率过高会使企业和个人难以承受。养老保险基金收支常常失衡，需要经常调整缴费率。因此，在人口年龄结构不平衡、人口迅速老化的国家或地区，实行该模式会使社会保障缴费率不断上升。由于该制度模式遵循当期收支平衡，缺乏必要的基金积累，因此，它难以适应人口老龄化来临时养老保险费用日益膨胀的需要，使未来的社会养老负担加重。

（2）投保资助型社会保障模式容易产生代际间矛盾。投保资助型社会保障模式的长期项目是以代际转移方式运行的，即长期项目当期所需资金主要由在职职工和雇主分摊保险费。随着人口老龄化的加剧，在职职工的工资收入上缴社会保障税（费）的比例越来越大，缴费压力越来越大，缴费负担越来越重。如果不提高缴费率，虽可减轻在职职工的负担，却可能降低退休职工的福利待遇水平。因此，过重的社会保障缴费负担必将产生和激化代际冲突。

（3）社会保障的费用主要来源于征税。而项目齐全、内容繁多的社会保障制度在提供人们基本生活保障的同时，使部分社会成员失去了工作的主动性，形成对社会保障的依赖心理；过于全面的福利保障，改善了人们传统的家庭价值观，使一些人得以逃避家庭责任，而将其推给国家来承担。[2]正是由于这一症结，目前世界上有不少国家都力图通过社会保障制度改革，寻找更能适应社会需求和促进社会发展的社会保障制度。

三、强制储蓄模式

强制储蓄模式又称自我保障型、自我积累型、储蓄积累型或储蓄保险型的社会保障模式。它以强制储蓄为核心，由政府强制雇主、雇员为雇员储蓄社会保障费用，以满足雇员个人各种社会保障项目的支付需要。这种模式主要有新加坡等的公积金制度和智利模式。

①何军主编：《劳动与社会保障》，东北财经大学出版社2007年版，第132页。
②夏咏梅主编：《社会保障概论》，安徽大学出版社2005年版，第170页。

（一）强制储蓄模式的建立与发展

强制储蓄型模式普遍盛行于发展中国家与新兴资本主义国家。这种模式起源于新加坡的中央公积金制度，并以智利为典型代表。

（1）强制储蓄模式的起源。在经济全球化特别是发达的国家人口老龄化加剧和由此带来的国家社会保障的巨大压力下，以新加坡为典型的强制储蓄型社会保障制度成为人们关注的焦点。新加坡的这种强制储蓄型社会保障模式又称"中央公积金制"，通过国家立法，强制雇主、雇员依法按工资总额和工资收入的一定比例缴纳公积金，由中央公积金局加上每月应负的利息，一并汇入每个公积金会员的账户，实行专户储蓄，在雇员退休、购房、治病时，由其账户中支付相关费用。如在医疗保险方面，新加坡实行强制性储蓄，每个人在银行都有一个独立的账户。账户上的钱只能用来缴纳本人或直系亲属的医疗费。在养老保险方面，实行公积金制度，公积金由雇主和雇员共同缴纳，养老保障公积金实质上是一种完全积累模式，由中央公积金局依法管理。新加坡的中央公积金制度建立于 1955 年 7 月，是一种强制储蓄型社会保障制度。所有工人及其雇主都必须按期缴纳中央公积金。这项储蓄连同储蓄利率，分别计入每个工人的名下，在工人年老、残疾或死亡等不测事故发生时一次性付给工人或其遗属全部储蓄和利息。投保人在生病、失业或购置住宅时，可以中途支取部分储款。此项基金政府不负责。

（2）强制储蓄模式的典型。智利是现代强制储蓄型模式成熟时期的典型国家，于 1924 年开始建立并逐渐完善。这一制度的主要内容是：养老金制度从现收现付制变为完全基金制；养老金支付由确定给付型（DB 型）转变为确定缴费型（DC 型），退休后养老金与缴费、基金投资回报和基金管理费挂钩；私营管理，自由选择。由专门的私营养老基金管理公司（AFP）负责养老金的保值增值；养老金投资有严格的规定，在投资范围方面，养老基金可以投资政府债券、抵押贷款、银行债券、公司债券和股票，国外证券产品以及少量的风险投资产品；在投资工具方面，必须是经政府认可的私人风险评估公司进行风险分类后，才能成为 AFP 的投资对象；在投资数量方面，对一种项目的投资不能超过养老金总额的 30% ，但对政府债券投资的限制相对较宽；在投资收益方面，AFP 每月的投资收益率不得低于过去 12 个月全部养老金平均实际收益率的 2 个百分点，由政府承担最后风险。[①]当然，这一制度也存在一些问题：一是缺乏社会保障应有的互济性和公平性；二是普及率在 20 世纪 90 年代后有所下降；三是私营养老基金的运行成本比较高；四是容易形成垄断并影响效率；五是投资回报率波动性较大。

（二）强制储蓄模式的特征

强制储蓄型模式除具备国家立法规范、政府严格监督等特征外，还具备如下特点：

（1）实行强制储蓄。所有公民只要拥有薪金收入，就必须依法按工资收入的一定比例

---

① 翁枫：《智利的养老保险制度对我国社会保障模式的启示》，载《现代商业》，2008 年第 23 期。

缴纳社会保障费，并自动成为该制度所覆盖的会员。各国具体实施时有所不同，例如，新加坡强调劳资双方共同缴费，企业负担较重；而智利则实行个人负担，雇主不需要缴费，企业负担较轻。

（2）强调自我负责。强制储蓄型模式是在国家立法的规范下，采取强制手段扣除劳动者的一部分工资储存起来，完全用于劳动者自己养老等。这种制度强调自我负责，而不是追求互助共济，强调把个人享受的待遇和自己的努力与存款的多少紧密地联系在一起，具有很强的激励作用。然而，这一模式不具有代际间和代内间的再分配性，政府通常也很少提供财政补贴。

（3）实行完全积累。在强制储蓄型模式下，每个参与其中的劳动者均拥有一个账户，雇主与劳动者自己缴纳的费用均直接计入该账户，并逐年累积，直到劳动者年老退休时才领取。因此，这种模式实现的其实是劳动者自己一生中的收入与负担的纵向平衡。每个人为自己未来的保障需求自我储蓄，个人账户间的资金不可转移支付，某些国家允许家庭成员之间相互填补账户缺口。

（4）给付方式采取既定供款制度，而不是既定给付制度。给付水平的高低取决于个人账户的积累，即取决于供款和投资收益，而不是社会保障制度对社会成员的承诺。会员所享受的待遇，只能在其个人账户总金额内支付，并且可能面临保障水平不足的风险。

（5）与资本市场有机结合。由于强制储蓄型模式是完全积累的财务机制，每个劳动者在劳动期间积累在个人账户上的资金是不断增长的，从参加强制储蓄到领取相应待遇，往往间隔数十年，其间必然遭遇基金贬值的风险。因此，强制储蓄型模式的最大压力在于如何使个人账户上积累的基金保值增值。

（三）强制储蓄模式分析

作为一种新型的社会保障模式，强制储蓄型模式解决了传统模式难以解决的效率问题，但也为社会公平的实现埋下了隐患。

（1）强制储蓄模式的优点。首先，有效地解决了社会保险基金保值增值问题，减轻了国家的财政负担。同时，还使个人克服了短视行为，引导人们为自己的未来需求提前进行准备，积累了大量的资金，以满足自身的需求。其次，带动了国内市场的发展。如新加坡中央公积金制度很好地解决了国民的住房问题，实现了新中国成立之初提出的"居者有其屋"的理想。智利的社会保障基金由私营机构运营，促进了国内储蓄率的提高和资本市场的发育。最后，强化了公民的自我保障意识。社会保险基金完全来自于个人的储蓄，给付水平的高低完全取决于个人以往的劳动报酬和劳动贡献，对个人具有很强的激励作用，很好地调动了劳动者的工作积极性和储蓄积极性。

（2）强制储蓄模式的不足。强制储蓄型社会保障制度拉大了社会成员之间的福利差距。这是因为，强制储蓄型社会保障模式在强化储蓄积累功能的同时，弱化了再分配功能，使社会保障制度偏离了"社会共济"方向。在这种社会保障模式下，个人账户以雇员工资收入为基数计算缴费比例，工资基数越高，缴费越多，投资后获取的利润也相应越高。因此，低收入者最终所能获取的福利水平相对降低了，高收入者的福利水平相对提高。该模式不仅不具有再分配性，而且还拉大了社会成员之间的福利差距。

四、国家保险模式

国家保险型模式，是由一些新型社会主义国家创立并采用的一种社会保障模式。这种模式最大的特点是国家和企业承担全部社会保障的义务，受惠成员具有极大的广泛性。

（一）国家保险模式的建立和发展

国家保险型保障模式，又称国家统包型社会保障制度，以"国家统包"为核心，由政府对福利进行直接分配，社会保障事务由国家统一办理，费用由国家和企业负担，职工个人不必缴费。它主要是根据马克思的社会总产品要在个人分配之前扣除社会保障费用的理论确立的模式。国家保险模式在二战结束后为主要社会主义国家所采用。

（1）国家保险模式的起源。国家保险型模式最早始于原苏联。1917 年，列宁针对沙俄时代社会保险实施范围窄、保险待遇差、工人缴纳保险费负担太重的问题，指出国家对工人暂时或永久失去劳动能力一定要提供保险，由国家举办的社会保险要覆盖全体工人及其家庭，国家、企业承担全部社会保险费用，社会保险交由掌握了政权的工人阶级管理。原苏联的社会保障模式是与其计划经济体制相适应的，二战后建立起计划经济体制的其他国家，如东欧的波兰、德意志民主共和国、保加利亚、罗马尼亚、南斯拉夫、匈牙利、捷克斯洛伐克，亚洲的中国、朝鲜，美洲的古巴等社会主义国家，都或多或少地模仿或移植了这种社会保障模式。[①]

（2）国家保险模式的内容。原苏联是国家保险型模式的典型国家。1917 年，苏联十月革命胜利后，颁布了第一批社会保障和社会保险法令。1918 年，苏联第一部宪法确立了公民丧失劳动能力时的物质保障权，并成立了国家救济人民委员部（后改称社会保障人民委员部），负责社会保障事宜。1925 年开始，国家对教师和科学工作者实行退休制度；1927年，制定了纺织工业工人退休制度；1929 年，退休制度逐渐覆盖到社会的其他部门。1936年，颁布新宪法，以立法的形式确立公民在年老、患病和丧失劳动能力时享受物质保障的权利。1956 年，《国家退休金法》正式通过，1964 年制定了《集体公社社员的退休办法》。后来，在 1979 年、1985 年及 1987 年，苏联曾对社会保障制度特别是退休制度进行了改革和完善，从而形成了社会保障完全由国家包办、个人不缴纳任何保险费、在保障目标上以追求社会公平为主、在保障范围上几乎覆盖全体国民的这样一种国家保险型模式。1991 年12 月，苏联解体之后，其原有的社会保障制度的改革设想和方案，有相当一部分为俄罗斯所继承和采用。

---

①夏咏梅主编：《社会保障概论》，安徽大学出版社 2005 年版，第 177～178 页。

（二）国家保险模式的特征

国家保险型模式的宗旨是，最充分地满足无劳动能力者的需要、保护劳动者的健康并维持其工作能力。这一模式的特点主要有：

（1）国家包办。通过国家宪法将社会保障确定为国家制度，公民所享有的保障权利是由生产资料公有制保证的，并通过社会经济政策的实施取得。涉及公民的社会保障事务完全由国家（或通过国营企业等）包办，个人不缴纳任何保险费。工会参与社会保障事业的决策和管理。

（2）社会保障支出由政府承担。国家保险模式下的社会保障资金由全社会的公共资金无偿提供，由于国家已事先做了社会保障费的预留和扣除，个人不需要缴纳社会保障费。但是，过高的支付水平使企业无力承担，出现收不抵支时，由国家完全兜底。因此，保险费虽由单位缴纳，但最终的责任人仍然是国家。

（3）保障对象是全体公民。保障目标上以追求社会公平为主，保障范围主要以城市居民为对象，有些国家也包含农村居民，国家对无劳动能力的社会成员也提供物质保障。保险待遇与就业高度相关，与缴费完全无关。社会成员无须缴费，只要是在国有经济部门就业，就可免费享受社会保障待遇，其直接赡养的直系亲属也可享受一定的免费待遇。

（三）国家保险模式分析

原苏联由于客观历史条件的制约，国家保险型模式无疑成为这些国家政治稳定和经济发展的重要保证，但是随着社会政治经济的发展，这种模式的弊端也日益暴露出来。

（1）国家保险模式的优点。国家保险型模式是计划经济体制的产物。该模式对各个国家的社会主义建设与发展起到了积极的作用，它保证了劳动力再生产的顺利进行。实行国家保险型社会保障制度的国家，普遍推行充分的就业政策，而且国有经济在国民经济中占有绝对统治地位，因此，这些国家的公民在国有经济部门中的就业比例极高。社会成员一旦就业，就会自动加入被保障者的行列，本人及其家属可以享受到各种社会保障待遇。

（2）国家保险模式的缺陷。

国家保险型保障模式在计划经济体制与充分就业的政策下有其生存空间。但是，伴随着市场经济逐步取代计划经济，失业政策逐步取代充分就业政策，隐性失业逐步转化为显性失业，原有的社会保障制度缺乏失业保险，就难以满足社会的需要。在这种模式之下，其缺陷在于：一是计划经济下的充分就业政策使国家保险型社会保障缺乏失业保险项目。二是国家保险型社会保障是按照社会成员的需求设立项目，按照社会成员的需要分配社会保障基金，忽视了社会保障机构的供给能力，忽略了被保障者个人贡献的大小。三是过分强调公平权益一方面容易造成制度内成员对保障资源的严重浪费，另一方面又不利于激发劳动者的工作积极性，社会经济效率极低。四是国家保险型社会保障覆盖面比较小，仅限于就业劳动者，保障对象主要是国有经济部门的雇员。如果继续采取这种模式，既不符合社会保障的普遍性原则，又加重了国家的财政负担，降低了企业的竞争力。[①]

另外，在有些教科书上还分析了上述模式以外的第五种类型——救助型社会保障模式。这种模式是工业化开始前后所实行的单项或多项救助制度，国家通过建立相关社会保障制度，帮助社会成员在遇到一些不测事故之时及时得到救助而不至于陷入贫困。对于已经处于贫困境遇的人们，则发给社会保障津贴，以维持其基本生活。其特征是：政府通过相应的立法，作为实施救助的依据。救助的标准较低，以维持生存为限。

第三节　我国社会保障模式的选择

新中国建立后，我国建立了适应计划经济的社会保障模式，但随着经济的发展，在改革开放新形势下，这种模式已不能适应社会主义市场经济的发展要求，因此我国社会保障模式在新形势下还存在很大的改革与完善空间。

一、我国社会保障模式的沿革

我国的社会保障制度模式的发展历程，是从新中国成立初的国家保险型到改革后逐渐形成的一种混合保障型，再到相对定型的社会统筹与个人账户相结合。

（一）国家保险型社会保障模式

国家保险型社会保障模式被称为"大一统模式"，主要是对应于 1949 至 1986 年的新中国社会保障制度的建立阶段。从新中国建立至 1986 年间的社会保障体系建设，大致经历了三个阶段：1949 至 1965 年为传统养老保障制度的建立和发展阶段；1967 至 1976 年为养老保险体制的蜕变阶段；1977 年以后为恢复、发展、深化阶段。而这一时期中国社会保障制度的特点是典型的"国家—单位"保障制。

这种模式的实质是现收现付制，主要由国家扮演社会保障制度的确立者、保证者的角色，再由国家和单位共同扮演社会保障的供给者与实施者的角色，国家与单位相互依存，承担共同责任。而社会成员则被分割在各个单位，并与所在单位形成不可分割的关系，无偿地享受着相关社会保障待遇，从而是一种典型的"国家—单位"保障制模式。这种模式由国家保障、城镇单位保障、农村集体板块组成。其特点是国家负责，单位包办，板块分割，封闭运行，全面保障。

应当承认，新中国建立之初实行的"国家保险模式"也具有一定的优越性，在特定的历史条件下维护了社会稳定，同时推进了工业化的高速发展。但这一模式也存在着国家及企业（单位）负担过重、助长个人的依赖思想、覆盖面窄、统筹层次低、管理分散、城乡差异大、法制化程度低等各种严重缺陷。总体上，该模式突出了公平而忽视了效率。

---

①丁建定主编：《社会保障概论》，华东师范大学出版社 2006 年版，第 108～109 页。

（二）混合型社会保障模式

随着我国改革开放的大力推行，计划经济体制下的"国家—单位"保障制度已不能适应经济和社会发展的需要，确立新模式、变革旧制度就成为历史必然。另外，由于"国家—单位"保障制本身固有的不足以及人们思想的转变，我国的养老保障进入了探索、改革、新发展与深化时期。

从1986年开始，"国家—单位"保障制真正开始向"国家—社会"保障制转变，中国的社会保障制度开始进入了制度重构时期。一直到20世纪90年代初，在历年的改革探索中形成的只能是一种混合型的社会保障模式，一种带有中国特色的混合型模式，主要是：国家主导，统一管理，责任共担，社会化、多层次的"国家—社会"保障制。这种模式又被称为多元模式阶段，对应的主要是1986年以后我国社会保障制度模式的改革与探索。

1993年11月，中国共产党十四届三中全会提出实行社会统筹与个人账户相结合的基本制度，确定了统筹基金现收现付、个人账户基金完全积累的制度模式，探索出了适合国情的养老保险制度，明确提出了建立多层次的养老保险体系。由此，我国的社会保障模式开始由国家保障型向社会保险型转变，责任主体由国家、国有企业向国家、单位和个人三方转变，由低层次的"企业自保"向社会统筹的高层次转变，筹资方式由过去完全的现收现付制向社会统筹与个人账户相结合的部分基金制转变。

从中国社会保障模式的变迁过程可以看出，我国的社会保障模式从1986年开始朝着一个更合理、更符合国际社会保障发展大趋势的方向前进。这种模式的选择过程既体现了我国的政治经济改革的发展过程，也反映了思想文化的变化趋势。

（三）现阶段中国的社会保障模式

随着中国开始实行市场经济，人口年龄结构也逐步趋于老化，社会保障问题开始引起关注。1991年6月，中国政府颁布了《国务院关于企业职工养老保险制度改革的决定》，开始着手改革社会保障制度；1995年国务院《关于深化企业职工养老保险制度改革的通知》，提出了社会统筹与个人账户相结合的具体实施办法。1997年7月，国务院颁布《关于建立统一的企业职工基本养老保险制度的决定》，从三个方面强调实行统一制度，即统一企业和个人缴费比例，统一个人账户规模，统一养老金计发办法。这个文件的颁布，标志着我国以"统账结合"模式为特征的养老保险制度的形成，具有历史性意义。

2003年10月，中国共产党十四届三中全会颁布《关于完善社会主义市场经济体制若干问题的决定》，明确提出要建立一个企业职工社会养老保险统筹和个人账户相结合的制度，其基本思路，是逐步建立职工的个人账户，将企业与个人缴费的大部分积累于个人账户，试图缓解现收现付制度与人口老龄化的矛盾；与此同时，促使职工承担一定的社会保障成本，以减轻企业的负担。在这一模式框架下，中国的社会保障部门正逐步着手扩大这一社会保障体系的覆盖范围，如逐步将私营企业、部分地区的农民等纳入这一框架。至此，坚持社会统筹与个人账户相结合的模式基本成型，成为我国在世界上首创的一种新型社会保障模式。

不过，中国目前的社会保障模式尽管从名义上是个人账户制度，但是其实质依然是现收现付制，因为现收的记入在个人账户的资金立即就被支出了，个人账户中的资金只是账面上的；与原来的现收现付制相比，其差异就是将风险分散了，由单位（企业）转变为与地方政府共同承担。同时中国当前实行的新制度不仅要负担上一代人的保障成本，还要为在职一代积累社会保障资金。因此，中国当前实行的这一模式是一个名义上、账面上的个人账户制，实质上是一个高标准、高负担的"pay-as-you-go"模式（现收现付）。

与当今世界主要社会保障模式相比较，中国目前的社会保障模式——强调保障金的筹集由单位（雇主）、职工（雇员）、国家分担，保障待遇的分配带有一定程度的互济性，政府要对社会保障承担主导作用等。同时，这一模式也或多或少带有当今世界其他两种主要社会保障模式的特点：例如，社会保险最重要的保障项目——养老保险和医疗保险对城镇职工都设有个人账户，资金来源于个人及单位（集体）缴费，具有强制储蓄性质，类似于"强制储蓄模式"；其所实行的全民义务教育制度、对国家事业单位职工实行的退休养老制度及公费医疗制度、在一定范围内实行的住房福利制度等等，又和"福利国家模式"接近，或带有一定的"国家保险模式"的痕迹。

二、我国社会保障模式的选择

社会保障模式是对不同社会保障的内在基本规定性及主要运行原则的理论概括，它反映了一个国家在某一历史时期社会保障制度的战略方向。目前，我国现行社会保障模式可以称是"偏向社会保险（模式）的混合保障模式"[1]。

（一）社会统筹与个人账户相结合

1993 年 11 月，中国共产党十四届三中全会《关于建立社会主义市场经济体制若干问题的决定》指出："城镇职工养老和医疗保险金由单位和个人共同负担，实行社会统筹和个人账户相结合。"[2]1995 年 3 月 1 日国务院下发实施办法。至此，使这一模式正式形成。

1.社会统筹

企业缴纳的社会保险金部分即社会统筹基金。社会统筹是社会保障机构日常发放基础保险金的来源，并对余额进行保值增值操作，以获得持续性。由社会保险管理机构在一定范围内统一征集，统一管理，统一调剂，统一使用。统筹基金属于社会公共基金，归投保人共同所有，社会统筹表现为养老保险基金的现收现付。

社会统筹的具体办法是：改变企业各自负担本企业退休费的办法，由社会保险机构或税务机关按照一定的计算基数与提取比例向企业和职工统一征收退休费用，形成由社会统一管理的退休基金；企业职工的退休费用由社会保险机构直接发放，或委托银行、邮局代

---

①刘晓林：《民政部：中国农村社会保障体系初步形成》，载《人民日报》（海外版），2009 年 4 月 23 日。

②《中共中央关于建立社会主义市场经济体制若干问题的决定》，载《人民日报》，1993 年 11 月 17 日。

发以及委托企业发放，以达到均衡和减轻企业的退休费负担的目的，为企业的平等竞争创造条件。随着社会化程度的提高，退休费不仅在市、县范围内的企业之间进行调剂，而且在地区之间进行调剂，逐步由市、县统筹过渡到省级统筹。

在我国，社会保险基金收入是根据国家规定由纳入基本养老保险范围的单位，按照国家规定的缴费基数和缴费比例缴纳的社会统筹基金，以及通过其他方式获得的形成基金来源的收入，包括单位缴纳的社会统筹基金收入、财政补贴收入、利息收入、其他收入等。社会统筹基金包括基础性养老金、过渡性养老金、离休金、退休金、退职金、补贴、丧葬抚恤补助、其他支出。

2.个人账户

个人账户是指社会保险经办机构按照国家技术监督局发布的社会保障号码为每一个参加社会养老保险的人员建立的记录单位按规定划转的养老保险费和个人缴纳的全部养老保险费的专门账户，作为参加社会养老保险的人员退休时计发个人账户养老保险金的依据，其主要由个人缴纳部分和企业缴费划入的一定比例组成。

"个人账户"制度是在国家立法和行政约束力的保证下，由政府推行的劳动者在职期间强制储蓄以防备退休后的养老风险的制度，其核心是"自我保障"。以养老保险为例，个人账户记入的养老保险费包括：工作人员本人缴纳的全部养老保险费；从用人单位缴纳的养老保险费中按规定划转记入的部分；挂靠机关事业单位人员和从非在职人员中招收的聘用制干部，按缴费基数的11%记入个人账户。个人账户当年储存额，按照中国人民银行规定的同期城乡居民活期存款利率计息。个人账户累计存储额按一年期定期存款利率计息。个人账户的储存额只能用于参保人养老，不得提前支取。根据我国现行规定，每人月账户养老金数额为职工退休时个人账户总额除以 139（以月为单位的余寿年龄）计算。职工在此期限前死亡的，其余额属于个人财产，可由其继承人继承。但是，当职工实际寿命超过此期限时，其个人账户养老金由统筹账户继续支付。

个人账户部分对"自我保障"责任的强调，充分体现了养老保险制度中的激励机制和效率要求。在操作中，首先由国家为所有在职人员设立一个终身不变的个人账户，之后为新参加工作的人员也建立相应的个人账户。个人账户基金属于投保人个人所有，不作社会调剂使用。个人账户基金筹集采用的是完全积累的方式，按规定缴费，自我受益。退休时将根据缴费年限，或一次性或按月发还给个人（包括法定利息在内）。

个人账户制度具有两方面作用：一是自我保障功能；二是资金积累功能。对参保职工来说，建立个人账户，结余归己，超支后个人负担一定比例的费用，一方面有利于强化自我保健和节约意识，另一方面有利于促使职工明智、审慎、经济、合理地使用属于自己的保险资金。

3.统账结合

我国的社会统筹与个人账户相结合模式，实行的是社会统筹基金与个人账户基金分别管理体制。国务院《关于完善城镇社会保障体系的试点方案》规定："社会统筹基金不能占用个人账户基金。个人账户基金由省级社会保险经办机构统一管理，按国家规定存入银行，全部用于购买国债，以实现保值增值，运营收益率要高于银行同期存款利率。"①我国采取社会统筹和个人账户相结合的模式，旨在吸收现收现付制和基金制的优点，减少单纯依靠任何一种模式统账结合所带来的风险。

我国的统账结合模式的运行有两种方式，即社会统筹和个人账户的"板块式结合"和"联通式结合"，它们有着不同的经济效果。统账结合模式的主要特点是：由企业和个人共同缴费，为每个人按其工资一定的百分比建立个人账户；其余部分为统筹基金，是所有参保人员的共同基金。达到规定条件后即可享受相应的待遇，这种制度可以形成一定的资金累积，同时不失灵活性，既避免了现收现付制缺乏长期考量而导致的负担过重问题，也避免了完全积累制初期资金需求量大的困难；既可以减轻老龄化的威胁，也考虑到了养老金代际的再分配，符合社会保障的公平性。

（二）我国"统账结合模式"的优点

统账结合模式是为解决原有养老保险金制度缺乏稳定性和长期规划，难以应付经济波动以及没有基金积累等问题而建立的。统账结合模式既有传统的社会保险的互济性、分散风险和保障性强的特点，又强调了职工的自我保障意识，充分体现了公平与效率的结合。

（1）这种模式，明确了个人责任，容易形成激励机制。个人账户制强调个人账户养老金的激励因素和劳动贡献差别，是对现行社会保险制度的根本性变革，对企业管理、职工消费行为等都有深远的影响。

（2）这种模式，是对计划经济时期公费养老、公费医疗制度的根本变革，有利于强化职工的自我保健和费用意识，有利于企业之间公平承担，保障职工基本养老和医疗需要，有利于规范职工所在单位与职工的权利和义务。

（3）这种模式，旨在吸收现收现付制和基金制的优点，减少单纯依靠任何一种模式所带来的风险，以统筹基金的现收现付制满足现期养老金支付需要，以个人账户基金的积累制培养个人的责任意识和应付人口老龄化。

（4）这种模式，社会统筹部分作为调剂互助之用，避免了单纯实行个人账户制度缺乏的横向之间调剂互助的缺点。既能缓解未来养老金支付危机，又能够实现代际再分配功能与激励功能的结合，较好地体现社会互济和个人责任、公平和效率相结合的原则。

（三）我国现行社会保障模式的不足

由于当前中国实施的社会保障模式不能适应当前中国经济改革与发展的需要，因此我国的社会保障部门尽管为推行新的社会保障体系做了大量工作，但是这一模式及其运行状况还远远不能适应经济改革与发展的需要。

（1）资金收缴缺少法律保障。我国 20 世纪 90 年代开始初步建立起社会保障制度，但

---

① 《国务院关于完善城镇社会保障体系的试点方案》（国发〔2000〕42 号）。

国家至今尚未制定《社会保障法》，关于社会保障体系的基本制度、资金筹集管理、职工权利与义务、法律责任等都没有用法律的形式规定下来，制约了社会保障制度的进一步完善。地方政府为强化社会保障的征收管理，制定了一些行政法律，把统筹交费推向了社会，但由于政府不再具有强有力的约束，加之企业自身效益不高等问题，不能按规定及时足额缴纳社会统筹基金，使社会保障资金收缴困难，欠费严重。简单地赋予地税部门的社保费征收职能，无法满足其职能优势发挥的需要。如从组织征收社保费的全过程看，地方税收社保费征收局还应包括交费基数的核定等项权力，如果没有交费基数的核定等项权利，地税部门对掌握"纳税人"的分配信息和生产、经营状况信息的优势就无法发挥出来，而这又恰恰是能否保证足额征收社保费的关键所在，也是目前劳动保障部门及社保费经办机构在核定交费基数时遇到的最大难题。

（2）个人账户入不敷出导致"空账"运行。目前，"中国财政的资本性支出和行政管理费的支出分别占财政支出的40%和20%左右，国防费用约为9%，剩余的资金要集中于教、科、文、卫等项目建设，因此我国政府社会保障支出仅为财政支出的11%左右，在世界范围内的发展中国家看也属于较低水平"[①]。现行城镇职工基本养老保险制度开始运行后，由于政府未对巨大的转轨成本做出明确、妥当的安排，导致个人账户的缴费被挪用，以弥补当期的养老金支付的缺口，从而造成了相当规模的个人账户"空账"运行。很明显，这背离了制度设计的初衷。个人账户"空账"实质上是在计划经济体制向市场经济体制转型的背景下，国家将对原来国有企业职工所承担的养老保障责任转变为社会养老保险制度下的"隐性债务"。中国作为一个由计划经济向市场经济转轨的国家，社会保障制度要从国家保险模式发展为多元的社会保障模式，其中存在巨大的转轨成本应由国家承担。

（3）社会保障基金筹资渠道单一。根据《关于完善城镇社会保障体系的试点方案》的规定，企业社会保障负担过重。目前企业依法缴纳基本养老保险费的比例是企业职工工资总额的20%，医疗保险费的缴费比例为6%，工伤保险的缴费比例为2%，失业保险的缴费比例为2%，生育保险为1%，再加上住房公积金5%~12%的缴费比例，中国社会保障的各项缴费率已经高达职工工资总额的40%以上。随着我国进入老龄化，社会养老负担率呈逐年上升趋势，让企业承担更高的缴费比例已经很不现实。而至今我国传统的社会保障基金管理在投资上没有借鉴国际经验组建专门的投资公司，更没有考虑收入再分配，用提高增值税税率和向高收入者课征个人所得税弥补社会保障资金的不足。我们社会保障基金只限于在银行存款，仅有极少的一部分用于购买国债，这种模式显然会使社会保障基金失去增值的机会，无法满足收益性的要求。

（4）社会保障基金管理缺乏制约机制。现行的社会保障基金管理存在主体多元化、政出多门、缺乏协调和制约等问题。许多部门都介入了社会保障基金的管理，其中劳动部门负责城镇企业的养老和失业管理，人事部门负责城镇事业单位的养老管理，民政部门负责

---

①贾小雷：《我国社会保障模式与国家财政责任问题研究》，载《新视野》，2010年第5期。

农村养老和医疗保险。这种多头管理影响了社会保障资金的运行和管理的统一性、科学性、规范性和安全性，增加了管理成本，造成了社保资金的浪费。而且，由于相互缺少制约机制，造成资金被挪用和占用，严重损害社会保障的形象和投保人的信心，从而加剧了社会保障资金收缴的难度。社会保险费缴费率由各个统筹区域政府或主管部门根据当地经济收入和负担状况分散决策，这种情况势必在一定程度上造成社会保险基金盈亏的不真实，并为交费率及收支盈亏的随机变动提供了潜在的契机。社会保障费费基流动性较强，由于各地区征费率不同，易引起费基的变化，不符合资源优化配置要求。

三、我国现行社会保障模式的完善

目前，我国城镇职工基本养老、医疗保险采取的是社会统筹与个人账户相结合模式，该制度的科学合理设计和稳健运行与否，不仅关系到每一个参保人的切实利益，同时对保证社会和谐稳定具有积极意义。因此，我们必须坚持改革和完善这一模式。

（一）提升统筹层次，扩大覆盖范围

社会保险制度是遵循"大数法则"建立起来的，覆盖人群规模越大，保险基金抵御风险的能力就越强，制度才能实现可持续发展。以养老保险为例，提高统筹层次不仅可以实现社会养老保险基金在更大范围内调剂使用，增强社会养老保险的互助共济功能，还能够在更大范围内实现各地区缴费基数、缴费比例和享受待遇标准的统一，从而消除劳动力和人员跨地区流动的障碍。提高统筹层次还减少了管理环节和管理层次，降低了管理成本。从长期看，社会基本保险统筹层次不断提高是制度发展的必然趋势。

在我国，"统账结合"的最初对象是企业职工，没有考虑到流动人口和农民阶层。这样，社会保险制度就成为农民工流动就业的桎梏及形成全国劳动力市场的一个障碍，使"退保"成为中国的一个必然现象。比如，城镇职工基本养老保险门槛较高，筹资主要来自企业和个人，而农民工群体流动性大，农民阶层的养老保险筹集机制又与城镇职工基本养老保险不同，这使得相互之间政策衔接存在困难。在制度设计理念方面，因基本养老保险建立之初，是为国企改革配套的，并没有树立大保险和可持续发展的理念，统筹层次低，必然造成各地养老保险政策差异并存。管理体制不顺、政策差异并存、社会养老保险统筹层次不高，使提高社会养老保险便携性困难重重。

同时，统筹层次较低，县、市、省多级别交错，是社保难以自由流动的关键原因。这种情况被国内一些社会保障研究专家形象地称为"分灶吃饭"[①]。现在，统筹已经在省级展开，但是分灶吃饭的格局并没有打破，而且省级统筹的落实效果也很不理想。并且，由于各省独立设计系统，因此各省之间的信息不对称、系统不兼容情况较为严重，这样的重复建设也是资源的极大浪费。因此，2012 年中国共产党十八大报告提出"要统筹推进城乡社会保

①丁筱净：《提高社保统筹层次》，载《民生周刊》，2012 年第 45 期。

障体系建设"，十八届三中全会又明确了"实现基础养老金全国统筹，坚持精算平衡原则"的要求，标志着我国将在社会保障普惠性的基础上进一步突出公平的价值取向。换言之，就是社会保障将不再是一种维护社会稳定的消灾化险型制度安排，而应成为调节社会财富公正分配的基本制度保障。

"一步到位，实现全国统筹"是国内社会保障学者大力呼吁的操作方式。2011年实施的《社会保险法》规定"基本养老保险基金逐步实行全国统筹，其他社会保险基金逐步实行省级统筹，具体时间、步骤由国务院规定"，这意味着我国在法定范围内，将实行基本养老保险全国统筹，而不是省级统筹。至2012年，我国已基本建立了覆盖全民的医疗保险制度、养老保险制度，综合型的社会救助制度也早已覆盖城乡。对此，我们社会保障学者郑功成说："这三大基本保障制度未来八年的发展任务，就是在巩固普惠性的同时增强公平性，而推进城乡统筹与不同群体之间的制度整合、提高统筹层次与提升保障水平将是实现其公平性不可逆转的取向。"[1]

（二）坚持部分积累，完善个人账户

我国的个人账户有以下主要特点：一是历史性。个人账户从它诞生、发展、完善直到消亡，是一个漫长的历史进程。从宏观上看，国家选择社会保险作为劳动者抗御社会风险的基本形式，就要统筹兼顾与社会保险制度有关的各个利益主体的利益，建立各方认同的平衡的支点。只有把个人账户作为体现公平与效率均衡的制度安排和工具，才能实现劳动者之间公平性和权益性的平衡。二是物权性。个人账户是依据社会保险的有关法律法规和制度政策建立和管理的，是确立参保人员是否建立社会保险关系的物质载体和凭证。个人账户基金主要来源于参保人的缴费，所有权归参保人员个人所有，属于参保人员的私有财产，但不能随意支取和使用。三是流动性。根据人力资源流动的客观规律，个人账户基金要求跟着参保人员工作单位变动和工作地区的转移而转移。以个人账户为核心的统账结合的养老保险制度，体现了以人为本，统筹兼顾了各个利益主体的利益，有利于社保事业的全面、协调和可持续发展。

然而，我国的个人账户制度并非完美无缺，目前面临的最大问题个人账户基金被侵占挪用的情况屡禁不止、保值增值难等，在管理上也还存在不少瑕疵，需要用改革发展的办法予以解决。因此，中国共产党十八届三中全会指出要"坚持社会统筹和个人账户相结合的基本养老保险制度，完善个人账户制度，健全多缴多得激励机制，确保参保人权益"[2]。为此，我们一方面要把以个人账户为核心的统账结合的养老保险制度以法律的形式固定下来；另一方面要加大制度改革创新的力度，不断完善这种制度。

但是，目前我国个人账户改革的当务之急是弥补"空账"缺口。随着我国人口红利的消失，人口老龄化加剧，在职人员负担加重，个人账户中如果没有储备基金，而社会统筹又

---

①郑功成：《从形式普惠走向实质公平》，载《人民日报》，2012年5月15日。
②《中共中央关于全面深化改革若干重大问题的决定》，人民出版社2013年版，第47页。

入不敷出，社会统筹中就不可能挪出资金支付个人账户，进而影响统账制度的实施，不能实现制度转轨的目标，最终会使统账制度重新回到现收现付的老路，使统账制度不可持续。要使统账制度维持运行，动用财政资金弥补缺口是政府必然的选择。长远目标是建立综合的个人账户，即把养老保险个人账户与医疗保险、失业保险、住房公积金个人账户统一起来；把社会保险的三个支柱结合起来，把政策吸引和法律强制结合起来，把即期保障和长远保障结合起来，把统一性和多样性结合起来。把以个人账户为核心的统账结合的养老保险制度扩展为以个人账户为核心的统账结合社会保险制度；最终把社会保险制度的个人账户与企业年金和职业年金的个人账户统一起来，建立统一综合的社会保险制度。

（三）对统筹与个人账户分账管理

我国基本养老保险制度的建立，是在完全没有基金积累和计划经济条件下，企业自主支付养老金难以为继的背景下起步的。现行养老金制度，是根据1997年国务院颁布的《关于建立统一的企业职工基本养老保险制度的决定》建立的。由于建立该制度之前退休的职工没有个人账户基金积累，于是就出现了社会保险基金的代际转移，即用现在在职职工缴纳的养老保险费，支付已离退休人员的养老金。1995年开始实施的"统账结合"的基本养老保险运行模式，尽管建立了个人账户，但由于社会统筹基金与个人账户基金是合并管理运营的，实行现收现支制度，当期征收的养老保险基金包括个人账户基金被用于支付当期离退休人员的养老金，在收不抵支的情况下，统筹基金严重挤占个人账户基金，个人账户变成有名无实的"空账"。

做实个人账户后，社会统筹基金和个人账户基金应实行分账征收，独立运营，互不挤占。统筹基金用于当期养老金的发放，个人账户基金储存积累，实现个人账户基金由空到实的根本转变。首先，要通过分账管理，解决社会统筹向个人账户的透支问题。一个机构两个账户虽是分账，但资金管理实质上难以分开。只要两个基金由一个部门或一个结构管理，要分账几乎很难。其次，从基金监管来讲，两个基金由一个机构管理，对于是否实际分账也难以监督。而要从根本上解决社会统筹向个人账户透支现象，最根本的对策是将社会统筹基金和个人保险基金分别由两个机构或者说两家公司来管理，一个管理社会统筹基金的征缴和运营，一个管理个人保险基金征缴和运营，这样就从根本上杜绝了社会统筹向个人账户的透支，从而做实个人账户，使部分积累制能够顺利实行。

（四）构建标准化的社会保障管理平台

一个良好的社会保障模式的运行，需要有相应的正式规则和非正式规则约束，也需要有运行平台的支撑。正式规则包括要出台《社会保险法》和相关法律规范文件；非正式规则主要是防止企业和个人的道德风险和由于各级政府信息不对称而产生的风险；运行平台是构建标准化的社会保险信息管理系统。

国家应制定统一的社会保险管理信息系统软件、硬件标准开发社会保险业务经办通用软件，统一接口，逐步实现省级联网，最终过渡到全国联网。有条件的地区还可尝试使用EDI电子数据交换方式办理社会保险转移，以保障转移工作的准确性和及时性。加强"金保工程"项目的建设，实现纵横交错的信息管理系统。在纵向范围内，在养老保险垂直管理体制下，建立全国统一的基本养老保险信息系统，保证中央政府能够直接、及时地纵向查阅基层数据，使省级政府能够及时掌握各地的养老保险信息；同时，在横向范围内，将各级财政部门、银行部门、税务部门、养老保险经办机构等相关部门的数据库进行联网，以利于各部门之间的信息沟通与工作协同。标准化社会保险信息管理系统，不仅有利于监管的现代化和各地政策、业务流程的规范，更为重要的是为社会养老保险关系转移提供了一个数字平台，有利于养老保险便携性的提高。

同时，各级政府要尽量减少社会保障基金使用中的信息不对称问题，防止道德风险蔓延。信息不对称和道德风险都不利于社会保险健康发展，也不利于社会养老保险机制的运行。在有限理性假设的前提下，社会保险人和被保险人不可能掌握所有相关信息，信息不对称成为诱发道德风险的重要因素。社会保险人道德风险主要集中在管理过程中的政府失灵上。被保险人道德风险主要表现为冒领保险金、企业内部不规范的提前退休、逃费和企业逆选择。分析其原因，保险人的道德风险发生原因在于执法不严、监督不力、信息不畅；被保险人的道德风险发生原因在于自利性和机会主义倾向。因此，道德风险的控制，不仅要通过外在的监督提高人们的执法水平和道德水平，而且要通过有效的意识形态教育减少人们违反规则的可能性，淡化机会主义的倾向。

第五章　社会保障基金

社会保障是国家为了维护社会稳定，通过一定的手段保障社会成员基本生活的需要，国家通过国民收入的再分配为劳动者、全体公民提供生存所需的保障。因此，它必须有一个可靠的物质基础。从货币形态上讲，这个物质基础就是社会保障基金。社会保障基金筹集与管理是社会保障制度正常运行的关键环节。

第一节　社会保障基金概述

人口老龄化是一个全球性的问题。为了应对人口老龄化的冲击，世界上绝大多数国家都把建立社会保障基金视为国家的战略储备。一个国家建立社会保障基金，是一项涉及全民社会保障利益的重大战略决策，对于保证和维护社会稳定具有深远意义。

一、社会保障基金的内涵

社会保障是国家为了维护社会稳定，通过一定的手段保障社会成员基本生活的需要，国家通过国民收入的再分配为劳动者、公民提供的物质保障。因此，它必须有一个可靠的物质基础。从货币形态上讲，这个物质基础就是社会保障基金。

（一）社会保障基金的含义

所谓基金，有广义和狭义之分。广义的基金，是为了某种目的而设立的具有一定数量的资金。例如，保险基金、公积金、退休基金、各种基金会的基金等。现有的证券市场上的基金，包括封闭式基金和开放式基金，具有收益性功能和增值潜能的特点；狭义的基金，指具有特定目的和用途的资金。基金的规则，要求必须按法律规定或出资者的意愿使用在指定的用途上。

由此看来，社会保障基金作为社会保障制度的经济基础是一个宏观的概念，"是根据国家有关法律、法规和政策的规定，为实施社会保障制度而建立起来、专款专用的资金。社会保障基金一般按不同的项目分别建立，如社会保险基金、社会救济基金、社会福利基金等"[1]，是国家和社会用于社会保险、社会福利、社会救济的基金总和。

---

①吕学静：《社会保障基金管理》，首都经济贸易大学出版社 2010 年版，第 1 页。

社会保障基金一般按不同的项目建立，如社会保险基金、社会救济基金、社会福利基金、社会优抚基金等。其中，社会保险基金是社会保障基金中最重要的组成部分。而社会保险基金又可分为养老保险基金、失业保险基金、医疗保险基金、工伤保险基金和生育保险基金等，其中养老保险基金数额最大。

另外，在社会保障制度实践中，还经常听到"社保资金"的概念。社保资金是社会劳动保障资金的简称，也简称为"社保金"，是由国家和地方社会劳动保障局统筹的，通过国家、地方、组织和个人多渠道筹集的资金，主要用于参加社保的劳动者的社会保障和社会福利，是为参保人员的未来生活提供最基本保障的"养老金"和未来生命意外抢救或医治的"救命钱"。社保资金被国家和地方的相关管理部门按照规范许可的操作程序而进行投资增值的活动，即转化为投资资金，也称为"社保基金"。社保资金不同于社保基金，而社保基金来源于社保资金。

在我国，"社保基金"是一个被简化的统称，共有五种范畴：一是"社会保险基金"；二是"社会统筹基金"；三是基本养老保险体系中个人账户上的基金，被称为"个人账户基金"；四是包括企业补充养老保险基金(也称"企业年金")、企业补充医疗保险在内的企业补充保障基金；五是"全国社会保障基金"。

（二）社会保障基金的特征

社会保障基金作为老百姓的养命钱，是社会保障制度得以正常运行的基本保证，关系着社会保障目标的实现和公民的切身利益及国家的稳定和社会发展的大局。社会保障基金的特点在于：

（1）强制性。社会保障基金是依法强制筹集的，并严格按照法律的规定管理和使用。任何企业和个人都不能违反法律的规定，都不能强调自己的特殊性，躲避缴纳社会保险费的责任。由于社会保障基金直接关系劳动者的切身利益，在基金的管理和使用上也必须排除干扰，严格按照有关的法律法规运行。

（2）储备性。基金为了抵御风险，就必须未雨绸缪，要根据科学的方法，计算风险发生的概率，事前在资金上做好准备。社会保障基金一般分为积累型基金和现收现付型基金，积累型基金是为了应付那些发生概率很高的风险，如老年风险；现收现付型基金主要是为了应付那些发生概率比较稳定的风险，如工伤风险。

（3）互济性。社会保障基金是通过国民收入再分配形成的，是社会成员之间互济性的反映。特别是对某些社会保险项目而言，每个人发生风险的概率大不相同，但在基金筹集时并不考虑这种差异，而是按统一标准筹集。这样就会出现每个人享受的社会保险待遇并不一定等于其对社会保险基金贡献大小的情况。

（三）社会保障基金的作用

社会保障基金对于维持社会安定和经济的正常运行及发展有着重要的作用，主要体现在政治功能、社会功能、经济功能三个方面。

（1）政治功能。社会保障基金的政治功能在于增强抵御风险的能力，保证社会的安定。在市场经济条件下，无论是企业还是劳动者，由于竞争的加剧，在效率提高的同时，风险也增加了。社会保障基金的建立可以有效地抵御这些风险。在遭遇风险或由于各种原因遇到生活困难时，社会保障基金可以保障其基本生活，使社会免于动荡。

（2）经济功能。社会保障基金的经济功能在于发挥社会保障的作用，促进经济的发展。社会保障基金在经济发生波动时可以起到缓解波动的作用，有利于经济的恢复。同时，社会保障基金中往往有相当一部分是积累性质的，它并不需要立即支出。这些积累起来的基金对经济发展是十分重要的。运用好社会保障基金，不仅对社会保障事业本身十分重要，而且对经济的发展也会起到巨大的推动作用。

（3）社会功能。社会保障基金的社会功能在于发挥互济作用，增强社会凝聚力。社会保障抵御风险的能力比个人自我储蓄更有效。在市场经济条件下，社会保障的互济性使人们在遵循市场经济的投入与收益对等的效率原则之外，又实现了相互帮助、相互关心、帮助弱者的社会公平原则，增强了社会的凝聚力。

总之，社会保障基金的作用不仅在于其支撑着整个社会保障制度，而且在于其对收入分配进行有效调节，进而对社会经济的发展起调节作用。从某种意义上讲，社会保障制度的运行，其实就是筹集社会保障基金并合理地分配社会保障基金的过程。

二、社会保险基金的筹资机制

社会保险基金的有效筹集，是社会保障制度正常运行的前提和基础，而在社会保险基金的筹集过程中，应始终贯彻收支平衡（包括横向平衡和纵向平衡）的基本原则。目前世界各国社会保障基金的储备和使用，根据不同的平衡方式形成了以下三种机制。

（一）现收现付制

现收现付制筹资模式亦称"以支定收，现收现付制"。即将一定时期内（例如一年内）所需支付的费用，分配于各参加保险的被保险人缴纳。它预先不留储备金，完全靠当年的收入满足当前的需要。因此，其保费率厘定于每期期末，并基于以往的实践经验，对近期（一年）需支付的保险金额进行预测，在以支定收的原则下，将此笔需支出的总金额，按一定提取比例分摊，然后按照一定比例分摊到参加该保险项目的所有单位和个人，当年提取，当年支付。

现收现付型筹资模式，要求以近期内横向收支平衡原则为指导筹集资金。以养老保险为例，现收现付制是指以同一个时期正在工作的一代人的缴费来支付已经退休的一代人的养老金的一种财务模式。它根据每年养老金的实际需要，从工资中提取相应比例的养老金，本期征收，本期使用，不为以后使用提供储备。

现收现付制的基本原理是：根据横向平衡的原则，在长期稳定人口结构下，该体制的生产性劳动人口承担老年劳动人口的退休养老费用，而现有生产性劳动人口的退休费用，将由下一代生产性劳动人口承担。[1]

现收现付型筹资模式符合低成本原则，有利于防止物价或收入变动所带来的养老保险金的波动，有利于实现社会公平，增进社会福利。从目前来看，虽然人们对现收现付制筹资模式颇有争议，但其在大多数国家仍占居主导地位。

（二）完全积累制

完全积累制筹资模式又称"全基金式"，是对被保险群体的生命过程、劳动风险及影响因素进行远期预测，然后计算出被保险人在保险期内所需保险金开支总和，再按一定比率分摊到每一个就业年度的模式。投保人按比率逐月缴纳保险费，同时将积累的保险基金有计划地转投经营，使其保值增值。

完全积累模式是在人口结构老龄化的情况下，"横向代际转移的现收现付制度出现了困难，不得不把注意力转向了积累模式。积累模式目前世界上主要是个人账户储蓄制度。该模式依据纵向平衡的原则，在对人口、工资、物价、利息等社会经济指标进行宏观测算后，将被保险人在享受保险期间的总保险费用按一定的提取比例分摊到整个投保期间。由于该方式采用平摊保险费方式，要求所有的投保人均须提存老年退休准备金，权利与义务对等，较好地体现了社会保险的储备职能和自保原则"[2]。

完全积累制筹资模式是一种以远期纵向收支平衡为原则的资金筹集和使用模式。由于完全积累制是劳动者收入的一种直接转移或者说延期支付，基金积累与劳动者领取的待遇之间有直接的关联，因此劳动者的储蓄和积累的积极性就很高。

（三）部分积累制

部分积累型筹资模式也称"部分基金制"，是对现收现付模式和完全积累模式的整合，是一种兼容近期横向平衡原则和远期纵向平衡原则的筹资模式。

这种模式把近期横向收支平衡原则与远期纵向收支平衡原则结合了起来，即在满足现实一定支出需要的前提下，留出一定的储备，以适应未来的支出需求。根据分阶段收支平衡的原则确定收费率，即在满足一定时期（5—10年）支出需要的前提下，留有一定的储备基金；储备基金的数额是一个变量，人口老龄化高峰期到来之前是储备基金的积累期；在老龄化高峰到来之后，则进入储备基金的消耗期

部分积累制筹资模式的优点是具有较大的灵活性，既避免了基金制的较大风险，又可缓解现收现付模式缺乏储备和负担不均的问题。但这种筹资方式操作起来难度较大，尤其是在各种比率的掌握上，很难做到恰到好处。如果各种标准和比率设置不当，不但达不到应有的效果，反而会导致管理成本的大幅度提高。因此，在制度设计上要谨慎，

---

①鲁毅：《谈社会保险的筹资模式》，载《特区财会》，2003年第6期。
②鲁毅：《谈社会保险的筹资模式》，载《特区财会》，2003年第6期。

不仅要定性分析，还要定量分析。

上述三种筹集模式各有特色，也各具优缺点。在选择筹资模式时，应当考虑不同社会保障项目的支出特点。如社会保障项目按制度期限的长短，分为短期支付项目和长期支付项目。前者一般选择现收现付制，后者一般选择完全积累制或部分积累制。

三、社会保障基金的管理

社会保障基金管理，是指对社会保障基金的征缴、支付、投资营运、监督管理等进行全面规划和系统管理的总称。社会保障基金安全性的高低，关乎社会保障制度运行的效果。因此，所有建立社会保障制度的国家都十分重视基金管理工作。

（一）社会保障基金管理的目标

社会保障基金是社会保障制度运行的基础，社会保障基金管理是社会保障管理的核心，确保基金的安全和完整是基金监管的直接目标。

社会保障基金管理的目标在于：

（1）确保基金的完整与安全，防止基金被贪污、挪用；

（2）防止基金贬值，实现基金保值，争取基金增值；

（3）满足给付的需要，避免支付危机发生；

（4）保持高效率，包括征缴、支付和运营的工作效率。

毫无疑问，维护基金安全是基金管理中最重要的目标，也是最基本的目标。

（二）社会保障基金管理的原则

由于社会保障（险）基金管理机构较为分散，各部门在参与社会保障基金管理时容易产生部门间难以协调和集中意见的现象，因此，坚持和遵循以下原则十分重要。

（1）坚持依法管理。社会保障基金管理必须严格以法律、法规、政策为依据，同时要加强监督，杜绝漏洞，严格社会保障基金的收支手续和责任制度，这不仅是维护基金安全的基本要求，也是追求效率的具体体现。

（2）坚持预决算。对社保基金筹集和使用实行预算管理，可以增强政府宏观调控能力，强化社保基金的监督管理，保证社保基金安全完整，提高社保基金运行效益，促进社会保险制度可持续发展。实行决算管理，可以全面完整地反映社保基金的年度收支状况，有利于分析和检查预算的执行情况，发现预算管理和财务管理工作中存在的问题，进而采取有效措施加强预算管理，为领导决策提供可靠依据。

（3）收支两条线。即实行征收系统与支出系统保持分离，以便各司其职。收支两条线制度在实践中既可以是两个部门（如财政系统与社会保障系统）分别承担征收与支出的职能，也可以是一个部门中的两个独立系统分别承担征收与支出的职能。

（4）及时预警。建立在不断扩大覆盖面和不断调高缴费基数基础上的社保基金，一且当期基金入不敷出，基金赤字的风险很快就会到来。所以，关注基金收入的增长情况、基金支出的有效控制、基金结余、基金赤字等问题至关重要。

（三）社会保障基金管理的意义

社会保障基金是社会保险制度建立并运行的前提条件，只有社会保障具有自我发展、自我积累和自我增值的能力，社会保障制度才能在源源不断的基金保障下正常运行。

（1）加强社会保障基金管理，有助于社会保障制度的正常稳定。社会保障基金运行要经过投资、运行等若干个环节，这几个环节相互关联、相互制约，任何一个环节出了问题都会影响到基金的顺利流动。通过实施保险基金管理，对基金的需要量进行科学预测和全面规划，合理分配资金，规范基金的运行程序，就可以保证基金的顺利运行，及时为劳动者提供保障和服务。

（2）加强社会保障基金管理，有助于减轻政府日益增大的社会保险费用负担。世界上许多国家的经验表明，社会保障发展到一定阶段，会出现保障面扩大、待遇水平提高、费用增长的情况，使社会保险基金收支出现缺口。为了弥补社会保障基金之不足，政府不得不拿出巨额财政补贴，从而导致国家财政赤字加大。加强对社会保险基金的管理，可以确保社会保险基金运营获得较高的收益，不断提高社会保险基金的自我发展的能力，从而为社会保险制度提供源源不断的资金保障，进而减轻政府负担。

（3）加强社会保障基金管理有助于促进经济发展。各国的经验表明，社会保障已不再是传统意义上的简单地为国民提供物质保障的一种货币收入计划，而是制约和影响一国经济运行的不可忽视的重要因素。社会保险基金的运行对国民储蓄、投资、财政收支、金融市场乃至国际经济活动都会产生重要的影响。加强对社会保险基金的管理，提高社会保险基金的投资与效率，将有利于促进经济发展和金融市场的完善。

第二节　社会保障基金的建立与使用

社会保障基金的筹集、支付、运营等问题，直接关系到社会保障制度的落实和全体国民的切身利益，也对国家财政状况构成重大影响。因此，对社会保障基金各个环节的安全管理，是各国社会保障制度建设的重要内容。

一、社会保障（险）基金的形成

作为社会保障基金组成的社会救助基金和社会福利基金的来源主要是国家财政，而社会保险基金的筹集则由用人单位和职工个人共同缴纳。因此，我们关注和研究社会保障基金筹集的重点，是由专业的社会保险经办机构按照法律规定的比例向计征对象征收社会保险费（税）的行为。

（一）社会保险基金征缴方式

社会保险基金是国家用于支付劳动者因暂时或永久丧失劳动能力或劳动机会时所享受的保险金和津贴的资金，必须保证足额征缴。从世界各国的社会保险基金的筹集方式来看，主要有三种方式。

1.社会保险费

社会保险费是指雇主和雇员按照法律规定的雇员工资收入的一定比例，向社会保险机构缴纳的费用。缴纳社会保险费是雇主和雇员的法定义务，雇主在法律规定的期限内，将自己应当缴纳的社会保险费同向雇员支付工资时应扣除雇员的社会保险费一并上交社会保险机构。逾期缴纳或者不缴纳的，要依法承担相应的责任。

征费方式的特点，是在强制征收的同时具有一定的灵活性，如既可以采取类别费率，也可以采取综合费率；既可以混合筹集，也可以分项筹集。这种方式不仅可以与现收现付制社会保障相适应，同样可与完全积累型社会保障制度相适应。

2.社会保险税

征税方式是根据国家立法规范，由政府运用行政权力，采取税收形式强制雇主和雇员按法定的工薪的一定比例分别缴纳社会保险金的一种筹资方式。

美国自1935年实行社会保障制度以来，一直征缴的是"工资社会保险税"。在以后的发展中，逐渐由单一的工薪税扩展为工薪税、失业保险税和员工退职税三个社会保险税种。美国的工薪税收入全部用于发放老年人的退休金。之后，还用来支付残疾人保险、医疗保险等待遇。

征税方式的优点在于强制性强，负担公平，有利于提升社会保障的社会化程度；保险项目简单明了，缴税和支付有章可循，管理简便。不足之处在于税收形成的财政资金只能通过年度预算来安排，且通常以年度收支平衡为基本目标，从而造成事实上无法积累社会保障基金。

3.强制储蓄方式

强制储蓄制也称个人账户制，是指雇员和雇主按规定的缴费率将社会保险费存入为雇员设立的个人账户，需要时按规定从个人账户中支取的一种筹资模式。在国家立法规范下，覆盖范围内的任何单位和个人都必须根据有关的法律、法规规定参加强制储蓄，不得擅自更改或中途退出。强制储蓄制一般仅适用于完全积累型的养老保险等社会保险项目。

总之，一个国家或地区，采取哪种征缴方式与该国的经济、社会、文化、宗教等背景有密切关系。例如，19世纪末德国建立社会保险制度是为了缓解当时激烈的阶级冲突，当时工人与政府的尖锐对立，使得政府只能通过工会或其他社会组织与工人对话，而后者成为工人的代言人，政府委托社会组织征收社会保险费要比用强制的方法征收更容易被工人接受。

（二）社会保险费征缴费制

社会保险费征缴，是指社会保险费征收机关依照社会保险的法律法规，按照规定的费基和费率，定期向用人单位和个人征收社会保险费。目前，全世界实行社会保险的国家中，社会保险费征缴费率厘定的标准和企业主与被保险人分摊的比例相差悬殊。

1.社会保险的费基

缴费基数是缴社会保险费的一个参数，它根据职工上年度工资收入确定。考虑到全国各地经济发展水平不一，各个国家一般只规定缴纳各项社会保险费的比例，缴费参数乘以缴费比例即为实际缴费金额。

因为社会保险基金的形成原则上是由企业、个人、政府三方共同供款，企业和个人依据规定按期缴纳的一定金额成为保险费，劳动者缴纳的保险费与其工资额之比是个人保险费率，企业缴纳的保险费与企业工资总额之比是企业保险费率，二者之和即为总保险费率。

"社会保险费的费基、费率依照有关法律、行政法规和国务院的规定执行。"[①]原则上，缴费单位以国家规定的职工工资总额作为缴费基数。所谓职工工资总额，是指国家统计局规定的各单位在一定时期内直接支付给本单位全部职工的劳动报酬总额，包括六个方面的内容：计时工资、计件工资、奖金、津贴和补贴、加班加点工资、特殊情况下支付的工资。

在我国，《社会保险费征缴暂行条例》规定，用人单位和职工个人是法定的缴费义务人。但是，在不同的社会保险项目中，用人单位和职工个人缴费的义务不尽相同。基本养老保险、基本医疗保险和失业保险规定用人单位和职工个人共同缴纳，工伤保险和生育保险规定用人单位有缴费的义务，职工个人不缴费，均由社会保险经办机构和地税机构分别征收。职工一般是以上一年度本人月平均工资作为一个人缴费工资基数（以个人身份参保的，可以根据当地规定选择以上年职工平均工资为缴费基数）。

2.社会保险的费率

保险费是指被保险人参加保险时，根据其投保时所定的保险费率，向保险人交付的费用；也是保险人为承担约定的保险责任而向投保人收取的费用。保险费是建立保险基金的主要来源，也是保险人履行义务的经济基础。

社会保险费率的厘定，一般是按照保险项目危险性的大小和事故的多少，视用人单位和被保险人双方的承担能力以及政府的补助情况而定。在工业发达国家，企业主财源充裕，被保险人待遇优厚，承担能力强，保险项目较多，保险费率也较高。

保险费率的高低代表缴纳保险费的多少。目前，世界各国厘定社会保险费率的方法有三：

一是综合保险费率制。即归纳多种保险项目为一个完整的社会保险制度，规定一个

---

①国务院：《关于工资总额组成规定的批文》（国函〔1989〕65 号）。

保险费率。

二是综合分类保险费率制。即归纳数种保险项目规定，一个综合保险费率，只有个别保险费率单独计算。如欧洲有些国家把生育、疾病，残废、死亡等保险采用综合费率制，将工伤保险和家属津贴等按特定的费率计算收取保险费。

三是分类保险费率制。即根据保险险种的性质、特征或其他因素分别计算的费率。该费率适用于具有特殊风险的险种，如工伤保险、失业保险等。

3. 社会保险费制的类型

纵观当今世界，社会保险费的征缴形成了按工资比例缴费和被保险人与其雇主均等缴费的两种费制。

第一，比例保险费制，是以被保险人的工资收入为准，规定一定的百分比，从而计收保险费的制度。

比例保险费制的计算方法有三种：一是同额比例费率制，即按照被保险人实际收入和薪资标准征收同一比例的保险费，被保险人和企业主承担同比例的保险费；二是差别比例费率制，即按照被保险人薪资的一定比例征收保险费，由企业主与被保险人共同承担；三是累进费率制，即对收入低者征收的费率低，收入较多的费率依次递增。

采用这种方法的缺点是：社会保险费的承担直接与工资相联系，不管是雇主、雇员双方承担社会保险费还是其中一方承担社会保险费，社会保险费的承担都表现为劳动力成本的增加，其结果会导致资本排挤劳动，从而引起失业增加。

第二，均等保险费制，又叫"均一费率"，即不论被保险人或其雇主收入多少，一律计收等额的保险费。这一费制的优点在于计算简便，易于普遍实施。而且，采用此种方法征收保险费的国家，在其给付时一般也采用均等制，具有收支一律平等的特点。但其缺点是，对于收入低的被保险人，保险费负担较重，在负担能力方面明显不公平。

（三）社会保险基金征缴的原则

社会保险基金是社会保障制度得以正常运行的支柱。特别是社会保险基金的筹集，是能否形成可靠的社会保险基金的关键。因此，社会保险基金的筹集问题在社会保险中具有特殊的重要性。社会保险基金的征缴要遵循以下几项原则：

（1）来源可靠。来源可靠强调社会保险基金的筹集必须以保证社会保险制度的正常运行为基本出发点。因此，在基金来源渠道上应有多种准备，既要有正常条件下的基金来源，又要有特殊情况下的基金来源。在基金筹集量上，要把握"收支平衡，略有节余"的方针。这里讲的"收支平衡"，既有短期的收支平衡，也有长期的收支平衡。

（2）比例适宜。社会保险基金特别是积累型的社会保险基金，涉及宏观经济中积累与消费的关系问题，必须妥善处理好积累与消费关系。积累型基金将一部分当前的消费推迟到未来，在宏观经济需求大于供给的情况下，较多的积累有利于缓解求大于供的状况，但是，在宏观经济供大于求的状况下，较多的积累不利于经济的发展。因此，要根据经济发展的不同阶段和宏观经济的不同形式，科学地确定社会保险基金在国民生产总值中的比重。

（3）有效配置。社会保险基金是用于抵御风险的。但是，抵御风险的程度是可变的，如果我们追求完全消除风险，将风险的损失降低到零，那就可能付出很大的成本。如果将风险控制在可接受的范围之内，则成本也可以降低，有利于社会公共资源的有效配置。经济学已经证明，随着风险程度的降低，降低风险所需的成本将递增。成本实际上也是资源的一种表现形式，也就是说，如果我们将资源投入一种用途，就会失去将资源投入另一种用途所带来的收益。在资源有限的条件下，我们必须权衡资源的投入方向。

二、社会保障基金的支付

社会保障基金的支付，指按社会保障制度规定的条件、项目、标准和方式，给法定范围内的社会保障对象支付社会保障待遇，以保障其基本生活需要的行为。

（一）社会保障基金支付项目

社会保障基金的支付项目，就是社会保障基金的最终使用范围，有两大类七个方面。

一是社会保障待遇支出，这是社会保障基金的最主要支付部分，也是其法定的职责。社会保障待遇支出按照社会保障体系的项目来设置，主要包括社会保险金的支付、社会福利待遇支付、社会救助项目支付等，其中最核心的是社会保险金的支付；二是社会保障管理支出，指社会保障管理机构及其人员的办公经费、办理社会保障基金银行业务方面的经费和社会保障对象管理以及提供服务等方面的费用，包括内部管理服务费用、银行业务服务费用、投资费用等。

社会保障基金的支付包括七个方面的内容：

（1）职工的基本生活支出，包括暂时丧失劳动能力和生活困难的职工补助费和用于永久丧失劳动能力的退休人员的退休金；

（2）符合享受失业保险待遇的失业者基本生活保障及就业培训方面的支出；

（3）国家和单位医疗保障方面的经费开支；

（4）军人保障方面的支出；

（5）社会救助方面的支出；

（6）社会福利事业方面的支出；

（7）社会保障设施方面的支出。

一般来说，一个国家的社会保障基金支出非常严格，必须按照规定的项目和标准支出，任何部门、单位和个人不得擅自调整支出项目和随意改变支出标准。同时，从社会保障基金的用途上来看，过多的社会保障管理费的支出会影响基金对国民的保障能力，所以，现代社会大都提倡事资分开，有将社会保障管理费与社会保障基金分开的趋势。

（二）社会保障基金支付条件和标准

社会保障基金的支付条件，是指社会成员获得社会保障待遇的资格。每一种保障项目的待遇给付标准都不一致，只有满足了法律所规定的给付资格才有可能享受到保障待遇。如，鉴于社会保障对象的不同，养老、医疗、失业保险等项目的支付条件一般都与被保障者的收入状况、年龄、被保障者投保年限、工资年限等密切相关。

社会保障基金的支付标准，是指社会保障待遇和社会保障管理费用的支付水平。它既关系到社会保障对象的生活水平，又关系到社会经济的健康发展。因而社会保障基金支付标准是社会保障制度的核心环节。通常情况下，社会保障待遇的支付标准，取决于一定时期的经济发展状态，同时还要考虑社会成员基本生活保障的需用，并随物价的上涨而适当调整，不应过高或过低，以使社会保障既发挥其功能，又不致产生弊端。社会保障管理费用一般按实际支出的数额支付。社会保障体系庞大，社会保障项目众多，所要保障的需求层次不同，因而，其支付标准也就不一样，支付标准确定的方法也有区别。

综观各国社会保障待遇的支付标准虽然不尽相同，但归纳起来主要为以下两种：一是工资比例制，又称工资相关制。其保障金支付标准是以被保障对象停止工作前一段时期内的平均工资收入或某一时点上的绝对工资收入为基数，根据被保障对象资格条件的不同，乘以一定的百分比而确定。二是均一制，又称绝对金额制。其保障金支付标准不以被保障对象停止工作前的工作收入为计算基数，而是规定某些统一的资格条件，如就业年限、缴费年限等，凡符合规定条件者，按同一绝对额标准支付社会保障金。

（三）社会保障基金支付方式

社会保障基金支付形式，是指社会保障经办机构在支付社会保障基金时所采取的具体方式或方法。最基本的方式有三种。

（1）货币支付。货币支付是指政府采取向居民发放货币津贴的形式来实施社会保障制度。因为社会保障基金基本上是以货币形式筹集的，同时货币作为一般等价物具有很大的灵活性和适应性，领取者有较大的自由支配空间。所以，社会保障基金的支付方式大部分采取货币形式；如养老保险金、工伤保险金、失业保险金、生育保险金等社会保险均采用货币形式支付，医疗保险待遇虽然以提供医疗服务的方式提供，但实际上仍然是以货币形式结算；社会救助支付也是以货币支付形式为主。

（2）实物支付。实物支付是指政府直接为社会成员提供特定物资的一种社会保障支付形式，这种支付形式在社会救助、社会福利与军人保障制度中都有不同程度的采用，如美国的食品券制度就是实物支付的典型代表，在美国的住房救助和医疗救助中也经常采用这种方式，我国的灾害救助中也常见实物救助（提供食物、衣被等）的方式。

（3）服务支付。服务支付是指通过为有需要的社会成员提供服务及服务设施而实现保障目的的一种社会保障支付方式，如医疗保险中的身体检查、疗养基地和康复基地的建立，以及敬老院、福利院、幼儿园和各种青少年活动中心等的兴建，都属于社会服务及服务设施支付。

三、社会保障基金的运营

社会保障基金运营，是指社会保障基金管理机构或受其委托的机构，用社会保障基金投资于国家政策和法律许可的金融资产和实际资产，以期获得适当预期收益的基金运营行为，从而使社会保障基金达到保值增值的目的。

（一）社会保障基金运营的必要性

社会保障基金是广大社会成员的生存保障，是社会安定的稳定器，自 19 世纪社会保障基金的概念初步形成以来，社会保障基金一直备受社会关注。在人口较多的国家和地区，社会保障基金建立以后必然形成一大笔专项资金，如何运作管理这笔资金使之保值增值，是关系到保证和提高人们生活质量的大问题。

（1）社会保障基金运营有助于积累和增加社会保障基金。社会保障基金投资运营取得的收益，是社会保险的重要资金来源之一。在安全性原则下，通过对社会保障基金的有效运营，不仅可以使社会保障基金实现保值增值，而且可以使以增收社会保险税费方式积累的保障基金避免高风险。

（2）社会保障基金运营有利于各国资本市场的长远发展。靠社会保险金生活的人们需要领取更多的保险金才能维持生计。社会保险基金的投资运营，可以应付通货膨胀对社会保险基金的侵蚀（基金贬值）。而要抵消通货膨胀的负面效应，又不过分增加社会保险缴费方面的负担，重要的选择就是通过投资运营使基金保值增值。

（3）社会保障基金运营有利于促进企业（用人单位）的经济发展。社会保障基金的来源，除个人以外主要来自各个企业。随着社会保障水平的不断提高，社会保障税费也必然随着社会保障资金的支出逐步增加，加重企业经济负担。所以，社会保障基金的有效运作，可以逐步降低企业的社会保障成本，进而促进企业的发展壮大。

（4）社会保险基金运营有利于确保参保人员分享经济发展成果。社会保险待遇水平要随经济的增长和物价水平的提高而相应调整，就要求社会保险基金具有强大的支付能力。而由于提高费率增加社会保险收入具有很大的局限性，因此，要在不增加国家、企业和劳动者负担的前提下提高保障待遇，就必须对社会保障基金进行投资运营。

（二）社会保障基金运营的原则

社会保障基金除了突然的应急支付以外，其收缴和支取是可以预测和计算的。社会保障基金合理的投资运营，对一个国家社会保障制度的平稳运行是十分必要的，但是必须坚持以下原则。

（1）安全性原则。安全性是社会保障基金进入投资市场的首要原则。社会保障基金承担着保障社会成员基本生活的使命，被称为"活命钱"，因此在进行投资选择时，首先要考虑它的安全性原则，只有切实保障基金的安全，才能保证参保人员的利益不受损害，按时定额领取保障金。如果投资风险过大，不仅得不到预期的投资收益，还可能使整个投资本金遭受损失，导致无法收回。如果出现这种状况，将难以保证社会保障的支出需求。因此，它对整个社会政治经济的稳定都具有重大影响。

（2）收益性原则。社会保障基金的投入，既要保值又要增值，赢利是投资的目的。通货膨胀的存在，使积累制、部分积累制的社会保障基金面临将来支付的压力。因此，社会保障基金的投资，要在符合安全性原则的条件下，保证投资能够获得最大的收益。赢利性的收益，既可为社会保障基金提供更多的积累，也可减轻国家、企业和个人的社会保障支出负担，保证社会保障基金的良性运行。

（3）流动性原则。社会保障资金在投资时应该保持一定的流动性，以保证对国家养老保险基金的资金支付需要，以及应对一些意外的大额支付。一般而言，应根据不同基金支付期限的规律，选择变现性能与之相适应的投资工具。尤其是对短期的社会保障，投资的流动性原则更为重要，其目的在于保证投资之后，在不发生价值损失的条件下随时可以变现，这样才不至于发生收支矛盾。

（4）多样化原则。投资都存在风险，为了使社会保障基金的投资风险最小，最有效的办法是采取投资组合的方式，即将基金按不同比例同时向多条渠道投资。这样，可以形成以高比例的低风险项目配合低比例的高风险项目，以高比例的稳定收益配合低比例的波动收益的格局，既可以降低基金风险，又可以取得满意的回报。

（三）社会保障基金的投资工具

目前，世界上社会保障基金的投资范围也是比较广泛的，最主要的有银行存款、买卖国债和其他具有良好流动性的金融工具，包括上市流通的证券投资基金、股票、信用等级在投资级以上的企业债、金融债等有价证券等手段。以下主要介绍三种投资工具。

（1）银行存款。银行存款是社会保障基金管理机构把基金存入银行，以取得一定利息的投资方式。银行存款有活期和定期之分，活期可随时提现，但利息较低。定期较活期利息高，但一般只能到期提取。定期又有时间长短之分，时间越长，利息率越高。银行存款的优点是安全可靠，投资风险相对较低，收益稳定，流动性较好，而且操作简便，省时省力。其缺点是收益相对偏低，不能有效化解通货膨胀的威胁。在社会保障基金刚刚进入资本市场时，银行存款所占比例较高，随着投资工具选择的多样化，比重逐步降低，只能用来做短期投资工具，以满足流动性需要。

（2）购买债券。债券是发行人按照法定程序发行，并按约定还本付息的一种有价证券。按照发行主体分类，债券可分为国家债券、地方债券、金融债券、公司债券和国际债券，其中，公司债券的票面利率最高，其次是金融债券、地方债券和国家债券。国家债券有很好的信誉，偿还有保证、安全性强、无风险，在急需时可以随时变现，具有较强的流动性，因而成为社会保障基金的重要投资工具。国家债券的收益一般高于银行利息，公司债券的风险一般处于政府债券和股票之间，收益一般也高于国家债券。同时，购买国家债券，也为国家重点建设提供了资金，因而许多国家鼓励把社会保障基金投资于国家债券。

（3）投资股市。股票是有价证券的一种主要形式。公司股票一般有较高的收益率，而且变现能力强，因而成为社会保障基金投资的一种重要工具。股票投资的收益来自于股票买卖的价差和持股期间的股息收入。目前，多数国家都允许社会保障基金投资于股票市场，但是由于股票市场风险较高，绝大多数国家对于社会保障基金投资股票的比例给予了一定的限制。

除了上述传统的债券和股票外，金融创新工具还为社会保障基金投资提供了更为广泛的渠道，甚至有些创新的金融工具本身就是根据社保基金的特点及其投资要求"量身定做"的，如针对性的包括房地产、基础设施等不动产投资领域的实业投资。

第三节　我国的社会保障基金管理

在中国，社会保障基金主要包括社会保障基金、社会保险基金、企业年金，另外还包括一些地方的补充性养老和医疗保障基金。而对社会保障基金的管理是社会保障管理体制的组成部分，它包括社会保障资金管理组织机构的设置，中央与地方、地方各级政府、政府有关部门及机构的社会保障资金管理权责的划分等内容。

一、我国社会保障基金管理现状

随着覆盖面的扩大，社会保障基金规模日益扩大，社会保障基金成为建立中国社会保障制度的物质基础，有力地支持了国有企业改革，保障了人民生活，为经济体制转轨与保持社会稳定发挥了积极作用。

（一）社会保障基金的管理体制

从中国政府的行政框架来看，对社会保障基金采取的主要是财政总监督下的部门分管体制，行使基金管理职能的部门主要有民政部、劳动和社会保障部、财政部，而卫生部、教育部等政府职能部门及一些半官方机构、民间团体亦在自己的职责范围内行使着对一些基金的管理权。

民政部管理着多项财政性社会保障基金，包括救灾救济资金、国家福利资金、优抚安置资金等，各级政府的民政部门既是行政管理职能部门，又是分配上述资金的部门，但在资金的调度方面，多数情况下需要同级政府的财政部门共同签署，这种情形在中央和地方是一致的。

人力资源社会保障部管理着包括养老、医疗、失业、工伤、生育保险基金在内的各项社会保险基金，该部不仅设置有专门的社会保险事业管理中心作为基金管理组织，而且专门设置有基金监察司。

财政部直接管理着部分财政性保障基金（如价格补贴等），同时参与管理社会保险基金及民政部门管理的社会保障基金等，通过中央到地方设置社会保障财务司、处、科、股等行使管理权限，其职责是对财政性社会保障基金进行预算管理，对社会保险基金通过设置财政专户进行直接监察，从而实质上是最重要的基金管理部门。

建设部门（公积金管理中心）管理着住房公积金，中央和地方一致；教育部门管理着教育福利基金；卫生部门管理着公共卫生基金等。一些自治或半自治机构也承担着相应的社会保障资金管理责任，如工会管理着职工福利基金、互助保障基金等，残疾人基金会管理着残疾人福利基金，慈善基金会或慈善会、青少年发展基金会等管理着社会组织基金等。

（二）社会保障基金的管理制度

社会保障基金是社会保障制度运行的基础，社会保障基金（特别是社会保险基金）管理是社会保障管理的核心，确保基金的安全和完整是基金监管的直接目标。因此必须通过严密的财经制度对社会保障基金进行有效管理。

（1）收支两条线制度。收支两条线是指收款和付款有两个不同主体的财务运行制度。为了加强对社会保障基金的管理，明确有关部门的职责，社会保障基金管理的实行收支两条线制度。为了保证社会保障基金从征缴到支付的正常进行，社会保障经办机构和财政部门应在协商确定的国有商业银行开设三个基金账户：一是"基金收入专户"，是社会保险经办机构在国有商业银行开设，负责暂存征缴的社会保险费、下级社会保险经办机构上调的调剂基金收入或上级社会保险经办机构下拨的调剂基金收入、该账户的利息收入、滞纳金收入、财政补贴收入、其他收入。本账户只收不支。二是"基金财政专户"，由财政部门在国有商业银行开设，负责管理社会保险经办机构"基金收入户"划入的基金，接收国债到期的本息及该账户资金形成的利息收入，划拨购买国家债券的资金，根据社会保险经办机构的用款计划向社会保险经办机构支出账户拨付基金。三是"基金支出户"，由社会保险经办机构在国有银行开设，负责接收社会保险基金财政专户拨入的基金，暂存一至两个月的基金支付周转金，暂存银行支付的该账户的利息，拨付各项社会保险待遇，支付银行手续费等与社会保险有关的其他必要支出。

（2）社会保障基金预算。社会保障基金预算是指社会保障经办机构根据社会保障制度实施计划和任务编制、经法定程序审批过的年度基金财务收支计划。对社会保障基金实行预算管理，有利于政府全面掌握基金收支运行情况，实现政府的社会保障（险）职能；有利于保证基金收支平衡，并留有适当结余，以避免对国家财政收支产生不利的影响；有利于基金监督，建立有效的制约机制。编制社会保障基金预算的原则：一是政策性原则。即要正确体现和贯彻执行国家有关社会保障制度改革方面的方针政策和其他具体规定。二是可靠性原则。即要从实际出发，充分考虑社会保障费用支出的刚性、困难企业基金筹集难度等因素的影响，力求预算科目无误，人测算标准正确，各项数据真实可靠。三是合理性原则。即要积极筹集社会保障基金，合理安排基金支出。四是完整性原则。即必须全面反映各项社会保障的收支情况，充分考虑影响基金收支的因素，做到全面完整。五是统一性原则。即按照财政部门规定的表式、时间和编制要求，填写有关收支数据。

（3）社会保障基金决算。社会保障基金决算是指社会保障经办机构在年度末根据财政部门规定的表式、时间编制基金年度财务报告。社会保障基金决算是反映基金财务收支状况和结余情况的总结性书面报告，是实施社会保障预算制度的重要环节。通过对社会保障基金实行决算，可以全面完整地反映社会保障基金的年度收支状况，有利于考核国家有关方针政策的贯彻执行情况；有利于分析和检查预算的执行情况，发现预算管理和财务管理工作中存在的问题，进而采取有效的措施改进和加强预算管理，为领导决策提供可靠的依据。社会保障基金决算由社会保障基金决算报表和财务状况说明书组成，包括资产负债表、收支表和有关附表。资产负债表主要依据"资产=负债+基金"的等式，按照一定分类标准和次序，反映基金的财务状况。收支表包括基本养老保险基金收支表、失业保险基金收支表和基本医疗保险基金收支表，分别反映社会保障基金的主要收入来源和支出去向。附表一般包括职工参加社会保障的基本情况、基金收支情况分析表和往来账目明细表等。财务状况说明书是年度社会保障基金运行状况的文字报告，其主要内容应包括社会保障制度的实施情况、社会保障基金的收支及结存状况分析、财务管理的成绩及存在的问题、改进工作的意见和建议等。编制社会保障基金决算，要力求做到数字真实、计算准确、手续完备、内容完整、报送及时。

（三）社会保障基金的管理和运营

全国社会保障基金是中央政府集中的社会保障资金，是国家重要的战略储备，用于弥补今后人口老龄化高峰时期的社会保障需要。2000年8月，我国正式建立"全国社会保障基金"，同时设立"全国社会保障基金理事会"负责管理运营全国社会保障基金。

全国社会保障基金理事会为国务院直属正部级事业单位，是负责管理运营全国社会保障基金的独立法人机构。其主要职责是：管理中央财政拨入的资金，减持国有股所获资金及其他方式筹集的资金；制定全国社会保障基金的投资经营策略并组织实施；选择并委托全国社会保障基金投资管理人、托管人，对全国社会保障基金资产进行投资运作和托管，对投资运作和托管情况进行检查；在规定的范围内对全国社会保障基金资产进行直接投资运作；负责全国社会保障基金的财务管理与会计核算，定期编制财务会计报表，起草财务会计报告；定期向社会公布全国社会保障基金的资产、收益、现金流量等财务情况；根据财政部、劳动和社会保障部共同下达的指令和确定的方式拨出资金和承办国务院交办的其他事项。

根据 2001 年 12 月 13 日公布的《全国社会保障基金投资管理暂行办法》规定，全国社会保障基金的来源包括中央财政预算拨款、国有股减持划入资金、经国务院批准的以其他方式筹集的资金、投资收益、股权资产等。为规范全国社会保障基金投资运作行为，财政部、劳动和社会保障部 2001 年联合制发《全国社会保险基金投资管理暂行办法》，明确了社会保险基金的含义和社会保险基金理事会的职责，构建和规范了理事会、托管人和投资管理人之间的关系，对社会保险基金的投资范围作了限定，同时对收益分配作了划分，还对社会保险基金运营中的合同关系、财务管理、报告制度、罚则等作了详尽的规定。

2010 年 10 月 28 日，第十一届全国人民代表大会常务委员会通过的《中华人民共和国社会保险法》明确规定：国家设立全国社会保障基金，由中央财政预算拨款以及国务院批准的其他方式筹集的资金构成，用于社会保障支出的补充、调剂。全国社会保障基金由全国社会保障基金管理运营机构负责管理运营，在保证安全的前提下实现保值增值。这一法律的出台标志着社会保障基金投资规范化运作的新发展。

社会保障基金理事会运作社会保险基金的首要原则是：保证基金的安全，并在此基础上实现增值。理事会的日常管理费用由中央财政拨出，不占用社会保障基金，基金增值部分也将全部并入基金。全国社会保障基金应当定期向社会公布收支、管理和投资运营的情况。国务院财政部门、社会保险行政部门、审计机关对全国社会保障基金的收支、管理和投资运营情况实施监督。

二、我国社会保障基金制度的不足

从当前中国的经济发展阶段、金融市场发展程度看，目前的社会保障体系、社保基金管理运作模式大致与当前发展阶段相适应。但是，也应该清醒地看到，基金管理运作仍然存在一定程度的制度缺失，执行规定不严，监督力量不足，违规问题经常发生，长效机制尚未完全建立等。

（一）覆盖面狭窄，基金缺口较大

在我国，社会保障制度覆盖面狭窄不仅制约了社会保障基金的收入来源，而且无法促进劳动力的流动与合理配置，限制了国企改革和劳动力就业水平的提高。收入差距的扩大、社保基金的缺口，目前已经成为我国消费需求低迷的重要原因。"有些参保单位不按规定足额缴纳社会保险费，隐瞒职工人数和缴费基数，少缴或漏缴保险费。有些企业经营者参保意识差，长期使用临时工，不为职工缴纳社会保险，还有些单位挪用个人缴纳的保险费，不及时上缴，故意拖欠，严重损害职工利益。由于企业破产、改制减员致使部分原国有、集体企业职工成为自谋职业者，一部分人由于种种原因进入了断保队伍，形成了封存人员，加大了应保未保人数，减少当期保费收入。"①特别是在养老保险基金征缴方面，收入增加幅度小于基金支出的增长幅度，社会保险基金入不敷出，赤字在不断加大。

（二）投资渠道单一，难以保值增值

社保基金筹集和运用渠道狭窄，限制了社保基金本身的保值增值及其调控宏观经济的作用。我国的社会保障基金管理以保证其安全生产为主，投资模式单一，除保证正常开支外，其结余部分仅限于存入专业银行或购买国债。从社保基金的筹集来看，目前我国社会保障资金的来源主要是依靠征收相关的费用和国家财政拨款，而且投资运营方式比较落后，限制了基金的保值增值能力。近几年，银行存款率的不断下调使基金收益率也不断下降，国债的利率受到银行存款率的影响也大幅度下调，社会保障基金的投资效益越来越差，加上通货膨胀，基金的保值都成问题，增值就更无从谈起。这既不利于社会保障制度的健康运行，也与市场经济发展的要求不相适应，更不利于对社会保障基金实施动态管理。

（三）管理体制不顺，成本居高不下

当前，我国社保基金监管职责是由劳动和社会保障部门、财政部门、审计部、证券监督管理委员会、银行业监督管理委员会、全国社会保障基金理事会等部门共同承担，这种分散型的监管呈现出以下缺陷：监管效率低下，监管主体间协调成本高，缺少整体负责的权力责任中心，易形成监管真空，各监管部门之间缺乏信息共享和协调配合的制度设计，大大影响了监管的实效。比如，全国社会保障基金归社保基金理事会管理，养老保险按照统筹的级别分属于各级地方政府管理，而企业年金则属于社会保障部管理范畴。这三大基金，尽管都属于社保的范畴，但无论是投资管理的相应规则还是投资领域，都基本上处于"老死不相往来"的状态，而且以各自的管理办法，分别在两个不同的法律环境下运转。

三、我国社会保障基金制度的完善

社会保障基金作为社会保障体系的组成部分，对国家经济、政治、社会秩序构建发挥着重要的作用。但世界经济环境的变化和一定时期通货膨胀的冲击等诸多因素，都必然影响社会保障体系的运行，因此我国也应不断对社会保障基金制度进行完善。

（一）提升统筹层次，扩大覆盖范围

要保证社会保障制度的正常运行，在资金方面当前急需解决的问题是：弥补现时的各项保障基金的缺口，以应付近期的支付需要，同时为社会保障制度获得长期稳定的资

---

①姜慧敏：《我国社保基金管理制度存在的问题初探》，载《中国经贸》，2010 年第 4 期。

金来源提供制度保证。

（1）扩大征缴范围，提高筹资的覆盖率。我国政府应通过完善有关法律法规，将社会保险费的征缴范围扩大到机关事业单位和城镇各类企业，所有参保单位都要按规定及时足额缴纳养老、失业、医疗保险费，同时应向用人单位增征工伤和生育保险。长期以来，我国机关事业单位人员与企业人员在养老、医疗等社会保障方面的待遇"双轨制"，饱受社会诟病。而随着社保标准的提高和改革的不断推进，应促进"双轨制"尽快走向统一。同时，还可以选择将进城农民工也覆盖进社会保险体系。改革开放以来，进城农民工已成为推动我国城市化水平提高的基本力量，但是，由于种种原因他们尚未被纳入城市社会保障体系之中，再加上其他一些因素致使进城农民工仍然处于流动状态，严重妨碍了我国城市化水平的进一步提高。

（2）推进企业年金制度试点，完善配套法律与政策。企业年金制度作为公共养老金以外的补充养老保险的第二支柱，在养老金制度中占有重要地位，是多支柱体系社会保障体系中不可缺少的一部分，是社保基金中不可或缺的重要组成部分，是弥补因社保缴费降低而导致替代率降低的一个重要补充措施，同时也是发展资本市场的需要。从世界范围内看，大多数发达国家都有自己的企业年金体系。无论从发展符合和谐社会要求的社会保障体系角度，还是从解决社保基金管理运作的现有矛盾角度，企业年金都是极为重要的环节。目前，中国养老金规模整体偏低，需要弥补的缺口很大，仅靠基金养老保险还远远不够，在这种情况下，大力发展企业年金已经成为必然趋势。我国下一步社保基金管理和运作改革，应该从企业年金制度建设方面做一些工作：一要落实税收支持和金融市场运作的法律法规体系的支持；二是同步规范企业年金增量与存量资金；第三，加强企业年金管理的关键环节的监督和管理。

（3）改革筹资方式，保证足额征缴。税收制度具有稳定性、法制性、成本低的特点，决定了它是社会保障基金的理想筹资方式。"通过开征社会保障税筹资，保障项目简单明了，且缴税、管理和支付都有严密的法律规定，具有较强的法律约束，不受主观条件的限制，所有参加社会保障的单位和个人，都必须按统一的税率缴纳社会保障税。"[1]社会保障税主要以企业的工资支付额为课征对象，由雇员和雇主分别缴纳，税款主要用于各种社会福利开支。课税范围通常是参加本国社会保险并存在雇佣关系的雇主和雇员在本国支付和取得的工资、薪金及不存在雇佣关系的自营业主的所得。考虑到我国现行社会保障筹资方式的缺陷，开征社会保障税是我国建立完善的社会保障体系、筹集社会保障资金方式的最佳选择。同时，政府可根据经济发展的需要变动社会保障税税率，发挥其稳定经济运行的调节作用。在未开征社会保障税的情况下，可以暂时发挥其他税种的辅助作用，尤其是选择那些具有收入分配功能的税种作为社会保障基金的补充来源。

---

①朱德云：《国外社会保障制度及对我国的借鉴意义》，来源：国务院机关管理局网，2002-04-01。

（二）调整支出结构，"开源节流"壮大基金规模

为了保证社会保障基金使用的有效性，当今世界各国通常的做法一是开源，二是节流。开源，主要是提高雇主和雇员的缴费率，增加基金的积累；节流，主要是推迟退休年龄、严格领取标准、降低保险待遇等。

（1）逐步提高退休年龄，切实降低退休金替代率。逐步提高退休年龄，是减轻养老保险基金支付压力的有效措施之一。为了降低养老金支付的压力，国际上普遍采取提高退休年龄的做法，比如，欧美等许多国家将男女退休年龄提高到 67 岁左右。为了降低赡养比，减轻退休金支付压力，我国也需要逐步提高退休年龄，尽快建立与工龄和缴费时间为基础的退休金给付机制。同时，据相关学者研究，"目前中国的养老金平均替代率为当地平均工资的 80%。较之其他转轨国家如东欧国家(53.9%)，这一数字显得过于'慷慨'。由于工资货币化程度较低，中国养老金的替代率比多数的发达国家都要高很多"[1]。目前，我国养老金支出的增速已经超过国有企业职工工资增速。货币工资虽然已经大幅度增长，如果依然维持很高的替代率，这将不可避免地加大政府的财政支出负担。

（2）调整财政支出的总量和结构安排。"一方面，毫不动摇地坚持以经济建设为中心，积极发挥财政政策的宏观调控作用，并与货币、产业等政策协调配合，促进经济保持平稳较快增长，努力增加财政收入，不断加大对民生领域的投入。另一方面，进一步调整财政支出结构，优先保障和改善民生，重点加大教育、社会保障和就业、医疗卫生、住房保障等方面的支出，并根据社会事业发展规律和公共服务的不同特点，积极探索有效的财政保障方式，抓紧建立健全相关机制。"[2]虽然 2005 年以来，我国政府连续提高企业退休人员基本养老金水平。但是，由于正常的调整机制还没有建立起来，一方面提高幅度难以把握，另一方面调整的频率也未必符合规律。因此，从长远发展趋势看，我国建立企业退休人员基本养老金正常的调整机制势在必行。

（3）强化风险控制，提高基金收益。近年来我国社保基金在"安全第一"的原则下，积极拓宽投资渠道。投资方向包括股票、债券、房地产（主要以房地产抵押债券形式）等。在现代风险控制理论中，全面性、独立性和制衡性是基金管理和风险控制中不可或缺的三个重要原则，也是预防和规避社会保障基金投资风险的重要保障。具体来说，全面性原则是指风险控制必须涵盖基金管理的各个环节和参与其运作的各个当事人，并渗透到各项具体业务中去，包括业务的决策、执行、监督和反馈等环节；独立性原则是指在基金管理的监督中，监察稽核部门要保持高度的独立性和权威性，负责对基金管理的各个部门内部风险控制和管理运作进行稽核和检查；制衡性原则是指在基金管理的内部组织结构设计上要形成一种相互制约的机制，特别是要防范利益冲突与利益输送问题。对于社保基金的管理运作乃至监督，这三个原则也同样适用。

---

①王增文：《提高退休年龄与降低替代率》，载《西北人口》，2010 年 2 期。
②谢旭人，《优化财政支出结构，建立保障民生的长效机制》，载《经济日报》，2008 年 11 月 5 日。

（三）完善制度设计，加强基金管理

当前，我国的社会保障基金管理机构分散，管理部门过多，各部门都参与社会保障基金的运行和管理，造成了部门间难以协调和集中运营管理的问题比较突出，因此，必须大力推进制度顶层设计，提高社会保障基金的管理效率。

（1）深入推进法规建设，提高社会保障基金的统筹层次。抓紧制定《社会保险法》配套法规及政策，对现有政策进行全面清理，实现法制的统一。进一步理顺决策、监管与实施的关系，逐步实现决策、监管与实施三大环节的执行主体相互分离、相互制衡。进一步落实政府对社会保险承担的责任，合理划分各级政府事权。深入推进社保基金预算制度改革，强化基金的预算约束。进一步提高基金的管理级次，防止基金分散管理造成的风险，提高基金管理效率。加快推进企业职工基本养老保险基金全国统筹，积极做实个人账户，统一基本养老保险政策。加快推进城乡居民社会养老保险基金省级管理，其他社会保险基金要逐步实现省级统筹。

（2）培育权责一致的社保基金管理责任主体。以"权责一致"为着力点，切实解决部门之间职责缺位与越位并存、权力与责任不相适应的问题。在我国，从开始办社保到待遇享受，涉及很多部门，养老、失业、医疗、工伤、生育等社会保险待遇支付（不少地方待遇支付又分成了几个部门）有负责技术的，有负责养老保险费补缴和退休审批的，有负责工伤认定的，有基金收支管理的，等等。这种基金运转体制在互相牵制的同时，也大大削弱了基金运行效率，难以形成正常的预决算机制和基金风险预警机制。所以，要整合社会保险经办机构，减少基金运转环节，最好是由一个部门一条龙负责到底，实在不能完全整合到位，最多只保留地税部门征收和财政部门基金监管，而将社会保险登记申报、待遇支付、信息管理等集中于一个部门，成立一个综合性社会保险经办机构，统一记账，统一核算。只有形成社保基金的预算和决算机制，才能有明确的主体去关心基金的收入和支出情况，建立正常的基金风险预警机制。

（3）完善社保基金监管机制，保证基金的安全、完整。弥补社保基金管理的不足，防止基金"跑冒滴漏"的情况出现。为此，一是强化内部管理，提高风险防范能力。要在社保基金的征收、支付、货币资金管理等重要环节严格贯彻不相容职务相互分离、授权批准等内部控制原则，从源头上防范挤占挪用社保基金等不法行为发生。二是加强内部监督，设立专人依照国家有关法律、法规，对本单位内部控制制度实施情况、基金收支情况等进行审计，防范违规舞弊现象发生。三是建立信息披露制度，定期向社会公布社保基金的收支、投资和收益情况以及其他财务数据等，将社保基金的运营纳入社会公众和监督机构的双重监督之下，防范社保基金运营中的违法违规行为。四是实行纪检、财政、审计部门联合监督，建立对社保基金日常监管的长效机制。重点监管社保经办机构是否建立健全内控制度并有效实施，社保经办机构在社保基金征收、支付环节是否合法合规，社保基金是否安全完整和保值增值等。

第六章　社会保障水平

社会保障水平问题是社会保障理论与实践中的重要问题。一个国家社会保障制度运行中的各种矛盾，一般都集中反映到社会保障水平问题上。社会保障水平过低甚至制度缺失会引起社会问题恶化；社会保障水平过高又会带来财政危机并助长国民的惰性，影响国民经济效率和社会持续发展。科学地分析和论证一个国家或地区的社会保障水平，对经济的持续发展和社会的和谐稳定有着重要的现实指导意义。

第一节　社会保障水平概述

社会保障水平是以量化指标的方式反映社会保障体系的运行状况，对国家宏观经济的影响与效应分析以及社会保障制度的设计，具有重大影响。社会保障水平是反映一国或地区经济发展和生活水平的重要指标。

一、社会保障水平的内涵

社会保障制度的建立并不等于一切问题的解决，社会保障制度能否真正有效发挥"安全网"和"稳定器"的作用，还有赖于社会保障水平适度与否。

（一）社会保障水平的含义

社会保障水平，是指在一定时期内一个国家或地区的社会成员所享受社会保障的高低程度。社会保障水平是社会保障体系中的关键要素，直接反映着社会保障资金的供求关系，并间接反映着社会保障体系的运行状况。

关于社会保障水平，国内学者有两种观点。一种认为，社会保障水平是相对于国民经济发展程度而言的，因此它属于一个相对性范畴。社会保障水平是社会保障的关键要素，它是体现社会保障程度的指标。在相同条件下，社会保障水平越高，人民生活的保障程度也就越高。因此，将社会保障水平分为社会保障总支出水平、社会保障分项支出水平。而另一种观点把社会保障水平具体化为社会保障缴费水平、社会保障给付水平、社会保障各项目的给付水平三个方面，力图从不同侧面反映社会保障给予公民提供保障的能力。[①]

---

①张增国：《解读社会保障水平及其适度性》，来源：光明网-光明观察，2008 年 8 月 21 日。

所谓社会保障缴费水平，是指企业、职工所承担社会保险缴费的能力；所谓社会保障给付水平，是指国家给予社会成员提供保障待遇的总体水平，通常用社会保障支付的资金占 GDP 的比重来衡量；所谓社会保障各项目的给付水平，是指每一社会保障项目平均给付每一被保障人口资金的多少，即社会保障平均给付水平或以每一社会保障项目支付的资金占 GDP 的比重来衡量。

因此，就社会保障水平的内涵而言，大体可分为微观和宏观两个层面：在微观层次上，社会保障水平指社会成员享受社会保障经济待遇的高低程度，这可以用收益给付与社会工资水平之比来测量。从政府的角度看，社会保障水平是社会保障支出占政府财政支出的比重；在宏观的层面上，社会保障水平是指社会保障支出总额占国内生产总值（GDP）的比重，它反映的是一国或地区社会保障发展的深度。

（二）社会保障水平变化的特点

社会保障水平是社会保障体系中的关键要素，直接反映着社会保障资金的供求关系，并间接反映着社会保障体系的运行状况。所以，分析和使用社会保障水平指标，必须了解社会保障水平变化的特点。

（1）动态变化。社会保障水平的高低要随着经济发展、人口结构变动、制度成熟度不断做出调整。社会保障水平的管理必须坚持按制度办事，认真把符合保障条件的困难家庭及时纳入保障范围，及时清退不符合条件的对象，同时要根据对保障对象家庭经济状况的变化及时调整低保金标准，切实做到保障对象有进有出，补助金额有增有减。

（2）刚性增长。具体表现为社会保障水平只能提高不能下降，社会保障规模只能扩大不能缩小，社会保障项目只能增不能减，覆盖范围能扩大而不能缩小、待遇水平只能提高而不能降低的趋势。西方国家的社会保障制度的运行实践，印证了社会保障水平具有这种刚性增长的特征，易升不易降。

（3）适度持续。社会保障水平客观上存在一个适度区域，过低或过高的社会保障水平对于社会保障制度自身运行和社会经济的发展都会产生不良的影响。因为任何保障和福利开支的削减，都会遭到有关社会集团的反对而难以实施，其结果必然使国家和社会负担过重，反过来又影响经济的发展。

（三）研究社会保障水平的意义

适度的社会保障水平不仅反映社会的进步，同时也推动经济的良性发展。研究社会保障水平，就是为了科学地衡量、评价和调整社会保障的项目、标准、范围等内容，对于社会保障制度完善和运行有着十分重要的意义。

（1）有助于了解人民生活水平的状况。社会保障作为通过经济手段解决公民生活保障问题的一种制度安排，必然与国民经济增长和整体经济的投资、储蓄及企业（雇主）竞争能力、劳动者（雇员）的劳动积极性等密切相关。社会保障水平的高低直接反映着人民生活保障程度的大小，反映着人民生活质量的高低。因此，通过社会保障水平的研究，可以客观描述社会保障程度的高低，并进行国际和地区间的比较，探索、总结和运用社会保障制度发展与运行的自身规律。

（2）有助于科学分析国民经济发展的状况。社会保障水平是反映一国或地区经济发展和生活水平的重要指标。由于社会保障可作为国民收入再分配的重要手段之一，因而其对国民经济宏观调控有主要作用。关注和研究一个国家或地区的社会保障水平，有助于政府将社会保障制度作为调控经济活动的有力杠杆，促进储蓄、投资和生产性资金的形成，从而促使社会保障制度运行与社会、经济发展的良性互动。

（3）有助于评价社会保障体系运行的状况。通过社会保障运行规律研究，可以建立社会保障适度水平经济学模型，进而在一个国家或地区建立"社会保障运行预警系统"，用于评价社会保障体系运行状况，预测社会保障的未来发展趋势，避免出现社会保障的财务危机，保证社会保障体系的良性运行以及社会经济的可持续发展。同时，运用定性、定量分析相结合的方法，加强对社会保障制度自身运行与其经济、社会效益的分析，确定社会保障适度水平，评价社会保障运行状况，并根据具体情况进行调整与控制。

（4）有助于以社会保障制度作为调控经济发展的杠杆。社会保障水平的数据直接反映着一国或地区社会保障程度的高低，代表了社会保障制度"量"的特征。通过社会保障水平的客观描述，可以发现社会保障资金供求状况对 GDP、失业率、储蓄、投资、消费等经济变量的影响，发现社会保障制度发展与运行的经济效应和自身规律。通过增加设置不同的控制变量，可分类计算出一种社会保障制度内部行业、各地区甚至各群体之间的社会保障水平子指标，进行综合的分析比较，促使社会保障制度的结构合理化与内部优化。

二、社会保障水平指标

到目前为止，世界上社会保障研究领域基本认同的社会保障水平，是指一定时期内一国或地区社会成员享受社会保障待遇的高低程度。

（一）社会保障水平指标的构成

社会保障水平指标，是为衡量、表现社会保障水平而选取的变量。

目前，西方国家的社会保障制度已经达到较高的水平，对社会保障水平指标的使用也较为广泛。他们一般把社会保障总支出占国内生产总值（GDP）的比重，作为衡量社会保障水平的主要指标，即通常用社会保障支出总额占国内生产总值的比重来衡量。

社会保障水平指标的计算公式是：

社会保障水平=社会保障支出总额／国内生产总值（GDP）×100%

在这里，社会保障支出总额是指一个国家在一定时期内实际支出的各种社会保障费用总和。从目前的社会保障体系来看，社会保障主要由社会保险（包括养老、医疗、失业、工伤、生育保险等）、社会福利、社会优抚与社会救济项目组成，这些项目的资金支出之和构成了社会保障支出总额。

国内生产总值，是指在一定时期内（一个季度或一年）一个国家或地区的经济中所生产出的全部最终产品和劳务的价值，常被公认为是衡量国家经济状况的最佳指标。因为国内生产总值能比较准确地反映一国或地区经济实力的总体状况，所以，社会保障支出总额占国内生产总值比重的这个公式，基本上能反映一国或地区的经济资源用于提高居民社会保障待遇水平的程度。

由于社会保障支出总额与国内生产总值（GDP）的比重指标，能够准确地反映一国或地区经济实力的总体状况，同时在作国际或地区比较时具有较强的可比性，所以我国学术界广泛运用的是这一指标。

同时，这个指标采用比例形式，消除了"量纲"[①]不同可能带来的不可比性，有利于不同国家和地区在不同时期内进行横向和纵向比较；而且，在实际的统计中，国内生产总值和社会保障支出总额的数据比较容易获得，便于广泛应用。因此，国际上以及我国学者都普遍采用社会保障支出总额占国内生产总值的比重作为社会保障水平测定的主要指标。

（二）社会保障水平率

根据国内学者对西方社会保障制度水平研究的介绍，可以发现他们对社会保障水平与经济发展水平之间适应度的测量，主要是通过社会保障水平率和社会保障水平发展系数来衡量的。这个系数，就是社会保障水平率。

社会保障水平率，指社会保障经费支出与国内生产总值之间的比重关系，代表着社会保障在国民经济运行中的地位和作用。二者之间测定的数学分析表达式为[②]：

$$S = SP / W \cdot W / G \cdot 100\% = SP/G \cdot 100\%$$

其中，S 代表社会保障水平率；SP 代表社会保障支出总额；W 代表工资收入总额；G 代表国内生产总值 GDP。

社会保障水平发展系数，指从社会保障增长率与经济增长率之间的变动关系角度出发，进一步考察社会保障水平发展的一般规律及与经济发展之间的适应性关系。其数学分析表达式为：

$$CSS = RSP / RGDP = (\Delta SP/SP) / (\Delta GDP/GDP)$$

其中，CSS 代表社会保障水平发展系数；RSP 代表社会保障水平增长率；RGDP 代表国民经济发展水平增长率。"Δ"表示 SP 或 GDP 的正负值的变化量。变化量由其末量减去初量得出，表示某量变化的多少。只要变化得多，其变化量就大。

二者的不适应状态，有以下三种情形：当 CSS<0 时，表明社会保障水平增长与经济增长呈反向变动；当 CSS=0 时，表明社会保障水平在原有基础上没有发展，即零增长；当 CSS>1 时，表明社会保障水平的增长超越了经济的增长，社会保障水平增长有些过度，距离 1 越远则过度越严重。这种状态长期下去会产生严重的负面效应，并给社会经济发展埋

---

①量纲，是基本物理量的度量单位，如长短、质量、时间等单位，是反映物理现象或物理量的度量。
②陈元刚：《社会保障水平与经济发展水平关系研究》，载《理论前沿》，2007 年第 15 期。

下隐患。

二者的适应状态，又有以下两种情形：当 $0<CSS<1$ 时，表明社会保障水平增长与经济增长呈正向变动，社会保障水平是增加的，但其增长速度低于国民经济增长速度，从社会经济发展理性分配角度看，二者之间处于基本适应状态；当 $CSS=1$ 时，表明社会保障水平同经济发展同步增长，二者之间处于最佳适应状态。

（三）影响社会保障水平的因素

社会保障水平是社会保障体系中的关键要素，直接反映着社会保障资金的供求关系，间接反映着社会保障体系的运行状况。而一个国家或地区的社会保障水平的高低，受到了一个国家或地区的经济规模和经济发展水平、政治和社会结构等因素的影响。

（1）经济规模与发展水平因素。一国或地区所能提供的经济资源总量，作为社会保障支出的最终来源，其规模必然从根本上制约着社会保障水平的高低。经济规模和经济发展水平主要从以下几个方面来表现：国内生产总值（GDP）、财政收入、用人单位效益和社会保障基金增值。社会保障的实践表明，经济与社会保障的相互关系十分复杂，经济因素决定社会保障的规模和水平。经济发展水平越高，社会保障的良性运转就越有保证；反之，经济落后的国家难以有健全的社会保障体系。从另一方面看，社会保障制度的发展也会对经济发展有反作用，适度的社会保障水平有利于经济的发展，不适度的社会保障水平会阻碍经济的发展，二者是相互影响的辩证关系。

（2）政治与社会结构因素。政治因素对于社会保障制度的发展及社会保障水平会产生重大的影响。一方面，政治活动需要一定的社会保障水平作为实现目标的工具和手段；另一方面，社会保障水平的发展也离不开政治的推动。这种影响尤其表现在西方国家政治和社会结构发生变化的时候。各政治派别为了在竞争中获取胜利，往往把社会保障制度的建设和社会保障水平的提高作为其竞争砝码之一，这就不可避免地促进了社会保障供给的增加，从而促使了社会保障水平的提高。

（3）制度年龄和人口结构因素。制度年龄是指社会保障制度建立的时间长度。通常制度年龄越长，社会保障水平越高；反之，社会保障水平越低。社会保障水平与一个国家的人口老龄化程度有着密切的关系，伴随着全球人口的老龄化浪潮，社会保障水平将不可避免地抬升。这是因为，老年人是特殊群体，对于社会保障的要求相对较大。一个国家的退休金方案，如果有更多有享受资格的人达到退休年龄，或是工作能力丧失，或是工作者配偶死亡，都将增大这个国家的社会保障开支。

（4）历史和文化因素。社会保障水平的高低会受到本国独特的历史、文化因素的影响。不同的历史和传统文化对应不同的社会保障模式和社会保障水平。无论是宗教团体、官方或民间的慈善活动，还是早期的救助行为，或是现代的社会保障制度，都包含有伦理道德规范的要求和传统文化的训导。如，美国人认为，对于社会保障的过多介入，是对公民自由选择权利的侵犯，因而至今没有建立同其他发达国家一样的社会保障体系；而瑞典实行的是独特的资本主义与社会主义相结合的"混合模式"，原因是两次世界大战的创伤，导致该国国民普遍要求一种稳定、安全的保障制度与"心理环境"。而且，富足小国的特殊国情也使它享有较高的社会保障水平成为可能。

三、确定社会保障水平的原则

确定一个较为明确和相对稳定的社会保障适度水平，对于社会保障制度的运行与调整具有非常重要的意义，同时又是一个难度很大的课题。对于一定的社会保障水平是否适度的判断，或者说，一个国家或地区的社会保障水平适度与否，需要坚持以下几个原则。

（一）适应生产力发展水平

依据本国国情确定社会保障水平，是确定社会保障水平适度的基本原则。社会保障水平必须体现"适度"的理念，而适度不是高标准、高福利，也不是低标准、低福利，而是一种动态的、刚性的、与经济发展水平相适应的，能够保证社会成员基本生活需要的水平。社会保障水平的确定，应该根据国民经济的综合发展水平、社会资源的供给能力、政府的财政收支状况、用人单位和个人的承受能力等进行选择和确定。一般说来，社会保障基本生活需要要求社会保障支付标准既不能过高，给经济、财政带来沉重的负担；也不能过低，无法保障社会成员的基本生活需求。

（二）保障公民的基本生存需要

社会保障是国家进行收入再分配的公共政策，具有保障公民基本生活、维护社会稳定、促进经济发展、保持社会公平和增进国民福利等功能。而最基本的功能就是在社会成员生存受到威胁时保证其基本生活需要。因为社会保障水平呈刚性增长的特征，所以为了做到适度，社会保障水平在刚开始制定时就必须坚持较低的起点，这样才能为以后社会保障水平的发展留有余地，在低起点的基础上逐步提高，避免"过度"。同时社会保障水平的确定和发展需要突出重点，避免面面俱到、全面推广，而应该有所突出，首先应该考虑到最需要的人群，突出解决国民经济和社会发展中的重要项目。

（三）分享经济增长成果

在现代社会，给予社会公平与正义，让全体国民分享经济发展与经济增长的成果日益成为政府与社会各界的共识。维持长期、持续、适度的社会保障水平，需要有一个符合实际的发展战略，并要有明确的中长期目标。从矛盾的短期性和长期性来看，社会保障供求平衡的主要原则是短期平衡应服从于长期平衡，这主要是由人口因素决定的。如，退出劳动领域的老年人、不能参与社会劳动的残疾人以及缺乏劳动能力的未成年人等，如果没有社会保障制度安排，是没有机会参与分享经济发展成果的。因此，国家应尽可能地通过扩大制度的覆盖面来使全体国民不同程度地得到保障。而根据经济发展的水平及时调整社会保障待遇（如低保标准等），是让受保障者分享经济发展成果的基本手段。

（四）保护与激励相统一

因为提供社会保障的基本目的不仅在于提供基本生活保障，而且要通过社会保障连接生产与消费，以达到经济和社会均衡发展。从保护公民的基本生活需求和激励公民积极劳动这一原则或理论出发，社会保障水平的确定应该遵循保护和激励相统一的原则。这是因为，社会保障资金特别是社会保险基金的形成，主要是由国家提供，用人单位和个人共同承担，而只有与个人的切身利益直接挂钩的社会保障制度，才具有持久的激励作用。保障不足就会影响社会稳定，保障过度也可能阻碍经济的发展。明确这一点，能促使社会成员及时投入竞争，而又不至于产生负效应——惰性和依赖性。

第二节　社会保障水平的适度性

任何事物都是质与量的统一体，社会保障水平也不例外。适度的社会保障水平，有利于社会保障的各项制度安排，切实保障公民基本生活，激励公民的劳动积极性，推动社会经济健康、持续发展。

一、社会保障水平的"度"

社会保障水平的"度"，指保持社会保障水平质和量的限度、幅度。这个度的高低，直接反映着社会保障资金的供求关系，并间接反映着社会保障体系的运行状况。

（一）社会保障的"质"与"量"

质，是指一事物区别于他事物的内在规定性，它是由事物内部矛盾的特殊性决定的。正因为每一事物内部都包含着特殊的矛盾，所以有了该事物区别于他事物的特定的质，才有世界上千差万别的事物。事物的质是内在的，只有通过与他事物的关系才能表现出来。了解事物的质非常重要，它是认识事物的起点，是区别事物的根据。

量，是事物所固有的一种规定性，它是指事物的规模、程度、速度，以及它的构成因素在空间上的排列组合等可以用数量表示的规定性。在一定范围内，量和事物的存在不具有直接同一性。因此，事物量的规定性也是多方面的。在实践和研究工作中，认识事物的量也非常重要，它是对事物认识的深化。

认识事物的质可以把一事物与他事物区别开来，但尚不能清晰准确地把握该事物，要达到此点，还必须对事物进行量的分析，即进行定量研究。只有这样，才能更准确、更具体地认识该事物。

社会保障水平的质，是指社会保障与国民经济发展相适应。既要保障公民的基本生活，又要激励公民的劳动积极性，推动社会经济健康、持续发展。

社会保障水平的量，是指社会保障支出总额占国内生产总值的百分比。

社会保障水平从质上讲，有好与坏之分；从量上讲，有高与低之别。而质与量测定的标准，是社会保障支出与国家生产力发展水平以及各方面的承受力是否适应。从理论上分析，有质量的社会保障水平，应既保障公民基本经济生活，激励公民的劳动积极性，又要促进国民经济健康、持续发展。

社会保障水平从质的属性上分析，它具有整体性、相对性，是一种宏观性、整体性指标，从实质上反映在国民收入分配中社会保障具有的份额和现实的保障水平。同时，社会保障水平又是一个相对的概念，它是相对于国民经济发展程度而言的。

（二）社会保障"质"与"量"的关系

质和量是事物两种不同的规定性，二者是互相依赖、互相制约的。一方面，质是量的基础，世界上没有无质之量，量总是一定质的量，质还规定着量的活动范围。另一方面，质总是一定量的质，没有一定的量，也就没有质，量制约着质。这种质与量的相互依赖、相互制约充分体现在"度"中。

"度"是质和量的统一，是事物保持其质的量的限度、幅度、范围，是和事物的质相统一的数量界限。一旦超过或破坏了度，质和量的统一体就会发生破裂，一物就转化为他物。简言之，度就是保持原来那个事物的质的量的范围。

社会保障水平的"度"，表现为社会保障水平质的量的限度与幅度，也即社会保障支出水平在多大限度内既能保障公民的基本生活，又能激励公民积极劳动，推动社会经济健康、持续发展。超过了这个限度就会对公民的劳动积极性和社会经济持续健康发展产生不利，影响社会保障水平。

从质与量统一上看，社会保障水平并非越高越好，社会保障增长速度主要取决于国民收入水平及国民经济增长速度，超越于国民经济增长的社会保障水平，即便很高，也是不可取的。而关键要看社会保障费用支出要与国家生产力发展水平以及各方面的承受能力是否相适应。

（三）影响社会保障"度"的因素

经济发展水平是社会保障体系建立和运行的物质基础。社会保障的"度"的把握，一方面，可以促进社会保障的"需求"和"供给"的平衡发展；另一方面，可以调节保障水平与经济发展水平相匹配。对社会保障的"度"的影响有以下因素。

（1）需求条件。决定社会保障费用支出水平的最主要因素是社会保障需求条件，它既包括当下的需求状况，也包括未来的需求趋势。由于社会保障水平具有很强的刚性，升易降难，因此，在确定社会保障水平时，一定要把未来保障需求因素考虑在内。如，享受社会保障待遇的人口总量、社会保障制度项目繁杂程度、社会保障程度的大小。社会保障程度越高，社会保障资金需求量越大；反之，则越小。

（2）供给条件。决定社会保障资金的供给支付水平的最主要因素是社会保障供给条件。社会保障供给条件是决定社会保障资金筹集水平的因素。一般来说，社会保障供给条件主要取决于国民经济总体发展水平，具体包括国内生产总值（GDP）、居民收入和居民储蓄、财政收入状况、社会保障基金运营、社团和民间捐献等。

（3）供求平衡条件。一个国家或地区的社会保障水平是否适度，取决于社会保障资金的需求与供给是否在适度水平上保持平衡。如果社会保障资金出现供不应求，会导致社会保障需求得不到满足，从而会导致社会保障水平过低或缺失，引起一系列社会问题；如果供过于求，则由于社会保障水平过高，从而导致过多的国民收入用于社会福利支出，影响社会经济的快速稳定增长。

二、适度的社会保障水平

社会保障水平适度表现为社会保障水平与社会经济发展相适应，即在稳定与发展、公平与效率、保护与激励之间获得平衡。超过或低于这个"度"，就会对社会经济健康发展产生不利影响。

（一）适度社会保障水平的含义

适度，是指事物保持其质和量的限度，是质和量的统一，就是把握好处理问题的分寸。只有把握好处理问题的"度"，才能准确认识事物的本质。只有在一定的范围内，事物才能保持自身的存在，超过了特定的范围，就会向对立面转化。在度中，质和量相互规定、相互渗透，密不可分，这就要求我们在社会保障实践中坚持适度的原则，使事物的变化保持在适当的量的范围内，既防止"过"，又要防止"不及"。

由此可见，适度社会保障水平，是指社会保障费用支出与国家生产力发展水平以及各方面的承受能力相适应的社会保障水平。

在社会保障制度建设中，社会保障水平之所以占有很重要的地位，主要原因在于，社会保障制度基本职能的实现与否，关键要看社会保障水平是否"适度"。适度的社会保障水平，能够实现其功能目标，从而对国民经济的发展产生积极的作用。而社会保障水平的不适度则主要包括两种情况：过低和超度。社会保障制度的建立不等于保障功能的实现，这一制度提供的保障必须维持在一定的水平上才能起到应有的作用，过低的社会保障水平和超度的社会保障水平都无法保障其功能的实现，相反，还会产生一系列的问题。

判断社会保障水平适度与否的标准，就是看其是否有利于社会保障制度基本功能的发挥。既有利于保障社会稳定，又能促进经济发展；适度的社会保障水平，既有利于社会公平，又有利于提高效率，保持社会经济活力；既能保障公民基本生活需要，又能激励公民的劳动积极性；既能提高公民素质，又能促进社会进步发展。

（二）适度社会保障水平的功能

在社会保障制度建设中，社会保障水平之所以占有很重要的地位，其主要原因在于，社会保障制度基本职能能否实现，关键要看社会保障水平是否"适度"。

适度的社会保障制度水平具有以下功能：

（1）能够满足和保证大多数社会成员的基本生活需求，从而改善人们的生存环境和工作环境，并且随着社会保障水平的不断提高，可以提高全体社会成员的幸福感受。

（2）能够保持社会相对稳定和大多数社会成员的基本生活需求得到满足和提高，使社会不安定因素相对减少，得社会比较和谐，社会矛盾趋向缓和。

（3）能够为经济的发展创造一个良好的环境。由于有了一个相对和谐稳定的社会秩序，从而为经济的发展提供了一个良好的外部环境。

（4）能够避免社会保障资源供给不足所造成的危机，以及由于过高水平而引发的资源浪费，使得社会保障的发展更顺利，更有长远发展的动力。

（三）社会保障水平的适度值

一个国家或地区的社会保障制度，最终能否发挥其保障功能并促进经济发展，取决于社会保障水平是否适度。而社会保障水平适度性的具体测定标准，是看社会保障费用支出与国家生产力发展水平以及各方面的承受能力是否相适应。

从理论上说，社会保障水平存在一个由上下限值构成的适度区间。其上下限值的计算公式为：$S=0.75(Q+Z+J+M)$[①]

其中，公式中的 S 为社会保障水平，0.75 为劳动生产要素分配系数，Q 为老年人口比重，Z 为失业保障支出比重，J 为工伤生育保障支出比重，M 为社会福利、救助与优抚支出比重。按照国际经验和中国已采取的保障政策，Z 的上下限值一般为 1%～1.5%；J 为 0.016%～1.5%；M 为 1%～1.5%，然后再统计出不同时期的老年人口比重，从而得出社会保障水平的适度区间。

当然，社会保障适度水平的上下限值，只是给出了保障水平的区间，而具体适度水平点的确定还有赖于社会保障资金的供求。也就是说，在 GDP 既定的前提下，需要在社会保障适度范围之内实现社会保障支出的供求平衡，此时的供求平衡点就是我们最终要求的社会保障水平适度水平点。[②]

而社会保障资金的需求制约因素，主要包括三方面：享受保障的人口数、社会保障项目数量、社会保障标准（贫困线标准、退休金标准等）、社会保障资金的供给制约因素即供给资金的来源，主要由个人、单位和国家三方面的总体供给能力来决定。

---

①冯臻、米存：《如何理解适度社会保障水平的判断标准》，载《消费导刊》，2008 年第 9 期。
②国家经济体制改革委员会：《1995，社会保障体制改革》，改革出版社 1995 年版，第 50 页。

三、不适度的社会保障水平

一个国家建立起社会保障制度，不等于保障功能的实现。而只有这一制度提供的保障维持在一定的水平上，才能起到应有的作用。但是，过低的社会保障水平和超度的社会保障水平，都无法保障其功能的实现，相反，还会带来一系列问题。

（一）社会保障水平"不适度"的表现

社会保障水平的"不适度"（或"失度"），是指社会保障水平"过低"或"过高"的状况，是一种社会保障制度的结构性不合理的表现。

（1）社会保障水平"过低"。社会保障水平"过低"的表现，是指一国一定时期内的社会保障水平低于通过社会保障数理模型测算出的社会保障水平的下限值，反映出社会保障的程度严重不足。其必然的后果是不能很好地实现社会保障应有的功能，不能保障公民的基本生活需要，不利于社会稳定与发展，同时降低了公民的劳动积极性，最终对社会运转的效率产生不良影响。

（2）社会保障水平"过高"。社会保障水平"过高"的表现，是指一国一定时期内的社会保障水平超过了通过社会保障数理模型测算出的社会保障水平上限值，社会保障支出水平超过国民经济能承受的水平。由于社会保障的刚性增长特征，社会保障水平超度是较为普遍和较容易发生的现象，而且超度的程度越高，这种影响也越大。

（3）其他表现。社会保障水平的"不适度"还表现在其他方面，如社会保障水平在城乡之间、不同地区之间、不同保障对象之间、不同保障项目之间的分布不合理等，这将使部分城乡之间、不同所有制职工之间、不同地区之间的社会保障水平存在较大差异。

总之，社会保障水平"失度"，将导致社会保障制度结构性缺失。所以，确定适度的社会保障水平是社会保障理论与实践中的重要问题，因为"确定适度的社会保障水平有助于社会保障基本目标的实现，社会保障水平的适度与否，将决定着这一制度的成败"[1]。否则，将由于社会保障覆盖范围过窄而造成地区性结构不合理、与当地经济发展水平不协调、社会保障水平城乡结构性不合理等现象。

（二）社会保障水平"不适度"的原因

适度的社会保障水平的确立和研究，离不开现实的国情和条件。西方有些国家的社会保障水平过高导致了"福利危机"，就是其社会保障水平超越了经济发展水平出现的结果。社会保障水平"过低"或"过高"将产生以下不良结果。

（1）社会保障支出增长过快，加上人口老龄化总体趋势和经济的周期性波动，往往导致社会保障的财政危机，从而危及社会保障制度的健康运行与发展。

（2）国家往往在社会保障政策中扮演最后出场的角色，因而社会保障支付危机必然带

---

①张增国：《解读社会保障水平及其适度性》，来源：光明网-光明观察，2008-05-04。

来政府赤字和债务增加，影响政府的信誉，并将债务负担最终转嫁给下一代人承担。

（3）过高的社会保障支出主要作为消费性支出，会对资本积累产生较强的挤出效应，造成经济发展的投资不足。即政府组织大量的社会资金用于社会保障支出，必然会使用于投资的资金减少，这种直接的"挤出效应"是显而易见的。

（4）社会保障水平超度引起雇主缴纳的社会保障税增加，而社会保障税属于所得税范畴，一般是不能转移的，这必然引起生产成本上升，从而导致本国企业和本国产品在国际市场上的竞争力下降。

（5）社会保障水平超度不利于激励劳动者的劳动积极性。过高的个人所得税边际税率和过高的社会保障水平会造成部分人自愿失业或提前退休，坐享社会福利待遇，即所谓的"养懒人"，这既不利于提高经济效益，又损害了社会公平。

（三）适度社会保障水平的下限

研究社会保障水平"适度"与否的问题，我国学者依据人口结构理论和柯布-道格拉斯生产函数，归纳出了社会保障负担系数模型和劳动生产要素投入分配系数模型，在此基础上又进而提出了适度社会保障水平的测定模型：

$$S = Sa / W \times W / G = Q \cdot H = 0.75 \, (Oa + Z + J + M)$$

在这一公式中，S 代表社会保障水平，Sa 代表社会保障支出总额，W 代表工资收入总额，G 代表国内生产总值，Q 代表社会保障支出总额占工资收入总额的比重系数（又称社会保障负担系数），H 代表工资收入总额占国内生产总值的比重（又称劳动生产要素投入分配系数），依据柯布-道格拉斯总量生产函数原理和实际研究结果，把劳动生产要素分配比重系数的"度"定为 0.75。Oa 为老年人口比重，Z 为失业保障支出占工资收入总额的比重，J 为工伤、生育保障支出占工资收入总额的比重，M 为社会福利优抚支出占工资收入总额的比重。

根据国际经验和中国已采取的保障政策，失业保险支出比重系数 Z 一般在 1%~1.5%，下限选 1% 为宜；工伤、生育保险支出比重系数 J 一般在 0.016%~1.5%，下限选 0.016% 为宜；社会福利、社会优抚支出比重系数 M 一般在 1%~1.5%，下限选 1% 为宜。如果参数 Z、J、M 都采用最小值，据此计算出的数据为社会保障水平的下限值即社会保障水平的最低值，适度的社保水平应稍高于社保下限值。[1]

这一个数理分析模型，被称之为测定社会保障水平的总公式。在两个变量"社会保障支出总额"和"国内生产总值"之间，设有一个中间变量即"工资收入总额"，其目的是把社会保障水平研究引向微观领域。也就是说，由对社会保障水平的"量"的分析转到对社会保障水平的"度"的研究。通过对"社会保障负担系数"和"劳动生产要素投入分配比例系数"两个系数的对比，就可以将社会保障适度水平的研究推向深入；同时，依据不同国度和不同年代的数据，可以具体测定出适度保障水平的上限和下限，测出特定时点社会保障水平的适度区

---

[1]邱江艳、黎玉柱：《我国社会保障水平现状与成因分析》，载《当代经济》，2008 年第 5 期。

域，也可测出特定时期社会保障水平的超度状况。

当然，判定社会保障水平适度与否的标准不能机械套用，还需要考虑社会保障制度是否保证公民具有一定的经济生活水平，社会保障支出是否与国民经济、社会各方面的承受能力相适应，是否与国民经济产业布局相适应，是否有助于劳动力市场的形成等。

第三节　我国社会保障水平的选择

目前，我国的社会保障水平可以用一句话来概括："量"的超前性与"质"的不适度性并存。针对我国社会保障水平存在的问题，我们应该借鉴发达国家的经验，完善我国社会保障水平测定的方法，制定适度的社会保障水平标准。

一、我国社会保障水平的总体状况

社会保障水平是社会保障体系的核心内容之一，是考察一个国家或地区社会保障发展程度的核心指标，也是政府、企业、参保人社会保障负担水平和待遇水平的重要标志，它直接关系着社会保障体系发展的成效。

（一）我国社会保障水平现状

依据中国财政年鉴、中国统计年鉴以及我国人力资源和社会保障发展公报的相关数据，我国学者对 2001 至 2010 年社会保障支出的各项数据进行如下分析。

（1）社会保障支出规模快速增长。2001~2010 年，我国社会保障总支出由 2001 年的 4735.4 亿增长到 2010 年的 14818.5 亿，增长了 4.05 倍。其中财政社会保障支出由 2001 年的 1987.4 亿增长到 2010 年的 9081.4 亿，增长了 3.57 倍；非财政社会保障支出由 2001 年的 2748 亿增加到 14818.5 亿，增加了 4.39 倍。人均社会保障支出由 2001 年的 371.03 元增长到 2010 年的 1782.36 元，增长了 3.80 倍。可见，我国社会保障总支出、人均社会保障支出等均呈现快速增长的趋势，其中非财政社会保障支出增长幅度较大。[①]

（2）政府财政对社会保障给予了有力的支持。依据我国国情，依据公共财政的职能，政府应在资金上给予社会保障事业一定力度的支持。2001~2010 年十年间我国财政社会保障支出占财政支出的比重除了 2002 年超过 11.95%外，其他年份则维持在 10%~11%之间，而财政社会保障支出在社会保障总支出中的比重一直维持在 40%左右，各年间变化不大。可见，我国财政对社会保障体系的建立给予了长期而稳定的资金支持。

（3）我国社会保障增长超越了经济发展速度。我国社会保障水平发展系数除了 2002 年和 2004 年外，其他各年份均大于 1，这说明期间我国社会保障增长超越了经济增长，其中以 2003 年和 2009 年最为严重，分别达到了 2.69 和 2.22。2001 至 2010 年间我国社会保

---

①凌云莉：《我国社会保障现实水平分析》，载《现代经济信息》，2014 年第 6 期。

障支出增长率波动较大，2002 年为 4.69%，2003 年为 34.59%，其他年份基本维持在 20% 左右。GDP 增长率分布在 8.55%~22.88% 之间。[1] 二者的起伏趋势是基本一致的，说明社会保障支出同经济发展紧密相关。

（二）我国社会保障水平的调整

为了促进我国经济、社会的和谐发展，近年来在建立完善社会保障制度的同时，我国财政不断调整支出结构，加大对社会保障的支持力度，逐步形成了与经济发展水平相适应的保障水平调整机制，其中最主要的工作是调整了下列待遇标准。

（1）调整企业离退休人员基本养老金标准。近年来，我国企业离休人员基本养老金调整基本与机关事业单位离休人员待遇调整同步，且调整幅度与机关事业单位离休人员离休费大体相当。企业退休人员基本养老金的调整，从 1995 年起不再与在职人员增加工资同步进行，其调整幅度是在综合考虑企业在岗职工平均工资增长幅度、物价指数和养老保险基金承受能力基础上确定的。即："根据职工工资和物价变动等情况，国务院适时调整企业退休人员基本养老金水平，调整幅度为省、自治区、直辖市当地企业在岗职工平均工资年增长率的一定比例。"[2] 为确保企业离退休人员基本养老金按时足额发放，中央财政对财政困难的中西部地区和老工业基地，每年都安排专项转移支付资金。

（2）调整优抚对象抚恤补助标准。按照《军人抚恤优待条例》和军队有关规定，我国已经建立了优抚对象抚恤补助标准正常调整机制。残疾军人、"三红"、"三属"抚恤补助标准由国务院有关部门参照全国职工平均工资水平和全国城乡居民家庭人均收入水平确定。如从 2013 年 10 月 1 日起，残疾人员（残疾军人、伤残人民警察、伤残国家机关工作人员、伤残民兵民工）残疾抚恤金标准、"三属"（烈属、因公牺牲军人遗属、病故军人遗属）定期抚恤金标准、"三红"（在乡退伍红军老战士、在乡西路军红军老战士、红军失散人员）生活补助标准，在现行基础上提高 15%。这是自改革开放以来，国家第 20 次提高残疾军人残疾抚恤金标准，第 23 次提高烈属定期抚恤金标准和在乡退伍红军老战士生活补助标准。另外，国家还对移交政府安置的军队离退休干部、军队无军籍退休退职职工等的待遇标准也予以适当提高。

（3）提高城市居民最低生活保障补助标准。在物价相对稳定的前提下，我国政府根据"市场菜篮法"确定的最低生活保障（简称"低保"）标准和低保人数的特点，适当提高补助水平，并注重适当向生活最困难、最需要救助的低保对象倾斜。根据《城市居民最低生活保障条例》的规定："城市居民最低生活保障标准，按照当地维持城市居民基本生活所必需的衣、食、住费用，并适当考虑水电燃煤（燃气）费用以及未成年人的义务教育费用等确定。"[3] 近年来，我国各级政府不断加大低保工作力度，加大财政对低保的支持力度。1999 年，全国

---

①凌云莉：《我国社会保障现实水平分析》，载《现代经济信息》，2014 年第 6 期。

②《国务院关于完善企业职工基本养老保险制度的决定》（国发〔2005〕38 号）

③《国务院城市居民最低生活保障条例》（国务院令〔1999〕第 271 号）。

统一按 30%的比例提高了低保标准，中西部地区和老工业基地所需经费全部由中央财政负担。此后，各地根据当地实际经济发展情况每隔几年就不同程度地调整（主要是提高）低保标准，基本实现了"应保尽保"。

（三）影响我国社会保障水平适度的因素

现阶段我国社会保障水平在农村和城市仍然表现为"过低"与"超度"并存，说明我国整个社会保障制度存在较为明显的结构性缺陷。

（1）严重的人口老龄化和高龄化构成对适度社会保障水平的巨大压力。1999 年全国就已进入了老龄化社会，至 2010 年第六次全国人口普查显示，60 岁及以上老年人占总人口的 13.32%。另据全国老龄办抽样调查表明，截至 2010 年年末，全国城乡部分失能和完全失能老人约 3300 万，到 2015 年末，我国部分失能和完全失能老人将达 4000 万人，占老年人的 19.5%。严峻的老龄化和高龄化问题给我国社会保障事业的持续健康发展带来巨大挑战。[1]

（2）经济基础薄弱影响着社会保障水平的适度提高。目前我国社会保障支出占中心财政支出的比重仅 8.34%，与发达国家相比有较大差距。与世界其他已经进入老龄化社会的国家相比，我国进入老龄化社会时，经济发展水平基本上是最低的。2000 年我国的人均 GDP 按当年价仅为 860 美元左右，换算成 1990 年的美元，仅为 750 美元。而一些发达国家在 1900 年左右进入人口老龄化社会时，人均 GDP 均已超过了 2500 美元（1990 年的美元）。作为世界人口第一大国的中国，人均国民收入在 215 个参与排序的国家和地区中仅列第 121 位。薄弱的经济基础难以维持社会保障适度发展所需要的资金。[2]

（3）缺乏科学、规范的统计指标体系。长期以来，我国的社会保障一直实行分散化治理，统筹层次不够高，因此，社会保障水平的统计缺乏规范的指标体系，不同专家对我国社会保障水平的推算也不尽一致。如改革开放后，我国开始了以市场化为导向的经济体制改革，它的全面与逐步推进使城乡社会结构发生了巨大的变化，出现的二元化社会格局也有了弱化和松动的趋势。由于统计年鉴中社保总支出没有涵盖事业单位和机关人员在这方面的支出，若要考虑到事业单位和机关的高水平的保障，我国实际的社保水平可能更高。但城乡的差距实际上呈逐渐拉大之势，而规范的统计却相对缺乏。

二、我国社会保障水平的改革方向

当前我国社会保障制度还存在两大不足：一是社会保障水平滞后于经济发展；二是不同人群的社会保障水平差异大。这两方面的问题使我国社会保障制度面临着严峻的挑战，因此必须正确认识和处理社会保障水平与经济发展水平的关系。

---

① 凌云莉：《我国社会保障现实水平分析》，载《现代经济信息》，2014 年第 6 期。
② 凌云莉：《我国社会保障现实水平分析》，载《现代经济信息》，2014 年第 6 期。

（一）要坚持保护与激励相统一社会保障原则

在中国，社会保障适度水平的确立应坚持保护与激励相统一的原则。为了达到这样的目标，需要注意以下三个问题：一是社会保障项目的增加和保障水平的提高不宜太快，社会保障项目的增加不能走得太快、太急，应先重点解决影响到国民经济和社会发展的重要项目，其他项目可以暂缓，然后创造条件逐步解决。二是由国家提供社会保障资金为主体向以国家、用人单位和个人三方共同承担的方向转变和发展，只有与个人切身利益挂钩的社会保障制度，才具有持久的激励作用。坚持保护与激励的统一，可以使社会保障体系实现低起点、高效率。这样既可以缓解当前我国社会保障资金不足的矛盾，又可防止西方福利国家社会保障养懒人的弊病。三是社会保障由"摇篮"到"坟墓"的高福利目标，向满足社会成员的基本生活需求的方向转变和发展，以便既能保证人民的生存，又不导致养懒人，所以，社会保障水平的起点不应定得太高。

（二）要逐步提高社会保障水平的公平度

我国现在社会保障制度的一个很大硬伤是不同人群的社会保障水平差异大，而要计算和设计出适度的社会保障水平，必须扩大社会保障的覆盖面。现代社会保障制度是一种以全民为保障对象的保障制度，因此，必须确保全体社会成员不分城乡、地区、民族、职业，一律成为社会保障的对象，都有平等地享受社会保障的权利。城镇职工的养老、失业、医疗等保险是按照所有制性质和职务身份建立的，因而强化了各类职工之间本已存在的身份界限，导致了社会保障的不合理和不平等，进一步扩大了城镇职工之间、城乡劳动者之间收入的差距。但是随着我国经济体制改革的不断推进和非公有制经济的日益繁荣，人员的流动性不断加大，体制外人口增加，所以我国的社会保障制度必须打破身份的界限，扩大社会保障的覆盖范围，使社会保障制度能够成为全体社会成员的福利。另外，社会保障制度覆盖范围的扩大最重要的一个方面就是建立和完善农村社会保障制度，使广大的农民分享社会经济发展的成果。

（三）要不断提高社会保障基金的统筹层次

现阶段，我国主要实行的是省级社会统筹，有的地方还是县级统筹，而且农村社会统筹更低，处于县、乡统筹的层次。低水平且不统一的统筹层次使得我国社会保障资金无法实现统一的收缴、管理、运作，因而造成一系列的问题，各自为政、管理混乱现象严重，社会保障基金被挤占、挪用、滥用等问题严重，社会保障基金的保值增值途径单一。因此，统一社会统筹层次应该成为我国社会保障制度现阶段改革的重点目标。当前，提高企业、个人对社会保障项目的参与程度是完善社会保障体系的关键工作。应在现有基础上，努力使从城镇到农村的每个居民均在社会保障体系的覆盖范围内。这不仅是社会保障体系运行基础——大数法则的基本要求，更是实现社会保障制度目标、纠正市场失灵的必然要求。只有将社会成员全部纳入到体系中并给予其保障，才能为建立行之有效的市场经济安全网提供了可能。同时也能够摆脱对财政资金的过度依赖，使得资金来源更加符合社会性保障而非国家保障的属性，有效地促进社会保障体系的构建与完善。

（四）要加快建设和完善农村社会保障制度

长期以来，我国城乡的经济结构是一种典型的二元结构，这使得我国的社会保障体系也存在着二元化的特性。大多数城镇居民享受着由国家提供的养老、医疗、失业、生育等保障，而农民基本上只能依靠传统的保障模式——土地保障和家庭保障。到目前为止，全国各地不同程度地开展了农村社会养老保险工作，农村合作医疗也在全国普遍发展，并且取得不错的效果，对参保农民起到了一定程度的保障作用。但是，从总体上来看，我国农村社会保障事业的发展仍在起步阶段，离建设包括农村社会在内的小康社会的要求还相差甚远。发展农村社会保障是构建和谐社会和建设社会主义新农村的应有之义，建设社会主义新农村最根本的目的还是消除贫困，提高农民的生活水平和质量，而农村社会保障事业的发展可以为农民提供一份最基本的生活保障。

三、对我国调整社会保障水平的建议

当前，我国还是一个发展中国家，人均国内生产总值处在一个较低的水平，各地区经济社会发展差距巨大，城乡二元结构造成的问题还没有消除，这就决定了我国社会保障体制改革的一个主要任务是，测算和制定合理、适度的社会保障水平。

（一）正确处理社会保障与经济发展的关系

发展经济是提升社会保障水平的关键因素。社会保障制度基金的唯一来源是劳动者的剩余产品，而剩余产品是伴随着劳动生产率的提高而增加的。当社会保障制度框架建立起来以后，社会保障项目和标准就已基本确定，带有很强的刚性；加之人口老龄化这一自然过程的压力不可任意调节，所以只能通过提高劳动生产率、改善企业经营效益、保证 GDP 持续增长、降低失业率减少保障需求。但是，在需求可调性较低的前提下，要将重点放在保持经济持续增长、提高经济供给方面。

建立与经济发展水平相适应的社会保障体系，是许多国家总结了经验教训后得出的结论。社会保障制度的建立是要依靠一国或地区的财力作保证的。目前，有些福利国家用于社会保障的支出占其财政的 40%~50%，美国财政亦将 1/3 用于社会保障。而我国用于社会保障的支出明显偏低，即使 2005 年中央财政用于社会保障的支出达到了空前的 1817.64 多亿元，也只占中央财政支出的 20.71%左右，而地方财政社会保障支出就更少。[①]之所以出现上述情况，一种可能是因为我们的财力还不能支撑起强大的社会保障制度，另一种可能是我们财力足够保证，但由于我们在认识和政策支持方面出了偏差而引起投入不足。但是，无能哪种情况，在我国经济社会转型时期，要缓和社会矛盾和消灭贫困，首先是要大力发

---

①陈元刚：《社会保障水平与经济发展水平关系研究》，载《理论前沿》，2007 年第 15 期。

展本国经济，忽视经济发展的社会保障是难以有发展基础的，只有发展经济才能为缓和社会矛盾和解决贫困提供坚实的经济基础和财政实力。

（二）提高社会保障支出占 GDP 的比重

目前，我国尚处于社会保障制度的建设阶段，社会保障支出占 GDP 的比例本来很低，加之在改革不断深入的过程中，难免会出现失业率上升之类的问题，因此，一定时期内社会保障支出增长是应该的。与此同时，要防止社会保障支出水平比 GDP 的增长速度高，出现福利国家危机。当前，我国除了建立 GDP 对社会保障支出的正常支持机制，还要建立二者的动态弹性机制，使社会保障支出随着 GDP 的增长动态变化，但要处于适度区间内。因此，我国不应该仅依靠扩大社保财政支出规模，还应该更多地通过调整财政支出结构来解决资金缺口及财政投入不足的问题。

加大国家财政对社会保障支持的力度，是社会保障制度持续发展的关键所在。计划经济体系下我国实施的"低工资，高积累"政策的前提是对社会公民的国家保障，但在市场经济建立后，国家保障范围缩小，实施各项社会保障政策。当前，虽然政府已经对社会保障给予了很大的支持，但力度还嫌不够。今后一方面应优化财政支出结构，充分发挥财政支出政策和财政资金使用效益的可持续性；另一方面应采取扩大消费税、赠予税、遗产税等规范预算外收入的措施，提高财政总支出中社会保障支出所占的比例。

（三）科学确定各项社会保障项目的待遇标准

一个国家社会保障水平的高低，说到底是经济承受能力的问题。在总体保障水平合理的前提下，应对每个具体的社会保障项目支出水平进行科学评估，确定合理的保障标准。从实际情况看，我国目前还是一个发展中国家，"为保持经济的持续增长，为解决先于经济发展而出现的老龄化问题，为解决我国现行养老金替代率过高的问题，为实现'两个确保'等等，在具体措施上，既要保持较高的积累水平，又要保证持续的发展水平"[①]。这就决定了我国的社会保障水平不能太高，而只能保证社会绝大多数人最基本的生活需要。

借鉴国外社会保障制度发展的经验，我国社会保障待遇水平的调整既要考虑到自身内部各项制度之间的协调配合，更要认识到外部市场经济环境对社会保障发展的制约。比如，偏高的低保标准可能会对促进就业产生负面影响，容易造成福利依赖，带来"养懒汉"的问题。因此，从长远看，社会保障水平要与社会经济发展水平相适应；要统筹兼顾，综合协调各项社会保障政策之间及与收入分配政策、再就业政策的衔接，并统筹考虑城乡差别和地区差别；合理划分政府与市场及地方政府与中央政府之间的社会保障责任。总之，要把城镇居民的社会保障水平控制在与经济发展水平相适应的程度，既达到保障目的，又把水平控制到一个合理适度的水平。

---

①孔凡云：《论我国适度的社会保障水平选择》，载《学术探索》，2003 年第 11 期。

第七章　社会救助制度

社会救助是对公民生存权的基本保障，体现了国家职责。生存权是现代社会公民的基本权利，获取社会救助是公民的一项基本权利。对于国家和社会来说，社会救助是其不容推卸的责任，每个人在社会上都应得到最基本的生活保障。在当今世界上，社会救助制度通常被视为纯粹的政府行为，是一种完全由政府运作的最基本的再分配或转移支付制度，其责任或义务通常以立法方式确认。对于每一位社会成员来说，社会救助是他们应当享有的受法律保护的基本权利之一。

第一节　社会救助概述

社会救助，曾称社会救济，是世界上最早产生并在今天仍然发挥作用的一种社会保障制度。现代社会救助制度明显区别于传统社会以恩赐、施舍为特征的慈善或救济活动，而是具有法律规范并高度社会化的社会政策。它与其他各项社会保障制度一样，都是维护社会公平、和谐的重要制度安排。

一、社会救助的内涵

社会救助源于古代的慈善事业，是以促进社会和谐发展为宗旨的制度安排，体现了浓厚的人道主义思想，是社会保障的最后一道防护线和安全网。

（一）社会救助的含义

所谓社会救助，是指国家和其他社会主体对于遭受自然灾害、失去劳动能力或者其他低收入公民给予物质帮助或精神救助，以维持其基本生活需求，保障其最低生活水平的各种措施。

在实践中，社会救助的通常做法是：根据维持最起码的生活需求的标准设立一条最低生活保障线，每一个社会成员当其收入水平低于最低生活保障线而生活发生困难时，都有权利得到国家和社会明文公布的法定程序和标准提供的现金和实物救助。其目标是对那些生存出现困难的人群给予最低的生活保障。

对社会救助的内涵，我们可作如下理解：

（1）社会救助的主体是政府或社会。社会救助通常被视为政府的当然责任或义务，其外延包括贫困救助、灾害救助以及其他针对社会弱势群体的扶助措施。

（2）社会救助的对象是陷入生活困境的社会脆弱群体，他们主要包括收入水平低于特定贫困线的贫困人口、市场竞争中的失败者、遭遇天灾人祸难以自拔者等。

（3）社会救助的目标是满足某些社会成员的最低生活需要，避免这些社会成员陷入生存危机，维护法律赋予公民的基本生存权。

（4）社会救助必须依法进行。由于政府在社会救助中权责的特殊性，一方面，必须通过立法界定公权，使政府社会救助的管理内容合法，权责明晰。另一方面，防止公权被"合法"异化。

社会救助是最古老、最基本的社会保障方式，直接关系到社会秩序的稳定。长期以来，社会救助一词，有时也被称为社会救济。然而这两个词语是有一定区别的。

通常来说，"救济"是一种消极的救贫济穷措施，它基于一种同情和慈善的心理，历史上曾经包含着慈悲、施舍等不平等的色彩，且多表现为暂时性的救济措施；而"救助"则更多反映了一种积极的救困助贫措施，是作为政府的责任而采取的长期性的救助，是国家对遭受灾害、失去劳动能力的公民以及低收入的公民给予特质救助，以维持其最低生活水平的一项社会保障制度。从概念的外延上进行分析，"社会救助"的覆盖面比"社会救济"更广泛，不仅包括政府的救济，也包括社会的支持和帮助；不仅包括社会保障体系中的社会救济和社会互助，还包括其他针对救助对象的扶助措施。

（二）社会救助的特征

在现代社会保障体系中，社会救助虽然只覆盖脆弱群体且保障待遇较低，但却是最基本和不可或缺的。作为最基本的社会保障或最低层次的社会保障制度，它在实施对象、实施方法、保障的范围、救助的条件等方面，与其他保障项目有着明显的差异。

（1）对象的特定性。社会救助的实施对象是那些已经处于生活困境中的生活成员。因此，社会救助的实施一般会有一套称之为"家庭经济情况调查"的法定工作程序来审核申请救助的公民的收入状况，主要包括个人申请、机构受理、立案调查、社区证明、政府批准。能否得到社会救助，关键在于申请者个人收入或家庭成员的人均收入是否低于政府事先确定的最低生活保障标准。

（2）服务的广泛性。社会救助有别于按劳分配与按资分配的国民收入再分配渠道，虽然设定了申请者申请救助的门槛，但任何人只要到达这个门槛均有权申请帮助；同时，对于某些特定事件中的不幸者也提供救助，因为任何人都有可能遭遇自然灾害并成为灾害救助的对象。

（3）方式的单向性。与其他社会保障子系统相比，社会救助体现了权利义务单向性的特征，即享受社会救助的社会成员只要符合救助的条件，就有权利申请得到救助，对受益者而言，其享受的是单纯的法定权利；而提供社会救助则成了国家与社会的法定义务，当需要社会救助而不能提供、提供不足或不及时，便可视为政府与社会失职或未尽到应尽的义务，这种不作为或不及时作为可能使救助机构承担相应的法律责任。

（4）管理的滚动性。社会救助不问致贫原因，只看受助者是否真正贫困，"具有在确定的标准范围内向救助对象按需分配的特征"[①]。社会救助的责任是使受助者的生活相当于或略高于最低生活需求，以避免产生依赖心理或者不劳而获的思想。只要受助者的收入超过最低生活标准，救助行动就相应中断。

（三）社会救助的作用

社会救助最根本的目的是扶贫济困，保障困难群体的最低生活需求。相对于早期社会救助的单一功能，现代的社会救助制度在调整资源配置、实现社会公平、缓解社会贫困、维护社会稳定、促进社会和谐等方面都发挥着非常重要的作用。

（1）社会救助是稳定社会的重要手段。国家和社会通过社会救助为低收入和无收入的社会成员提供最低生活保障，减轻其生活上的困难，防止由于人们对社会收入分配公平的怀疑而造成的社会不稳定隐患，可以起到协调社会关系、促进社会认同、稳定社会的作用。

（2）社会救助是实现社会公正的重要前提。实施社会救助有助于缩小社会成员在竞争起点上的差距，使陷于困境的社会成员得到一定的社会支持，有一个恢复调整自己的机会，以便在一个相对公平的起点上参与社会竞争。在这方面，基本生活救助、教育救助和医疗救助等的价值尤其明显。

（3）社会救助是国家宏观调控的重要工作。社会救助不仅具有保障社会成员最低生活需要的功能，而且还具有作为国家宏观调控政策工具的功能，对经济运行具有一种"自动稳定器"的功能和作用。在现代社会，社会救助实际上是一种收入再分配制度，也是一种收入调节制度，它会影响社会需求的总量和结构，成为国家调节社会需求进而调节经济运行的重要手段。

（4）社会救助是劳动力再生产的必要条件。劳动力再生产是社会再生产的重要内容，也是社会再生产不断循环和周转的重要条件。社会救助在劳动者处于失业状态、失去劳动收入的情况下为其提供最低生活保障，为劳动力的再生产创造必要的物质条件。

（5）社会救助是劳动力再生产的必要条件。社会救助除了通过改变国民经济运行中的结构比例和流量来保证贫困人群获得最基本的收入外，还可以利用互济来调节收入差别，使多数贫困者保持一定的购买力和消费水平，从而维系社会的基本消费，稳定市场需求，起到刺激生产、活跃社会经济的作用。

二、社会救助的产生与发展

古今中外，虽然在救助对象、救助内容和救助标准方面略有不同，但每个政权都不同程度地关注着社会底层成员的生存问题。这也是传统的贫困救济成为现代"最低生活保障制

---

①郑功成：《论中国特色的社会保障道路》，武汉大学出版社 1997 年版，第 222～223 页。

度"（简称"低报"）而被各国广泛、深入研究的重要原因。

（一）社会救助的发展阶段

救助活动，古已有之。然而，社会救助制度作为社会保障制度的子系统是现代社会的产物，是一项关注弱势群体利益的重要制度设计。其最根本的目的是扶贫济困，保障困难社会成员的最低生活需要。社会救助的产生与发展，大体经历了三个阶段。

（1）私人援助阶段。社会救助是世界上最古老的社会保障，起源于在原始社会末期出现的人类出于恻隐之心或宗教信仰而对贫困者施以援手的慈善事业。在美国的《社会工作百科全书》中提到：公元前1750年，巴比伦汉姆拉比国王发布的法典中包括了要求人们在困难时互相帮助的条款。公元前1200年，在以色列，犹太人被告知，上帝要求他们帮助穷人和残疾人。公元前500年，希腊语中意为"人类博爱行为"的慈善事业在希腊城邦国家里已经制度化，鼓励公民为公益事业捐款且在供贫民使用的公用设施中备有食物、衣服和其他物资。公元前300年，中国的先哲在《论语》中宣称人是通过"仁"这种表示爱心的方式对弱者给予帮助。公元前100年，罗马帝国确立了所有罗马公民在贫困时可得到由贵族家族分发的谷物的传统。这个阶段的救助具有道义性和施恩性。

（2）国家济贫阶段。开现代社会救助制度之先河的，是16世纪在欧洲出现的国家济贫制度，即由国家通过立法，直接出面接管或兴办慈善事业救济贫民。当时，工业革命引发的激烈的社会变迁，使原来由教会或私人兴办的慈善事业无法解决层出不穷的社会问题，因而国家不得不将救济贫民视为己任。国家济贫是现代社会救助制度的直接前驱。法国率先进行济贫改革。但1601年英国伊丽莎白一世制定的济贫法案在历史上更为著名，后世称"伊丽莎白济贫法"。济贫法规定了救济对象、采取的救济措施。但是，济贫法也以其"惩戒性"、"恩赐性"著称于世。济贫法普遍实施之后，不但没有使有劳动能力的贫民自力更生、自食其力，反而使他们沦为永久的贫民。当然，济贫法的问世也有进步意义。它奠定了英国乃至欧美各国现代社会救助立法的基础，开创了用国家立法推动社会保障事业的先河。济贫法的弊端引起贫民的不满与反抗。1832年，英国维多利亚女王命令组织"济贫行政与实施调查委员会"，决心改革济贫行政，此次调查的结果被编制成一项法案，即新济贫法。新济贫法只是将济贫权力由分散改为集中，对救济对象来说，它并没有什么本质的变化。它强迫贫民回到条件空前恶劣的贫民习艺所去，更引起贫民的反抗和要求改革者的抗议。此阶段，公民权利的社会救助理念缺乏。

（3）社会救助阶段。20世纪初，以"自助助人"为旗帜的社会工作首先在欧美国家已成气候，后来为大多数国家所认可。社会工作者提出了"公共援助"这一新概念，后来逐渐为官方所认可。"公共援助"一词最早见于1909年英国的"济贫法和济贫事业皇家委员会"的报告，这个报告的主要政策建议是：废除以惩戒穷人为宗旨的《济贫法》，代之以合乎人道主义精神的公共援助。"公共援助"一词以后又衍生出"社会救助"一词，两者基本上是在同一意义上使用的。19世纪末，德国俾斯麦政府创建了社会保险制度，并很快在欧洲各工业国流行。二战后，西方发达国家在建立福利国家的过程中，都把社会保险制度作为社会保障体系的主体加以突出。随着经济的发展和就业率的普遍提高，当时甚至有人预言，社会救助将会被社会保险完全替代。但是，这种观点很快就被证明是错误的。即使在西方发达国家，社会救助仍然在整个社会保障体制中起着"保底"的作用。在认识到这些问题以后，有些国家，如英国于1966年曾干脆将社会救助制度改称"补充津贴"，美国也曾制定了一种补充收入保障项目，以替代部分社会救助制度。

（二）现代社会救助的原则

现代社会救助制度是一张保障最低生活标准之下人们的生活安全网，确保每一个社会成员在因为各种主观的或客观的原因生计断绝时，不至于陷入无助的困境。随着社会的进步，坚持以下社会救助原则，已成为各国制定社会救助制度的政策依据。

（1）水平适度。社会救助制度的覆盖范围、项目多多少、待遇高低，一定要与一个国家的经济发展水平相适应。在市场经济条件下，企业破产、工人失业、经济波动、物价上涨都是正常现象，社会救助制度的保障水平，应该是确保竞争失败者和没有竞争能力的人维持最起码的生活水准。

（2）普遍适用。在社会救助制度面前，全体公民是一律平等的。它只问公民的生活水准是否降低到标准之下，而不问是什么原因，所起的"保底"作用是普遍适用的。社会救助的最低目标是使已经陷入贫困的那一部分社会成员能够休养生息，继而迅速摆脱贫困。

（3）政府主导。在当今世界上，社会救助制度通常被视为纯粹的政府行为，是一种完全由政府运作的最基本的再分配或转移支付制度，其责任或义务通常以立法方式加以确认。企业和社区以及各种社团的救助，只能作为辅助和必要补充。

（4）依法救助。对于每一位公民来说，社会救助是他们应当享有的受法律保护的基本权利。对于国家和社会来说，社会救助是其不容推卸的责任，每个人在社会上都应得到最基本的生活保障。只有进行社会救助立法，才能从根本上保证最低生活保障线制度的权威性和连续性。

总之，社会救助并不是单一结构，而是复合式的，必须与其他社会保障制度配套使用。在社会保障制度中，社会福利、社会保险和社会救助就像三张大网，社会救助是最低的一层。如果没有这一"保底"层次，则会有许多人因为各种原因从社会保险层漏下来陷入不能自拔的困境中。

（三）现代社会救助制度的发展趋势

一个国家社会救助的发展，与经济发展的水平成反比。一般说来，越是在工业化初级阶段，或是在战时战后的恢复时期，以及现代的发展中国家和地区，社会救助的规模就越大；相反，在发达国家或地区，社会救助的规模就小。因此，当今世界的社会救助制度在发展中显示出以下趋势。

（1）社会救助理念由国家济贫发展为国民权利。国家济贫是现代社会救助制度的直接前驱。最初，面对人类社会日益增多的贫困现象，具有规范秩序功能的国家开始出面干预。正是国家的介入，使济贫行为成为政府的一项社会政策。而随着国家主动担负起济贫的责任，向贫民实施救济的做法成为惯例或制度，并被视为他们所追求的民主生活方式。社会救助实现了由传统的道义性和施恩性救助向义务性和权利性救助的转变。在实施过程、救济对象的认定过程中逐渐开始以人文关怀为价值归宿，洋溢着对人的生命、尊严的真切关心、尊重和爱护。一些国家甚至修改受益人收入调查程序，保障受益人的完整人格。

（2）社会救助违法将承担相应的法律责任。社会救助法制建设，其意义和价值不仅仅是为满足救助贫弱者的制度需求，它突破传统公法和私法划分的藩篱，建立与之紧密联系又有鲜明区别的独立的第三法律部门，在法学理论、法律思想、制度规范、法律实施等方面开创新的领域，在此基础上完善社会保障法，最终形成与公法、私法三足鼎立的格局。此举意义非一般的法律制度所能相比。就权利而言，救助法治是公民生存权的保障，又是构成国家、社会的根本。社会救助法治程度越高，公民权利的实现和救助就越有保障；就权力而言，社会救助法律体系越完善，权力运行必将越规范，政府就能够更加依法行政，社会救助工作就更加高效、务实和透明，全社会的公平正义就更能得以实现和维持。

（3）社会救助对象选择更明确，项目更完善。狭义地说，社会救助就是以贫民为锁定对象，采取资产调查的方式，进行有选择的服务。过去社会救助的对象往往被视为"社会边缘人"，如老年人、孤寡者、残疾者、流浪汉甚至罪犯等，后来则努力区别什么是"值得帮助的"穷人和什么是"不值得帮助的"穷人。并且，对于受益人的责任规定更明确，包括要求受益人积极寻找工作，或参加培训课程等。社会救助的项目由单一贫困生活救助向生活补助、医疗补助、灾害救济等多方面发展。

（4）社会救助方式由实物给付向现金、实物和服务给付发展。传统的救助方式主要是发放实物或救助金，以维持穷人的最低生存需求。随着社会发展，各国都加强社会服务体系，救助内容不断丰富，包括对高龄老人的护理服务、对失依儿童的关爱和照顾等。如日本在社会救助方面，主要通过扩大家庭服务、培养家庭护理员、建立保健医疗和社区服务体系解决老龄化社会的医疗问题。在强调个人自我服务的同时，促进家庭看护服务质量的全面提高。

三、社会救助的对象

社会救助的对象，是指按照统一标准确定的实际生活长期或暂时处在法定最低生活水平线及以下状态的贫困人口。凡生活在国家或地方政府公布的最低生活水平线下的居民，即贫困人口，为社会救助的对象。

（一）无依无靠又没有生活来源的社会成员

无依无靠又没有生活来源的社会成员，主要是社会上的"三无"人员，即无劳动能力、无生活来源、无法定抚（扶）养人的社会成员。

所谓"无劳动能力"，指高于（低于）法定劳动年龄（男 60 岁，女 55 岁以上，16 岁以下未成年人），或因残、因病及其他原因完全丧失劳动能力的，依靠自身能力没有办法维持最低生活水平的社会成员；

所谓"无生活来源"，是指既没有维持其最低生活水平的财产(动产或不动产)也没有维持其最低生活水平的收入（现金或实物）的社会成员。无生活来源还有一个前提，就是生活困难或无劳动能力。如果有劳动能力而无生活来源，就另当别论。

所谓"无法定抚（扶）养人"，是指依照婚姻法规定负有抚养、扶养和赡养义务的人。"抚养"，主要指父母、祖父母、外祖父母等长辈对子女、孙子女、外孙子女等晚辈的抚育、教养；"扶养"，指夫妻双方、兄弟姐妹等同辈之间在物质和生活上的相互帮助；"赡养"，指子女、孙子女、外孙子女等晚辈对父母、祖父母、外祖父母等长辈在物质和生活上给予照顾和帮助。

无法定抚（扶）养人既包括没有法定抚养人的情况，也包括虽然有法定抚养人但法定抚养人根本无力尽抚养义务的情况，还包括法定抚养人虽能尽部分抚养义务但仍不能使其过上最低生活水平的情况。

这里需要指出的是，作为社会救助对象的"三无"人员，须同时具备"三无"条件。仅符合其中之一的，并不能成为社会救助的对象。

（二）最低生活水平标准线下的社会成员

国家最低生活水平标准线下的社会成员，指虽然有收入来源，但生活水平却低于国家公布的最低生活水平的社会成员。主要包括家庭收入过低，不能达到最低生活水平的在职人员、下岗人员、离退休人员及其家庭成员。

所谓"家庭收入过低"，是指家庭成员人均收入和家庭财产状况符合当地政府规定的低收入标准的居民家庭。低收入家庭的出现与存在，并不是社会经济的发展不够高，而是高收入的工作或条件与那些家庭存在相当的距离。

家庭收入，主要包括家庭可支配收入和家庭财产两项指标。家庭可支配收入，是指家庭成员在一定期限内拥有的全部可支配的收入，包括扣除缴纳的个人所得税以及个人缴纳的社会保障支出后的工薪收入、经营性净收入、财产性收入和转移性收入等；家庭财产，是指家庭成员拥有的全部存款、房产、车辆、有价证券等财产。家庭成员按照国家规定获得的优待抚恤金、计划生育奖励与扶助金、教育奖（助）学金、寄宿生生活费补助以及见义勇为等奖励性补助，等等，不计入家庭收入。

但是，家庭的各种收入与整个家庭的合理开支是相比较而言的。合理开支主要包括正常的衣食住行、医疗、读书、培训等。而对那些收入虽然不高，但如果能科学安排支出，仍能达到最低生活水平者，如果由于支出安排不合理而低于国家的最低生活水平的人及其家庭成员，是否还应给予社会救助呢？对此，有的人认为是不应当给予社会救助的。但这种观点不符合社会救助的基本原则。本书认为，对这些人仍然应当给予社会救助，他们也享有要求社会救助的权利。因为现代社会救助制度的特征，就是为了保障一切人都能达到最低生活水平，其具有适用对象普遍性的特点。

只要生活在国家最低生活水平标准线下的社会成员，国家和社会就有义务提供救助，使其过上最低生活水平的生活，而不论救助对象未达到最低生活水平出于什么原因。所以，不仅前述因家庭支出安排不合理而不能达到最低生活水平的人可以得到社会救助，就是因好吃懒做、赌博甚至犯罪而陷于生活困境的人，都有权申请社会救助。

（三）因灾致贫的社会成员

因灾致贫的社会成员，指遭受自然灾害和人为灾祸等突发性灾害而使生活陷于困境的社会成员。这部分社会成员，一般都有劳动能力或有生活来源，或既有劳动能力又有生活来源，是突然来临的灾祸使其财产甚至人身遭到了严重的损害，从而在生活上发生了一时或永久的困难，不能达到国家公布的最低生活水平。

因灾致贫的灾害有两种：一是自然灾害，二是人为灾害。

所谓自然灾害，是人类依赖的自然界中所发生的异常现象，且对人类社会造成危害的现象和事件。既有地震、火山爆发、泥石流、海啸、台风、龙卷风、洪水等突发性灾害，也有地面沉降、土地沙漠化、干旱、海岸线变化等在较长时间中才能逐渐显现的渐变性灾害，还有臭氧层变化、水体污染、水土流失、酸雨等人类活动导致的环境灾害。由于现代科学只能减少自然灾害的发生次数和危害程度，而不能完全消除天灾，特别是在当代，随着人类活动的广泛和加剧，对自然的破坏已经到了非常严重的地步，全球气候变暖，南极出现了臭氧空洞、厄尔尼诺现象等，都增加了自然灾害发生的可能。因此，救灾工作是一项必须长期坚持的社会救助制度。

所谓人为灾祸，是因为人自身的原因造成的祸患，与天灾相对而言。如人为因素造成的水灾、火灾、车祸、空难、食品安全、生产安全等事故。有时天灾人祸也是相通的，比如因为人类自身的环境污染造成天气恶化的事件。天灾不可避，人祸本来是可以避免的。但是，人祸也有必然和偶然的因素作祟（制度的缺陷是必然，具体负责的管理人员疏忽大意，虽然是偶然因素，却可能是灾祸根源）。古代的农业社会，人们日出而作，日落而息，没多少安全问题，没有集体死亡这种事。现代社会组织庞大，各种高新科技虽然好用，但都不同程度埋伏了很多致命的危险。生活中家家都用燃气、电器，还有飞机、汽车、火车等等交通工具，虽然有严格的管理，但百密一疏，出事的可能性不容忽视。这是高科技深入生活的代价，人人都要承受。

清代的唐甄在《潜书·性功》中说："天灾伤稼，人祸伤财，冻馁离散，不相保守，性何以通？"[①]对天灾人祸进行救助，体现了人类之间的互助、关爱与重视人类价值的人道主义精神，是社会文明进步的标志。

---

①[清]唐甄：《潜书·性功》。

第二节　最低生活保障制度

社会救助是社会安全网的最后一道防线，是一项政策性很强的社会活动。而开展社会救助工作，一项重要的任务是确定社会救助的标准。要知道，确定社会救助标准是一件十分复杂的事情。

一、贫困与贫富差距

贫困是一个社会的、历史的范畴，所包含的内容和确定的标准是随着社会经济文化发展的提高而变化的。不言而喻，用于确定绝对贫困的"生活必需品"的范畴日益扩大，确定相对贫困的标准也会随之变化。

（一）贫困的概念

贫困是一种社会物质生活和精神生活的综合现象，其主要根源是物质生活条件缺乏与精神生活没有或缺乏出路。目前，理论界对"贫困"的定义有多种，比较普遍认同的是美国学者提出的"贫困是指收入不能满足维持生活需要的一种情况"[1]。另一名英国学者提出了"相对剥夺"概念[2]，即所谓的陷于贫困，可以说是被剥夺、被排斥的过程。[2]

按照经济学的一般理论解释，贫困是经济、社会、文化贫困落后现象的总称。但是，绝不否认，贫困首先是指经济范畴的贫困，即物质匮乏导致的生活贫困，使一个人或家庭的生活水平达不到社会可以接受的最低标准；社会上贫困现象的存在，有着历史与现实的双重原因，根据不同的划分标准，贫困可以分为绝对贫困、相对贫困，生存型贫困、发展型贫困，区域型贫困、个体型贫困，城市贫困、农村贫困，狭义贫困和广义贫困等。

我国相关研究者也提出了对贫困的解释，比较权威的观点是国家统计局的定义："贫困一般是指物质生活困难，一个人或一个家庭的生活水平达不到一种社会可接受的最低标准。他们缺乏某些已有的生活资料和服务，生活处于困难境地。"[3]

由于贫困的程度经常是不一样的，所以可以把贫困分为绝对贫困和相对贫困：绝对贫困是指维持生存的最低需求品缺乏；相对贫困是将贫困者的生活水平建立在与其他社会成员的生活水平对比上的，是指比大多数社会成员平均生活水平低的生活状态。

（二）贫富差距

如果一个国家始终有大量的绝对贫困人口存在，其经济发展动力必然难以持续，最终将波及每个人。而且社会财富的分配不公、贫富的两极分化、社会财富的畸形集中，必将

---

①格林·沃尔德：《现代经济词典》（中译本），商务印书馆 1981 年版，第 337 页。
②安德鲁·韦伯斯特：《发展社会学》（中译本），华夏出版社 1987 年版，第 97 页。
③何军：《劳动与社会保障》，东北财经大学出版社 2007 年版，第 351 页。

导致社会的不安定。

今天，国际上衡量贫富差距的主要指标是 20 世纪初意大利经济学家科拉多·基尼（Corrado Gini）根据劳伦茨曲线所定义的判断收入分配公平程度的指标——基尼系数，并以此定量测定收入分配差异程度。

基尼系数的含义，是指在全部居民收入中用于进行不平均分配的那部分收入占总收入的百分比，其最大值为"1"，最小值为"0"。前者表示居民之间的收入分配绝对不平均，即100%的收入被一个单位的人全部占有了；而后者表示居民之间的收入分配绝对平均，即人与人之间收入完全平等，没有任何差异。但这两种情况只是理论上的绝对化形式，在实际生活中一般不会出现。

目前，国际上用来分析和反映居民收入分配差距的方法和指标很多，而由于基尼系数给出了反映居民之间贫富差异程度的数量界线，较为客观和直观地反映、监测了居民之间的贫富差距，预报、预警和防止居民之间出现贫富两极分化，因此得到世界各国的广泛认同和普遍采用。按照联合国有关组织规定，基尼系数低于 0.2 表示收入绝对平均；0.2~0.3 表示比较平均；0.3~0.4 表示相对合理；0.4~0.5 表示收入差距较大；0.5 以上表示收入差距悬殊。经济学家们通常用基尼指数来表现一个国家和地区的财富分配状况，把 0.4 作为收入分配差距的"警戒线"。[①]

（三）贫困的本质

贫困不仅只是经济概念，更关乎基本的公民权利、能力，其实质是一种权利和能力的贫困。因此，仅仅从经济学意义上来理解贫困是不够的，许多学者、研究机构和相关部门都从经济—社会特征上来分析贫困的原因，有以下一些说法：

（1）"缺乏说"。即贫困是由于没有足够的收入而使家庭的生活水平不能维持起码的水平，也就是缺乏各种食物、参加社会活动和最起码的生活和社交条件、资源。以贫困问题为主题的《1990 年世界发展报告》指出，衡量生活水准不仅要考虑家庭的收入和人均支出，还要考虑那些属于社会福利的内容，比如医疗卫生、预期寿命、识字能力以及公共货物或共同财产资源的获得情况。

（2）"排斥说"。即贫困应当理解为个人、家庭和人的群体资源有限，以致他们被排除在他们所在的国家可以接受的最低生活方式以外。这就引出了"贫困"概念的另外一个层次——"相对剥夺"。即贫困实际上是因为"没有足够的资源去获取"社会公认的饮食、生活条件和参加某些活动的机会。[②]

（3）"能力说"。即贫困是缺少达到维持最低生活水平的能力，导致所得收入不能维持最基本的生活需求，并且得不到基本的社会服务。正如诺贝尔经济学奖获得者阿马蒂亚·森

---

①尹康、曾宪初：《基尼系数估算的理论与实践》，载《统计与决策》，2008 年第 12 期。
②安德鲁·韦伯斯特：《发展社会学》，华夏出版社 1987 年版，第 97 页。

所说："贫困不是单纯由于低收入造成的，很大程度上是因为基本能力缺失造成的。"[①]比如，与高额医疗、养老、教育、住房等民生支出对应的公民获得健康权、养老权、教育权、居住权的能力缺失。

综合有关机构的观点和学者们的研究，贫困实际上包括两层意思：第一，贫困是由于资源的匮乏，从而使其生活水平低于社会可以接受的最低标准；第二，从根本上讲，贫困是缺乏手段、能力和机会。因此，要克服贫困，就要给贫困者以扶持。换言之，"社会不应该仅仅被动地保障贫困者的最低生活水准，而应该更多地把注意力投向铲除人们陷入贫困的根源，主动地保障贫困者拥有必要的手段、能力和机会"[②]。

二、最低生活保障

社会救助制度能否发挥应有的作用，关键在于能否科学地划定一个国家或地区的最低生活保障线。那么，最低生活保障线怎么定？在过去很长时期，最低生活水平可能是凭经验和估算确定的。二战以后，一些西方国家建立了测定最低生活标准的科学方法。

（一）最低生活保障的含义

最低生活保障是指国家对家庭人均收入低于当地政府公告的最低生活标准的人给予一定现金资助，以保证其家庭成员基本生活所需的社会保障制度。

每一个公民，当其收入水平低于最低生活保障线而生活发生困难时，都有权利得到国家和社会按照法定程序和标准提供的现金和实物救助。这是因为，公民获得社会救助既是尊重和实现受助对象生存权的必要手段，也是受助对象的一项基本权利。

最低生活救助是社会救助制度中最重要的组成部分，其内涵在于：

（1）保证基本生活的费用补贴。最低生活保障制度提供的仅仅是满足最低生活需求的资金或实物，目的是在公平与效率之间寻求适度。它的功能仅仅是使受助者的生活相当于或略高于最低生活需求，以避免产生依赖心理乃至不劳而获的思想。

（2）是对贫困人口提供的一种救助。在现代社会中，获取最低生活保障是公民的一项基本权利。尤其是在经济、社会转型的变革时期，从总体看，造成贫困的原因中社会因素大于个人因素。所以，对于国家和社会来说，社会救助是其不容推卸的社会责任。

（3）是具有时效性的救助。最低生活保障制度的目标是克服少数人的现实贫困，它在公民由于社会或个人的、生理的或心理的原因致使其收入低于最低生活保障线因而陷入生活困境时发生作用。只要受助者的收入超过最低生活标准，救助行动即告一段落。

（二）最低生活保障标准

最低生活保障标准（线），是国家为救济社会成员收入难以维持其基本生活需求的人而

---

①转引自张贵峰：《贫困线为何不能与国际接轨》，载《中国青年报》，2009 年 4 月 10 日。
②青连斌：《贫困的概念与类型》，载《学习时报》，2006 年 6 月 7 日。

制定的一种社会救济标准。无论从理论上还是从实践上讲，最低生活标准都是一个变量，应随着社会经济的发展而相应调整。

最低生活保障制度的具体规定以及保障工作的每个环节，均必须以该标准为基础，无论是认定最低生活保障对象的资格、确定保障范围和保障人数、预算所需最低生活保障资金数量还是最低生活保障工作的管理和运转，都必须围绕最低生活保障标准进行。

传统社会救济制度最主要的弊病就是缺乏科学统一的救济标准，钱多救济多，钱少救济少，工作随意性较大。而现代最低生活保障制度的建立，按照最低生活保障标准进行救助，既有章可循，又简便易行，基本做到了救助对象公平准确、救助金发放标准合理，大大提高了救助的效果，从而使社会救济工作走上了规范化和法制化管理的轨道。

归纳起来，最低生活保障标准具有以下特点：

（1）科学性。保障标准是由政府有关部门按照一定程序，经过广泛调查研究和严谨的科学方法而制定。

（2）统一性。由于一个行政区域（市、县或区）只有一个保障标准，它适用于本区域内的全体居民，无论其就业与否、身份背景怎样，在这个保障标准面前都一视同仁。这不仅较好地体现了社会救济的无歧视原则，也有效地克服了原来社会救济随意性大的弊病。

（3）权威性。最低生活保障标准是由政府组织制定和调整，并通过文件或法令形式向社会公布的一项政策规定，具有法规的效力和权威性，这使救济工作能够实行民主化的管理，并易于接受社会和群众的监督。

（三）确定最低生活保障标准的原则

最低生活标准是指在社会发展的某一时期内，由政府制定的与社会经济发展相适应的在衣食住行等方面维持一个人生存的最低限度的基本生活标准。调整最低生活保障标准，要坚持以下原则。

（1）分享发展成果的原则。俗话说，"水涨船高"。国家经济水平上升了，国民收入以及分配到劳动者身上的劳动报酬也会相应提高；与此同时，被救助对象也应该享有比原来高的保障待遇。也就是说，在调高劳动者工资水平同时，必须考虑如何调高救助待遇标准，以便使领取最低生活保障金的人也能分享到经济增长的果实。

（2）与物价挂钩的原则。同一标准的保障待遇，在不同的物价水平下，享受的物质生活资料和服务是不同的。如果面对价格迅速上升而不相应地调整最低生活保障标准，将使受保障者的生活更加困难。为了维持被救助者的最低生活，使之不受物价波动的影响，必须按照物价上涨的幅度，主动、适时地调高最低生活保障标准。

（3）调整幅度适中的原则。最低生活保障的标准确定以后，考虑到人民生活逐年提高和物价不断上涨的因素，每一年或两年要调整一次，以使救助对象的基本生活得到保证，并能分享经济发展的成果。但在调整标准时，调整幅度不宜太大。

（4）符合实际需要的原则。一般而言，对贫困人口的认定，既有绝对标准，也有相对标准，相对贫困通常是与周围人群相比较的。中国幅员辽阔，地区发展很不平衡，因此各地最低生活保障标准的制定应当避免水平过低与过高的现象，必须坚持与当地实际生活水平相联系的原则，即与当地居民的总体生活水平和各方承受能力相适应。

同时，一个国家或地区最低生活标准的确定，还要在宏观上考虑以下因素：一定时期的社会生产力水平，它决定着该时期政府实施社会救助的财政实力；一定时期的社会平均收入水平，社会救助标准一般情况下应略低于这个水平；一定时期的消费品价格指数，它是将收入转化为实际消费能力的重要制约因素；一定时期贫困人口的数量，因为贫困人口的数量制约着政府和社会对贫困人口的供养能力等。

三、最低生活保障对象的管理

最低生活保障对象的认定和救助，是现代居民最低生活保障制度中最基本的内容，也是区别于传统社会救济制度的重要标志。通常的做法是由当地政府主管部门每年或适时调整最低生活保障标准，并向社会公布。符合该标准的社会成员就是最低生活保障对象。

（一）最低生活保障标准的确定

一个国家或地区的最低生活保障制度能否发挥应有的功能，关键在于能否科学地制定最低生活标准，把应保的低保对象涵盖其中。各国最低生活标准的制定方法各异，目前国际上常用的有以下几种。

（1）生活需求法，又称"市场菜篮法"。该法是根据当地维持最低生活水平所需要的物品和服务列出一个清单，然后根据当时市场价格水平计算出所需现金数量，由此确定的现金数额即为最低生活标准。为了真实地反映贫困者所需，在确定菜篮子的内容时，需要由群众和专家共同做出决定。这种方法的优点在于，从实际出发计算居民的吃、穿、住、行等各方面的最低消费，直观明了，通俗易懂，便于公众参与和发表意见，能保证受助者最基本的需要。缺点在于，由于各国和各地区的生活水平参差不齐，生活必需品的界定不同，因而很难进行国际比较。

（2）国际贫穷标准法，又称"收入比例法"。该法是根据社会的平均收入来确定最低生活标准。一般情况下，以一个国家或地区社会平均收入的 50%～60% 作为其贫困线，即最低生活标准。它由欧洲经济合作与发展组织提出。按照这个标准，20 世纪 70 年代末，英国的贫困家庭大约要占 7%。该法的优点在于，标准简单明了，容易操作，只要知道社会平均收入，乘上 50%，就可求出贫困线。但是，该法需要对一国或一个地区的收入状况进行全面调查，由于平均收入水平因国家或地区而异，故 50%～60% 的比例是否在各国均适合，受到人们的怀疑。

（3）恩格尔系数法。该法是根据一个家庭用于食物的支出在全部支出中所占的比例来衡量贫困程度的一种方法，源于恩格尔定律。1857 年，德国统计学家恩恩特·恩格尔（Ernst Engel）经过大量调查统计得出了一个定律：若基本饮食支出占家庭总支出的比值很高，则意味着该家庭的生活水平很低，收入只能维持基本生活；反之，如果基本饮食支出比例很低，则意味着该家庭用于满足其他生活需求的收入很多，生活状况肯定较好。恩格尔定律用食品支出占消费总支出的比例来说明经济发展、收入增加对生活消费的影响程度，揭示了居民收入和食品支出之间的相互关系。国际上常常用恩格尔系数，即一个家庭用于饮食方面的支出的费用占其总收入的比例来衡量一个国家和地区人民生活水平的状况。恩格尔系数越高，就意味着越贫穷；反之，则越富裕。根据联合国粮农组织提出的标准，恩格尔系数在59%以上为贫困，50%~59%为温饱，40%~50%为小康，30%~40%为富裕，低于30%为最富裕。

（4）生活形态法。该法的使用，首先需要从人们的生活方式、消费行为"生活形态"入手，提出一系列有关贫困家庭生活形态的问题，然后选出若干剥夺指标，即在某种生活形态中舍弃某种生活方式、行为，再根据这些剥夺指标及被调查者的实际状况，确定哪些人属于贫困者，再分析他们被剥夺的需求及消费和收入，由此得出贫困线。但这种方法从理论上讲过于复杂和抽象，在实际操作中不易于为非专业人员所了解和掌握。

从我国的情况来看，研究者普遍认为，城市低保标准的制定应以市场菜篮法和恩格尔系数法为基本方法。采用市场菜篮法和恩格尔系数法综合测算出的低保标准，是能够保障低保对象基本生活的，是可行的。

（二）最低生活保障对象的认定

一般来讲，户籍状况、家庭收入和家庭财产是认定最低生活保障对象的三个基本条件。凡符合上述条件的居民均可纳入最低生活保障范畴，但鉴于最低生活保障制度的特点，申请低保的对象必须经过以下工作程序的认定。

（1）申请受理。凡符合条件的城乡居民，可以直接向户籍所在地的社会救助管理部门（如我国的街道办事处、村民委员会）提出最低生活保障申请；管理部门无正当理由，不得拒绝受理。受申请人委托，居民所在地的社区机构也可代为提交申请。申请最低生活保障一般以家庭为单位，按规定提交相关材料，填写最低生活保障申请书，家庭收入、财产声明及如实申报承诺书，家庭经济状况核查授权委托书。低保申请书应由申请人签字确认，家庭收入、财产声明及如实申报承诺书和家庭经济状况核查授权委托书应由共同生活的家庭成员共同签字确认。

（2）调查审核。根据各个国家对低保政策的规定，政府社会救助管理部门是审核最低生活保障申请受理的责任主体。工作中，可以委托社区、村（居）民委员会对申请低保家庭、续保家庭逐一入户调查，详细核查申请材料及各项声明事项的真实性和完整性，并由调查人员和申请人签字确认。真实、完整地填写相关续保、申请家庭核查表格。对续保、申请家庭经济状况的入户调查，入户率应达到100%，严禁不经调查直接将任何群体或个人纳入最低生活保障范围。

（3）评议审批。上述调查审核完成以后，社会救助管理部门可组织社区、居民委员会成员、低保工作人员、居民代表、低保困难户代表等相关人员开展低保对象评议。经过评议的低保申请对象，由上级社会救助管理部门进行审批。在作出审批决定前，审批机关应全面审查基层办事机构上报的调查材料和审核意见（含评议结果），并按照不低于30%的比例入户抽查。程序不到位或准确率低于95%的退回乡镇（街道）重新审核。对不符合条件的申请，基层管理部门应书面向申请人说明不予批准的理由，并送达申请家庭，由低保申请家庭成员签字确认签收。

（4）动态管理。最低生活保障金一般采取社会化手段发放，坚持按月发放原则进行，由金融机构直接支付到最低生活保障家庭的个人账户。基层社会救助管理部门负责将低保金领取存折直接发放到保障对象手中，严禁通过中间环节间接发放，确保最低生活保障金足额、及时发放到位。对已经纳入最低生活保障范围的救助对象，要定期跟踪保障对象家庭变化情况，形成最低生活保障对象有进有出、补助水平有升有降的动态管理机制。每年对享受最低生活保障的家庭的人员、收入、财产情况进行一次复审，根据复审情况作出低保金停发、减发或增发的意见。

（三）开展最低生活保障工作的原则

最低生活保障工作是一项政策性很强的事务性工作，关乎低收入家庭的切身利益，关乎社会的和谐稳定，影响着社会公平正义。因此，要真正使低保管理工作做到符合政策，必须确保低保工作公开、公正、公平，坚持以下原则展开工作。

（1）应保尽保。凡共同生活的家庭成员，人均收入如果低于当地居民最低生活保障标准，均有从生活所在地政府获得基本生活物质帮助的权利。因此，对于贫困家庭及其成员，应该给予保障的全部保障到位。因此，各级社会救助管理部门及其工作人员应充分利用广播、电视、网络等媒体和宣传栏、宣传册等群众喜闻乐见的方式，对国家的最低生活保障政策进行广泛宣传，提高乡镇（街道）、村（居）委会及救助对象对低保政策的了解，有序、平稳、透明地推进最低生活保障户实现应保尽保。

（2）精准救助。要做到对低保对象的精准救助，就需要及时将符合政策的对象纳入保障范围，避免漏保。同时，要对纳入最低生活保障的保障对象，做到分类施救。对遭遇突然生活困难者，纳入临时救助予以保障，防止错保。低保管理机构应做到一户一档。低保对象档案一般包含以下内容：一是"三书"：低保申请书、家庭收入、财产声明及如实申报承诺书和家庭经济状况核查授权委托书；二是"三表"：家庭经济状况核查表、低保工作责任表和特殊人员备案表；三是"两记录"：民主评议记录和公示记录等。

（3）公开公平。确保公开、公平、公正，是做好低保工作的重要原则。为了有效防范低保工作中不公平现象，一是可以通过建立科学的经济状况核查机制，实现对低保对象情况的动态掌握。对低保对象定期进行复核，通过调取相关部门的数据信息，核对低保对象的家庭收入和财产状况，凡是不符合低保条件的立即清退。二是可以建立公开举报制度。向社会公布举报电话，实现对低保对象的社会监督。如由社区、村（居）民委员会设置统一固定的公示栏，对低保对象的家庭成员情况、收入情况、保障金额等信息进行公示。公示中要注意保护最低生活保障对象的个人隐私，严禁公开与享受最低生活保障待遇无关的信息。三是可以制定出台城乡居民家庭经济状况核查办法。建立跨部门、多层次、信息共享的家庭经济状况核查平台，实现对社会救助对象准确、高效、公正认定。

（4）加强监管。低保工作是一项政策性很强的工作，因此，各级管理部门都应该有明确的领导责任人和直接经办责任人。在工作中。如发生国家公职人员、低保经办人员及村（居）民委员会干部的近亲属享受低保的，必须单独建立档案，单独公示，重点备案管理，并报纪检监察部门备案。国家民政、财政部门要定期组织开展专项检查，财政、审计、监察部门要加强对最低生活保障资金管理使用情况的监督检查，既防止挤占、挪用、套取等违法违纪现象发生，又防止漏保、错保、骗保现象发生。要加大对骗保人员、挪用特定款物人员的查处力度，除追回骗取的低保金外，还要依法给予行政处罚或移送司法机关处理。相应建立低保诚信档案，两年内不再受理骗保人员提出的低保申请。对于出具虚假证明材料的单位和个人，按有关法律法规规定处理。

第三节　我国的社会救助制度

社会救助是我国社会保障的核心内容之一，它包括城乡居民最低生活保障、灾害救助、医疗救助、农村特困户救助、五保供养、失业救助、教育救助、法律援助等内容。社会救助对象主要是城乡困难群体，包括城乡低保对象、农村五保户、特困户、因遭受自然灾害需要给予救助的灾民等。当前我国社会救助制度的重点任务是坚持城乡一体，全面建设具有中国特色的社会救助体系。

一、我国现代社会救助制度的建立

新中国建立之初，我国的社会救助主要是紧急救助，之后是以单位为主体为孤老病残等困难人员提供救助。改革开放前期，又基本恢复了计划经济时期的救助模式，维持城乡分野的救助格局，并在救助范围、救助方式、救助资金投入等方面有所发展。

（一）新中国建立初期的社会救助

我国社会救助制度的建立及其发展，既与特定时期的社会条件、经济发展状况有关，也受到社会制度、经济体制、用工方式的制约。

1949年至1956年，是新中国建立初期，我国现代意义的社会救助由此起步。新生的人民政权在积极发展生产、强化社会调控能力的同时，迫切需要安抚贫民，解决他们最为紧迫的生存问题，维护基层社会稳定。1950年4月，中央人民政府组织召开中国人民救济代表会议，会议确定了"在政府领导下，以人民自救自助为基础开展人民大众的救济福利事业"的基本救济原则。会后成立中国人民救济总会，并确立救灾救济的工作方针是"在自力更生原则下，动员与组织人民实行劳动互助，实行自救、自助、助人"①。

1950年7月，第一次全国民政会议将救灾救济确定为内务部的重点工作之一，并设立社会司主管全国社会救济工作。1953年7月，内务部增设救济司，主管农村救灾和社会救济事务。各级政府也相应设立了专门的职能机构，社会救济工作随之在全国范围内广泛展开。这一时期的社会救济具有明显的突击性紧急救助特征，针对不同人群采取不同救助政策，主要救济形式：一是为困难群众发放救济款物。二是发动慈善募捐，组织群众互助互济。通过开展捐赠"一把米"、"一件衣"、"一元钱"等群众互助活动，维持困难群众基本生活。三是通过遣散、教育、改造等方式，解决游民、娼妓等问题。四是妥善安置农村流入城市的难民、灾民和贫民。采取的措施主要是疏散、收容、遣送等办法。五是解决失业人员基本生活问题。一方面，积极发展生产，吸引就业；另一方面，"以以工代赈为主，而以生产自救、转业训练、还乡生产、发给救济金等为补助办法"，进行救济和安置。

新中国建立初期大规模的紧急救济，不仅使数千万挨冻受饿、挣扎在死亡线上的人员有吃有住有衣穿，摆脱了死亡威胁，而且对于妥善解决旧社会的遗留问题、恢复发展国民经济，巩固新建立的人民政权起到了至关重要的作用。这一时期确立的社会救济方针、原则和方式，成为我国社会救助制度的雏形，同时为以后社会救助事业的发展奠定了基础。

（二）曲折发展时期的社会救助

1957年，随着"三大改造"任务的基本完成，我国进入全面社会主义建设时期，到1977年底是我国现代社会救助事业缓慢发展时期。此时，我国国民经济全面恢复，公有制主导地位确立，人民的物质生活有了明显改善，城乡困难人员大量减少，社会救济的对象、内容和方式都发生了新的变化，救助模式由紧急性救济转向经常性救济，城乡救济也开始呈现出二元经济结构的特征。

在农村，集体经济组织开始对农村"五保户"承担社会救济责任。根据《1956年到1967年全国农业发展纲要》精神，"农业合作社对于社内缺乏劳动力、生活没有依靠的鳏寡孤独的社员，应当统一筹划……在生活上给予适当照顾，做到保吃、保穿、保烧（燃料）、保教（儿童和少年）、保葬，使他们生养死葬都有指靠"。从此，人们便将"吃、穿、烧、教、葬（教）"简称"五保"，将享受这些待遇的家庭称为"五保户"，从而形成了独具中国特色的农村五保供养制度的雏形。对其他农村困难户的救济，则主要采取农村集体经济组织为主、国家保障为辅的救济方式。

在城市，伴随着计划经济体制的实施，我国建立了一整套就业与社会保障一体化的单位保障制度。社会救助在整个国家社会保障体系中的作用大大削弱，主要发挥"拾遗补阙"的作用。从救助对象上看，主要可分为孤老病残人员救济和特殊人员救济两类；从救助形式上看，可分为定期定量救济和临时救济两种。孤老病残人员是指无固定收入、无生活来

---

①转引自刘喜堂：《建国60年来我国社会救助发展历程与制度变迁》，载《华中师范大学学报》，2010年第4期。

源、无劳动能力，基本生活发生困难，需要依靠国家和集体给予救济的居民家庭，对他们的救助主要采取定期定量的经常性救济。此外，国家还对一些特殊救济对象采取按规定标准进行定期定量救助的政策。

"文化大革命"期间，我国各个领域的建设和发展都受到了严重冲击。社会救济一度处于混乱停滞状态，各项救济政策无法全面落实，很多按规定应该享受救济的人员得不到救济。此时的农村社会救济主要依托农村人民公社开展，城市社会救济主要依靠企事业单位组织实施。

（三）改革开放前期的社会救助

从 1978 年中国共产党十一届三中全会召开前后到 1992 年十四大召开，是我国社会主义现代化建设的新时期。1978 年 5 月民政部正式恢复成立，在设置的七个司局级单位中，农村社会救济司主管农村社会救济工作，城市社会福利司主管城市社会救济工作。各级民政部门也迅速建立了社会救济专门工作机构，为社会救助各项政策的制定和实施提供了组织保障。

农村贫困救助是这一时期的重点。针对改革开放初期农村贫困面较大的情况，我国政府农村救助的主要措施，一是探索定期定量救助。救助对象主要是农村常年生活困难的特困户、孤老病残人员和退职老职工。二是继续完善农村五保供养救助。中央明确从村提留和乡统筹经费中列出资金用于农村五保供养。三是通过开发式扶贫改善农村贫困状况。针对农村绝对贫困人口主要集中在"老、少、边、穷"地区的现状，国家开展了有计划、有组织、大规模的农村扶贫开发。

同时，城市社会救助工作也得到快速恢复和发展。1979 年 11 月，民政部召开全国城市社会救助福利工作会议，明确城镇救助对象主要是无依无靠、无生活来源的孤老残幼和无固定职业、无固定收入、生活有困难的居民。到 20 世纪 80 年代中期，全国特殊救助对象大约有 20 多种。从救助标准看，各地民政部门在深入调查的基础上，根据当地经济发展和物价上涨情况分别调整了定期救助标准。从资金投入看，国家不断增加城市社会救助费的支出额度。

这一时期，我国的社会救助工作虽然得到比较快的恢复和发展，但并未突破原有体制和框架。救助经费的投入缺乏保障，救助工作的随意性较大，救助对象认定、救助标准和救助程序不够严格等。从总体上看，这一时期的社会救助工作，无论是制度设计、具体操作还是资金投入，都与困难群众的需求存在较大差距，城乡贫困问题依然十分突出。

二、我国现行的社会救助制度

20 世纪 90 年代以来，我国开始逐步建立了与社会主义市场经济体制相适应，以低保救助、五保供养为核心的社会救助制度。2001 年 2 月 28 日，我国政府加入《经济、社会和文化权利国际公约》，"承认人人有权为他自己和家庭获得相当的生活水准，包括足够的食物、衣着和住房"，"确认人人有免于饥饿的基本权利"。从此，实现了济贫理念由"救济"向"救助"的转变，为今后我国社会救助事业的稳步发展奠定了基础。[①]

（一）城市居民最低生活保障

居民最低生活保障，是改革开放以来我国政府在社会救助事业上最重大的制度创新，它突破了传统社会救助资源分散、效率不高、缺乏公平、水平较低等弱点。基于家庭收入调查的现金转移支付救助模式不仅符合国际通行的社会救助理念，而且体现了政府在保障困难群众基本生活问题上所承担的责任，满足了我国建立健全社会主义市场经济体制的现实需要，为我国新型社会救助体系建设奠定了基础。

1993 年，居民最低生活保障制度最先在上海启动。1994 年 5 月，第十次全国民政工作会议明确把"对城市社会救助对象逐步实行按当地最低生活保障线标准进行救济"列入"民政工作今后五年"乃至 20 世纪末的发展目标，并在东南沿海地区进行试点。到 1997 年 8 月底，全国建立低保制度的城市总数达到 206 个，占全国建制市的 1/3。1997 年 9 月 2 日，国务院《关于在全国建立城市居民最低生活保障制度的通知》下发。在此后两年时间里，各级党政领导和民政部门对这项工作高度重视，积极推进，有效地保证了城市低保制度的推广。1999 年 9 月 28 日，国务院颁布《城市居民最低生活保障条例》。该条例的颁布和实施，标志着我国城市低保制度正式走上法制化轨道，也标志着这项工作取得突破性进展。

该条例第四条规定："城市居民最低生活保障制度实行地方各级人民政府负责制。县级以上地方各级人民政府民政部门具体负责本行政区域内城市居民最低生活保障的管理工作；财政部门按照规定落实城市居民最低生活保障资金；统计、物价、审计、劳动保障和人事等部门分工负责，在各自的职责范围内负责城市居民最低生活保障的有关工作。"第八条规定："县级人民政府民政部门经审查，对符合享受城市居民最低生活保障待遇条件的家庭，应当区分下列不同情况批准其享受城市居民最低生活保障待遇：一是对无生活来源、无劳动能力又无法定赡养人、扶养人或者抚养人的城市居民，批准其按照当地城市居民最低生活保障标准全额享受；二是对尚有一定收入的城市居民，批准其按照家庭人均收入低于当地城市居民最低生活保障标准的差额享受。"[②]

城市低保工作在经历了各地的探索创新和完善推广后，终于进入全面实施和规范管理的新阶段。至 1999 年 9 月底，全国 667 个城市、1638 个县政府所在地的城镇全部建立了低保制度。从 1999 年起，中央财政开始对中西部地区和老工业基地实施城市低保资金专项转移支付，当年安排 4 亿元，这一政策当年就缓解了经济欠发达地区低保金紧张的局面，有力促进了"应保尽保"目标的实现。2001 年 11 月，国务院办公厅下发《关于进一步加强城市居民最低生活保障的通知》，明确要求"尽快把所有符合条件的城镇贫苦人口纳入最低生

---

① 《我国政府批准联合国〈经济、社会和文化权利国际公约〉》，载《人民日报》，2001 年 3 月 1 日。
② 《城市居民最低生活保障条例》中华人民共和国国务院令〔1999〕271 号。

活保障范围"[①]。至 2002 年第三季度，全国享受城市低保的人数达到 1960 万，占当时全国非农业人口总数的 5.6%，基本实现了"应保尽保"的目标。[②]

（二）农村居民最低生活保障

改革开放以来，在启动城市居民低保的同时，我国农村居民低保制度也开始在一些地区探索建立。1994 年我国第一个《农村五保供养工作条例》明确规定："五保供养是农村的集体福利事业。农村集体经济组织负责提供五保供养所需的经费和实物，乡、民族乡、镇人民政府负责组织五保供养工作的实施。"[③]

1996 年 12 月，民政部办公厅印发《关于加快农村社会保障体系建设的意见》，明确提出："凡开展农村社会保障体系建设的地方，都应该把建立最低生活保障制度作为重点，即使标准低一点，也要把这项制度建立起来。"[④]1996 至 1997 年间，吉林、广西、甘肃、河南、青海等省先后以省政府名义出台相关文件，规定资金主要从村提留和乡统筹中列支，以推进农村的低保工作。

2001 年，全国建立农村低保的建制县市达到 2037 个。到 2002 年，全国绝大多数省份都不同程度实施了农村低保，全国救助对象达到 404 万人，年支出资金 13.6 亿元，其中地方政府投入 9.53 亿元，农村集体投入 4.07 亿元。对于尚无法建立农村低保制度的地区，2003 年 4 月，民政部下发《关于进一步做好农村特困户救济工作的通知》，要求按"政府救济、社会互助、子女赡养、稳定土地政策"的原则继续实行农村特困户救助制度，[⑤]对达不到"五保"条件但生活极为困难的鳏寡孤独人员、丧失劳动能力的重残家庭及患有大病而又缺乏自救能力的困难家庭，按照一定数额的资金或实物标准，定期发放救助物资。

2006 年 1 月，为了做好农村五保供养工作，保障农村五保供养对象的正常生活，促进农村社会保障制度的发展，国务院第 121 次常务会议通过《农村五保供养工作条例》，规定："老年、残疾或者未满 16 周岁的村民，无劳动能力、无生活来源又无法定赡养、抚养、扶养义务人，或者其法定赡养、抚养、扶养义务人无赡养、抚养、扶养能力的，享受农村五保供养待遇"[⑥]。

2006 年 10 月，中共中央十六届六中全会提出在全国"逐步建立农村最低生活保障制度"的要求。2007 年 5 月 23 日，国务院常务会议专题研究农村最低生活保障问题；6 月 26 日，国务院召开"全国农村最低生活保障制度工作会议"，研究完善有关政策措施，对在全国建立农村最低生活保障制度进行部署；7 月 11 日，国务院印发《关于在全国建立农村最低生活保障制度的通知》，对农村低保标准、救助对象、规范管理、资金落实等内容作出明确规

---

① 国务院办公厅：《关于进一步加强城市居民最低生活保障的通知》（国办发〔2001〕187 号）。
② 刘喜堂：《建国六十年来我国社会救助的发展历程》，载《华中师范大学学报》，2010 年第 4 期。
③ 国务院：《农村五保供养工作条例》（国务院令〔1994〕第 141 号）。
④ 民政部：《关于加快农村社会保障体系建设的意见》（民办发〔1996〕28 号）。
⑤ 民政部：《关于进一步做好农村特困户救济工作的通知》（民办发〔2003〕6 号）
⑥ 国务院：《农村五保供养工作条例》（国务院令〔2006〕第 456 号）。

定，要求"在年内全面建立农村低保制度并保证低保金按时足额发放到户"[1]。至此，农村低保进入全面实施的新阶段。9月底，在全国 31 个省（自治区、直辖市）2777 个涉农县（市、区）已全部建立农村低保制度。

2011 年 11 月 29 日，中央扶贫开发工作会议在京召开，决定将农民人均纯收入 2300 元（约合 355.6 美元）作为新的国家扶贫标准，相较于 2009 年的年人均收入低于 1196 元的标准，新标准提高了 92%。据专家估算，新标准下有待国家扶贫的农村人口有望达到近 1.3 亿，比之 2010 年，增加约 1 亿左右。[2]大幅度提高扶贫标准，把更多低收入人口纳入扶贫范围，这是社会发展的进步，是扶贫力度加大的重要措施。

（三）流浪乞讨人员的社会救助

流浪乞讨人员是指在城市生活无着的流浪、乞讨人员，简称流浪乞讨人员，包括流浪、乞讨、卖艺、杂耍等相关人群。2003 年 6 月 20 日，国务院《城市生活无着的流浪乞讨人员救助管理办法》（以下简称《救助管理办法》）的颁布，标志着我国对流浪乞讨人员社会救助制度的进一步规范。

1.受助人员的权利

《救助管理办法》及《实施细则》以现代社会救助实践的发展为背景，对受助对象的权利在九个方面进行了规定。

（1）救助权。如《救助管理办法》第 1 条、11 条规定，生活无着的流浪、乞讨人员，残疾人、未成年人、老年人有获得照顾的权利；《实施细则》第 5 条第 2 款规定，被救助人员因年老、年幼、残疾等原因无法提供个人情况的，救助站应先提供救助，再查明情况。

（2）人身自由权。如《救助管理办法》第 14 条规定，"不准拘禁或者变相拘禁受助人员"，第 11 条规定，救助站应当劝导受助人员返回其住所地或者单位所在地，不得限制受助人员离开救助站；《实施细则》第 16 条规定，"受助人员自愿放弃救助离开救助站的，应当事先告知，救助站不得限制"。

（3）生命健康权。如《救助管理办法》第 7 条规定，受助人员在站内突发疾病的，有权获得及时送医院救治等权利；《实施细则》第 9 条规定，受助人员在站内突发疾病的，救助站应当及时送医疗机构治疗。对患传染病或者为疑似病人的，救助站应当送当地具有传染病收治条件的医疗机构治疗等。

（4）基本生活权。如《救助管理办法》第 7 条规定，受助人员在救助期间，有获得基本生活条件、获取符合食品卫生要求的食品及符合基本条件的住处；《实施细则》第 8 条规定，救助站为受助人员提供的食物和住处，应当能够满足受助人员的基本健康和安全需要。另外，受助人员还有其他几项权利，分别是人格尊严权、私有财产权保障、劳动力使用权、提出请求权和告知权、举报权等。

---

[1]国务院：《关于在全国建立农村最低生活保障制度的通知》（国发〔2007〕19 号）。
[2]石岩：《新扶贫标准下农村贫困人口破亿》，来源：中新网，2011-11-29。

2.政府的救助责任

《收容遣送办法》的立法目的是"为了维护社会秩序和安定团结"。而《救助管理办法》的立法目的是为了实行救助，保障其基本生活权益，完善社会救助制度。

《救助管理办法》第 2 条规定，县级以上城市人民政府应当根据需要设立流浪乞讨人员救助站。第 6 条规定，救助站对属于救助对象的求助人员应当提供救助，不得拒绝。第 7 条规定，救助站应该提供救助措施。第 10 条规定，救助站不得向受助人员、其亲属或者所在单位收取任何费用，不得以任何借口组织受助人员从事生产劳动。第 11 条和第 12 条以及《实施细则》中的第 4、10、11、13、14、18 和 22 条等内容，都充分体现了社会救助是现代政府职责的立法精神，促使政府职能从管理到服务的转变。第 4 条规定，县级以上人民政府的民政部门负责流浪乞讨人员救助工作，并对救助站的工作给予指导、监督，由此确立了民政部门在管理城市乞讨流浪人员中的主体地位。

3.救助对象和救助条件

《救助管理办法》界定了救助对象及其准入条件。该办法明确将救助管理对象严格界定为"城市中生活无着的流浪乞讨人员"，而不是所有的流浪乞讨人员。《实施细则》又进一步界定"城市生活无着的流浪乞讨人员"为自身无力解决食宿、无亲友投靠又不享受城市最低生活保障或者农村五保供养、正在城市流浪乞讨度日的人员和虽有流浪乞讨行为但不具备前款情形的，不属救助对象。救助对象的界定，既使救助对象有了保障，也有利于救助制度的建设。

《救助管理办法》还规定了享受救助的期限和终止救助的条件。在受助期限方面，如《实施细则》第 12 条规定，救助站应当根据受助人员的情况确定救助期限，救助期限一般不超过 10 天；因特殊情况需要延长的，报上级主管部门备案，第 17 条规定，救助站已经实施救助或者救助期满，受助人员应当离开救助站。在终止救助方面，如第 5 条第 3 款规定，对拒不如实提供个人情况的不予救助；第 10 条第 2 款规定，救助站发现受助人员故意提供虚假个人情况的应当终止救助；第 16 条第 2 款规定，受助人员擅自离开救助站的视同放弃救助，救助站应当终止救助；第 17 条规定，救助站已经实施救助或者救助期满，受助人员应当离开救助站，对无正当理由不愿离站的，救助站应当终止救助等。救助期限和终止救助的规定，有利于防止养懒汉的现象。

4.救助机构的责任

《救助管理办法》确立了自愿接受救助的原则。如《救助管理办法》第 5 条中规定执法人员只能"告知"流浪乞讨人员可以寻求救助，第 6 条规定的"向救助站求助"，第 11 条规定救助站不得限制受助人员离开救助站的内容，《实施细则》第 16 条规定受助人员自愿放弃救助离开救助站的，应当事先告知，救助站不得限制的规定等，都充分体现了尊重受助人员的人格。

同时，《救助管理办法》对救助站及其工作人员也有禁止性的规定，如救助站不得向救助人员、其亲属或者所在单位收取费用，不得以任何借口组织受助人员从事生产劳动，对工作人员提出了"八不准"（不准拘禁或者变相拘禁受助人员；不准打骂、体罚、虐待受助人员或者唆使他人打骂、体罚、虐待受助人员；不准敲诈、勒索、侵吞受助人员的财物；不准克扣受助人员的生活供应品；不准扣押受助人员的证件、申诉控告材料；不准任用受助人员担任管理工作；不准使用受助人员为工作人员干私活；不准调戏妇女）等。

三、我国社会救助制度的完善

虽然我国现行的社会救助制度自进入新世纪以来取得了长足的进步，但是作为一项从传统社会救济制度改造而来的新制度，一方面，要尽力消除本身难免带有的旧制度的种种痕迹；另一方面，为适应新形势的发展还需要不断与时俱进地进行创新。

（一）我国现代社会救助工作的进展

新中国成立后特别是改革开放以来，我国逐步建立了以城乡低保、农村五保供养为核心，以医疗、住房、教育、司法等专项救助为辅助，覆盖城乡的社会救助体系，初步实现了社会救助制度的定型化、规范化和体系化。

（1）资金投入逐渐增加，近年来，我国经济社会的良好发展和国家财力的稳定增长，使我们有能力优先保障和改善民生，增加社会救助投入。城乡低保制度的建立和发展，使城乡困难群众获得稳定的基本生活保障，缓解了生活危机，缩小了城乡居民的收入差距；城乡社会救助工作进入统筹安排、整体推进、制度运行的轨道，有效维护了社会和谐稳定。据民政部 2011 年底的工作会议披露：当年中央财政全年下拨优抚安置经费 504 亿元，以 15% 至 20% 的增长幅度调整提高了部分优抚对象等抚恤和生活补助标准，惠及 596 万人；60 岁以上的农村籍退役士兵开始纳入国家定期补助范围，惠及 300 多万人；孤儿保障制度在全国普遍建立，绝大多数地方确定了机构集中供养孤儿每人每月 1000 元、社会散居孤儿每人每月 600 元的孤儿最低养育标准，惠及 65.5 万人。[①]

（2）不断提高社会救助管理服务水平。随着经济社会的持续健康发展，我国逐步提高社会救助标准，不断提高社会救助管理服务水平。如 2011 年，我国通过加大政府投入、福彩公益金资助、社会定向捐助和土地供应优惠政策等多种举措，投入资金 200 多亿元，大力推进社会救助公共服务设施建设，全国实施相关项目超过 5 万个。孤儿保障制度在全国普遍建立，绝大多数地方确定了机构集中供养孤儿每人每月 1000 元、社会散居孤儿每人每月 600 元的孤儿最低养育标准，惠及 65.5 万人。福利彩票公益金还安排 12.8 亿元，分别资助 362 个老年福利机构、723 个农村五保供养机构、159 个儿童福利机构、114 个县（市）流浪未成年人救助保护中心、20 个光荣院等建设，完善社会福利服务设施服务功能，改善孤老、孤儿、孤残等供养人员生活条件。[②]

（3）完善灾情管理信息系统，提高减灾救灾工作成效。进入 21 世纪以来，随着全球

---

①陈劲松：《2011：民政保障民生显实效》，载《人民日报（海外版）》，2011 年 12 月 24 日。
②车放、韩俊江：《不断完善社会救助体系》，载《人民日报》，2012 年 6 月 5 日。

气候变化以及我国经济发展和城镇化进程不断加快，自然灾害防范应对形势更加严峻复杂。近年来，我国政府坚持以人为本、执政为民的理念，着力保障和改善民生，不断完善预警监测机制和应急预案体系，大力强化高新技术在灾害灾情监测中的转化应用，特别是应用卫星遥感等高新技术，基本实现了灾情管理信息系统在省市县的全覆盖；同时，加快建立地质灾害易发区调查评价体系、防治体系等，加大重点区域地质灾害治理力度，推行自然灾害风险评估，科学安排危险区域生产和生活设施的合理避让。据民政部资料显示，2011年中央财政下拨救灾补助资金 86.4 亿元，救助受灾群众 7500 万人（次），转移安置和旱灾、冬春生活救助标准平均比上年增长 78%，创建了 1200 多个全国综合减灾示范社区。[①]

（4）救助理念从生存保障向生活保障转变。加快推进以改善民生为重点的社会建设，健全社会救助体系，不仅强化了政府保障人民群众基本生活的责任，而且转变了社会保障制度理念，实现社会救助从生存保障向生活保障转变，从人性关爱向维护权利转变。教育、医疗卫生、社会保障等社会事业具有明显的公益性质，直接关系广大人民群众的切身利益和福祉，直接关系社会公平正义。推进这些事业，要坚持体现公益性原则，切实强化政府职责，充分发挥政府主导作用，特别是不断增强政府公共产品和公共服务的供给能力。同时我们还要认识到，在发展社会主义市场经济的条件下，公益性事业发展形式并不单一，政府不应当也不可能包办一切，要充分发挥各类市场主体和社会组织的作用，调动社会各方面的积极性。

2014 年 2 月 21 日，为了完善我国的新型社会救助体系，国务院发布《社会救助暂行办法》，赋予民政部统筹全国社会救助体系建设的职责，并规定县级以上人民政府建立健全政府领导、民政部门牵头、有关部门配合、社会力量参与的社会救助工作协调机制，明确将最低生活保障、特困人员供养、受灾人员救助、医疗救助、教育救助、住房救助、就业救助、临时救助八项制度和社会力量参与作为社会救助基本内容，构建分工负责、相互衔接、协调实施，政府救助和社会力量参与相结合的具有中国特色的社会救助制度体系，着力为困难群众打造一张能够保障其基本生活的社会安全网。

（二）我国社会救助工作存在的问题

建立城乡一体的社会救助体系，是实现社会救助法治化、维护并实现困难群众基本权利（生存权）的核心内容之一。近年来，我国社会救助事业取得了长足进展，但也存在诸多问题，急需进行制度层面的完善和创新。

（1）覆盖范围有限。没有按条例规定将符合条件的贫困人口纳入保障范围，是最低生活保障制度实施过程中最大的问题。统计表明，"我国城市低保与农村低保制度分别于 1997年和 2007 年在全国全面建立，2007 年底覆盖城乡，实现了用制度保障全体城乡困难居民基本生活的历史性突破。2007 年到 2012 年，各级财政累计投入城乡低保资金 5477 亿元，

---

①车放、韩俊江：《不断完善社会救助体系》，载《人民日报》，2012 年 6 月 5 日。

有效保障了近 7500 万城乡低保对象的基本生活。截至 2013 年 8 月，全国共有城市低保对象 2085.9 万人，占全国非农人口总数的 4.4%；共有农村低保对象 5304.8 万人，占全国农业人口总数的 6%"①。而目前我国城市的贫困人口根据中国社会科学院近日发布的《2011中国城市蓝皮书》的报告，"中国目前城市合理的贫困线大约在人均年收入 7500—8500 元之间，我国城镇贫困人口约 5000 万人，是低保人数的两倍左右"②，能够享受最低生活保障待遇的人口比例仍然有待提高。

（2）保障标准偏低。由于我国地方财政收入水平较低的原因，各地不可能按照当地最低生活标准确定和发放最低生活保障费。各地虽然按照条例的规定将最低生活保障资金纳入了财政预算，但实际上最低生活保障资金十分有限。如上海市，从 2014 年第 18 次调整城镇低保标准和第 14 次调整农村低保标准起调城乡居民最低生活保障等相关社会救助标准。"从 4 月 1 日起，城镇居民最低生活保障标准从每人每月 640 元调整为每人每月 710 元，提高 10.94%；农村居民最低生活保障标准从每人每月 500 元调整为每人每月 620 元，提高24%。其中农村低保标准增加的幅度是历年来增幅最高的一次，城乡低保标准的比例由 2013年的 1.28：1 缩小到 1.15：1"，"农村五保供养对象的日常生活费标准从每人每年不低于7980 元调整为每人每年不低于 9000 元"。③由此可见，上海市的低保制度及其保障水平在全国还是比较好的情况，但是具体到其他地区就难容乐观了。

（3）社会救助联动机制不够顺畅。目前我国的低保救助、医疗救助、教育救助、住房救助、司法救助分属不同的部门管理。由于部门分割，导致社会救助缺乏联动机制。各部门各单位都按照各自的工作对象展开，缺乏统一的协调，在实施救助工作中容易造成无人救助的救助工作盲区。如"三无"病人、弃婴的救治和安置就缺乏规范的程序，而处于无序的状态。往往是这些病人和弃婴送到医院，医院进行救治，而后续工作就无人进行监管，不但增加了医院负担，而且严重影响了安置工作。同时，近年来我国社会救助范围不断扩大，而且救助项目也已涉及城乡低保、低保边缘户救助、社会医疗救助、住房救助、五保集中供养、灾害救助、孤残儿童和流浪乞讨人员救助、精简职工救济和临时救助等方面，导致了社会救助服务工作量越来越大和人员相对不足的矛盾日益突出，已经严重影响了社会救助的工作效率和救助质量。

（4）相关制度实施不力。按我国《城市居民最低生活保障条例》的规定，只有在人们领取了失业保险金、离退休金、工资和下岗职工的基本生活费后，家庭人均收入仍低于最低生活保障线的，才给予差额补贴。但是，在部分地区由于人们不能或不能足额及时领到以上各项费用，地方财力又十分有限，绝不可能把他们纳入最低生活保障范围，使得他们成为生活没有保障的最困难的群体。要将以上这些人纳入最低生活保障范围，不解决低保资金的来源问题是不可能的，而不将这些生活没有着落的人纳入低保范围，他们将成为社

①民政部：《我国社会救助体系基本覆盖城乡》，载《中国财经报》，2013 年 9 月 26 日。
②常红：《中国城市蓝皮书：我国城镇贫困人口约 5000 万》，来源：人民网，2011-08-08。
③《上海从 4 月 1 日起调整城乡居民最低生活保障标准》，来源：上海民政，2014-04-02。

会的不安定因素。同时，社会力量在社会救助体系中的作用还很微小。目前，我国社会捐助尚未建立规范的制度体系，公众捐赠意识还不强，多数群众认为捐赠是富人的事，慈善事业发展所需要的社会氛围还不够，导致我市社会救助资金来源还是以政府投入为主，社会筹资渠道少、数量小，在一定程度上制约了我市社会救助水平的提高。

（5）"造血"式救助缺乏。目前社会救助主要采取"授人以鱼"的直接救助，这种形式是保障社会广大弱势群体，特别是保障重病重残对象、五保对象等特困群体基本生活、基本医疗的必要措施。但是，针对救助群体中生存技能低下、有劳动能力的那一批群体，不能从根本上解决他们的出路。对这一部分有"脱保"潜力的群体，还需要辅之以"授之以渔"的必要手段，纵深拓展救助内涵。通过组织劳动技能培训，让他们获得一技之长；提供合适的工作岗位，安排劳动就业等办法，让这部分对象凭自己的劳动实现脱贫退保，取得良好的社会效益，从深层面杜绝"养懒汉"、"铁饭碗"等不良现象，实现深层次救助。因此，我国现行的社会救助政策的重点，不仅是解决弱势群体的物质不足，如低保救助、医疗救助、住房救助等"救急"的层面上，还应在"扶"字上下功夫，探索如何帮助弱势群体提高自身素质、能力，增加贫困群体自身的"造血"功能，帮助树立贫困户依靠自身战胜贫困信心和决心等方面还很欠缺。

（三）完善我国社会救助制度的对策

由于我国的绝对贫困现象并未完全消失，相对贫困现象还将长期存在，必须进一步加强面向贫困或低收入人口的社会救助体系建设。因此，为了进一步完善社会救助制度，我们还必须做较大的政策调整。

（1）建立健全各项救助制度。我国现行的最低生活保障制度主要考虑了救助对象的日常生活需要，但对现代社会中不可或缺的一些基本权利，譬如受教育的权利、健康的权利、居住的权利等问题往往有所忽视。因此，我国应尽快出台综合性社会救助法律，从法律层面确认社会救助在社会保障体系中的地位和所发挥的功能，明确社会救助首先是政府行为，是政府一项义不容辞的社会责任。政府应努力让每个公民都意识到权利的存在，并且保护公民行使权利的自由，无论什么原因，只要公民的收入低于贫困线，他就有权申请救助。同时，也只有公民自愿提出申请，政府才可以向其提供援助。明确社会救助在社会转型期的性质、对象、内容、标准，规范救助执行者的职责和相应的申报审批程序。通过国家立法的途径，定位社会救助，才能适应我国现阶段社会经济发展的要求。

（2）多渠道筹措社会救助资金。由于我国社会保障制度不完善，基金筹集渠道单一，所以社会保障基金至今十分缺乏。不少地区因为基金困难，致使推行最低生活保障线制度的承诺如空头支票。因此，社会救助基金筹措是制约社会救助水平的一个"瓶颈"问题。为此，第一，应不断加大政府投入力度，同时随经济的发展逐步增加救助资金所占财政支出的比例。第二，应想办法多元化筹措社会救助资金。如通过开展社会募捐、各类救助保险费、保障金的合理收缴等多种渠道来筹措资金，扩大资金总量，不断增强社会救助资金保障能力。第三，应借鉴国际经验和考察我国实际，开征社会保障税，如，有学者建议"按人均 3 元的标准建立临时专项救助资金"①。其必要性在于，可以适应市场经济体制的要求，有利于从根本上保障基金来源，体现了国家、社会、个人共同承担的原则，有利于统一管理，提高社会保障的社会化程度。

（3）科学确定救助对象和救助标准。经济发展水平决定着社会救助标准的高低，社会救助标准必须与经济发展水平相适应。现阶段，我国社会救助标准的水平必须服从于"效率优先"的原则，将发展经济放在首要地位。鉴于我国自然灾害连年不断以及社会贫困面临的严峻形势，政府应逐步扩大社会救助范围，提高救助标准。这就要求我们应当切实处理好经济发展和社会救助的关系，既不能超前，也不能滞后，而应在保持经济稳定增长的同时，综合考虑社会再分配以及其他经济、政治和社会因素，适时稳妥地提高社会救助的供给水平，不要寄希望于一步到位。

（4）建立规范灵活的救助机制。目前，我国社会救助的方式是以现金救助为主、实物救助为辅的方式。而这种方式的运行，必须有规范的程序：首先，是申请制度。即由保障对象本人提出申请，表明其接受救助的诉求。申请制度是救助程序设计的第一道程序，通过资格审查，有的被淘汰、有的可以进入后续的程序阶段。其次，是经济调查制度。即依据当地贫困线标准对申请生活救助者个人或家庭收入、财产状况作出具体数据的评估，来决定是否达到接受救助条件的制度设计。再次，是监管制度。救助申领程序制度安排的目的是合理分配救助利益，对接受社会救助者的资产、收入和贫困状况，定期进行审核，然后张榜公布交居住地代表评议，及时淘汰摆脱贫困的，及时救助符合条件的贫困者，尽可能发挥有限救助利益的最大值，维护救助制度实施的绩效。

（5）发动社会力量参与社会救助工作。我国的《社会救助暂行办法》对社会力量参与作了专章规定，标志着我国社会救助工作将从资金物资保障转向资金物资保障、生活照料服务和心理疏导相结合。依据这些规定，民政部应做好以下工作：一是完善社会力量参与社会救助的优惠政策，如享受财政补贴、税收优惠、费用减免等；二是发展政府向社会力量购买社会救助服务，通过委托、承包、采购等方式，把适合社会力量提供的社会救助服务转移给社会力量承担；三是建立健全社会救助机构和社会力量参与社会救助工作的信息对接、项目发布的工作联系机制，形成政府和社会力量的有机结合；四是培育承接主体，积极发展能参与社会救助工作、提供社会救助服务事项的社会组织。②为此，我们必须发挥社会工作服务机构和社会工作者作用，为社会救助对象提供社会融入、能力提升、心理疏导等专业服务。

---

①张鸣华：《完善社会救助体系》（政协第九届温州市委员会第三次会议第 268 号提案）。
②史竞男、刘陆：《民政部：鼓励社会力量参与社会救助》，来源：新华网，2014-02-28。

第八章 社会保险制度

社会保险是社会保障制度的一个最重要的组成部分，是各个国家根据一定的法律法规，以社会保险基金为依托，为参加劳动（工作）的社会成员提供基本生活权利保障的制度。社会保险的本质，是维护社会公平进而促进社会稳定和经济发展。现代社会保险制度先进于以往任何时代的保障方式：首先，社会保险是由社会向个人和家庭提供的经济保障，超出了家庭和社区的界限；其次，社会保险一般由政府主导，通过立法和行政手段加以实施，不同于私人的慈善行为或个人的自我保险行为；第三，社会保险除了提供实物援助以外，更主要的是还提供现金援助，并建立有发放这些援助的全国性社会服务体系。

第一节 社会保险概述

风险与保险相对，风险是保险产生的前提。为了避免各种风险给人类社会带来的损失，人们逐渐认识到仅仅依靠个人的力量，是难以甚至无力应对突如其来的风险的。工业的大发展、环境的被破坏，使人类面临着许多生存威胁，于是催生了社会保险制度的出现。

一、社会保险的内涵

为了避免各种风险给人类社会生产生活带来的损失和不幸，人们逐渐认识到了保险的重要性及迫切性，社会保险制度因此应运而生。

（一）社会保险的含义

所谓社会保险，指国家通过立法强制建立社会保险基金，对参加劳动关系的劳动者在丧失劳动能力或失业时给予必要的物质帮助的制度。

社会保险是社会保障制度中的核心内容，旨在为丧失劳动能力、暂时失去劳动岗位，或因健康原因造成损失的人提供收入或补偿。该概念包含了以下内涵：

（1）社会保险的客观基础，是劳动领域中存在的风险，保险的标的是劳动者的人身安全，保障水平是满足劳动者及其家属基本的生活需要；

（2）社会保险属于强制性保险，由国家通过立法强制实施，是一种国民收入的再分配制度，目标是保证物质及劳动力的再生产和社会的稳定。

（3）保险基金来源于用人单位和劳动者的缴费及财政的支持。保险对象范围限于职工，不包括其他社会成员。保险内容范围限于劳动风险中的各种风险，不包括此外的财产、经济等风险。

（4）社会保险是一种社会风险分散机制，基本目标是维持劳动力的再生产，以解决社会问题、确保社会安定为目的。

（5）社会保险是政府在某种社会价值理念指导下，为了达成一定的社会目标而实行的一系列社会和劳动政策。

（二）社会保险的基本要素

社会保险的基本要素是构成社会保险制度必不可少的方面，主要包括社会保险当事人、社会保险结构、社会保险基金统筹、待遇的享受条件、待遇的计算依据等。

（1）社会保险当事人包括保险人、投保人、被保险人和受益人。保险人又称"承保人"，是指依法经办社会保险业务的主体；投保人又称要保人，是为被保险人利益向保险人投办社会保险的主体，一般为用人单位；被保险人又称受保人，是直接对社会保险标的具有保险利益的主体；受益人是基于同被保险人的一定关系而享有一定保险利益的主体。

（2）社会保险一般由国家基本保险、用人单位补充保险和个人储蓄保险三个部分构成。其中，国家基本保险是由国家统一建立并强制实行的，为全体劳动者平等地提供基本生活保障的社会保险；用人单位补充保险是由用人单位自主为劳动者建立，旨在使本单位劳动者获得进一步物质保障的社会保险；个人储蓄保险是由劳动者个人根据自己的收入情况，以储蓄形式为自己建立的社会保险。

（3）享受社会保险待遇，必须具备法定条件。社会保险的对象是"面向最重要的社会群体——劳动者建立的一种强制性社会保障制度，突出以劳动权利为基础，实行权利义务相结合并由雇主与劳动者缴费形成各项社会保险基金，以解除劳动者在养老、疾病医疗、职业伤害、失业等方面的后顾之忧为目标，是促使劳资关系和谐和维护劳动者福利权益的根本性制度保障"。[①]享受社会保险待遇必须具备享受社会保险待遇的主体资格，和实际发生法定的社会保险事故。

（4）社会保险基金统筹是在社会范围内对社会保险基金的各种来源和用途做出统一的规定、规划和安排，并据此对社会保险基金进行统一的收支、管理和运营，以保证其收支平衡、合理使用和安全、保值、增值，充分发挥其社会保障职能。

（5）社会保险待遇计算的依据包括工资、工龄、保险费、特殊贡献和经济社会政策等，其中，工资是确定社会保险待遇的重要依据。

（三）社会保险的特征

社会保险是旨在为工薪劳动者在年老、疾病、生育、失业及遭受职业伤害的情况下，由国家提供必要的物质帮助。从社会保险的内容看，它以经济保障为前提。世界上所有国家的

---

①郑功成：《社会保险是事关基本民生的重大制度安排》，载《光明日报》，2008 年 1 月 7 日。

社会保险制度，不论完善与否，都具有以下特点。

（1）强制性。强制性指社会保险要通过立法强制实施，凡属于法律规定范围内的社会成员都必须同社会保险机构建立社会保险关系。这一特性可以减少随机和偶然性事件对公众带来的影响。

（2）互济性。社会保险是按照社会共担风险的原则建立起来的，社会保险按照"大数法则"建立社会保险基金，由国家、用人单位和劳动者共同承担，遇到风险的劳动者获得的社会物质帮助是社会风险平均化的结果。

（3）普遍性。社会保险是在全社会范围内实施的，不管其所有制性质如何都必须参加。社会保险运用大数法则的原理来分担风险，向全社会有缴纳义务的单位和个人收取社会保险费，建立社会保险基金，在全社会统一调配，用于帮助保障对象。

（4）补偿性。社会保险给予参加者的物质帮助，限于收入损失的补偿，即劳动者在劳动中断、收入中断时才有权得到给付，以保障劳动者在其失去劳动能力之后的基本生活，从而维护社会的稳定。但是这种给付并不与工资相等。

（5）安全性。社会保险是由政府举办专门机构进行经营，社会保险金的筹集、管理、运营以保证资金安全为第一目的，不允许参与可能使保险金流失或可能受到损失的活动。社会保险待遇支付以国家财政收入进行兜底，与商业保障相比安全性很高。

（四）社会保险的作用

社会保险是现代社会经济生活的重要方面，它既是劳动者享有的权利，也是政府应承担的义务，对保障人民基本生活、维护社会稳定、促进经济发展起着重要作用。

（1）保障基本生活。劳动者在劳动过程中必然会遇到各种意外事件，造成劳动力再生产过程的停顿。而社会保险就是劳动者在遇到上述风险事故时，给予必要的经济补偿和生活保障，使劳动力得以恢复。同时，国家通过生育、抚育子女和教育津贴等形式对劳动力再生产给予资助，以提高劳动力资源的整体素质。

（2）促进经济发展。社会保障可以调节社会总需求，平抑经济波动。因为社会保障基金的长期积累和投资运营有助于完善资本市场，确保劳动者在丧失经济收入或劳动能力的情况下，能维持自身及家庭成员的基本生活，保证劳动力再生产进程不致受阻或中断。

（3）维护社会稳定。社会成员老、弱、病、残、孕以及丧失劳动能力，在任何时代和任何社会制度下都无法避免的客观现象。社会保险就是当社会成员遇到这种情况时给予适当的补偿，以保障其基本生活水平，从而防止社会不安定因素的出现。

（4）实现社会公平。由于人们在文化水平、劳动能力等方面的差异，就会造成收入上的差距。社会保险可以通过强制征收保险费，聚集成保险基金，对收入较低或失去收入来源的劳动者给予补助，提高其生活水平，在一定程度上实现社会的公平分配。

（5）推动社会进步。社会保险的互助性体现出社会成员之间的互助合作、同舟共济的精神，这不仅是经济发展的需要，也有利于社会关系的和谐。

二、社会保险制度的建立与发展

社会保险制度在欧洲诞生迄今已有 100 多年的时间，并经历了不断发展、变革的过程。了解西方社会保险制度产生、发展和改革的历程及重要事件，有利于把握我国社会保险制度改革的方向。

（一）社会保险制度产生的经济条件

18 世纪开始的工业革命，导致传统社会的自然经济解体，带来人类社会生产方式的转变。但是，工业化和社会化大生产使劳动者在生产过程中的风险事故大幅度增加。一方面，由于机械化程度提高，劳动方式变化，化学工业发展，导致工人伤残、职业病等事故频繁发生。另一方面，现代化生产过程中，专业化分工与协作的劳动组合方式也促使劳动力过早地退出生产领域。同时，由于技术的进步和机器的普遍采用，资本的有机构成提高，对劳动力的需求相对减少，产生了劳动力的相对过剩，导致工人失业增加。这些风险在工业化和社会化大生产背景下成为严重的社会问题，靠工人自身甚至资本家均无力解决和应对，需要建立社会性的风险防范和应对机制，即建立社会保险制度进行解决。

同时，工业化和社会化大生产的发展带来家庭结构和家庭功能的变化，使家庭保障功能弱化。在农业社会中，以农业、手工业为主体的自然经济、半自然经济占主导地位，家庭功能齐全，家庭既是生产单位，具有生产职能；又是消费单位，具有消费职能；同时还具有生育、教育、养老的功能，家庭保障成为劳动者和其他社会成员在遭遇不幸时的"保护伞"。而在生产社会化的条件下，机器大工业生产以其低廉的生产成本、高质量的产品和高效率的生产，在竞争中彻底摧垮了以家庭为基本生产单位的自然经济、半自然经济基础，也瓦解了旧的家庭关系本身。因此，家庭职能不得不发生转换，由生产实体转变为单纯的消费实体。加之，社会化大生产方式促使家庭结构向小家庭转变，大家族式的结构基本解体。这一变化使传统的家庭保障和家族保障在不同程度上失去了存在的基础，迫切需要建立一种新的、家庭之外的社会保障机制。

（二）社会保险制度产生的社会条件

生产的社会化和市场经济的发展，有力地促进了社会生产力的发展，使社会财富大量增加，为社会保险的产生与发展提供了物质基础，从而使现代社会有经济实力来建立体现公平和正义的社会保险制度。但是，有了这个经济条件，社会保险制度也并不会自发地产生。从一定意义上说，现代社会保障制度的产生是工人阶级长期斗争的结果。也就是说，工人阶级的坚决斗争是把社会保障制度产生的可能性变为现实的决定性因素。资本主义的发展历程，伴随着工人阶级和资本家之间的斗争。

19 世纪后半期，工人运动风起云涌，罢工、游行、示威、起义此起彼伏，严重危及了资产阶级政权的稳定。如何缓解社会矛盾，维护资产阶级统治，成为资本主义国家政府和社会面临的一大难题。资产阶级为了缓和阶级矛盾，维护自己的统治，在采取镇压手段的同时，还采取了社会保障这种安抚政策。现代社会保险制度在 19 世纪末期的俾斯麦政府时代产生正是基于这种社会背景。1881 年 11 月，德国《社会政策大宪章》（又称《黄金诏书》）宣布建立"社会保障基本法"，当时的德国宰相俾斯麦声称，"一个期待着养老金的人是最守本分的，也是最容易被统治的"，实行社会保险就是"一种消灭革命的投资"。①

（三）现代社会保险制度的建立

19 世纪末期，德国社会矛盾加剧，导致工人阶级斗争的迅猛开展。在这一局势下，1881 年威廉一世颁布诏书，决定推行社会改革。1883 年到 1889 年，德国俾斯麦政府时期连续颁布了《疾病社会保险法》、《工伤事故保险法》和《老年和残疾社会保险法》三部法律，此举标志着现代社会保险制度正式建立。1911 年，德国政府又将这些法规综合为一部《德意志帝国法典》，标志着世界上第一套完整社会保险体系的建立，开创了资本主义国家社会保险体系的先例。

德国社会保险制度的建立，具有重要的历史意义：一是在全社会范围内推行社会保险，使之第一次确立为正式的公共社会保障计划；二是由政府组织构建社会保险体系，提高社会保险制度的效率；三是为现代社会保险制度提供了一些基本原则，如在一定程度上补偿劳动者风险失去的收入，社会保险实行强制性投保，国家、雇主、工人三方分担；四是确立了社会保险权利和义务相统一的原则、以交费为享受保险条件的原则等。这些都成为以后各国建立社会保险制度的基础。

之后，现代社会保险制度的建立与发展可以分两个阶段：

第一阶段，以 1935 年美国政府颁布的《社会保障法》为标志。这部法律是以美国联邦政府为主体对全国性社会保障事业的立法。根据该法案，美国联邦政府的老年社会保险、联邦政府和各州共管的失业保险、各州主管的劳动者工伤补偿保险，以及社会救助和社会福利事业等等构成了美国的社会保险体系。1944 年，英国经济学家贝弗里奇主持制定《社会保险和相关服务》，提出了为全体公民提供"从摇篮到坟墓"的社会保障措施。该报告使社会保障首次作为公民的一项基本权利得以确立，使较为完整的现代社会保险制度的结构与轮廓得到开创性界定。它不仅为英国战后重建社会保险制度奠定了决策基础，而且成为西方发达国家战后发展社会保险制度的重要依据。

第二阶段，1952 年，联合国主管劳动和社会事务的专门机构"国际劳工组织"（ILO），在总结国际各国社会保障立法的基础上，制定并通过了《社会保障最低标准公约》，提出了包括医疗、疾病津贴、失业津贴、老龄津贴、工伤津贴、家庭津贴、残疾津贴、遗属津贴、定期支付应遵循的标准、平等对待非本国公民等各种条款及一切经济活动的产业分类等，对社会保险的各项目都规定了最低支付标准，从而为各国社会保险法规的完善发挥了极为重要的作用，标志着社会保险事业从此走向了国际化。

---

① 转引胡晓义：《加快建立覆盖城乡居民的社会保障体系》，来源：人民网，2010 年 7 月 6 日。

三、社会保险与商业保险的关系

我们通常所说的保险是指商业保险，一般由专门的保险企业（公司）经营。与社会保险相比，商业保险是通过订立保险合同运营，以赢利为目的的保险形式，由专门的保险企业经营。社会保险与商业保险之间既有联系，又有本质的区别。

（一）商业保险

商业保险是指通过订立保险合同运营，以赢利为目的的保险形式，由专门的保险企业经营，为参保者提供商业类型的人身、财产保障的赔付形式。

商业保险关系是由当事人与保险公司之间自愿缔结的合同关系，其基本特征是：

（1）商业保险的经营主体是商业保险公司；

（2）商业保险所反映的保险关系是通过保险合同体现的；

（3）商业保险的对象可以是人和物（包括有形的和无形的），具体标的有人的生命和身体、财产以及与财产有关的利益、责任、信用等；

（4）商业保险的经营以赢利为目的，而且要获取最大限度的利润，以保障被保险人享受最大限度的经济保障。

商业保险关系的运作方式是："由当事人自愿缔结的合同关系，投保人根据合同约定，向保险公司支付保险费，保险公司根据合同约定的可能发生的事故因其发生所造成的财产损失承担赔偿保险金责任，或者当被保险人死亡、伤残、疾病或达到约定的年龄、期限时承担给付保险金责任。"[①]

商业保险分财产保险、人寿保险和健康保险。财产保险包括机动车保险、企业财产保险、家庭财产保险、船舶保险、责任保险、保证保险、货物运输保险、意外伤害险、农业保险、工程保险、信用保险等；人寿保险和健康保险根据投保时间的长短，可以分为短期健康险和长期健康险。投保时间长短还与投保人的数量结合构成团体短期险和团体长期险，同样与个人结合可构成个人短期险和个人长期险等。

（二）商业保险与社会保险的联系

社会保险和商业保险是两大保险形式，从功能上看，两者都是社会风险的化解机制。社会保险的产生晚于商业保险，它所使用的术语和计算、预测方法很多与商业保险有关。

（1）风险集中与分散机理相似。商业保险分散风险、损失分摊的机理是：众多面临相同风险的投保人以签订保险合同的方式，将风险转移给保险公司；保险公司利用保险精算技术和方法，预测风险单位未来的平均损失概率和损失幅度，向各投保人收取相应的保费建立保险基金。当合同约定的保险事故发生时，利用累积的保险基金对遭受损失的被保险人提供经济补偿或给付，实现了风险的集中与分散。社会保险也基于类似的运作机理，将参保人员的

---

①李民、刘连生：《保险原理与实务》，中国人民大学出版社2013年版，第1页。

缴费集中起来，建立社会保险基金，并以此对遭遇特定风险的参保人员进行经济补偿或给付，为其提供基本的生活保障。

（2）处置的风险类型相似。社会保险和商业性的人身保险处置的风险类型都主要集中在年老、疾病、死亡、伤残等人身风险上，提供养老保险、人寿保险、两全保险、健康保险、意外伤害保险及各种责任保险等险种。从整个社会经济保障体系来看，是从不同层面为个人和家庭提供了不同程度的经济安全保障，两者互补性很强。在全社会用于保险保障的资源一定的情况下，社会保险所提供的保障程度越高，商业人身保险的需求就越有限；反之，社会保险所提供的保障程度越低，商业人身保险的需求就越大。

（3）基本功能相似。社会保险和商业保险的基本功能都是为被保险人的损失提供经济补偿或给付。商业保险的本质是一种经济补偿制度，其基本功能是为被保险人遭遇的损失提供经济补偿。当保险合同约定的保险事故发生时，保险人要对被保险人履行赔偿或给付保险金的义务。社会保险同样要对法定范围内遭受特定风险的被保险人支付社会保险金，为其提供基本生活保障，以达到稳定社会秩序、促进社会进步的社会政策目标。

（4）建立保险的手段相似。社会保险和商业保险都需要确定一个合理的、充足的缴费率，由此建立保险基金，作为经济补偿或给付的资金来源。在商业保险中，保险公司利用精算技术，确定一个合理、充足的保险费率，计提相应的责任准备金，建立保险基金。保险基金是保险公司履行赔偿或给付保险金责任的物质基础，是确保保险公司偿付能力的关键。收支平衡是保险业务长期稳定运行的前提条件。

（三）商业保险与社会保险的区别

社会保险是多层次社会保险体系中的主体，商业保险是多层次社会保险体系的补充，都是多层次社会保险体系的重要组成部分。商业保险与社会保险的区别在于：

（1）保险机构的主体形式不同。社会保险属政府行为，政府不仅是社会保险的倡导者、组织者、执行者，也是其坚强后盾，一旦社会保险入不敷出，出现严重赤字，政府一定设法予以弥补，以保障受保人的权益，维持社会安定。现代国家都高度重视社会保险，无不把它列为社会政策的重要组成部分。从事商业保险业务的主体均为营利性的企业法人，有的采取股份有限公司的形式，有的采用法律规定的其他公司形式。商业人身保险系纯企业行为，保险人是保险公司，它讲求"多进少出高盈利"，与投保人是买卖关系。

（2）保险活动产生的法律基础不同。商业保险法律关系的建立完全基于投保人与保险人根据自愿、协商的原则建立。根据这一原则，投保人与保险人之间的保险关系应在平等互利、协商一致的基础上形成，投保人是否愿意投保，保险人是否愿意承保，都由双方当事人依法自主决定，任何一方不得强迫对方订立保险合同，当事人以外的其他人更是无权发号施令。社会保险属于社会保障性质，带有强制性，由国家以法律或法规的形式，强制有关当事人必须加入。

（3）保险活动的约定形式不同。由于商业保险实行自愿投保原则，其保险关系的确定以及保险人同投保人、被保险人及受益人的权利义务关系，都是通过签订保险合同来确定和体现的；社会保险一般是法律、法规规定的强制性保险活动，投保人与保险人的权利义务关系都是在规范性文件中明确规定的，不需要以签订保险合同的方式来体现保险关系及当事人的权利义务关系。

（4）实现的目的不同。社会保险依法执行，带有强制性，强制一切用人单位及员工按时如数缴纳社会保险费。商业人身保险则不同，它纯属商业活动，严格实行买卖自由、等价交换的原则，无半点强制色彩。商业保险机构从事商业保险业务的出发点是为了赢利，其在保险活动中，通过赚取赔付金少与所收保险费的差额来获取经营利润。而从事社会保险的机构，其办理社会保险业务和管理保险基金的目的，是为了实现社会保障，是非营利的，即使所收取的保险费多于所支出的保险金，该余额仍为社会保障基金，不能用于利润分配。

（5）保险内容及赔偿支付不同。商业保险包括财产保险、人身保险，投保人可以根据自己"买"的被保险标的情况，自己所承担保险费的能力，投入相应的保险费，在保险情况发生时，在保险价值范围内可以获得相应的保险金赔付，体现了多投多保，少投少保的原则。而社会保险只限于人身保险，主要以健康、养老、失业、工伤等为保障对象，实行全社会或全行业统筹的原则，按照法定的保障标准给付，并不以投保人投入保险费的多少而差别保障，体现了社会基金保障的功能。

此外，商业人身保险实行不投不保、少投少保、多投多保的等价交换原则。而社会保险实行的是互助互济原则，强调劳动者之间的互相帮助。

第二节　社会保险项目

在一个国家的社会保障体系中，社会保险所承担的风险最多，包括劳动者生命周期中可能使他们失去工资收入的生、老、病、死、伤、残、失业等所有风险，主要包括养老保险、医疗保险、工伤保险、失业保险和生育保险等五大项目。

一、养老保险

由于年老导致的劳动能力丧失是人生中不可避免的一大风险。因此，养老保险是世界各国普遍实行的一种社会保障制度，是社会保险五大险种中最重要的险种。一个国家建立养老保险的目的，是为保障老年人的基本生活需求，为其提供稳定可靠的生活来源。

（一）养老保险概述

养老保险，全称是社会基本养老保险，是国家和社会根据一定的法律和法规，为解决劳动者因达到规定的解除劳动义务的劳动年龄界限或因年老丧失劳动能力退出劳动岗位后的基本生活而建立的一种社会保险制度。

1.养老保险及特征

养老保险是在法定范围内的老年人完全或基本退出社会劳动生活后才自动发生作用的。所谓"完全",是以劳动者与生产资料的脱离为特征;所谓"基本",指的是参加生产活动已不是主要的社会生活内容。其中法定的年龄界限才是切实可行的衡量标准。

养老问题不仅是社会问题,而且是一个世界性问题,关系到一个国家或社会的经济、文明发展,因此,我们要充分认识这项保险的特征。

(1)长期性。养老保险涉及的时间跨度很大,对个人而言,涵盖了劳动者从年轻到死亡的大部分时间;此外,养老保险制度的设计、运行往往横跨近一个世纪,涉及几代人的社会福利分配,有很强的代际性。

(2)复杂性。劳动保险对于大多数正常人来讲都要遇到。在养老保险的制度设计中,要考虑社会各方面的承受能力,要考虑经济发展与社会福利之间的平衡,要考虑养老保险制度的可持续发展,在基金的收支、运营、管理等方面都需要周全的计划。

(3)层次性。养老保险包括国家基本养老保险、单位补充养老保险、个人储蓄性养老保险三个层次,这已成为当今世界各国建立养老保险制度的一个模式。而医疗保险等社会保险制度,还没有像养老保险"三支柱"这种各方面人们都比较认同的模式。

(4)社会性。养老保险具有广泛的社会性,影响范围大,享受人数多,且时间较长,费用支出庞大。因此,国家必须设置专门机构,实行现代化、专业化、社会化的统一规划和管理。

2. 养老保险的作用

养老保险是以老年人的生活保障为目标的,通过再分配手段或者储蓄方式建立保险基金,支付老年人生活费用的一种保险。

(1)养老保险在社会保障体系中的地位最重要。一般来说,老年是人生中劳动能力不断减弱的阶段,这一点与失业现象是不一样的。因为失业并不意味着劳动能力的减弱和丧失,而年老则意味着人的劳动能力逐渐丧失,意味着一种永久性的失业。养老保险为老年人提供了基本生活保障,使老年人老有所养。

(2)养老保险是每个人所必需的。因为人进入老年和退出劳动后,健康问题和经济问题都会增加,需要由他人提供帮助,才能获得生活保障。而在人口老龄化或人的寿命不断延长的情况下,需要获得老年社会保障的劳动者与日俱增,从需要社会保障的人数看,老年社会保险的比重是最大的。

(3)养老保险有利于社会稳定。养老保险可以保障劳动者年老之后的基本生活,等于保障了社会相当部分人口的基本生活。对于在职劳动者而言,参加养老保险意味着将来年老后的生活有了保障,免除了后顾之忧。从社会心态来说,人们多了一分稳定,少了一些浮躁,这有利于社会的稳定。

(4)养老保险有利于保证劳动力再生产。建立养老保险制度,有利于劳动力群体的正常代际更替,保证新生劳动力顺利就业。老年人的生活有了保障,也就解除了其子女的后顾之忧，使他们能安心工作和劳动。同时，健全的老年社会保障能减轻晚辈赡养长辈的负担，有利于年轻人的发展。

（5）养老保险有利于调节社会经济的发展。由于养老保险涉及面广，参与人数众多，其运作中能够筹集到大量的养老保险金，能为资本市场提供巨大的资金来源。通过对规模资金的运营和利用，国家可以对国民经济的宏观调控。

3.养老保险的原则

各国养老保险的水平，与自己一定时期的社会生产力的发展水平必须保持一致。养老保险水平过高，将影响企业的竞争力和人们工作的积极性；养老保险水平太低，将影响社会的稳定。因此，一个国家建立养老保险制度时必须坚持以下原则。

（1）保证基本生活原则。养老保险的目的就是对劳动者退出劳动领域后的基本生活予以保障。这一原则更多地强调社会公平，有利于低收入阶层。一般而言，低收入阶层人群的基本养老金替代率较高，而高收入人群的替代率相对较低。劳动者还可以通过参加补充养老保险（企业年金）和个人储蓄养老保险，获得更多的养老收入。

（2）公平与效率兼顾原则。社会保险制度从总体上讲应当以公平原则为主，效率其次。但是，并不是所有的社会保险制度都实行公平优先的原则。养老保险制度涉及国家经济长久发展和人民生活的实际水平，因此，对公平和效率都要兼顾，任何一方存在偏颇，都会妨碍另一方。

（3）权利与义务相对应原则。在基本养老保险制度中，大多数国家都要求参保人员履行了规定的义务后才能享受规定的养老保险待遇。这些义务主要包括：依法参加基本养老保险；依法缴纳基本养老保险费并达到规定的最低缴费年限。基本养老保险待遇以养老保险缴费为条件，并与缴费的时间长短和数额多少直接相关。

（4）管理服务社会化原则。按照政事分开的原则，政府委托或设立社会机构管理养老保险事务和基金。要建立独立于企事业单位之外的养老保险制度就必须对养老金实行社会化发放，并依托社区开展退休人员的管理服务工作。

（5）分享经济发展成果原则。一般而言，养老保险的整体水平要高于贫困救济线和失业保险金的水平，而低于社会平均工资和个人在职时的收入水平。因此，有必要建立基本养老保险金调整机制，使退休人员的收入水平随着社会经济的发展和职工工资水平的提高而提高，以分享社会经济发展的成果。

（二）养老保险的层次和类型

养老保险的产生与发展，是与一个国家的政治、经济和社会文化紧密结合在一起的，它是社会化大生产的产物，也是社会进步的标志。根据国家对养老保险承担责任的不同，世界上的养老保险制度出现了不同的层次与类型。

1.养老保险的层次

养老保险一般由四个层次（或部分）组成。第一层次是基本养老保险，第二层次是企业补充养老保险，第三层次是个人储蓄性养老保险，第四层次是商业养老保险。在这种多层次养老保险体系中，基本养老保险是第一层次，也是最高层次。

（1）基本养老保险，亦称国家基本养老保险。它是国家和社会根据一定的法律和法规，为解决劳动者因达到国家解除劳动义务的劳动年龄界限或因年老丧失劳动能力退出劳动岗位后的基本生活而建立的一种社会保险制度。基本养老保险以保障离退休人员的基本生活为原则，它具有强制性、互济性和社会性。它的强制性体现在由国家立法并强制实行，企业和个人都必须参加而不得违背；互济性体现在养老保险费用来源一般由国家、企业和个人三方共同承担，统一使用、支付，使企业职工得到生活保障并实现广泛的社会互济；社会性体现在养老保险影响很大，享受人多且时间较长，费用支出庞大。

（2）企业补充养老保险，又称企业年金。它是由国家宏观调控、企业内部决策执行的企业补充养老保险。是企业根据自身经济承受能力，在参加基本养老保险基础上，企业为提高职工的养老保险待遇水平而自愿为本企业职工所建立的一种辅助性的养老保险。企业补充养老保险是一种企业行为，效益好的企业可以多投保，效益差的、亏损企业可以不投保。实行企业年金，可以使年老退出劳动岗位的职工在领取基本养老金水平上再提高一步，有利于稳定职工队伍，发展企业生产。

（3）个人储蓄性养老保险。职工个人储蓄性养老保险是我国多层次养老保险体系的有机组成部分，是职工自愿参加、自愿选择经办机构的一种补充保险形式。实行职工个人储蓄性养老保险的目的，在于扩大养老保险经费来源，多渠道筹集养老保险基金，减轻国家和企业的负担；有利于消除长期形成的保险费用完全由国家"包下来"的观念，增强职工的自我保障意识和参与社会保险的主动性，同时也能够促进对社会保险工作实行广泛的群众监督。

（4）商业养老保险。是以获得养老金为主要目的的长期人身险，它是年金保险的一种特殊形式，又称为退休金养老保险，是社会养老保险的补充。商业性养老保险的被保险人，在缴纳了一定的保险费后，就可以从一定的年龄开始领取养老金。这样，尽管被保险人在退休之后收入下降，但由于有养老金的帮助，他们仍能保持退休前的生活水平。商业养老保险，如无特殊条款规定，则投保人缴纳保险费的时间间隔相等，保险费的金额相等，整个缴费期间内的利率不变且计息频率与付款频率相等。

2.养老保险的类型

世界各地不同国家的养老保险制度有如下分类：

（1）储金型养老保险。储金型养老保险制度在一批新兴市场经济国家实行，以新加坡、智利等国家为代表，强调自我保障的原则，实行完全积累的基金模式，建立了不同类型的个人养老保险账户或"公积金"账户。

（2）国家型养老保险。国家型养老保险制度曾经在大多数计划经济国家实行，以原苏联、东欧国家为代表。按照"国家统包"的原则，由用人单位缴费，国家统一组织实施，工人参与管理，待遇标准统一，保障水平较高。

（3）传统型养老保险。传统型养老保险以美、德、法等发达市场经济国家为代表，贯彻

"选择性"原则，即并不覆盖全体国民，而是选择一部分社会成员参加，强调待遇与工资收入及缴费（税）相关联，因此也可称为"收入关联型养老保险"。

（4）福利型养老保险。福利型养老保险以英、澳、加、日等发达市场经济国家为代表，贯彻"普惠制"原则，基本养老保险覆盖全体国民，强调国民皆有年金，因此称为"福利型"或"普惠制"养老保险。

（5）混合型养老保险。原来实行福利型养老保险的国家，如今大多已经或正在向一种混合型制度转轨。即福利型养老保险与"收入关联型养老保险"同时并存，共同构成第一支柱的基本养老保险。英国与加拿大就是采用这种混合型养老保险的国家。

3.养老保险的模式

养老保险是老年人的基本生活需求保障，为其提供稳定可靠的生活来源。目前，世界上实行养老保险制度的国家主要有三种模式。

（1）投保资助型。以国家为主体，通过立法强制实施，强调以雇主和雇员按既定的比例定期缴纳养老保险费，形成社会保险金。当资金收入不够支出时，国家财政给予补贴。投保资助型养老保险追求的社会目标是通过"人人为大家，大家为人人"的原则，使受保人不致陷入贫困。投保资助型养老保险以美、德、法等发达市场经济国家为代表，贯彻"选择性"原则，即并不覆盖全体国民，而是选择一部分社会成员参加，强调待遇与工资收入及缴费（税）相关，因此也可称为"收入关联型养老保险"。该保险最大特点在于强调个人缴纳保险费，企业为雇员缴纳社会保险基金，公民只有在履行缴费义务后取得享受资格，才能领取保险金。

（2）强制储蓄型。以东南亚发展中国家为主体实行的一种养老保险制度，又称"中央公积金制"，首创于20世纪50年代。储蓄型养老保险制度在一批新兴市场经济国家实行，以新加坡、智利等国家为代表，强调自我保障的原则，实行完全积累的基金模式，建立了不同类型的个人养老保险账户或"公积金"账户。该保险的最大特色是不需要国家在财政上给拨款，而是强制雇主为雇员储蓄，雇员依法自我投保，以形成社会保险金基金。建立个人账户，记录个人缴纳保险费情况。国家除了在银行利息上给予优惠外，财政上不给予拨款强制。雇员和雇主同时投保，充分实现了自我保障的原则。

（3）国家统筹型。是指由国家（或国家和雇主）承担雇员的全部养老保险费，雇员个人不缴费的一种典型的福利型养老保险制度。由原苏联创建，在20世纪中期为其他社会主义国家所效仿。该制度与高度集中的计划经济体制相适应，由政府统一包揽并面向全体国民，所以又被称为政府统包型养老保险制度。这一模式的最大特点是实行"国家统包"的原则，规定以养老为主要内容的社会保险是公民应享受的基本权利。由用人单位缴费，国家统一组织实施，工人参与管理，待遇标准统一。非公有制经济从业人员被排斥在覆盖范围之外，保障水平较高。

（三）养老保险制度的构成

养老保险的目的是为保障老年人的基本生活需求，为其提供稳定可靠的生活来源。一般主要由退休年龄、养老保险标准、缴费年限和养老保险金几个部分组成。

（1）退休年龄。退休年龄是一个国家法律所规定的职工在一定的年龄之后不应当继续从事工作，而应退职休养的年龄。享受养老保险与退休年龄密切相关。根据第 102 号国际劳工公约即《社会保障最低标准公约》规定，享受养老保险的年龄条件一般不应超过 65 岁（各国政府也可以视自己国家老年人的工作能力而规定更高的年龄条件）。世界各国的离退休年龄相差较大，发展中国家大多为男 60 岁、女 55 岁，而发达国家则多为男女同为 65 岁，且有进一步提高退休年龄的趋势。退休年龄定在什么岁数合适，不仅关系经济发展，更关乎社会公平。有时候，对某个群体的特殊照顾，可能引起其他群体的不满。这就要求政策制定者，一定要广泛听取社会各方的意见，民主决策，制定出大部分人认可的、适合社会发展的退休年龄。

（2）养老保险标准。又称养老保险缴费标准，是养老保险缴费数额的计算方法、缴费比例等标准。在中国，基本养老保险基金由个人缴费、单位缴费和政府补贴等构成。单位缴纳的养老保险费纳入统筹养老金，个人缴纳的养老金计入个人账户。养老保险缴费的比例分为企业参保和个体劳动者参保两类，各类企业按职工缴费工资总额的 20%缴费，职工按个人缴费基数的 8%缴费，职工的应缴部分由企业代扣代缴。而个体劳动者包括个体工商户和自由职业者，按缴费基数的 18%缴费，全部由自己承担。"养老保险基数"的确定，一般以一个统筹地区的上年度职工平均工资（简称省社平工资）为基准。个人缴费工资基数，一般为职工本人上一年度月平均工资，包括工资、奖金、津贴、补贴等收入。

（3）缴费年限。缴费年限（又叫投保年限）是指用人单位和参保职工按照国家规定缴纳养老社会保险费（医疗、失业也是如此）的累计年限，是计发社会保险待遇的依据之一。世界上大多数国家的养老保险待遇给付条件都是复合型的，需要考虑两个或两个以上的条件才能享受待遇。一般来说，除了年龄之外，还要考虑投保年限，甚至工龄和居住条件等。它不同于连续工龄，但二者在时间上有一定的承袭关系。有的国家规定，投保人达到一定的年龄，并缴纳一定数额保险费和投保满一定年限，方有资格领取年金；有的国家要求养老金领取者要达到一定的年龄，并且有若干年的工龄；有的国家以年龄和投保人是否是本国公民和居住在本国的期限作为享受养老金的条件。目前，以年龄与投保年限为条件的国家占大多数。对未达到规定条件的，则没有领取保险待遇的资格，或只有享受减免或减额保险待遇的资格。

（4）保险待遇。保险待遇又叫养老保险金，是参保人员因工作到一定年限，不愿继续任职或因年老体衰、工残事故导致丧失劳动能力时，保险机构为保证其老有所养而付给的年金或一次付清所得金。其来源是由职工所在单位以及职工在职时按一定比例共同缴纳的，并由劳动行政主管部门所属的社会保险与专门机构管理。养老保险待遇，包括直至死亡时一直可以按月领取的基本养老金，死后有死亡待遇（丧葬费、一次性抚恤费、符合供养条件的直系亲属生活困难补助费）。养老保险待遇覆盖范围的大小、项目的多少取决于一个国家的国情、工业化程度、保险制度的成熟程度等因素。实行普遍保险的国家，养老金发放的范围覆盖全体居民。实行与就业相关联保险的国家，其覆盖范围是包括全体劳动者还是部分劳动者，取决于保险建立年代的长短。

二、医疗保险

医疗保险是为补偿职工因为疾病带来的医疗费用的一种保险，职工因疾病、负伤、生育时，由社会或企业提供必要的医疗服务或物质帮助，是目前世界上应用相当普遍的一种卫生费用管理模式。

（一）医疗保险概述

疾病是人类面临的重要风险，是一种致因复杂、危害严重并且直接关系人类基本生存利益的特殊风险。医疗保险是社会保障体系中重要的组成部分，出发点是为了分担疾病危险带来的经济损失，其目的是保障公民的身体健康。

1.医疗保险的含义

医疗保险起源于西欧的中世纪。随着资产阶级革命的成功，家庭作坊被大工业所取代，出现了近代产业队伍。由于工作环境恶劣，疾病流行，工伤事故频发，工人们要求相应的医疗照顾。可是他们的工资较低，个人难以支付医疗费用。于是许多地方的工人便自发地组织起来，筹集一部分资金，用于生病时的开支。但这种形式并不是很稳定，而且是范围较小，抵御风险的能力很低。18世纪末19世纪初，民间保险在西欧发展起来，并成为国家筹集医疗经费的重要途径。20世纪中期，医疗保险在世界大多数国家逐步完善。

现代社会的医疗保险，是指由国家立法，通过强制性社会保险原则和方法筹集医疗资金，保障人们平等地获得适当的医疗照顾，同时补偿因疾病风险造成的经济损失而建立的一项社会保险制度。其内涵包括：

（1）医疗保险是由国家立法强制实施的。

（2）医疗保险的对象通常是劳动者，尤其是工薪劳动者。

（3）医疗保险以被保险人履行缴费义务作为获得医疗保险的前提。

（4）医疗保险的内容主要是疾病保险。劳动者面临的风险很多，与身体直接相关的事件既有疾病，也有职业伤害、生育等，但医疗保险保障的主要是各种疾病。

（5）医疗保险服务由第三方提供。医疗保险第三方指的是保险（医疗保险经办部门）和被保险（参加医疗保险人员）之外的与被保险人有关联的一方。医疗保险的第三方服务是为医保参保人提供窗口收集材料、报销初审、定点审核、基金结算、异地医疗等服务。

2.医疗保险的特点

由于疾病风险和医疗保险服务供给的特殊性，它与其他社会保险相比有着明显的区别，在实践中具有自己的特点。

（1）保障对象的普遍性。医疗保险的对象原则上应覆盖全体公民。人的一生不可避免地要生病，回避不了疾病风险，因此每个人都会成为医疗险的对象。

（2）涉及范围的复杂性。医疗保险涉及社会保险机构、被保险人、雇主、医疗机构和政府等多方面的复杂关系，而其他社会保险项目涉及关系就简单得多。另外，医患双方的信息不对称，医疗费用由第三方（社会保险机构）支付，这就增加了医疗保险的复杂性。

（3）补偿短期性和经常性。由于疾病的发生具有随机性和突发性，医疗保险提供的补偿就具有短期性和经常性的特点。在这一点上显然与其他社会保险项目不同，如养老保险只有在劳动者退休后才能享受，失业保险只有在失业期间才能享受，等等。

（4）发生频率高，费用难以控制。在人的一生中，每个人都会遇到疾病，有的人甚至会多次遇到。每个人每次医疗的费用都不相同，发生的数额差额较大，低的时候不会影响生活，但高的时候就足以置患者于困境。因此，相对于其他社会保险项目，医疗保险的风险预测和控制是一个重要的问题。

（5）保障手段的服务性。除了对享受医疗保险的人补偿医疗费外，医疗保险还以提供医疗服务的方式向社会成员服务。

3.医疗保险的作用

医疗保险是当今世界立法最早的社会保险项目，一百多年的实践经验表明，该保险在解除社会成员的疾病所造成的后顾之忧、维护家庭与个人的健康发展方面，具有重要作用。

（1）保障劳动者及其家庭经济生活。劳动者一旦患病，不能从事劳动，正常收入中断或减少，势必会影响劳动者本人及家庭的经济生活。医疗保险制度的实施，可以使患病的劳动者从社会上获得必要的物质帮助，尽快恢复身体健康，重新从事劳动并取得经济收入。

（2）提高全民健康意识。医疗保险制度的建立和实施，有利于培育全民自我保健意识，实行自我积累，增强自我医疗保障的能力和节约费用的意识；有利于控制医疗费用，有效利用卫生资源；还有利于发扬互助共济精神，促进社会精神文明水平的提高。

（3）维护社会稳定的重要保障。医疗保险通过在参保人之间分摊疾病费用风险，体现出了"一方有难，八方支援"的新型社会关系，有助于消除因疾病带来的社会不稳定因素，是调整社会关系和社会矛盾的重要社会机制。

（4）促进卫生事业的健康发展。医疗保险通过征收医疗保险费和偿付医疗保险服务费用来调节收入差别，是政府一种重要的收入再分配手段。通过加大对医疗服务市场的调控能力，可以促进医疗卫生资源的合理配置。

（5）促进社会生产力的发展。医疗保险制度的建立和完善会进一步促进社会的进步和生产的发展。一方面，医疗保险解除了劳动者的后顾之忧，使其安心工作，从而提高劳动生产率；另一方面，医疗保险保证了劳动者的身心健康，保证了劳动力正常再生产。

（二）医疗保险基金

医疗保险基金，是指医疗社会保险机构根据法律规定，通过各种渠道筹集的用于支付被保险人医疗服务的开支的专项资金。医疗保险基金的筹集是医疗社会保险制度运行的基础。

1. 筹集医疗保险基金的原则

一般来说，筹集医疗保险基金的原则是"以支定收"，即保证社会保险收入与支出在年度内大体平衡。

筹集医疗保险基金采取这一原则的优点在于：费率调整灵活，易于操作；有助于保险费随物价和收入的波动而调整，可以避免货币贬值的风险。通过收入调节与再分配，在一定程度上有助于体现社会保险的共济性和福利性。

当然，为避免频繁地调整缴费水平，防止短期内可能出现的收支波动，采取现收现付制的医疗保险基金一般也要保留小部分流动储备基金。

2.医疗保险基金的来源

根据社会共同责任原则，医疗社会保险费由被保险人（雇员）、用人单位（雇主）和国家三方共同承担。因为医疗保险保障的是被保险人的身体健康，对个人来说，身体健康既是人力资本的重要内容，也是幸福生活的重要来源；对雇主来说，职工身体健康意味着更高的劳动生产率和因病误工损失的减少；对一个国家和民族来说，意味着劳动力素质的提高、经济增长、社会稳定和民族的昌盛。所以，医疗社会保险无论对被保险人本人还是对其雇主，甚至对整个国家的经济发展和社会稳定都是必要的。因此，医疗社会保险资金的来源主要是：被保险人个人缴纳的保险费、被保险人所在单位（雇主）缴纳的保险费、政府资助以及其他方面的收入等。

其中，个人和单位是保险费的主要承担者。国家作为社会政策的制定者和社会事务的管理者，不仅有责任组织建立医疗社会保险，还要在特殊情况下对医疗保险基金承担最终的兜底责任。政府资助的多少，取决于国家的社会保险政策和财力状况。政府资助医疗社会保险的方式有：为政府雇员缴纳保险费；对某些没有能力缴费的人（如老人、低收入者）实行补贴，将这部分人纳入社会保险计划中；在社会保险基金出现赤字时给予补助等。也有一些国家医疗社会保险费由税前列支，从而相应减少了政府的税收收入，也可以视为政府的税收支出。个人、单位、国家在医疗社会保险资金来源中各占多大比重，各国各不相同。

3.医疗保险基金的筹资方式

目前，世界各国医疗社会保险的筹资方式主要有：固定保险费金额；与工资挂钩，按工资的百分比缴纳；与收入挂钩，按个人收入的百分比缴纳，不只是工资；按区域缴纳，按各区域内卫生基本设施的条件确定几种保险费级别等。

大多数国家，医疗保险的筹资通常采用工薪税的方式进行。该方式的优点是：考虑了每个人的支付能力，使每个人都能付得起医疗保险费；有利于控制医疗保险筹资与工资收入的相对水平；有利于建立随工资水平变化而相应调整医疗保险筹资水平的自然调整机制。

（三）医疗保险的模式

医疗社会保险从各方面筹集资金的方式和水平，一直是各国医疗社会保险制度改革的重点。按照发达国家医疗保险基金筹集经验，可以将医疗保险基金筹集方式分为以下几种。

1.社会医疗保险

医疗保险基金的筹集方式主要是雇主和雇员缴纳，政府酌情补贴。当参加医疗保险的劳动者及其家属因患病、受伤或者生育而需要医治时，由社会提供医疗服务和物质补助。其特点是：医疗保险基金社会统筹，互助共济，主要由雇主和雇员缴纳，政府酌情补贴。社会医疗保险模式是实行医疗保险制度的国家中使用最多的一种，目前世界上有 100 多个国家采用这种方式。德国是世界上首个建立医疗保险制度的国家。

2.全民医疗保险

全民医疗保险的特点是政府直接举办医疗保险事业，老百姓纳税，政府收税后拨款给公立医院，医院直接向居民提供免费或低价收费服务。保险内容覆盖所有必需的医疗服务，医药适当分离。除特殊规定的项目外，公众免费享受所有其他基本医疗保险。同时，鼓励发展覆盖非政府保险项目的商业性补充医疗保险。凡非政府保险项目均由雇主自由投资，其所属雇员均可免费享受补充医疗保险项目。实行国家医疗保险的国家，基本上由国家开办医院，提供医疗服务。在公立医院工作的医务人员工资由国家支付。英国、加拿大、瑞典、爱尔兰、丹麦等国家所实行的福利型的全民医疗保险制度都属于这一模式。

3.储蓄医疗保险

储蓄医疗保险通过立法形式强制劳方或者劳资双方缴费，以雇员的名义建立保健储蓄账户（个人账户），用于支付个人以及家庭成员的医疗费用的医疗保险制度。储蓄医疗保险模式属于公积金制度的组成部分，以新加坡为典型代表。如新加坡的法律规定，必须把个人消费基金的一部分以储蓄个人公积金的方式转化为医疗保险基金。这部分的缴费率为职工工资总额的 40%，雇主和雇员分别缴纳 18.5% 和 21.5%。国家则设立中央公积金，分担部分费用。此外，政府还拨款建立保健信托基金，帮助贫困国民支付服务费。新加坡的所有国民都执行统一的医疗保健制度，政府高级官员和一般雇员享受同样的医疗保健服务。

4.商业医疗保险

商业医疗保险是把医疗保险作为一种特殊商品，按照市场法则自主经营的医疗保险模式。其特点是参保自由，灵活多样，适合多层次需求。在医疗保险市场上，卖方是营利性的或非营利性的自营医疗保险公司或者民间医疗保险公司。买方既可以是企业、社会团体，也可以是政府或者个人。商业保险的资金主要来源于参加保险的个人及雇主所缴纳的保险费，通常情况下，政府财政不出资或不补贴。这种模式往往以自由医疗保险为主，按市场法则经营的、以赢利为目的，往往拒绝接受那些条件差、收入低的居民的投保，因此其公平性较差。商业医疗保险模式的典型代表是美国。

5.社区合作医疗保险

社区合作医疗保险又可以称为基层医疗保险和集资医疗保险制度。社区医疗保险的对象可以是城市社区居民，也可以是农民，但一般以农民为主。社区医疗保险是依靠社区的力量，按照"风险分担，互补共济"的原则，在社区范围内多方面筹集资金，用来支付参加保险者及其家庭的医疗、预防、保健等服务费用的一项综合性医疗保险措施。泰国的健康保险卡制度是社区医疗保险模式的代表。

三、失业保险

就业问题不仅是一个国家重要的经济问题，而且是一个十分敏感的社会问题，直接关系到经济发展和社会稳定。所以，对失业人员的社会保障一直是许多国家社会经济发展目标的重要组成部分。

（一）失业

失业作为一种社会现象，伴随着资本主义生产方式的产生而产生。随着周期性经济危机的出现，产业结构的变化导致的失业问题逐渐被人们所了解。到20世纪初，发达国家和一些发展中国家先后建立了失业保险，以制度化的方式分散和缓解失业风险。

失业是与"就业"相对的概念。根据不同标准，失业可以分为不同的类型。例如，自愿失业与非自愿失业，全部失业与部分失业，短期失业与长期失业，摩擦性失业、技术性失业、结构性失业、季节性失业或周期性失业。各国法律对失业的定义，一般是指非自愿性的失业，即劳动者由于非本人原因，在劳动年龄内有劳动能力，并有求职要求，而未能找到或者丧失工作岗位的情形。

自愿性失业，是指劳动者出于自己的考虑，主动放弃所从事的工作而成为失业者。自愿失业的责任在劳动者本人。他之所以选择失业，是出于获得更体面的工作岗位、更优厚的待遇或者其他个人方面的考虑，国家没有义务给他们提供失业保险的救助。

非自愿性失业，是指非本人在劳动年龄内有劳动能力，目前无工作并以某种方式正在寻找工作的人员，就是失业人员。包括就业转失业的人员和新生劳动力中未实现就业的人员。一般需要具备以下三个条件：一是必须是处于法定劳动年龄范围以内的劳动者；二是必须是劳动能力的劳动者；三是有就业愿望，但目前没有找到工作。

失业是现代市场经济运行的必然结果。无论是在资本主义国家还是在社会主义国家，失业现象都将长期存在。对个人而言，失业意味着工作岗位的暂时丧失，对生活水平会有一定的影响。但是，通过再就业实现岗位的调整，对有的人来说也不见得是一件坏事，有时还会成为一个人命运的转折点。

（二）失业保险及其特征

失业保险是针对适龄劳动人口中有劳动能力并有就业愿望的社会成员由于非本人原因失去工作，无法获得维持生活所必需的工资收入，由国家和社会依法保证其基本生活需要的社会保险制度。

失业保险作为社会保险系统的子系统，既具有社会保险各子系统的共性，又具有其他子系统不具备的特征：

（1）保障对象的特定性。失业保险只对有劳动能力并有劳动意愿但没有工作岗位的劳动力提供保障。这也就是说，失业保险与其他保险的最大不同点是保障没有丧失劳动能力的人。丧失劳动能力而失去工作机会的情况不包括在失业保险之内。

（2）保险范围的社会性。国家举办失业保险的目的在于保障整个社会劳动者在遭受失业风险的情况下维持基本生活需要，并通过有利于促使失业者重新就业的有关规定，为其尽快就业创造条件，从而维护整个社会经济活动的顺利进行。

（3）保险时效的有限性。失业保险属于政府举办的短期社会保险项目，超过一定期限还没有找到新工作，就将被转入社会救助体系，按社会救助制度给予生活补助，不再属于失业保险的享受范围。社会救助的待遇标准较之失业保险待遇低。

（4）保险项目的多元性。失业保险除了保障失业者的基本生活之外，更重要的目的是通过转岗培训、职业介绍等尽快实现失业者的重新就业。因此，失业保险制度的内容包括失业预防、失业补救和失业保险三个方面。

（三）失业保险的内容

一般而言，一个国家失业保险制度的适用范围大小取决于其经济社会发展水平和失业保险管理手段。在经济发展水平较低和管理手段较为落后的情况下，适用范围较小一些。随着社会经济发展水平的提高和管理手段的改善，覆盖范围才逐渐扩大。

（1）失业保险金。失业保险基金是社会保险基金中的一种专项基金，一般由国家以法律规定的形式，向规定范围内的用人单位、个人征缴社会保险费。缴费义务人必须履行缴费义务，否则构成违法行为，要承担相应的法律责任。在基金的使用上，实行专款专用。失业保险基金一般采取五种方式筹集：一是由雇主和雇员共同承担；二是由雇主和国家共同承担；三是由雇员和国家共同承担；四是由国家、雇员和雇主三方承担；五是全部由雇主承担。

（2）享受失业保险的条件。各国法律对享受失业保险的条件都有类似的规定，主要有四：一是非自愿失业；二是处于劳动年龄内，且有劳动能力；三是失业前工作过一段时间，或者缴纳失业保险费达到一定的标准；四是进行了失业登记，有求职的愿望和行动。另外，各国除了规定享受失业保险待遇必须具备的资格条件外，还作了一些禁止性和限制性的规定。

（3）失业保险基金的管理。世界上大多数国家的失业保险基金，实行的都是以支定收收现付制，不存在基金的滚存和运营问题。失业保险基金的支出，一般在项目、标准、程序等方面都有严格的规定。各国负责失业保险基金管理的机构，一般是政府监督下的自治组织，具体包括三种模式：一是由雇主、雇员代表组成，在政府的监督下进行工作，如德国的同胞劳工协会、法国的劳资就业理事会；二是工会模式，如瑞典的工会事业基金会；三是公立的基金组织，如瑞士的失业基金会。

四、工伤保险

工伤保险是一种针对特殊人群的保险，即那些最容易发生工伤事故和职业病的工作人群；而在这些人群中，因为遭受伤害有时是可以避免的，因此引发了一连串的法律和道德问题，产生了大量的劳资争议和冲突。

（一）工伤保险概述

工伤不同于一般的伤害，其最根本特征就在于它与工作有关。工伤保险的范围主要由工伤事故和职业病构成，并由这两者决定。

1.工伤的含义

工伤，是工业社会的产物。在工业社会以前，劳动者主要靠手工从事经济活动，生产节奏缓慢，发生工伤的可能性很小。进入工业社会以后，随着机器逐步代替手工，加上工作中有毒有害因素的增多，使得劳动者从事职业工作的危险性越来越大。

因此，工伤又称为产业伤害、职业伤害、工业伤害、工作伤害，是指劳动者在从事职业活动或者与职业活动有关的活动时，由于外部因素直接作用而引起机体组织的突发性意外损伤。如因职业性事故导致的伤亡及急性化学物中毒。

1921年国际劳工大会通过的公约中对"工伤"的定义是：由于工作直接或间接引起的事故为工伤。1964年第48届国际劳工大会也规定工伤补偿应将职业病和上下班交通事故包括在内。因此，当前国际上比较规范的"工伤"定义包括两个方面的内容，即由工作引起并在工作过程中发生的事故伤害和与劳动者从事的工作或职业的环境、接触有毒有害物质的标量和时间有关的职业病伤害。

职业病，是指企业、事业单位和个体经济组织的劳动者在职业活动中，因接触粉尘、放射性物质和其他有毒有害物质等因素而引起的疾病。职业病的范围，通常是由国家立法列举出来的。

在我国，存在着"工伤"与"公伤"两个概念。公伤，是"因公负伤"的简称。由于体制的原因，长期以来我国国家机关、事业单位干部职工因工作原因负伤致残通常采用该术语。现行《工伤保险条例》已经适用于普通事业单位职工，公伤只适用于国家机关公务员和参照公务员法管理的事业单位和社会团体人员。对于与国家机关、参照公务员法管理的事业单位和社会团体之间形成劳动关系的其他工作人员仍然适用工伤。

2.工伤保险及其特点

所谓工伤保险，是指由国家通过立法强制实施的，为在生产劳动中遭受意外事故或职业病伤害的劳动者及其家属提供医疗服务和生活保障的一项社会保险制度。

现代劳工工伤补偿的起源，可以追溯到19世纪80年代，是世界上各国推出最早也是实施最普遍的一项社会保险事业。从1884年德国推出《劳工伤害保险法》至今，已有100多年的历史。"到20世纪90年代初期，世界上有155个国家或地区建立了工伤保险制度，占163个已经建立社会保险制度国家或地区的95%，其普及率比养老保险还要高"[1]。

工伤社会保险，是社会保障体系的重要组成部分，除了具有其他社会保险项目的一些共性之外，还具有以下特性。

（1）特定性。工伤保险的范围是在生产劳动过程中的劳动者。由于职业危害无所不在、

---

[1]王君南、陈微波：《劳动关系与社会保险》，山东人民出版社2004年版，第395页。

无时不在，任何人都不能完全避免职业伤害。因此工伤保险作为抗御职业危害的保险制度适用于所有职工，任何职工发生工伤事故或遭受职业疾病，都应毫无例外地获得工伤保险待遇。

（2）责任性。工伤保险实行工伤职工无过错责任原则。无论工伤事故的责任归于用人单位还是职工个人或第三者，用人单位均应承担保险责任。工伤保险不同于养老保险等险种，劳动者不缴纳保险费，全部费用由用人单位承担。即工伤保险的投保人为用人单位。

（3）赔偿性。工伤保险具有赔偿性质，实行无责任或无过错赔偿原则，只要是在劳动中受到工伤，无论有无过错和是否有责任，一律享受工伤保险待遇。工伤保险除了长期保障伤残人员的生活外，还要根据伤残情况补偿其因工受伤的经济损失，对各级伤残者要进行一次性的经济补偿。

（4）优厚性。社会化大生产条件下，生产劳动危害性大，有些事故的发生不可避免。所以，工伤保险是维持社会再生产和劳动力再生产必不可少的社会经济制度。在诸多社会保险项目中，工伤保险制度是社会保险待遇给付中最为优厚的。

（5）全面性。工伤保险的保障内容比商业意外保险要丰富，除了工作时的意外伤害，也包括职业病的报销、急性病猝死保险金、丧葬补助（工伤身故）。保险目标是保障工伤职工的工资水平不降低，甚至随着工资水平的增长而增长。

3.工伤保险的作用

工伤保险作为社会保险制度的一个组成部分，是国家通过立法强制实施的，是国家对职工履行的社会责任，也是职工应该享受的基本权利。工伤保险的实施，对人类文明进步和社会发展的作用是明显的。

（1）有利于及时地保障受伤害职工的合法权益。工伤事故发生后，如果工伤待遇全由用工单位承担，利害关系直接在用人单位与职工之间产生，用人单位逃避支付的可能性不利于工伤职工利益的保护，工伤事故发生后的赔偿转由社会保险基金支付，工伤职工与用人单位间的纠纷就会减少。

（2）有利于使劳动者及其家属解除后顾之忧。能及时地保障受伤害职工的合法权益，使职工一旦发生工伤，可得到及时救治、医疗康复和必要的经济补偿，可以帮助劳动者及其家属解除后顾之忧。

（3）有利于增加用人单位和职工的安全意识，防止和减少伤亡事故。建立工伤保险制度，能增加用人单位和职工的安全意识，防止和减少伤亡事故等。

（4）有利于恢复和维护正常的生产秩序。工伤保险通过基金的互济功能，分散不同用人单位的工伤风险，避免用人单位发生工伤事故后不堪重负，严重影响生产经营，甚至导致破产，有利于企业的正常经营和生产活动。

（5）有利于促进社会稳定。由于用工单位是市场经济的主体，在市场竞争中失败与成功均有可能，如果企业破产则工伤职工的待遇得不到保障。把工伤保险待遇与用工单位的压力相分离，有利于社会的稳定。

（二）工伤保险的原则

目前，世界上大多数国家在实行工伤保险制度时普遍遵循以下原则：

（1）补偿不究过失原则。此原则又称作"无责任补偿原则"，指劳动者因工负伤或职业病暂时失去劳动能力时，不管责任在个人或在企业，都享有社会保险待遇。这一原则，能够有效地分担企业的赔偿责任，切实保障工人的权益。

（2）个人不缴费原则。工伤保险费由企业或者雇主缴纳，劳动者个人不缴纳工伤保险费，这是工伤保险与医疗、养老其他社会保险项目的显著区别之处。工伤是劳动者在创造社会财富时鲜血和生命的额外付出，应由企业或者雇主承担补偿费用，这已成为各国的共识。

（3）保障与补偿相结合原则。工伤保险一方面对受保人给予物质上的充分保证，保证他们能够维持基本的生活水平；同时，还要遵循补偿的原则，对劳动者在生产劳动过程中受到的身体损害，由企业给予一定补偿。

（4）补偿与预防、康复相结合的原则。工伤保险最直接的任务是经济补偿，保障伤残职工和遗属的基本生活。但同时还要做好事故预防和医疗康复，保障职工安全与健康，促进社会稳定和生产发展。

（5）一次性补偿与长期补偿相结合的原则。在对因工而永久性部分或者完全丧失劳动能力的职工或者因工死亡的职工进行补偿时，工伤保险机构应当一次性支付补偿金，作为对受伤害者或者其遗属精神上的安慰。此外，对于受伤害者所供养的遗属需要长期支付抚恤金，直至其失去受供养条件时为止。

（6）确定伤残和职业病等级原则。工伤保险待遇是根据伤残和职业病等级而分类确定的。伤残和职业病等级的建立是一项政策性和技术性均较强的工作，因而各国在制定工伤保险制度时，都制定了伤残和职业病等级，并通过专门的鉴定机构和人员对受职业伤害职工的受伤程度予以确定，按不同伤残和职业病状况给予不同标准的待遇。

（三）工伤保险的内容

工伤保险是工业化进程的必然产物，1884年首先建立于德国。经过一百多年的发展，这一制度已经比较完备。

（1）工伤保险的范围。工伤保险范围主要由工伤事故和职业病的范围决定。在工伤保险制度建立之初，工伤事故仅包括工作过程中直接发生的意外事故。后来，工伤事故的范围逐渐扩大。1964年的《工伤事故补偿公约》和《工伤事故补偿建议书》对工伤事故的范围作了明确界定：一是不论其原因、只要是在作业时间内，在作业地点或者附近发生的事故以及在作业场所外的任何地点因工作而发生的事故；二是工作前后一段合理的时间内，从事与工作有关的诸如运输、清理、备料、安全、储存、整理工具和衣服等预备和收尾性工作时发生的事故；三是在直接通往作业地点的路上发生的事故。包括在直通雇员主要和第二停留处路上发生的事故、在直通雇员通常用餐路上发生的事故、在直通雇员接受报酬地点路上发生的事故。职业病的范围，一般与劳动者从事的工作或者职业的环境、接触有毒有害物质的标量和时间有关，通常是由国家立法列举。随着时代的发展，职业病范围也有所扩展。如，1925 年国际劳工局只承认 3 种职业病，即铅中毒、汞中毒和炭疽病，到 1964 年国际劳工局公布《工伤事故补偿公约》，把 15 种疾病列为职业病，1980 年又增加到 29 种。

（2）工伤认定。工伤认定是劳动行政部门依据法律的授权对职工因事故伤害（或者患职业病）是否属于工伤或者视同工伤给予定性的行政确认行为。目前，大多数国家规定职工在下列情况下负伤、致残或者死亡的，认定为工伤：在工作时间和工作场所内，因工作原因受到事故伤害的；工作时间前后在工作场所内从事与工作有关的预备性或者收尾性工作受到事故伤害的；在工作时间和工作场所内，因履行工作职责受到暴力等意外伤害的；患职业病的；因工外出期间，由于工作原因受到伤害或者发生事故下落不明的；在上下班途中，受到机动车事故伤害的；法律、行政法规规定应当认定为工伤的其他情形。工伤认定根据属地原则，向用人单位所在地设区的社会保险行政部门提出。申请主体：一是用人单位，在职工发生事故伤害或者按照职业病防治法规定被诊断、鉴定为职业病的场合，用人单位应当依法申请工伤认定，此系其法定义务；二是受伤害职工或者其直系亲属、工会组织，在用人单位未在规定的期限内提出工伤认定申请的场合，受伤害职工或者其直系亲属、工会组织可直接依法申请工伤认定。

（3）工伤残废等级评定。在支付工伤保险待遇期间，首先必须对受伤者进行残废等级鉴定。残废等级是根据受伤者丧失劳动能力的程度确定的，而要确定受伤者在多大程度上丧失劳动能力，涉及个人的心理因素、家庭因素以及劳动力市场因素。残废等级标准各国规定不一，如日本的工伤事故规定了 14 个残废等级，英国的残废等级采用百分制的办法规定了 55 个等级。有的国家不规定具体的残废等级，在劳动者发生工伤后，由专家组成评残小组，根据一定的评残原则，通过考察残废者丧失劳动能力的程度，结合其从事的职业工种、培训情况和康复的可能性及今后发展前景，由专家讨论评定。工伤鉴定是工伤保险待遇给付的前提条件。评残工作应在医疗终结以后进行，若能恢复劳动，即为暂时丧失劳动能力，再根据残废等级原则确定给受伤者处于哪个等级。如确实已完全丧失劳动能力，即为永久丧失劳动力。多数情况下，在病历状况初期或者医疗诊断时就可以得出结论。如，全瘫病人的医疗期限可能很长，所以只要在受伤后能确认为全瘫，就可定为永久丧失劳动能力。

（4）工伤保险待遇。工伤保险待遇是职工在受到事故伤害和患职业病时获得的医疗救治和经济补偿。因此，必须保持一个相对公平和相对统一的待遇水平。所谓相对公平，就是要考虑制定工伤保险待遇的标准时，要充分考虑社会总体经济状况和职工总体工资收入的情况，使工位职工的待遇水平适度，即不能偏高，也不能偏低。所谓相对统一，就是要考虑全国各地的工伤职工分布情况和地区差异，在制定政策时，对工伤保险待遇的项目和享受待遇的条件方面不能各行其是。工伤保险待遇一般比其他类型的保险待遇优厚，而且实行"无责任赔偿制"，受伤害者不承担任何费用。工伤保险待遇的提供方式主要有两种，即医疗照顾（护理）和现金补助（津贴）。医疗照顾是指因工致残后的一系列治疗过程和措施。从各国实施工伤保险的现状看，绝大部分国家的工伤医疗费用，均由雇主承担，少数国家由政府补贴一些；

207

现金补助包括暂时丧失劳动能力、永久丧失劳动能力补助和遗属待遇。但是，对于丧失劳动能力的程度需要有专门的机构进行鉴定后确认。

五、生育保险

人类社会的存在与发展起始于生育。人类在经历了漫长的文明发展史后，生育保险制度已经被作为衡量一个国家文明进步程度的重要标志之一。同时，生育已经超越单纯意义上的个人行为而转向"社会化"。

（一）生育保险概述

生育是事关人类繁衍和社会发展进步的大事。对于一个社会而言，其对女性生育的重视程度，往往体现着社会发展和文明进步的程度。

1.生育保险的含义

所谓生育保险，是国家通过社会保险立法，对女职工因怀孕和分娩所造成的暂时丧失劳动能力、中断正常收入来源时，由国家和社会及时给予物质帮助的一项社会保险制度。

生育保险制度是随着社会经济发展、妇女争取平等权利的斗争和妇女的解放而产生和发展起来的，旨在维护女职工的合法权益，保障她们在生育期间得到必要的经济补偿和医疗保健，均衡各类社会组织生育保险费用负担。

生育社会保险的要点：一是面向女职工建立，即仅为女职工出现怀孕和分娩时提供；二是对女职工生育子女全过程的物质保障，既包括检查费、住院费、医药费，还包括生育假期与生育津贴；三是针对女职工的合法生育实行。合法生育包括符合法定结婚年龄、办理了结婚手续、符合国家生育政策等。

生育保险提供的生活保障和物质帮助通常由现金补助和实物供给两部分组成。现金补助主要是指给予生育妇女发放的生育津贴，有些国家还包括一次性现金补助或家庭津贴；实物供给主要是指提供必要的医疗保健、医疗服务以及孕妇、婴儿需要的生活用品等，提供的范围、条件和标准主要根据各国的经济实力确定。实行生育保险的目的是，对女职工在生育及产前或产后的一段时间，提供生育津贴、医疗服务和产假，帮助她们恢复劳动能力，或重新回到工作岗位。

2.生育保险的特点

生育保险比工伤、医疗、养老、失业等其他社会保险实施的要晚。其主要原因是，只有当社会经济已经发展到相当高的水平时，妇女参加社会工作才比较普遍，随之才会提出生育保险问题。生育保险的特点如下：

（1）重在休养。生育引起的劳动能力暂时丧失属于正常的生理性改变，因此生育保险重在给予生育者足够的生育假期，以保证其得到休养；同时，对生育引起的收入损害给予经济帮助，以保证生育者因生育带来的身体损失得以休养恢复。

（2）待遇优厚。生育保险的双重性质，既是为了维持妇女劳动者的劳动力简单再生产，又是为了保障劳动力的扩大再生产，即劳动力数量的增加。所以生育保险待遇较之其他保险待遇高。

（3）政策性强。生育保险受到一个国家人口政策制约。如，中国对待生育的基本国策是"计划生育"、"提倡每对夫妇只生一个孩子"，因此，生育保险的对象就只限于依法结婚并且符合国家计划生育政策规定的女性。

（4）对象明确。虽然一个家庭生育子女是包括男性劳动者在内的整个家庭的事情，但各个国家一般只对妇女劳动者因生育造成的直接经济损失给予物质补偿，即生育保险的主要对象是已婚妇女劳动者。

（5）时间确定。怀孕妇女在临产分娩前的一段时间内已经不宜工作，分娩以后更需要一段时间的休假，一方面照顾婴儿，一方面恢复身体健康。所以，妇女劳动者的产假包括产前和产后两个阶段的假期。生育社会保险实行"产前与产后都享受"的原则。

3.生育保险的作用

生育保险是为了维护女职工的基本权益，减少和解决女职工在孕产期、流产期，因生理特点造成的特殊困难，保障得到必要的经济收入和医疗照顾，对于优生优育、提高人口素质具有重要意义。

（1）实行生育保险是对妇女生育价值的认可。因为妇女生育是社会发展的需要，她们的辛劳一方面在为家庭传宗接代的同时，也为社会劳动力再生产付出了努力。所以，理应得到社会的补偿。因此，保护妇女的生育权益，是大多数国家普遍通行的政策。目前世界上有135个国家通过立法保护妇女的生育的合法权益。

（2）实行生育保险是对女职工基本生活的保障。女职工在生育期间离开工作岗位，不能正常工作。国家通过制定相关政策保障她们离开工作岗位期间享受有关待遇。其中包括生育津贴、医疗服务以及孕期不能坚持正常工作时，给予的特殊保护政策。在生活保障和健康保障两方面，为孕妇的顺利分娩创造了有利条件。

（3）实行生育保险是提高人口素质的需要。生育保险为妇女提供基本工资，同时为她们提供医疗服务项目，包括产期检查，围产期保健指导等，为胎儿的正常生长进行监测。对于在孕期出现异常现象的妇女，进行重点保护和治疗。以达到保护胎儿正常生长，提高人口质量的作用，为社会劳动力素质的提高提供物质基础。

（二）生育保险的内容

生育保险的目的在于通过向生育女职工提供生育津贴、产假以及医疗服务等方面的待遇，保障她们因生育而暂时丧失劳动能力时的基本经济收入和医疗保健，帮助生育女职工恢复劳动能力，重返工作岗位。

1.适用范围

生育保险的适用对象主要是已婚女职工。无论女职工妊娠结果如何，均可以按照规定得到补偿。也就是说无论胎儿存活与否，产妇均可享受有关待遇，并包括流产、引产以及胎儿和产妇发生意外等情况，都能享受生育保险待遇。

生育保险给予生育妇女的产假，应根据生育期安排，分产前和产后。产前假期不能提前或推迟使用。产假也必须在生育期间享受，不能积攒到其他时间享用。各国规定的产假期限因国情不同而长短有异。

生育保险的待遇享受条件各国不尽一致，有些国家要求享受者有参保记录、工作年限、本国公民身份等方面的要求。我国生育保险要求享受对象必须是合法婚姻者，即必须符合法定结婚年龄、按婚姻法规定办理了合法手续，并符合国家计划生育政策等。

随着社会进步和经济发展，有些地区允许在女职工生育后，给予已参保的男职工按规定享受的看护假和假期津贴，以照顾配偶和子女；有些国家和地区还为生育家庭提供一定的经济补助。

2.保险待遇

各国生育保险的项目一般是根据本国的经济实力和社会保险基金的承受能力，制定相应的待遇标准。生育保险待遇标准和保障水平各国有所不同，发达国家保护范围较广，待遇标准较高。大多数国家为女职工提供从怀孕到产后的医疗保健及治疗。

（1）有薪假期。又称为产假，其概念是职业女性在分娩前、分娩中、分娩后的一定时间内所享有的假期。其宗旨在于维持、恢复、增进受保护妇女身体健康、工作能力及料理个人生活需要的能力，并使婴儿受到母亲的精心照料和哺育。

（2）生育津贴。是指对职业妇女因生育而离开工作岗位，不再从事有报酬的工作，其雇主也已停止付给工资，以致其实际收入中断时给予定期支付现金的一项生育保险待遇。又叫生育现金补助。

（3）生育医疗费。生育医疗是由医院、开业医生或助产士向职业妇女和男职工之配偶提供的妊娠、分娩和产后的医疗照顾以及必需的住院治疗。女职工生育的检查费、接生费、手术费、住院费和药费由生育保险基金支付。

（4）医疗服务。生育期间的医疗服务侧重于指导孕妇处理好工作与休养、保健的关系，使她们能够顺利地度过生育期，主要以保健、咨询、产前检查为主。

3.基金筹集

生育保险基金是指按照国家规定在一定范围内筹集，主要用于生育保险实施范围内的女职工生育期间各项待遇支付的资金。

生育保险基金根据以支定收、收支平衡的原则筹集，由用人单位按月足额缴纳。筹集生育保险金比较常见的办法是，由雇主和雇员按照一定限额的工资百分比直接向有关机构缴纳保险费，也有一些国家由政府直接承担一部分保险费。凡是医疗保健适用于全体居民的国家，一般都是通过某种国民医疗服务制度，政府通常从总收入中承担全部或部分费用。

生育保险基金的来源，大致可分为以下六种情况：一是由雇主全部承担，如印度、多哥、缅甸、孟加拉国等；二是由个人和雇主共同承担，如阿尔及利亚、尼日利亚、秘鲁；三是由个人、雇主和政府三方承担，如比利时、阿根廷、智利、奥地利等；四是由政府和个人承担，如阿富汗、澳大利亚、瑞士等；五是由政府和雇主承担，如波兰、罗马尼亚等；六是由政府全部承担，如新西兰。

在我国，筹集生育保险金的数额，一般为用人单位上一年度职工月平均工资总额，乘以本单位的生育保险费费率之积，职工个人不缴纳生育保险费。

（三）生育保险的类型

生育保险待遇的享受，需要具备一定的条件。世界各国对生育保险资格条件的规定有所不同，综合多种文献，可以概括出享受生育保险的资格主要有五种情形。

（1）以投保年限或工作期限为条件。如法国规定，产前受保 10 个月，且在产前 12 个月的头 3 个月内受雇 200 小时，或者缴纳 6 个月的保险费后才有享受生育保险的资格。

（2）只对居住年限有一定的要求。如卢森堡规定，受益人必须在该国居住 12 个月，夫妻两人必须在该国居住 3 年，才能享受生育保险的待遇。

（3）不规定任何投保资格条件作为享受生育保险待遇的前提。如澳大利亚、新西兰等国规定，只有符合国家公民资格和财产调查手续的妇女，均可享受生育保险待遇。

（4）在实行社会保险统筹制的国家中，不要求生育之前投保，但仅对国有企业、国家机关和事业单位的女职工提供社会保险待遇。如原苏联和改革前的中国。

（5）参保女职工，没有违反计划生育政策，就可以享受生育保险待遇。如中国《企业职工生育保险试行办法》规定："女职工生育按照法律、法规的规定享受产假"。[①]

生育保险待遇实质上属于短期性给付，每个国家的生育保险待遇主要包括生育假期、医疗保健服务、子女补助、女工特殊劳动保护和职业保障待遇等几个方面。当然，各国在这些待遇上会有较大差别。

第三节　我国的社会保险制度

让经济增长真正转化为国民福利，并且向福利社会迈进，是人类社会普遍追求的发展目标。我国长期处于社会主义初级阶段、地区发展差距与城乡差距较大的基本国情，决定了适合中国国情的社会保险制度的建设，对于我国经济、社会的稳定发展至关重要。

一、我国社会保险制度的建立和发展

社会保险是一种与收入关联的再分配手段，它必然要建立在相应的经济发展水平之上。与其他国家立法先行的社会保险制度实践相比，我国的社会保险制度也是遵循这一规律建立和发展起来的。

---

① 劳动部：《企业职工生育保险试行办法》（劳部发〔1994〕504 号）。

（一）我国社会保险制度的建立

新中国建立以后，为了保障人民生活，稳定社会秩序，我国政府开始着手建立社会保障制度。到 21 世纪初，我国覆盖城乡居民的社会保障体系框架初步建立，对保障和改善民生、促进经济发展和维护社会稳定发挥了重要作用。

1.城镇社会保险体系的形成

我国的社会保障工作始于 20 世纪 50 年代初。当时，新中国刚刚成立，百业凋零，百废待兴，国民经济基础相当薄弱，政府已经高度重视社会保障工作。1951 年 2 月，政务院发布了《中华人民共和国劳动保险条例》，这是新中国成立后的第一部社会保险法规，奠定了我国社会保障法律制度的基础。

此后，我国陆续颁布和实施了有关养老、医疗、工伤、扶贫、救灾、社会福利和优抚安置等方面的规定，初步形成了与计划经济相适应的包括社会保险、社会救济、社会福利和社会优抚安置在内的社会保障法律制度，显示了劳动人民当家做主的权利和国家对劳动者权益的保护，体现了社会主义制度的优越性。这一制度的建立，在相当长的时期内，对发展我国国民经济、巩固国家政权、保障人民生活起到了重要的作用。

但是，立足于城乡分割的社会结构，中国在社会保障制度建设上也出现了明显的城乡二元化特点。在城镇，根据保障对象的不同，传统社会保障制度可分为企业职工的劳动保险制度和面向机关事业单位的社保制度，二者在险种的设置上相似，主要是在资金来源和保险待遇上有所差别。在农村，土地仍是主要的保障形式，社会保障项目较为有限，主要包括五保制度、农村合作医疗制度以及少量的救灾救济项目等。由《中华人民共和国劳动保险条例》确立的社保制度是一种"国家—企业保险"制度模式，即以国家为实施和管理主体，国家和企业共同承担费用，由此形成国家和企业一体化的社保模式。其特点主要是：覆盖范围大，保障全面；企业依附国家，国家承担无限责任；工会管理、国家统筹和企业保险相结合。"文化大革命"时期，中国社会保险事业遭到严重破坏，社会保险基金统筹调剂制度停止，社会保险变成了企业保险，劳动保险制度成为各企业的内部事务，并一直延续到改革开放后。

2.农村社会保险制度的初建

改革开放前农村社会保障制度的发展主要体现在合作医疗制度方面，始建于 20 世纪 50 年代农业合作化时期。1955 年初，山西省高平县米山乡最早实行社员群众出"保健费"和生产合作社提供"公益金"补助的办法，建立起了当地的集体合作医疗制度。1960 年，中共中央转发了卫生部《关于农村卫生工作现场会议的报告》，称这一制度为集体医疗保健制度。从此，合作医疗便成为我国农村医疗保障制度的基本制度。

合作医疗的普及是在"文化大革命"期间，当时毛泽东肯定了湖北省长阳县乐园公社办合作医疗的经验，称赞"这是医疗战线的一场大革命"，"解决了农村群众看不起病、吃不起药的困难"，并指示把医疗卫生工作的重点放到农村去，合作医疗随之在全国迅速大面积铺开，合作医疗（制度）、农村保健站（机构）和数量庞大的赤脚医生（人员）成为解决广大农村地区就医问题的三件法宝。到 1976 年，全国已有 90%的农民参加了合作医疗，农村缺医少药的问题基本得到解决。[①]

农村合作医疗制度到 20 世纪 80 年代初逐渐衰落，究其原因，一是因合作医疗的资金来源主要是集体，而集体经济的衰落使得合作医疗丧失了制度基础；二是由于国家对农村的投入大幅度降低，乡镇卫生院却没有得到国家投资；三是合作医疗本身存在着缺陷，如，由于可以免费或以低廉的费用享受合作医疗，因此在医疗服务的获取中极易发生"道德风险"。

3.建立现代社会保险制度的探索

我国现行的社会保险制度，既不是对 20 世纪 50 年代劳动保险立法的简单继承，而是在对以往社会保险改革与制度建设的基础上，通过改革最终促使这一制度走向定型、稳定与可持续发展的。

自 20 世纪 80 年代中期以来，我国现行的社会保险制度的发展经历了三个阶段：

第一阶段自 1986 年至 1992 年。它以 1986 年国家实施劳动合同制、建立国有企业职工待业保险制度等为改革起步的重要标志，这一阶段是将社会保险改革作为国有企业改革的配套机制。这一阶段的主要成就是将社会保险从仅覆盖国有企业扩大到集体经济，统一了国家、企业与劳动者三方利益，正式确立了社会保险费由国家、企业、个人三方负担的原则。这一阶段截止到中国共产党十四大召开，标志着改革开放和现代化建设事业进入一个新的阶段。

第二阶段自 1993 年至 1997 年。1993 年，中国共产党十四届三中全会通过《关于建立社会主义市场经济若干问题的决定》，在社保制度方面提出"建立多层次的社会保障体系"、实行"社会统筹和个人账户相结合"的目标，将社会保险制度明确为社会主义市场经济体系的五大支柱之一。在这一阶段，原有的劳动保险制度濒临崩溃，新的社会保险制度改革又被打上了效率优先的烙印，同时政府未能承担起支付改革成本的责任，不仅造成了数以万计的离退休人员不能按时足额领到养老金，而且行业统筹又导致社会保险制度进一步被分割。

第三阶段是自 1998 年以来，尤其是进入新世纪以来，是我国社会保险制度改革最有成效的时期。随着我国 "两个确保"、"三条保障线"为重点的社会保险政策的推进，通过政府（主要是中央政府）承担社会保险制度改革的相应成本，加快了社会保险制度的建设步伐。随后"国企三年脱困"目标的完成和经济政策的调整，使我国经济发展进入快车道。2006 年，中共十六届六中全会为构建中国的社会保险体系，提出"到 2020 年建立覆盖全民的社会保障体系"的新目标。这一阶段，社会保险管理体制得到了一定程度的理顺，离退休人员的养老金与下岗职工基本生活保障金得到了保障，社会保险的社会化服务取得重大进展，现代社会保险体系框架的基本建立。

（二）现阶段我国的社会保险制度

在我国，20 世纪 90 年代之前，企业职工实行的是单一的养老保险制度。1991 年，国务院发布《关于企业职工养老保险制度改革的决定》之后，我国逐步建立起多层次的养老保险

---

①郑秉文、于环、高庆波：《新中国 60 年社会保障制度回顾》，载《当代中国史研究》，2010 年第 2 期。

体系。2007 年，中国共产党十七大要求"加快建立覆盖城乡居民的社会保障体系"，标志着中国社会保障制度建设进入新的阶段。

以 2011 年 7 月 1 日正式实施的《中华人民共和国社会保险法》为标志，我国社会保险制度全面进入法制化轨道。该法明确将境内所有用人单位和个人都纳入了社会保险制度的覆盖范围，主要包括：基本养老保险制度和基本医疗保险制度覆盖了我国城乡全体居民，工伤保险、失业保险和生育保险制度覆盖了所有用人单位及其职工，被征地农民按照国务院规定纳入相应的社会保险制度；在中国境内就业的外国人。

《社会保险法》规范了社会保险各方面的关系，规定了用人单位和劳动者的权利与义务，强化了政府责任，明确了社会保险行政部门和社会保险经办机构的职责，确定了社会保险相关各方的法律责任。该法第三条规定，我国社会保险制度坚持"广覆盖、保基本、多层次、可持续"[①]的方针。广覆盖，就是社会保险制度的覆盖面要广，使尽可能多的人纳入到社会保险制度中来；保基本，就是社会保险待遇以保障公民基本生活和基本需要为原则；多层次，就是社会保险除了基本保险之外，国家还鼓励和支持建立补充保险和发展各类商业保险，以满足不同人群的需求；可持续，就是社会保险制度应当能够长期稳定发展。

《社会保险法》规定，国家建立基本养老保险、基本医疗保险、工伤保险、失业保险、生育保险等社会保险制度，保障公民在年老、疾病、工伤、失业、生育等情况下依法从国家和社会获得物质帮助的权利。

《社会保险法》还规定，国家建立和完善城镇居民社会养老保险制度，同时授权省、自治区、直辖市人民政府根据实际情况，将城镇居民社会养老保险和新型农村社会养老保险合并实施，为逐步建立统筹城乡的养老保障体系奠定了法律基础。在我国，农村新型社会养老保险从 2009 年起试点，城镇居民社会养老保险从 2011 年起试点，2014 年，又将二者合并实施。2015 年进一步把建立养老保险制度扩大到了按照公务员法管理的单位、参照公务员法管理的机关（单位）、事业单位及其编制内的工作人员。

基本医疗保险包括职工基本医疗保险、新型农村合作医疗和城镇居民基本医疗保险。对职工基本医疗保险制度和城镇居民基本医疗保险制度的覆盖范围、资金来源、待遇项目及享受条件、医疗保险费用结算办法等，《社会保险法》作了比较全面的规定，对新型农村合作医疗制度作了原则规定，并授权国务院规定管理办法。

鉴于工伤保险、失业保险和生育保险制度经过十多年的实践，已经比较成熟，《社会保险法》在总结实践经验的基础上，对工伤保险、失业保险和生育保险也分别成章，对其覆盖范围、资金来源、待遇项目和享受条件等作了规定。

（三）我国现行社会保险项目的缴费率

社会保险缴费率的计算，是根据各种风险事故的发生概率，并按照给付标准事先估计的给付支出总额，求出被保险人所负担的一定比率，作为厘定保险费率的标准。我国现行社会

---

① 《中华人民共和国社会保险法》（中华人民共和国主席令〔2010〕第 35 号）。

保险项目的缴费率就是在这一原则下设计出来的。

（1）养老保险费率。根据我国建立基本养老保险制度的相关规定，单位缴纳基本养老保险费（以下简称单位缴费）的比例为本单位工资总额的20%，个人缴纳基本养老保险费（以下简称个人缴费）的比例为本人缴费工资的8%，由单位代扣。按本人缴费工资8%的数额建立基本养老保险个人账户，全部由个人缴费形成。个体工商户的雇工，缴纳基本养老保险的费率为8%，计费依据由社保经办机构负责核定。机关事业单位基本养老保险基金单独建账，与企业职工基本养老保险基金分别管理使用。

（2）失业保险费率。我国失业保险的缴费人是城镇企业事业单位、城镇企业事业单位职工。城镇企业事业单位按照本单位工资总额的2%百分之二缴纳失业保险费。城镇企业事业单位职工按照本人工资的1%缴纳失业保险费。城镇企业事业单位招用的农民合同制工人本人不缴纳失业保险费。

（3）基本医疗保险费率。我国基本医疗保险的缴费人是国家机关及其工作人员、事业单位及其职工、民办非企业单位及其职工、社会团体及其专职人员。基本医疗保险实行社会统筹和个人账户相结合原则，保险费由用人单位和职工双方共同负担。用人单位缴费一般为职工工资总额的6%左右，个人缴费为本人工资的2%。个人缴费全部计入个人账户，用人单位缴费的30%左右划入个人账户，其余部分用于建立统筹基金。企业缴费部分的计费依据为上月工资总额，机关事业单位、民办非企业单位、社会团体和职工个人缴费的计费依据由社保经办机构负责核定。

（4）工伤保险费率。我国工伤保险的缴费人是国有企业、城镇集体企业、外商投资企业、城镇私营企业和其他城镇企业。工伤保险费由企业缴纳，国家根据不同行业的工伤风险程度确立行业差别费率，征收标准为企业全部职工工资总额乘以行业差别费率，平均工伤保险费率一般不超过1%，定期由社保经办机构调整。

（5）生育保险费率。我国生育保险的缴费人是所有用人单位，包括机关、事业单位、企业、社会团体、民办非企业单位等组织。根据相关规定，我国生育保险费的提取比例按照不超过用人单位上月工资总额的1%缴纳。目前全国生育保险社会统筹的地区，基金提取比例一般控制在职工工资总额的0.6-0.8%之间。

总之，"经有关方面对世界上173个国家社会保险费率统计，目前我国单位和个人缴纳五项社会保险费率之和为40%左右，在列出统计数据的国家中居第13位"[1]。

二、我国社会保险制度面临的挑战

改革开放三十多年，我国社会保障事业取得了突飞猛进的发展。"社会保险覆盖范围不断扩大，筹资渠道逐步拓宽，基金支撑能力显著增强，享受社会保障待遇的人数迅速增加"[2]。

---

[1]罗旭：《我国社保费率在世界173个国家中居第13位》，来源：人民网，2012-09-21。
[2]郑秉文、孙守纪：《发展和改革蓝皮书·社会保障制度改革30年回顾》，来源：人民网·理论，2008-10-06。

但是，目前我国社会保险制度也面临着日益加剧的老龄化、制度转轨遗留的历史欠账以及中国经济社会发展中的诸多挑战性问题急需解决。

（一）我国社会保险制度面临的问题

我国的社会保险制度发展到今天，项目上从少到多，范围上从窄到宽，不断完善，在国有企业改革、经济利益结构大调整的过程中发挥了积极作用。但是，现行社会保险制度与我国社会经济不相适应的问题仍然比较突出。

（1）社会保险覆盖范围不公平。我国的社会保险扩面工作自1998开始，虽然覆盖范围从国有、集体企业职工向城镇各类企业和个体工商户、自由职业者及灵活就业人员扩展，已经取得了喜人成绩。但是，从实际情况看，我国社会保险参保率较低仍是一个不争的事实。目前国有、集体企业参保率较高，民营、合资等企业参保率较低，大量的城镇个体工商户、自由职业者等灵活就业人员游离在社会保险体系之外，农村地区的覆盖面还非常有限。社会保险覆盖面过窄的现状制约了其"安全网"功能的发挥，限制了大范围筹集支付养老基金的可能性，并导致了沉重的缴费负担，影响了社会保险制度的可持续发展。一些地方为满足当期支付需要，大量动用"中人"和"新人"积累的个人账户养老基金，个人账户的空账规模不断扩大，带来了巨大的财政风险和隐患，迫切要求扩大社会保险的覆盖面。

（2）社会保险调节机制不公平。当前，我国现行社会保险制度在实践中的不平等，损害着这个制度维护公平竞争的初衷。社会保险资源的利用效率达不到最大化，出现了两大"逆向调节"问题：一是现有社会保险制度拉大了城乡待遇差距。长期以来，我国城乡社会保险制度非均衡发展，导致城乡居民享受的社会保险待遇存在差距；二是一些政策设计出现了穷人向富人的转移支付。一般而言，城镇富裕家庭在养老保险、医疗保险方面得到的单位和国家的福利，往往要高于贫困家庭，甚至出现高收入群体在社会保障支出中所占的比重超过在社会保障缴费中所占的比重，从而使得社会保险成为由低收入群体向高收入群体进行社会财富转移的再分配机制。此外，如果再加上住房补贴和其他隐性福利，经过二次再分配，两者的收入差距会进一步扩大。

（3）机关事业单位与企业之间的养老金待遇不公平。在我国，企业与机关事业单位同类退休人员养老保险待遇差距过大、矛盾突出。我国现行的社会保险制度，尤其是养老保险制度是在国有企业改革推动下建立的，覆盖范围主要是企业职工。长期以来，政府机关和事业单位的职工一直享受着特殊优待，他们无须缴费却可以领取远高于企业职工的退休金。即便从2015年开始在这一人群建立养老保险制度，但是与企业退休职工的待遇接轨还是将有一个漫长的过程。最典型的表现就是：政府机关和事业单位退休实行由财政统一支付的退休养老金制度；而企业职工则实行由企业和职工本人按一定标准缴纳的"缴费型"统筹制度。"双轨制"的退休金待遇，是我国最不公平的社会政策之一，从制度上使机关事业单位职工享受了正常待遇数倍的超国民待遇，却降低了企业职工及其他从业者的社会地位与尊严，一定程度上激发了社会矛盾。

（4）参保人员权益保护不公平。目前，我国大多数地区的养老保险实行的是地市级或县级统筹，统筹层次低且区域分散。此外，工伤保险等险种也存在同样的问题。这对于长期稳定在某地区就业生活的人群虽然影响不大，但是对灵活就业人群就显得很不公平。因为这个制度安排不能适应灵活就业人员经常更换就业地区、工作地点和工作岗位的特性，参保人工作变动仅允许带走个人账户积累部分，社会统筹部分实际上补充了当地的社会保险基金。其社会保险关系难以转移，就业地区的变动意味着社会保险权益的丧失，严重侵害流动就业人员的保障权益。在现行的社会保险制度中，国家机关和事业单位等职工得到社会更多的关注，而非国有单位的职工，尤其是农村居民却仍以家庭保险为主，很少享受到社会和集体的福利。绝大部分的乡镇企业、私营企业和个体工商户当中的劳动者仍然处在社会保险之外，生、老、病、死、残等种种不测，尚没有得到制度的保障。

（5）社会保险资金使用不公平。社会统筹与个人账户相结合是目前我国养老保险和医疗保险所采取的筹资和管理模式。但在这一制度的实施过程中，出现了一个突出的个人账户的"空账"运行的问题。现行社会保险制度背负着五十年的历史债务。这是因为，从 1986 年离退休费用实行统筹起步，1992 年实行个人缴费，1996 年建立了社会统筹与个人账户相结合的养老保险制度，这标志着我国社会保险基金的筹资方式从现收现付转向了部分积累，于是在转制过程中就出现了社会保险历史债务问题。与此同时，参加统筹的离退休人员却迅速增加了。加之，随着市场经济体制的逐步完善，相当一部分国有企业因不适应市场经济运行的要求而出现了效益下降，又导致了缴费难度加大。这就造成了目前的就业人群事实上承担着制度转轨过程中离退休职工的养老负担问题。

（二）我国社会保险制度存在问题的原因

我国的社会保险体系建立时间较短，许多制度还在探索过程中。不仅总体的制度架构还不完善，而且许多项目的制度建设还很不足，尤其是各个项目之间的制度性协调性还不够。而造成这些问题的原因是多方面的。

（1）社会保险的制度设计存在缺陷。当前我国社会保险体系在制度设计和实践运行中出现一些缺陷，从而在一定程度上弱化了社会保险的收入再分配能力。首先，结构性缺陷。由于种种原因，我国社会保险制度建设总体上呈现出明显的城镇偏向。其次，制度设计和实际运行中存在偏差。如规定的待遇水平较低，新出现的农民工群体及其家属的社保问题突出，对贫弱人群的发展权保障严重不足，对低收入人群的福利服务严重不足等。最后，群体利益反差较大。社会保险制度受重视的程度，随群体的呼声、部门或者个人影响的大小而有所不同，导致部分社会保险制度在公平性上受到影响。

（2）"二元结构"的社会保险制度安排不合理。公平是社会保险制度的核心理念和基本价值取向。当前的社会保险制度无论从享有社会保险权利主体的普遍性还是从参与者权益保护的程度来衡量，都存在公平性缺失的问题。近三十年来我国社会保险制度建设取得明显的进步，但是成果主要集中在城市，农村的社会保险制度建设仍然滞后，呈现明显的"二元化"结构特点。究其根本原因，主要是我国城乡二元经济结构长期存在，社会保险资源过多向城市倾斜，导致农村社会保险无论在覆盖范围、保障水平还是层次结构、社会化程度远远落后于城市。这就导致我国现行的社会保险制度与经济发展中层出不穷的就业形态不相适应，并直接影响着覆盖面的扩大。

（3）制度的"碎片化"影响到社会保险公平作用的发挥。我国社保制度的改革肇始于20世纪90年代初的国有企业改革，其初衷之一是为国企冗员分流制定配套措施，以替代传统计划经济时代实行的"国家保险+企业保险"，对国有企业大包大揽的旧制度进行彻底改革。于是，社保制度的设计特点带有明显的国企改革配套特征。随着改革的深入和参保覆盖范围的扩大，国有经济职工早已"应保尽保"，实现了当年改革的初衷。但当统账结合制度从国企走向非公经济成分、走向其他群体、走向农村即向社会推广时却发现，这个制度难以完全适应这些不同的群体。于是，社保制度在中国逐渐呈现出"碎片化"的特征，尤其是除机关事业单位、城镇企业和农村等几个大碎片之外，各种小碎片制度是遍地开花，形成了城市与农村分割、东部与西部不同、私人部门与公共部门分立多种制度并存状况。

（4）社会保险经办机构管理分散，职能交叉。目前，我国社会保险工作从上到下只重征缴、扩面，没有把基础管理放在重要位置上。从社会统筹到个人缴费、到统账结合，全国没有统一的管理模式和管理方法，甚至省与省不一，市与市不一，县与县不一。由于基础管理制度不一，造成底数不清，各地社会保险经办基本上沿用养老、失业、医疗各自相对封闭的管理模式，经办的效率比较低，难以适应当前社会保险经办工作的发展。这样一来，小则影响企业缴费的积极性，大则影响政策的制订。其原因是基础管理混乱，各级社会保险机构没有统一的模式，上一级社会保险机构对下一级社会保险机构业务管理失控。各级政府在社会保险管理上责任不清，造成一些地方政府对社会保险没有给予高度重视。

（三）当前社会保险制度的发展趋势

随着经济全球化进程的不断深化，当今世界各国都在借鉴别国经验，逐步发展和完善本国的社会保险制度。因此，针对我国社会保险制度建设中存在的问题，也要放在经济全球化、一体化的背景下去解决。

1.模式多样化趋势

虽然世界各国的社会保险项目在基本原理和技术操作上具有很大的相通性，但由于各国经济发展程度、民族文化传统、政治体制等制约社会保险制度的因素各不相同，社会保险制度发展趋势必然在多样化基础上呈现出多样化的趋势。

（1）社会保险目标多样化。社会保险制度的目标由单一的消除贫困向促进储蓄和经济增长等多重目标转化。

（2）社会保障筹资渠道多样化。各国将社会保险给付的财政责任社会化，社会保险基金可根据各国情况，通过保险税、捐赠、商品增值税等多种形式筹集，尽可能减轻政府负担。

（3）项目体系多样化。有的国家具有完整的社会保险体系，有的只有部分社会保险项目，有的甚至只有简单的社会救助和民间福利；有的社会保险包括职业教育与培训，有的则将其排除在外。

（4）管理体制多样化。既有一个部门统一管理的，也有多个部门分工管理的；既有完全由官方管理的，也有私营机构参与管理的。

（5）实施方式多样化。在各国的社会保险项目中，既有官方直接组织实施的第一支柱方式，也有企事业单位组织实施的第二支柱方式，还有由保险公司、社会团体及民间组织实施的第三支柱方式。各国生产力发展不平衡和地域与文化的差异，决定了方式的多样性将是社会保险制度的一个长期发展趋势。

2.社会保险主体私营化

由于社会保险是一种准公共产品，在人的自然需求本性驱使下，存在过度消费的可能性。福利国家公共部门提供和管理社会保险项目的弊端证明了社会保险私营化改革的必要性。社会保险私营化包括以下四方面内容：

（1）在个人账户基础上，从规定受益制转为规定缴费制；

（2）对社会保险基金的集中性垄断管理转为分散竞争性管理；

（3）鼓励社会机构参与社会保险或将某些社会保险项目委托给社会机构管理；

（4）社会保险基金依照商业化的原则运营与管理。社会保险私营化可以实现激励机制与社会保险功能兼容；可以增加资本积累，促进经济增长；可以弱化政治效应，增加社会福利。需要注意的是，社会保险私营化并不是全盘私有化，全盘私有化排斥了公平原则，不利于社会稳定与发展。

3.社会保险范围扩大化

提倡意义上的社会保险一般指五险：养老保险、医疗保险、失业保险、工伤保险和生育保险。但是，随着时代的发展，社会保险的范围有进一步扩大的趋势。

（1）逐步完善包括社会养老保险、失业保险、医疗保险、工伤保险等多重保障机制的社会保险制度。工业化国家虽然战后建立了比较完整的社会保险体系，但随着社会的发展，项目还在不断增加；发展中国家由于社会保险项目本身不齐全，完善社会保险项目将是其长期而艰巨的任务。

（2）保障范围不断得到扩展。在世界上第一个进入人口老龄化的法国，老年人成了市场上的"宠儿"，为老年人提供的社会服务多种多样，如帮助老人料理家务等生活服务；护理病残老人等医疗保健服务、协助老年人再就业等其他服务。多种形式的老年产业不仅解决了老年人的生活问题，企业也从中获得了可观收益。

（3）保障内容不断增加。由于人口老龄化的加快，社会意识急剧变化，家庭结构小型化和老人与子女分居现象普遍化，21世纪人口老龄化所带来的养老保障问题不会仅仅是经济供养方面的问题，而且在生活照料和精神慰藉方面的问题会日益突出。社会保险的含义也将不断拓展，不会仅仅停留在经济保障层面上。发达国家已经将影响人类生活质量的因素如环保、精神状况等也纳入了社会保险之中。

4.社会保险一体化

在经济全球化的冲击下，一国的社会保险制度已不仅仅是一国内部的事务，还影响着全球的资本和人员流动。经济的全球化通过三个方面影响社会保险制度的发展。

（1）福利水平的高低影响着一个国家的产品成本，影响其对外贸易，如"福利国家"产品由于工资成本高，就难以同发展中国家由廉价劳动力生产的产品相抗衡。

（2）在世界经济全球化、一体化的趋势下，由于跨国企业的蓬勃发展，人员跨国流动日益频繁，社会保险制度的国际衔接日益重要。

（3）由于各国社会保险基金积累不断增加，基金投资国际化不断发展，需要各国加强在社会保险基金投资监管方面的协调。

三、我国社会保险制度建设的完善

随着科学技术的突飞猛进，生产效率大大提高，人们的劳动时间必然要不断缩短，我国在就业上要努力争取充分就业或争取以家庭为单位的充分就业，但在社会保障上，必须立足于不充分就业和就业形式的多样化和灵活化。

（一）完善我国社会保险制度的原则

一个国家举办的社会保险，一般用以满足劳动群体的基本保障。这就要求我国政府制定各项社会保险政策时，要坚持以下原则，综合考虑初级阶段的基本国情、财政和企业的实际承受能力和社会保险的管理能力。

（1）社会性原则。无论现在的社会化大生产客观要求，还是基于我国社会主义制度的根本属性，都要求社会保险体系必须具有社会性，它体现为参保成员的社会化。即其体系必须覆盖整个社会成员，不分城乡、单位性质、地区或民族，都必须成为社会保障成员，享有平等的社会保障权利。

（2）完整性原则。社会保险体现在保障内容上，应该具有以养老保险、医疗保险、失业保险、工伤保险和妇女权益等全方位的保障体系；体系在保障形式上，应该具有以国家统筹以服务为目的的基础保障，又有以赢利为目的的商业保险，还有以个人储蓄积累为保障目的的多层次的保障形式等。

（3）适用性原则。健全和完善我国的社会保险体系，必须考虑底子薄、起步晚、人均收入低的情况和幅员辽阔、经济发展不平衡的国情。在确立各项保险政策、设立经办机构、规定实施范围、保障基金的筹措与支付、基金的保值与增值方式以及途径选择等方面，都要反映以上情况。

（4）有序性原则。一方面表现在根据我国现有的经济水平确定社会保障的范围，提高保障层次；另一方面，表现在对保障基金的筹集、管理、保值增值方面，应逐步规范保障法规，健全管理机构，有步骤地将保险基金进入债市、股市，吸纳良好业绩企业的债券、股票等，使保障基金得以保值增值。

（二）我国社会保险制度的发展战略

各国建立社会保险制度的目的，都是为了更好地保障国民的基本生活需要，以促进经济与社会的协调发展。因而，对国际社会保障模式的分析与借鉴，是完善我国社会保险制度的重要途径。

（1）构建以社会公平为价值取向的社会保险制度。现阶段，改革我国现行社会保险制度，关键是加快消除现有社会保险制度的城乡差别和不公，逐步搭建一个城乡一体化、使城乡所有居民都能享有的基本平等的社会保障待遇新型社会保险制度体系。当前，我们要在制度设计上，加强以农业人口为主体的农村社会保险制度建设。有条件的地区要加快探索建立财政支持、农民自愿的新型农村社会养老保险制度，鼓励农民参保。尽快普及新型农村合作医疗制度。继续完善农村五保户供养制度，切实做到应养尽养。在全国范围内普遍建立农村居民最低生活保障制度。抓好被征地农民的社会保障工作，把对他们的社会保障作为重要条件纳入征地审批程序，推进农民工等特殊群体的社会保障制度建设。

（2）稳步推进社会保险制度和管理服务一体化建设。社会保险工作是涉及千家万户的大事，必须进一步加快城乡社会保险制度统筹。一是推进制度整合和城乡衔接，促进城乡一体化社会保障体系建设。实行城乡居民养老保险统一经办管理。鼓励以政府购买服务的方式，委托具有资质的商业保险机构经办各类社会保险的管理服务工作。二是稳步提高各项社会保险统筹层次，扩大基金调剂和使用范围，增强社会保险基金的共济能力。三是促进城乡社会保险制度衔接，切实做好社会保险关系转移接续工作。

（3）加大国家的财政支持力度。优化和发展社会保险需要投入大量的资金，目前，我国的经济发展取得了可喜的成绩，综合国力有了很大的提高，在这样的背景下，我国应该加大对社会保险等的投入力度。对于国有企业的下岗职工，国家要加大财政投入，保障其基本的生活；对于因企业破产关闭而下岗的职工，国家应该做好分流安置工作；国家还应该按时足额地发放养老金，保证社会稳定。继续加大财政对社会保障的支持力度，尤其要加大对城镇居民医疗保险、新型农村合作医疗和农村最低生活保障制度的投入。

（4）学习借鉴发达国家的先进经验。社会保险需要大笔的资金投入，为了减轻企业和国家的负担，我国应借鉴其他国家在社会保险方面的一些先进经验开征社会保障税，使税收成为社会保险资金的主要来源，以减轻国家和企业的资金压力。因为开征社会保障税，能够为社会保障稳定地筹集基金，降低征缴社会保障基金的困难。探索建立企业退休金合理增长机制，注意向退休早、患大病和收入低的企业离退休人员倾斜。进一步规范和完善企业年金制度，推进建立职业年金制度，建立多层次养老保险体系。

（5）建设高素质的社会保险经办队伍。当前全国社会保险经办机构业务人员队伍的素质状况不容乐观，总体文化知识水平偏低，依法行政和服务意识也亟待提高。要完善社会保障制度，落实社会保险政策和措施，切实保护参保人员利益，关键在于建立一支思想觉悟高、专业能力强、服务态度好的高素质干部队伍。鉴于社会保险工作的业务要求，可以通过国家统一考试的形式初步筛选工作人员，并设定相应的职称等级考试，确立员工定期业务考核制度。从长远考虑，应该在大专院校增设社会保障专业，为社会保险事业培养后续人才。

（三）完善我国社会保险制度的措施

当前，我们应顺应市场经济发展的要求，立足于我国的国情和实际需要，同时要借鉴和吸收其他国家的经验和教训，通过改革和制度创新，着力完善具有中国特色的社会主义社会保险体系。

（1）建立健全多层次社会保险制度。多层次的保险体系包括基本保险、企业补充保险、社会互助保险和个人储蓄性保险四个层次。基本保险由政府举办，体现国家的责任，可考虑由政府强制征缴基金，纳入政府财政社会保障预算，覆盖所有劳动者，构成最低社会保障安全网。企业补充社会保险是社会保险体系的重要组成部分，也是社会保险的第二道防线。企业补充保险所需资金主要由企业承担。补充保险费记入职工个人账户，退休后或失业时一次或分次领取，使职工在基本保险的基础上得到补充和提高。个人储蓄性保障由商业保险公司经办，职工个人自愿投保，政府给予一定的政策优惠，这一层次的保险主要目的在于满足某些收入较高的职工在发生风险时能得到较好的保障待遇，重在体现效率要求，调动职工的生产积极性。以外，还应积极推行社会互助保险，由各地工会组织经办，资金负担可采取由个人出一点、工会贴一点、行政补一点的办法筹集。

（2）进一步扩大社会保险覆盖范围。健全社会保险制度，就要扩大社会保险的范围。鉴于我国目前的实际情况，必须采取渐进的方式，在将全部企业职工纳入社会保险体系的基础上，再有步骤、分阶段地将机关事业单位职工、个体和私营业主、进城务工农民纳入社会保险体系。目前，最紧迫的问题是，应加快国家机关和事业单位社会保险制度的改革，国家机关和事业单位社会保险制度的改革势在必行。我国公职人员的社会保险改革，最好将机关与事业单位捆绑在一起进行改革，这样既可以防止机关与事业单位之间形成新的社保"二元结构"，也可以防止继续出现制度的"碎片化"，出现新的社会不公。而且改革的方向要与市场经济相适应，满足公共服务需要，精简高效，科学合理，由单位保险过渡到社会保险，采取三方分担的原则，不再享有免费午餐。另外，还应当积极探索逐步将社会保障体系由城镇扩展到农村的道路，最终消除二元经济结构带来的社会不公。

（3）建立统一的社会保险管理体制。社会保险管理体制是发展我国保险事业的基础。我国社会保险事业要做到真正的健康发展、循环发展，关键在于健全社会保险经办体制，建立更加便民快捷的服务体系。因此，改变目前我国社会保险经办机构的机构设置，减少重叠和资源浪费的现象，建立科学合理、高效统一的社会保险经办机构是必要的。我国关于社会保险经办机构的管理体制要做一个调整，在管理模式上实行系统垂直管理体制，在全国范围内建立统一的机构进行管理，要求名称、规格和业务管理要统一。设立国家、省级、市、县和区的五级社会经办机构。将原始的管理机构进行调整，实现优化整合，经办机构实现垂直管理。国家社会保险经办机构应制定统一的规格，统一社会保险基金的征缴、管理、运营和待遇的发放问题，建立便民快捷的服务体系，才能对各项保险办理和管理进行集中办理。

（4）实行"五险合一"基金统筹办法。社会保险基金的筹集是一项技术性很强的工作，既有商业保险的技术难度，又有依法实施的政策难度。以往，我国大部分地方养老、医疗、生育、工伤、失业五项社会保险都是由不同的机构经办，其中养老保险又分为企业、机关事业单位、农村几个经办机构。各经办机构又由人事、社保等不同的部门分管。在社会保险费的征缴环节上，则呈现出部分地区社会保险经办机构征收、部分地区由税务部门征收并存的异常格局。这种"五险分立"的局面，因过于分散而难以有效管理和监控，增加了管理成本，因此对其进行"五险合一"征收是当务之急。"五险合一"就是指城镇职工基本养老、城镇职工医疗、失业、工伤和生育五项社会保险实行统一登记、统一基数、统一征缴和统一稽核。与此同时，还应研究开征社会保险税的具体办法，以规范、有效的税收制度为社会保险制度的稳定地筹集资金。

（5）加强社会保险基金管理。社会保险基金管理是达成基金安全的前提条件，我国目前社会保险基金是由劳动保障部门所属的社会保险经办机构实行的属地管理和分账管理。但是，这种管理方式集行政管理、基金管理、基金经营、基金收付于一身，容易导致政出多门、挪用、拖欠、浪费，投资随意性和风险性增大等问题。因此，一方面我们应学习国际经验，对财政拨付的社会保险基金实行国家预算管理，规范基金营运，加强风险防范，确保其安全和增值。另一方面要加强社会保险资金的监管，防止社保资金管理与权力腐败联手。要将权力的运行阳光化透明化，将与民生相关的政策和措施公之于众，接受公众的监督和投诉；权力部门还要与公众进行互动，及时回应公众需求，从而保证资金的安全运营。

第九章　社会福利制度

从一般意义而言，"福利"是提供让人们生活幸福的各种条件。它既包括人在身体方面应得到的保护和照顾，也包括影响人的智力和精神自由发展的各种因素。而"社会福利"的内涵已经超出了个人的范畴，它要求人们从"社会"的层面考虑和解决问题，让人们过上幸福的生活。这涉及社会根据什么来帮助和改善人们的生活境况、通过制定哪些制度和政策保证和提升人们的幸福感。

第一节　社会福利概述

社会福利作为国民收入分配制度的一项重要内容，是国家和社会为了提高社会成员的生活质量所做的制度安排。理论界通常认为，社会福利是社会保障的最高层次。所以，如果一个国家把社会福利列为发展的重点，那就意味着这个国家的社会保障制度发展到了相当高的水平。

一、社会福利的内涵

"福利"一词的本意是幸福、美满。"社会福利"的字面含义是由社会改善全体公民的物质、文化生活条件。但是，社会福利是现代社会广泛使用的一个概念，不仅涉及人们的主观感受和实际的生活状态，而且和各种社会事务相联系。

（一）社会福利的含义

广义的社会福利（大福利），指政府提高全体社会成员生活水平的各种政策和社会服务。所包括的内容十分广泛，不仅包括生活、教育、医疗方面的福利待遇，而且包括交通、文娱、体育、欣赏等方面的待遇。社会福利是一种服务政策和服务措施，其目的在于提高广大社会成员的物质和精神生活水平，使之得到更多的享受。

广义的社会福利，指涵盖了养老、健康、教育、就业、住房、低保和特殊人群等方面服务措施，是以全体社会成员为对象的社会福利，是多元主体共同提供福利支持的社会福利，包括社会救助、社会保险、公共福利和社会互助等四种供给方式的社会福利。

狭义的社会福利，指政府和社会对生活能力较弱的儿童、老人、妇女、残疾人等特定人群的社会照顾和社会服务。如向老人、儿童、残疾人等社会中特别需要关怀的人群，提供必要的社会援助，以提高他们的生活水准和自立能力，主要包括老人福利、妇女福利、儿童福利、青少年福利、残疾人福利等。

在我国，理论界和实务界对社会福利概念的界定存在着不同的理解。但长期以来，占主导地位的观点是偏狭义的社会福利概念。本书采用的社会福利定义是我国社会保障专家郑功成下的比较综合的定义："社会福利是国家和社会通过社会化的福利津贴、实物供给和社会服务，满足社会成员的生活需要，并促进其生活质量不断得到改善的一种社会政策。"[①]

社会福利是一个国家社会保障体系中的最高纲领。社会福利不仅保障社会成员的最低生活需要，而且通过提供一定的收入补偿、建立公共设施、提供服务等方式为人们提供生活方便，解除后顾之忧，使生活得到改善。社会福利不仅保障物质生活需要，还对精神、文化方面的需要给予保障；社会福利不仅保障个人目前的生活需要，还要保障其赡养家庭、培育后代的需要。总之，社会福利不仅保障个人和整个社会的生存需要，还要保证个人和社会有发展的可能。

（二）社会福利的特征

社会福利是社会保障制度体系的重要组成部分，在社会保障系统中发挥着改善和提高国民社会质量的作用。与其他社会保障项目相比，社会福利有以下主要特征：

（1）享受对象的普惠性。社会福利在保障待遇方面，是国家和社会向全体社会成员提供的，利益投向呈单向性，强调"人人有份"。在国家财力允许的范围内，在既定的生活水平的基础上，尽力提高被服务对象的生活质量。这是它与社会救助制度的显著区别。

（2）利益投向的一维性。社会福利属于社会保障体系的最高层次，旨在满足、保证全体社会成员都能过上有尊严、健全、文明的生活。社会福利的资金来源主要是国家财政，只要公民属于立法和政策划定的范围之内，就能按规定得到应该享受的津贴服务。

（3）保障目标的发展性。由于社会福利的目标应是在保障所有社会成员的基本生活的基础上，进一步改善和提高全体社会成员的生活水平和生活品质，为人的全面发展创造条件。因此，在这个意义上，社会福利的发展是永无止境的。

（4）保障形式的多样性。因为人们的生活需求是多种多样的，社会化的发展又加剧了人们对社会的依赖。国家作为社会福利的承办主体，兴办各种社会福利设施，提供各种社会服务，同时鼓励和依靠社会力量兴办各种福利项目，提供各种福利服务。

（5）待遇标准的一致性。社会福利追求社会公平，在资源分配上与"按劳分配"有明显区别。它不像社会救助那样越穷困就越可以申请更多的救助，也不像社会保险那样尽义务越多获得的报酬就越多，而是所有同类对象都享受一致的标准。

（三）社会福利的类型

社会福利与社会政治相关联，既是一种国家治理的状态，又是调整社会关系的手段。按照社会福利享受对象的多少、对象的类别和福利提供的形式，社会福利有多种划分方法。

（1）根据享受对象的数量多少，社会福利分为普遍性社会福利和选择性社会福利。普遍性

[①] 郑功成主编：《社会保障学》，中国劳动与社会保障出版社 2005 年版，第 361 页。

社会福利以普遍性为基础，倾向于不加区别地给群体或某些社会群体的所有成员提供相同的福利待遇。其优点是保障人群广泛防患于未然，操作简便行政成本低；缺点是福利开支巨大，效率和效果难以保证。选择性社会福利以选择性为基础，体现关爱社会特殊人群的原则。其优点是能够提高社会政策行动效率，降低政府的财政负担；缺点是行政成本高，可能导致福利资源的无效使用以及一些真正需要帮助的人被排除在外。

（2）按享受对象的不同，社会福利可划分为以下六种类型。一是为全体社会成员提供的公共性社会福利；二是为本单位、本行业从业人员及其家属提供的职业福利；三是专为老年人提供的老年福利；四是为婴幼儿、少年儿童提供的儿童福利；五是为妇女提供的妇女福利；六是为残疾人提供的残疾人福利。

（3）按社会福利的提供形式划分，包括现金援助和直接服务。现金援助通过社会保险、社会救助和收入补贴等形式实现；直接服务通过兴办各类社会福利机构和设施实现。服务对象主要是老年人、残疾人、妇女、儿童、贫困者等。服务的形式有人力、物力、财力的帮助，包括国家、集体、个人兴办的社会福利事业的收养、社区服务、家庭服务等。

此外，社会福利还有三分法、二分法和一分法。三分法的社会福利包括剩余性社会性福利与制度性社会福利、积极的社会福利与消极性的社会福利、公共福利与私人福利；二分法的社会福利包括剩余性社会福利（财政福利，职业福利）、制度性社会福利；单一的社会福利即综合性社会福利。

二、社会福利的内容

社会福利的内容十分广泛，如公共福利（教育、卫生、环境）、社会服务项目具有普遍性，社会成员都能不同程度地享受其帮助和服务；部分福利项目如职业福利、老年福利、妇女儿童福利、残疾人福利等具有明确的政策取向，主要为某些特定群体提供服务。

（一）职业福利

职业福利，又叫职工福利，是各类社会组织在工资、社会保险之外，根据国家有关规定，所采取的补贴措施和建立的各种服务设施，对职工提供直接的和间接的物质帮助。

职业福利以业缘关系为基础，以就业为前提。职业福利的资金来源主要是企业的利润留成，因而职业福利水平的高低与企业效益水平紧密相连。职业福利的享受范围一般以本行业或企业为限，对全体职工提供保证生活水平和提高生活质量的资金和服务项目。

广义的职业福利，是组织为减轻职工生活负担和保证职工基本生活而建立的各种补贴制度，包括工资、奖金之外的所有待遇，包括社会保险在内；狭义的职业福利，指组织根据劳动者的劳动在工资、奖金以及社会保险之外的其他待遇。还有集体福利与个人福利之别，集体福利主要是指用人单位向职工直接提供的如开办职工食堂和经济报酬以外的各种津贴、补贴、实物和服务，全部职工都可以享受，如交通补贴、洗理费、午餐补助、特行补贴，职工食堂、托儿所、子弟学校、幼儿园，图书馆、阅览室、健身室、浴池、体育场（馆），医院、医疗室等；个人福利是指在个人具备国家及所在企业规定的条件时可以享受的福利，如探亲假、冬季取暖补贴、子女医疗补助、生活困难补助、房租补贴等。

良好的职业福利，体现了组织的高层管理者以人为本的经营思想。一方面可以使员工得到更多的实惠，另一方面用在员工身上的投资会产生更多的回报。其作用在于：吸引并留住优秀员工，提高员工的士气，提高经济效益，改善组织形象。

（二）社会津贴

社会福利不仅包括国家和社会兴办的社会文化、教育、卫生事业及市场建设、服务网点、社会服务等，还包括国家为了使社会成员享受到经济和社会发展的成果，或为了在某项社会政策实施后不会降低人民群众的生活水平而采取的物质补助形式——社会津贴。

社会津贴通常在下列两种情况下发放：一是政府为了提高广大社会成员的生活水平，让其分享经济和社会发展的成果，而向其提供资金补助和物质帮助；二是政府在出台某项政策或改革措施时，为了确保有关社会成员生活水平不因实施这些举措而下降，对其提供一定的资金补助或物质帮助，以增强人们对改革政策的物质和心理方面的承受力。

一般说来，社会津贴是政策调整的配套措施，目的在于调整某些利益关系，最终会被其他收入形式所代替，因而具有过渡性。社会津贴是一种经济补偿，它对在政策调整过程中人们生活水平可能下降的情况进行经济补偿，社会津贴的发放范围是法定或政策范围内的全体公民。国家财政拨款是社会津贴的唯一经费来源，国家通过财政、劳动和民政等部门将用于社会津贴的费用层层下拨，直接发放到享受对象手中。

（三）社会服务

社会服务又称社会福利服务或社区服务，指直接面向社会成员尤其是具有特殊需求的个人和家庭或群体所提供的福利性服务。

社会服务通过社区组织和福利机构来组织实施。社区组织提供各个层次的社区服务，福利机构包括福利事业和福利企业。如政府或社会团体为残疾人举办的福利工厂、孤儿院、养老院等。[1]社会福利服务基于商业化服务的不足和家庭服务功能下降而设立，其特征表现为：

（1）社会性。政府或其他公共组织提供社会服务不以赢利为目的，可以免费或低收费，以实现社会性的目标。

（2）个体性。一般是针对个人的社会服务，以满足个人对各种服务的需求，在其居住地就近提供。如便民服务、老年生活照料服务、残疾人服务、特殊儿童服务等。

（3）救助性。社会福利服务与社会救助项目有一定的交叉，一些社会福利项目包含有社会救助的因素。如我国向孤老、孤儿等提供的社会服务以及农村的五保供养制度等，既是社会福利服务，又具有社会救助的特点。

（4）多样性，社会服务按服务性质可以分为物质性服务和精神性服务。物质性服务主要如

---

[1]童星主编：《社会保障与管理》，南京大学出版社 2002 年版，第 303 页。

上门服务、物质帮助、专项护理等，以满足服务对象衣食住行用等方面的生活福利服务；精神性服务主要通过精神慰藉，与服务对象开展必要的情感交流和社会交往，满足其精神需求。

社会服务属于直接服务类的社会福利，主要内容包括医疗卫生服务、文化教育服务、劳动就业服务、住宅服务、孤老残幼服务、残疾康复服务、犯罪矫治及感化服务（矫治社会工作、感化教育）、心理卫生服务、公共福利服务等。服务对象包括老年人、残疾人、妇女、儿童、青少年、军人及其家属、贫困者，以及其他需要帮助的社会成员和家庭等。服务的形式有人力、物力、财力的帮助，包括国家、集体、个人兴办的社会福利事业的收养、社区服务、家庭服务、个案服务、群体服务等。

三、社会福利的功能

社会福利是国家对国民收入进行再分配的一种形式，它使社会成员除劳动收入以外，均等地获得国家提供的各种福利设施和服务。因此，社会福利是全体社会成员共享社会成果的一种国家政策。

（一）提高物质生活水平

"社会福利对于使经济更具有可持续性非常重要，同时对于营造有更高教育水平的人口结构也非常重要，特别是经历社会变化的时期，中国注重增长质量也重数量，营造和谐社会，这样的一些政策目标会进一步增加社会公允度，提高人民的生活水平。"[1]在完善、适度的普惠型社会福利体系下，社会福利提供福利设施、社会服务和一定的收入补偿，保障社会成员基本生活需要，并随着社会经济的发展，使其生活质量不断改善和提高。因此，国家有必要通过财政税收的方式，将积累的财富通过举办各种社会福利事业，使社会成员共同受益，提高社会成员的物质生活水平。

（二）促进经济的可持续发展

社会福利是一种财政手段，可以通过提供福利设施和社会服务来调节总供给和总需求。在总供给不足的情况下，通过增加社会福利开支来增加总供给；在总供给过剩的情况下，通过削减社会福利开支减少总供给。总供给与总需求保持平衡，有利于实现经济的良性发展。在国家的统筹下，社会福利日益与经济和社会发展的整体规划相结合，创造有利于社会成员个人与集体发展的社会环境；通过推进社会的现代化，加速科技革命，加强家庭和社区等的功能，进一步改善公共环境卫生，提高人民健康水平，发展国民教育，进行城市改造，增加住宅和公共福利设施等。

（三）维护社会稳定

经济的进步不应该以社会和环境为代价，而且不应该以牺牲这个国家对全球的责任为代价。

①朱津津：《埃森布莱特：社会福利有利于促进经济发展的持续性》，来源：中国经济网，2012年3月17日。

作为现代国家制度的一个重要组成部分，社会福利制度在改善人民生活、维护社会稳定等方面起着至关重要的作用。社会福利通过一种公平的机制向社会成员提供各种福利设施和服务，使社会成员能够分享经济发展的成果，满足其物质生活和精神生活的需要，使那些无依无靠、无生活来源的人实现老有所养、残有所助、幼有所教、困有所帮，解除他们的后顾之忧，从而进一步激发人们的劳动积极性和创造性，体现了物质保障、服务保障和精神慰藉的有机结合，维护社会的稳定。

（四）满足精神文化需求

随着社会化生产的发展和生产力水平的提高，劳动者创造的财富越来越多，生产的社会化发展必然带来人们生活社会化程度的提高，许多原来属于个人的责任和家庭的职能转变成了国家的责任和职能。社会福利通过各种福利机构、福利设施为社会成员提供社会福利服务，与人们的日常生活密切相关，能够满足社会成员的精神生活需求。主要体现在：一方面，为人们提供一定的收入和服务保障，使人们安心地为社会劳动和工作；另一方面，广大社区志愿者积极参与国家、社区兴办的社会福利事业，有利于培养人们互助互爱、扶贫助弱、尊老爱幼的品德，增强社会凝聚力，提高社会成员的道德素质，由此形成了和谐有序、安定团结的社会局面。

第二节 特殊群体的社会福利

狭义的社会福利观认为，社会福利的对象不是全体社会成员，而是部分特殊成员即社会弱势群体，社会福利是国家和社会为弱势群体提供的收入和服务保障。主要对象是生活能力较弱的老人、妇女、儿童、残疾人、慢性精神病人等特殊社会群体。

一、老年社会福利

西方国家的老人社会福利是其社会福利体系中一项重要内容，是在全民福利的发展模式下逐步建立起来的。由于各国的国情、发展速度、综合实力、文化传统等方面的差异，各国在实施老人社会福利的过程中也存在着一定区别。

（一）老年社会福利的出现

老人社会福利的产生，从根本上说是社会发展和社会变迁的结果。社会变迁包括人口老龄化、工业化、家庭结构和家庭功能的变化，而最根本的变迁乃是传统社会到现代社会的转型。

（1）人口老龄化加剧。人口老龄化是指老年人在社会中所占比例不断上升并达到一定水平的状态。目前，各国人口老龄化的程度是由 60 岁或 65 岁以上的老年人口在国家总人口中的比例决定的，即国际社会人口老龄化的标准是 60 岁以上人口达到总人口的 10% 或 65 岁以上人口达到总人口的 7% 以上。"2000 年至 2050 年间，全世界 60 岁以上人口的占比将会翻倍，从 11%

增长至 22%。预计在同一时期内，60 岁及以上老人的绝对数量将从 6.05 亿增长到 20 亿。"[1] 而且，随着社会经济的迅速发展，人民生活水平大幅度提高，医疗卫生保健事业快速发展，特别是人口生育水平迅速下降，人口老龄化进程还在不断加快。

（2）工业化使人们的各种生活风险增加。从根本上讲，老人社会福利的产生是工业化的结果。这是因为，工业化和城市化的迅速发展，滋生了新的意外伤害，个人对社会的依赖程度也越来越高。特别是在资本原始积累阶段，工伤事故更是令人们提心吊胆。这样，国家和社会就要求雇主对劳动者经济生活、人身安全健康等负责。工业革命后，随着经济发展水平的不断提高，在社会福利制度发展与完善的过程中，老年人的基本生活得到了保障，在此基础上，老年人的特殊保障政策也不断增加。如老年人的优惠购物和免费或低费享受社会服务、增加退休养老津贴、降低老年人看病就医的收费标准等。

（3）家庭养老功能的弱化。传统社会中，家庭是最重要的社会照顾单位，但随着工业化的推进，工厂纷纷出现，取代家庭成为社会经济生活的基本单位。同时，由于城市化的发展，以往"养儿防老"式的家庭保障思想所依赖的历史背景发生了动摇。家庭在地理位置上的分布越来越广，越来越分散，加上受教育程度的差异，各代人之间存在"代沟"，大大削弱了家庭成员之间的联系。核心家庭取代了自然经济下几代人共同生活的大家庭，孩子数量减少；家庭的自给自足功能初步削弱，越来越多的家庭用品和服务需要靠外部提供。

（二）老年社会福利的含义

老年社会福利在概念上也存在着广义和狭义之分。

广义的老年社会福利，是指国家和社会通过社会化的福利设施和有关福利津贴，满足老年人的生活服务需要并促使其生活质量不断得到改善的一种社会政策；狭义的老人福利，主要指对孤寡老人生活方面的照顾。

广义的老年社会福利，从责任主体上讲，国家（通过政府有关职能部门，主要是民政部）和社会（通过社会福利事业的社会团体）是老人社会福利的责任主体；从享受对象上看，以"三无"老人为主，同时也包括所有老人；从服务提供方式上，既包括社会救济意义上的物质保障，也包括社会福利意义上的社会服务；在社会服务的性质上，体现出经济福利性，既属于第三产业范畴，又不同于一般第三产业，是难以采取市场调节的社会公共领域，政府政策扶持往往是其生存、发展的必要条件。

狭义的老年社会福利，则是根据老年人的特殊需求和老年人自身的特点，由社会提供给老年人的特殊的、照顾性的物质帮助和社会服务。即在政府主持下，在社会各方面力量的参与下，对处于特殊困境的无劳动能力、无生活来源、无法定赡养人和扶养人的孤寡老人和部分生活不能自理、家庭无力照顾的老年人所提供的供养、医疗、康复、娱乐和教育等方面的服务。[2]

---

① 杜燕：《全球 60 岁以上老人 2050 年将增至 20 亿》，来源：中国新闻网，2012 年 4 月 6 日。
② 时正新：《中国社会福利与社会进步报告 1999》，社会科学文献出版社 2000 年版，第 146～147 页。

（三）老年社会福利的内容

老人社会福利的内容基本涵盖了老年人的基本需求，可以概括为基本理念、老年保障、机构照顾、老年服务、老年活动以及敬老方式等六个方面。[①]

（1）保障理念：树立敬老尊贤的社会风气，明确养亲报恩的个人义务。

（2）福利内容：经济方面，提高福利待遇；健康方面，提高医疗保险；家庭方面，提倡扶养义务；社会方面，提供贫困救助。

（3）相关机构：扶养机构，留养、扶养老人；疗养机构，针对有疾患、长期慢性病或瘫痪的老人；休养机构，举办老人休闲、康乐或联谊活动或退休老人生活安养；服务机构，为老人提供综合性服务。

（4）服务项目：咨询服务，解答老人疑难，提供心理抚慰；医疗康复，针对慢性病或残障老人；家庭服务，家庭护理及家政服务；免费住宅，针对无经济基础的单身老人。

（5）老年活动：包括老年俱乐部的休闲活动、各种社团活动与才艺展览的团体活动、适合老年学习的老年大学和开发老人潜能的就业辅导。

（6）敬老方式：提倡针对老人的让座、让位、老人优先的礼貌活动，开展联欢联谊、表彰典范的敬老活动，以及在车船票、公园、康乐等方面给予各种优惠。

二、妇女儿童社会福利

由于妇女与儿童的天然关系，发达国家将妇女和儿童作为一个整体，专门设置了一系列的福利项目，形成了相对独立的妇女儿童社会福利制度。实行妇女儿童社会福利，有利于提高人口质量，维护社会安定，体现男女平等。

（一）妇女儿童社会福利的产生和发展

妇女儿童社会福利是妇女福利和未成年人福利的合称，是国家和社会为满足妇女、未成年人的特殊需要和维护其特殊利益而提供的照顾和福利服务，是社会福利项目之一。世界上的妇女儿童社会福利，产生于19世纪末20世纪初。

（1）妇女儿童福利制度的首创。19世纪末，英国政府就制定了改善儿童和妇女生产劳动条件的工厂法，用立法的手段建立了妇女儿童社会福利事业。1918年，英国议会通过了保障孕妇和5岁以下儿童健康的《产妇幼儿福利法》，该法第一次以专项法规的形式规范妇女儿童权益，并拓宽了妇女儿童社会福利的内容。1911年，意大利政府率先把社会保险扩大到产妇，把生育列入疾病保险的范围。以后，西方国家逐步建立了生育保险、生育补助、家庭补助等保障母亲儿童生活和健康的福利项目。

（2）妇女儿童受保护的权利。工业社会中女工、未成年人的劳动保护问题，也是关系到妇女儿童安全和健康的重大问题。对女工和儿童的劳动保护立法，是从限制妇女的劳动时间和禁

[①]陈银娥主编：《社会福利》，中国人民大学出版社2004年版，第125页。

止使用童工开始的。1939 年，德国颁布了《普鲁士儿童保护法》，禁止使用 9 岁以下的童工。1883 年，英国通过的《工厂法》以女工及未成年工为主要保护对象，规定了女工和未成年工的劳动时间上限。国际劳工组织从 20 世纪 20 年代开始，多次制定、通过禁止和限制使用童工的公约。另外，国际劳工组织对成员国女工的劳动保护也起到了重要的推动作用。从 1919 年开始的几十年中，国际劳工组织先后发布了一系列关于妇女劳动保护的条例和建议，包括保护母亲、禁止妇女从事夜班工作、矿山井下工作和有毒有害工作，男女就业机会均等、同工同酬等内容，这些都大大推动了妇女儿童社会福利事业的发展。

（3）妇女儿童社会福利的发展。20 世纪 40 年代末到 20 世纪 60 年代，妇女儿童社会福利事业取得了长足发展。联合国于 1946 年先后成立了"联合国妇女地位委员会"和"联合国儿童基金会"，1952 年国际劳工组织通过了《生育保护公约修正案》和《生育保护建议书》，1953 年世界工联维也纳会议提出争取社会保障的完备纲领，指出真正的社会保险必须包括生育在内，从而推动了妇女儿童社会福利的大发展，使妇女儿童社会福利规模从小到大，水平从低到高，形成了比较完备的体系。20 世纪 70 年代以来，世界上大多数国家都根据自己的国情建立了妇女儿童社会福利事业，国际社会也为促进妇女儿童社会福利采取了一系列措施，达成了多项协议，形成了基本共识，使妇女儿童社会福利基本趋于完善和定型。

（二）妇女儿童社会福利的含义

妇女儿童社会福利是指国家和社会通过社会化的福利设施和有关津贴，以满足妇女儿童的物质生活需要，并促使其生活质量不断改善的社会政策。这一概念是妇女和儿童社会福利的合称，是国家和社会专门为满足妇女、未成年人的特殊需要和维护其特殊利益而提供的照顾和福利服务。

妇女儿童福利是社会福利的主要项目之一，包括以下内涵：

（1）在责任主体上，国家和社会（通过社会福利团体）是妇女儿童社会福利的责任主体。也就是说，妇女儿童社会福利的责任主体与正式社会福利的责任主体是一致的。

（2）从享受对象看，妇女儿童社会福利的享受对象包括所有的城乡妇女儿童。

（3）从服务方式看，既有社会救济意义上的物质保障，也有社会福利意义上的社会服务。

（4）在社会服务的性质上体现出经济福利性，既属于第三产业范畴，又不同于一般第三产业，针对难以采取市场调节的公共领域，政府的政策扶持往往是其生存、发展的必要条件。

（三）妇女儿童社会福利的内容

妇女儿童社会福利的领域和内容涵盖了妇女儿童的基本需求，主要有以下几个方面。

（1）妇女就业保障。妇女就业保障是通过立法和政策措施创造男女平等的就业机制，使妇女平等地参与社会经济生活。内容包括：保障妇女享有与男子同等的就业权利和就业机会，并通过就业政策指导鼓励企业雇用女工。如允许雇用女工的企业在规定时间内享受社会保险税优惠，保障女职工就业期间享有与男职工同等的待遇，包括实行同工同酬、同等的培训机会和晋升机会等；通过立法禁止以结婚、怀孕、产假、哺乳为由解雇女职工，禁止使用童工；保护女职工在生产工作中的安全和健康，对女职工实行特殊劳动保护，一般禁止女职工从事有毒、有害、危险和强体力劳动；限定女职工的工作时间，如禁止女职工上夜班，禁止孕妇、乳母加班加点等；对处在经期、孕期、哺乳期和更年期的女职工实行特殊劳动保护；提高女性的受教育程度，为妇女举办各种就业培训，确保妇女在就业市场上有与男子平等竞争的实力。

（2）妇女儿童保健。妇女由于生育保证了人类繁衍，世代延续，具有社会价值，国际社会普遍针对妇女生理特点提供特别的健康保健，为母亲提供更优惠的减费或免费健康服务。加之由于生育会导致身体发生一系列生理变化，母亲要付出巨大的身体损耗甚至生命，很多国家把照顾母亲的健康作为社会福利的重要方面；儿童由于身心都处于发育阶段，过度的劳动和职业伤害会直接影响他们的健康成长，因此国际劳工组织和很多国家都规定禁止使用童工。1920 年，第二届国际劳工大会通过公约，禁止 14 岁以下儿童在海上工作。1921 年，第三届国际劳工大会通过公约，规定不得雇用 18 岁以下未成年人在船舶上担任扒炭工和司炉。1937 年，第 23 届国际劳工大会通过公约，规定 15 岁以下儿童不得受雇于工业企业。1999 年，第 87 届国际劳工大会通过公约，在全世界范围内禁止使用童工。这些公约对签约国有重要的约束和指导作用，在一定程度上保护了儿童的健康成长。

（3）妇女生育保障。为了加强对妇女这一弱势群体的保护，国际社会的有关法律专门强调对妇女生育权的保护。单独规定妇女享有这样的权利，给妇女生育提供一种特殊的保护，能使妇女在法律上与男性群体平等起来。妇女生育保障是指政府和社会为怀孕和分娩的妇女提供物质帮助和产假，以保证母亲和孩子的基本生活及孕产期的医疗保健需要方面的福利。实行生育福利制度的社会性目的，是保护女性的生育功能，保护母婴健康，维持人类自身繁衍。它的经济性目的，从人力资源开发与利用的角度看，是保护女性劳动力资源，为她们创造参与和发展的机会，这对一个国家的经济发展具有积极意义。在西方福利国家，生育社会保险、社会福利和社会救济相互衔接、补充，共同为妇女生育构筑了一道安全网，妇女生育基本得到了保障。而在多数国家中，则主要通过生育保险为职业妇女提供保障，即主要从生育医疗保健服务、产假、生育津贴、育儿假、育儿津贴几个方面向生育妇女提供保障和福利。

（4）儿童成长补贴。青春期到来以前的未成年人被称为儿童或少年，他们在思想、性格、智力、体魄等方面的可塑性很强，因此儿童教育是提高人口素质的重要环节，也是各国社会福利支持的重点。很多国家的政府都规定儿童免费接受中小学教育，免费享有课本、文具和在校午餐。在社区内设立儿童之家，为不能照顾孩子的家庭提供帮助；收留孤儿、弃儿，负责他们的生活和教育等。设立家庭补贴，是指以家庭为对象设立补贴制度，对养育孩子的低收入家庭给予帮助并发给每个孩子儿童津贴。例如，英国对每个儿童自出生起按周发给儿童津贴，对单亲家庭中的孩子加发附加儿童津贴，对孤儿增加孤儿津贴。儿童享受更优惠、更周到的医疗保健服务，如免去挂号费、免费治疗牙病，生病需要照顾时家长享有带薪护理假等。

三、残疾人社会福利

残疾人是平等的社会成员，但是由于身体残疾，他们成为社会的弱势群体。因此，有必要通过立法手段保护残疾人的合法权益，并给予尽可能多的福利和照顾，使他们能够在事实上成为社会的平等一员，全面参与社会生活。

（一）残疾人社会福利的产生

残疾人是在心理、生理、人体结构上，某种组织、功能丧失或者不正常，全部或者部分丧失以正常方式从事某种活动能力的人。[①]在现代社会，西方国家对于为什么要实施残废人社会福利仍然有不同的看法，或者说有存在不同的价值理念。[②]

（1）供养理论。对于残疾人，特别是失去劳动能力的残疾人，人们最初甚至认为最好的办法是把他们养起来。他们的家人或社会通过对残疾人的供养来表示对残疾人的责任和爱。在经济不发达国家，这种供养几乎只限于完全丧失劳动能力的残疾人。而在发达国家，对残疾人供养的范围较大。尽管各国因经济发展水平的不同对残疾人供养的内容和水平有所不同，但是，一般说来，这种供养大多限于经济方面或者物质方面，比如残疾人保障、保险和救济。对残疾人，特别是严重丧失劳动能力的残疾人，进行经济上的供养是完全必要的，但经济上的供养并不代表残疾人社会福利的全部内容，因而供养理论存在不足，如对残疾人的精神需求和能力估计不足等。供养理论是对早期残疾人社会福利影响较大的一种理念。

（2）回归社会论。回归社会论是针对将残疾人封闭起来进行供养和照顾所产生的弊病而提出的。20世纪50年代，美国社会学家戈夫曼在研究关护精神病患者的庇护所后指出，由于庇护所中精神病患者处于"不良的同伴关系"和"关护关系"之中，精神病患者的病情没有好转，有的反而加重了。这里所指的"不良同伴关系"，是指精神病患者之间的长期共同生活、他们之间具有的强烈刺激性互动。"关护"关系是指庇护所的管理人员、医护人员对精神病患者的消极的、冷漠的态度和严格"管制"精神病患者的行为。在戈夫曼看来，这种关系之所以被认为是不良关系，是因为它们常常不能使精神病患者的情况好转。相反，由于这些互动关系的刺激，精神病患者的病情可能会加重，而这种加重是将精神病患者封闭起来的结果。对精神病患者的服务，应该避免上述庇护所式的做法，使精神病患者处于积极的社会关系中，基本方法就是使精神病患者走出封闭状态，进入社会。在这一观念影响下，人们对残疾人的观念也发生了改变，逐渐由将他们供养起来转变为让他们回归社会。受回归社会理念的影响，残疾人社会福利进入了一个新的发展阶段。

（3）增能理论。"增能"一词是社会福利界的用语，意思是让人有更大、更多的责任感，有能力去做自己应该做的事。"增能"一词的使用，可以追溯到20世纪70年代，当时美国学者巴巴拉·所罗门提出的对被歧视的美籍非裔黑人增能的工作，从而把增能注入了社会工作，甚至社

---

① 《残疾人保障法》（2008年4月24日第十一届全国人大会常务委员会第二次会议通过）。
② 陈银娥主编：《社会福利》，中国人民大学出版社2004年版，第174～176页。

区工作的议程。20 世纪 90 年代以来，增能已成为社会工作领域提倡的重要价值观念和工作模式之一。增能理论站在人的发展的立场上，认为增能是个人在与他人环境的积极互动过程中，获得更大的对生活空间的掌控能力和自信心，以及促进环境资源和机会的运用，以进一步帮助个人获得更多能力的过程。增能理论的观点是：第一，个人的无力感是由于环境的排挤和压迫而产生的。社会中的弱势群体之所以会处于弱势地位，并非他们自身有缺陷，而是由于他们长期缺乏参与机会所导致。造成无力感的原因有三个：一是受压迫群体的自我负向评价；二是受压迫群体与外在环境互动过程中形成的负面经验；三是宏观环境的障碍使他们难以有效地在社会中行动。第二，社会环境中存在着直接和间接的障碍，使人无法发挥自己的能力，但是这种障碍是可以改变的。第三，每个人都不缺少能力，个人的能力是可以通过社会互动不断增加的。第四，服务对象是有能力、有价值的。社会工作者的作用在于通过共同的活动帮助服务对象去除环境的压制和他们的无力感，使他们获得能力。第五，社会工作者与服务对象与环境之间如能够实现有效互动，就能使残疾人自己增能。[1]

上述三种关于残疾人社会福利的理念中，供养理论是个体型残疾的理论，它强调残疾人的个人责任；回归理论和增能理论是社会型残疾的理论，它注重残疾的社会责任。总体看来，"康复重于救助"、"机会均等与全面参与"是现代残疾人社会福利的发展趋势。

（二）残疾人社会福利的含义与类型

残疾人社会福利，是指国家和社会在保障残疾人基本物质生活需要的基础上，为残疾人在生活、工作、教育、医疗和康复等各方面所提供的设施、条件和服务。

残疾人社会福利概念也有广义和狭义之分。广义的残疾人社会福利，指国家保证有残疾的公民在年老、疾病、缺乏劳动能力及退休、失业、失学等情况下获得基本的物质帮助，并根据社会的经济、文化发展水平，给予残疾人相应的康复、医疗、教育、劳动就业、文化生活、社会环境等方面的权益保障，以维护社会稳定，实现残疾人"平等、参与、共享"的目标。狭义的残疾人社会福利，是指国家和社会在保障残疾人基本物质生活需要的基础上，为残疾人在生活、工作、教育、医疗和康复等各方面所提供的设施、条件和服务。

由于遗传、事故、疾病等一些难以避免的原因而产生的残疾人是社会中最困难的特殊群体，他们应该受到社会的关爱和照顾。残疾人社会福利是社会福利体系中一个不可缺少的部分，它的建立与完善对于一个国家经济、政治、文化的发展有深远影响。

国外的残疾人福利，在具体实施上，可以分为康复型、自立型、扶助型三种类型。

（1）以美国和德国为代表的康复型福利以治疗为主，国家创造条件为残疾人提供医疗方便及相关设施和辅助器具，促使残疾人身体和精神的功能恢复。如美国的"访问护士制度"和德国的"住宅护理制度"。

（2）以英国为代表的自立型福利，主要强调为残疾人就业创造条件，以便使残疾人能与正常人一样自立生活。如英国立法规定企业有吸收残疾人就业的义务。以日本和法国为代表的扶

---

①魏钧：《增能理论》，来源：http://www.360doc.com/content。

助型福利，主要是以生活扶助形式减少残疾人生活中的困难，为其提供更多方便。如两国都设有残疾人手册，残疾人可享受公共交通、电讯使用等折扣甚至免费。

（3）以日本为代表的生活服务型福利，不仅普遍设立残疾人生活指导机构，而且还制定了派遣家庭服务员帮助其料理家务的制度。日本已经100%普及盲道，残疾人到处可以受到照顾。

（三）残疾人社会福利的内容

虽然世界各国残疾人社会福利的内容存在一定的差异，但总的来说，残疾人社会福利的基本内容是一致的。

（1）残疾预防。残疾预防是指采取一些行动来避免出现生理、智力、精神或感官上的缺陷（初级预防），或防止缺陷出现后造成永久性功能限制或残疾（二级预防）。预防包括许多方面，如产前产后的幼儿保健、营养学教育、传染病免疫运动、防治地方病的措施、安全条例等。

（2）残疾人康复。残疾人康复是指旨在使残疾人达到和保持生理、感官、智力、精神和（或）社交功能上的最佳水平，从而使他们借助于某种手段，改变其生活，增强自立能力。它具体包括医疗康复、心理康复、教育康复、职业康复、社区康复、社会康复等。

（3）残疾人教育。残疾人教育是对残疾人实施的特殊教育，它包括学前教育、基础教育、高等教育、职业技术教育和成人教育等。在教育过程中，需要有特殊的教具、学具和特殊的教学方式。残疾人教育福利包括以下三个方面：一是有关残疾人教育的法律、法规；二是残疾人教育机构；三是与残疾人康复相关的教育训练等。

（4）残疾人就业。保障残疾人就业的福利措施一般包括两个方面：一是利用法律或政策手段保护残疾人的就业机会。世界各国都有相应的法律明确规定企业有义务雇用一定比例的残疾人。二是开展残疾人职业康复，提供残疾人职业咨询、职业评估、职业治疗、职业培训等服务。

（5）残疾人文化生活。《关于残疾人的世界行动纲领》提出，会员国要确保残疾人有机会充分发展他们的各方面的潜力，这既是为了他们自身的利益，也是为了造福社会。为此，应确保残疾人参与文化活动。必要时，应提供特别帮助，如聋人助听器、盲人点字印刷书籍等。[1]

（6）扶残助残活动。为残疾人提供照顾和优待的公共服务机构包括：在搭乘国内公共交通工具时应给予一定的照顾和方便，甚至享受减费或免费服务；在公共场所开设零售店或申请解困住宅、停车位，应保留其名额并优先核准；政府对残疾人或其抚养义务人应缴纳的捐税，应按残疾人的残疾等级、家庭经济状况，依法给予适当的减免等。

（7）无障碍设施。世界《残疾人机会均等标准规则》指出，各国应确认无障碍环境在社会各个领域机会均等过程中的重要性。对任何类别的残疾人，各国应做到：采取行动方案，使物质环境实现无障碍；采取措施，在提供信息和交流方面实现无障碍。[2]这就要求城市道路、公共建筑物和居住区的规划、设计、建设应方便残疾人通行和使用，公共传媒应使听力、言语和视力残疾者能够无障碍地获得信息、进行交流等。

---

① 《关于残疾人的世界行动纲领》（联合国大会第37届会议1982年12月3日第37/52号决议通过）。
② 《残疾人机会均等标准规则》（联合国大会第48届会议1993年12月20日第48/96号决议通过）。

四、慢性精神病人社会福利

根据心理动力学原理，慢性精神病是不良情绪的慢性堆积不能得到有效的释放的病症。这种病是一种以精神无能、行为异常为主要特征的疾病，无论采取何种办法，精神病人都无法成为有民事能力者，也无法成家立业。

（一）慢性精神病人

慢性精神病人是指患有精神病的群体。精神病指人因大脑机能活动发生混乱，导致认识、情感、行为和意志等精神活动具有不同程度障碍的疾病的总称。其致病原因是多方面的：先天遗传、个性特征及体质因素、器质因素、社会性环境因素等。许多精神病人有妄想、幻觉、错觉、情感障碍、哭笑无常、自言自语、行为怪异、意志减退的症状，绝大多数病人缺乏自知力，不承认自己有病，不主动寻求医生的帮助（普通人也存在不承认自己有病现象，所以不能把缺乏自知力和不承认自己有病作为确定精神病的依据）。

常见的精神病有精神分裂症、躁狂抑郁性精神病、更年期精神病、偏执性精神病及各种器质性病变伴发的精神病等。精神病多在青壮年时期显病，有的间歇发作，有的持续进展，并且逐渐趋于慢性化，致残率高，这种精神病人难以完成对家庭和社会应担负的责任。但是，如果早期发现，及时就医，患者可以在药物的辅助下，进行一定程度的生活、学习与工作。

慢性精神病与心理问题或心理障碍有很大区别。心理障碍几乎人人都可能遇到，如失恋、落榜、人际关系冲突造成的情绪波动、失调，一段时间内不良心境造成的兴趣减退、生活规律紊乱甚至行为异常、性格偏离等等，这些由于现实问题所引起的情绪障碍，成为心理障碍。像这些问题大多数人往往自我调节或求助父母、亲朋、老师等帮忙调节得以恢复，假如通过这些调节方法仍无效果时，就需要找心理咨询医生寻求帮助。

（二）慢性精神病人福利的含义

根据我国民政部《关于加快民政精神卫生福利服务发展的意见》，慢性精神病人福利的概念可以比照民政精神卫生福利服务的含义进行解释。[①]

慢性精神病人福利，即以民政直属精神病医院（含福利精神病医院、复员退伍军人精神病医院）、精神病人社会福利院、智障人员社会福利院、农疗站、工疗站、社区精神康复机构等社会福利机构（统称民政精神卫生福利机构）为骨干，面向复员退伍军人、城镇"三无"、农村五保、贫困人员等特殊困难精神障碍患者开展的救治、救助、康复、护理和照料等服务。在满足特殊困难群体服务需求的基础上，积极拓展功能，面向社会提供精神卫生服务。

慢性精神病人的社会福利包括：社会为慢性精神病人在空白区域的布点建设福利设施，建立功能完善的民政精神卫生福利服务网络；建设设施完备、管理规范、服务优质、队伍一流、具有辐射示范作用的民政直属精神病医院、精神病人社会福利院和智障人员社会福利院；社会

---

①民政部，《关于加快民政精神卫生福利服务发展的意见》（民发〔2013〕213 号）。

福利机构为慢性精神病人提供救治、康复、护理和长期照料服务。不具备条件的，应设立医务室并加强与医疗卫生机构的合作，提高医疗、康复和护理服务能力。国家支持民政精神卫生福利机构的医务室取得医保定点单位资质，鼓励精神病类的医院中设立老年病、脑瘫、智障、自闭症治疗和康复等特色科室，参与老年人、残疾人、儿童服务，提高专业水平，逐步成长为社会福利服务领域的医疗、护理、康复技术中心。

社会精神卫生福利机构均单独设立或与相关业务科室合并设立社会工作科室，广泛开展社会工作服务，形成精神障碍患者救治、康复、护理、长期照料与社会工作服务相互支持的服务模式。大力开展康复服务，鼓励依托民政精神卫生福利机构建立工疗站、农疗站等康复训练基地，创新和规范康复服务项目，确保特殊困难精神障碍患者每天接受一定时间的康复服务，增强生活、社交、劳动或工作技能。

（三）慢性精神病人社会福利的开展

慢性精神病人社会福利的开展，应建立民政精神卫生福利机构工作人员津贴制度，不断提高工作人员待遇水平，培养和引进精神卫生专科医生、护士、社会工作者、康复治疗师等专业人才，为慢性精神病人提供专业化的社会服务。[1]

（1）心理疏导。由于社会上还普遍存在对精神病人的歧视和偏见，给病人造成了很大的精神压力，使病人常表现出抑郁、悲哀、自卑等，性格也变得暴躁。因此，心理疏导要求从家庭到机构都多给予病人一些爱心和理解，满足其心理需求，尽力消除病人的悲观情绪。病人在家庭中，与亲人朝夕相处，接触密切，其不良的心理活动、情感反应、行为模式等，易被家属观察到，故家属应掌握适当的心理护理方法，随时对病人进行启发与帮助，纠正病人对病态的错误认识，帮助他们从矛盾意识中解脱出来。

（2）生活技能训练。大多数精神病人治愈后能够进行正常的生活、学习、工作、家务劳动、社会交往等，但有部分病人由于长期住院治疗，存在不同程度的生活技能缺损和病人角色强化，影响了生活自理能力和社会交往能力，因此，需要对其进行生活技能训练。生活技能训练主要包括个人卫生自理（洗漱、更衣、大小便自理、洗漱、家务劳动、外出散步及超市购物等）、饮食护理（营养素搭配和摄入）和睡眠护理（合理的作息时间）的日常生活技能训练，包括帮助病人恢复兴趣和爱好，进行人际交往和社会适应能力的人际关系训练，包括针对个体需要给予的学习训练、指导和工作技能的实践训练等。

（3）预防复发。精神病人出院后需要长时间服用抗精神病的药物维持治疗，这是巩固疗效、防止复发的重要措施。家属一定要督促病人按医嘱服药，防止任意增减药量或停药而导致复发。帮助病人保持情绪稳定，保证足够的睡眠时间，避免暴饮暴食，忌烟酒。注意随时观察病情，早期发现复发先兆早期治疗。定期复查，有意外情况及时和病人主管医生联系。在康复过程中注意引导病人接受适当社会性刺激，如让病人适当劳动，参加一些文娱活动，接受一定的医学知识教育等，对于预防疾病复发也有很大作用。

---

[1]刘麦仙：《慢性精神病人家庭康复护理》，载《现代护理报》，2007年12月12日。

此外，还可发挥社会精神卫生福利机构的辐射示范作用，尽量营造正常化的服务环境和条件。开展定期巡诊、居家照顾、社区康复等外展服务，促进特殊困难精神障碍患者融入社会。

第三节　我国的社会福利制度

新中国成立以来，随着社会生产力的发展和国家综合国力的增强，我国的社会福利事业有了很大的发展，社会福利水平也有了很大提高，对于改善人民的生活环境、提高全民的科学文化素质、促进社会的进步发挥着重要的作用。

一、我国社会福利制度的建立与发展

新中国成立后，我国政府长期实行的是补缺型的社会福利政策。可以说，这种福利制度是与当时的经济发展水平以及社会民主化进程联系在一起的，为我国消除贫困、改善人民生活发挥了重要作用。

（一）创建阶段（1949～1957年）

我国传统的社会福利制度建立于20世纪50年代。1950年6月颁布了《中华人民共和国工会法》，规定工会有改善工人、职员、群众物质生活与文化生活及各种设施的责任。1951年8月我国政府发布了《关于城市救济福利工作报告》，规定社会福利的保障对象主要是无依无靠的城镇孤寡老人、孤儿或弃婴、残疾人等。民政部门通过设立福利机构为这些孤老残幼人员提供保障。1957年内务部、财政部、中国人民银行、商业部等联合发布了《税收减免和贷款扶助的通知》，为解决烈属、军属、城市贫民的安置和生产自救方面的困难作出规定。同年，国务院发出《关于职工生活方面若干问题的指示》，对职工住宅问题、上下班交通问题、职工生活必需品的供应问题、困难补助问题作了明确规定。此外还有工人文化宫、俱乐部的组织条例、工作条例和选举条例等。

在新中国成立之初，我国社会福利制度的建立为解决城乡无家可归、无依无靠、无生活来源的社会成员的生存问题做出了积极贡献。主要做法是：通过建立职业福利费提取制度（企业按工资总额的5%提取福利补助费，用于对企业各种福利开支不足的补贴）、以工会会费中的20%用作职工困难补助、从单位事业费中开支部分福利费用、各项福利设施的收入和国家提供的各项基本建设投资中包含与职业福利有关的费用等方法筹集社会福利经费。在城市，国家建立了企业福利基金制度。在农村，通过农业生产合作社对缺乏劳动能力或完全丧失劳动能力、生活没有依靠的老、弱、病、残、孤、寡，给予生产和生活上的适当安排和照顾，并使其衣、食、住、行、葬（学）都有依靠。同时，农村还开始发展合作医疗事业。民政福利制度的实施，使得那些社会上最脆弱群体的生存有了保障，由此极大地显示出社会主义制度的优越性，保障了社会稳定。

（二）调整和完善阶段（1958～1966年）

在这一时期，我国政府在发展和完善职工社会保险制度的同时，对社会福利制度也进行了补充和发展。1958年的"大跃进"运动，推动了社会福利企业的发展，各地都开始兴办残疾人习艺所、精神病人疗养院、退休人员公寓、贫民教养院、儿童福利院等。据民政部门的统计，"1959年民政部门管理的福利院收养了64 454位孤老、27 964位孤儿和14 627位'三无'精神病患者。在农村，按照1960年4月二届全国人大二次会议通过的《1956—1976年全国农业发展纲要》第30条确立的对农村中的孤老残幼实行'五保'的制度，许多地区建立了养老院，收养农村中的孤寡老人。到1994年，全国已有33 584个乡镇统筹供养了273万'五保'人口，农村敬老院约4万所，收养56万老人"①。

20世纪60年代初，城乡人口粮食吃紧，主副食供应紧张，相当多的人生活处于困境。在这种情况下，国家不得不采取多种措施，保证人民的基本福利。一是普遍加强了对困难职工的补助和救济；二是办好食堂，帮助职工渡过灾荒，企业开展农副业生产，帮助职工渡过暂时的难关；职工回家探亲所需的往返车船票全部由职工所在单位负担，以减轻职工的负担等。但是，这一时期，由于"极左"思想泛滥，福利范围一再扩大，各项福利待遇标准提得太高。我国农村大搞人民公社，开设集体食堂，在城市大办食堂、托儿所、幼儿园等，由各地方组织试验城市人民公社，兴起供给制和半供给制，不仅造成了浪费，而且不符合我国经济发展的实际情况。

（三）受挫阶段（1966～1978年）

1966年5月至1976年10月"文化大革命"期间，我国社会保障制度的发展受到严重干扰，刚刚起步的社会福利事业也遭受了极大的破坏，管理社会福利事业的领导机构处于瘫痪状态，许多单位的福利机构被解散，福利的规章制度被废除，服务质量普遍下降。

在资金筹集方式上有所倒退，1969年2月财政部颁发《关于国营企业财务工作中几项制度的改革意见》（草案）规定，国营企业一律停止提取劳动保险金，企业的退休职工、长期病号工资和其他劳保开支在营业外列支。这使我国社会福利事业的发展产生两大后果：一是资金的统筹调剂停止，二是基金积累停止，造成了企业负担不平衡，畸轻畸重。包括社会福利在内的所有社会保障事业基本上都陷于停顿状态。据1978年数据，全国社会福利院577个，工作人员3233人，收养老残等人员38 457人。其中儿童福利院49个，工作人员1055人，收养婴幼、残疾儿童3665人；精神病院102个，工作人员5739人，收养无家可归、无依无靠、无生活来源的精神病人15 729人。以上数字与"文化大革命"前的1964年相比，无论是事业单位数还是收养人数都人为地减少了，不少盲、聋、哑、残人员和孤老残幼重新流落街头。②

（四）恢复和发展阶段（1979年以来）

改革开放以来，我国政府十分重视发展社会福利事业。1979年，为了刺激职工的生产积极

---

① 《我国社会福利制度的内容》，来源：http://zhidao.baidu.com 2007-05-31。
② 《社会福利事业的发展和成就》，来源：http://www.labournet.com.cn/shebao 2014-12-05。

性，开始把企业福利经费的提取与企业效益挂钩。从 1983 年起，国家规定国有企业的职业福利费先按职工工资总额的 11%从成本中提取，不足部分再在企业税后利润中列支。1993 年以来，先后发布了《国家级福利院评定标准》、《社会福利企业规划》、《中国福利彩票管理办法》、《民政事业发展"九五"计划和 2010 年远景目标纲要》、《社会福利机构管理暂行办法》。在这些法规中，民政部门作为我国福利事业的主管机构逐渐把我国的社会福利事业从官方举办引向社会举办，并按福利需求设立福利项目。

总之，计划经济时代的五十年，我国的社会福利是以职业为依托，以城镇职工为主体，关怀职工生活方方面面，所需经费几乎全部由国家财政提供。城镇居民能够享受到的福利待遇很丰富，从职工的生活困难补助、冬季取暖补贴、探亲补贴、交通补贴、休假疗养，到为职工建立托儿所、幼儿园、食堂、洗澡堂、医务室、阅览室、体育场，再到为所有城镇居民提供粮油以及副食品价格补贴，一个企业或者一个单位就是一个无所不管、无所不包的小社会。此外，教育和住房分配也是福利待遇。在教育方面，从小学到高中教育是免费的，高等教育不仅免交学费、住宿费等费用，而且学生还可以享受到解决吃饭问题的助学金；在福利分房方面，企业或者单位按照职工的工龄和年龄等条件以及家庭人口数目，为职工分配住房。20 世纪 90 年代末以后，我国民政福利逐渐转向社会化，这不仅使民政福利走出了封闭，而且极大提高了民政福利机构的效率。与此同时，社会兴办的福利机构也迅速发展起来。

二、我国社会福利制度的改革

改革开放以来，我国政府对社会福利制度逐步进行了改革。到目前为止，在保障范围、享受待遇的条件和待遇标准、福利资金的筹措等方面都有了较大的发展和完善，初步建立起适应社会主义市场经济发展的社会福利体系。

（一）传统社会福利制度的不足

我国 20 世纪 80 年代开始的经济体制改革，带来了社会结构的深刻调整和巨大变化，也使传统福利制度一系列不适应新形势的弊端也日益暴露出来。

（1）不能满足社会成员多方面的需要。原有的社会福利制度是典型的城镇福利制度，农村居民仅有少数无依无靠的"五保"对象被集中供养。在福利项目支出方面，占全国人口 20%左右的城镇居民占有国家财政性福利支出的 95%以上，而占全国人口 75%以上的乡村居民的支出则不足 5%。[①]社会福利由国家包办，或由企业包办，形式单一，无法满足社会成员多方面福利的需要。

（2）工资分配与福利分配相混淆，导致政府与企业或用人单位的角色错位，企业福利的刚性使国有企业负担沉重。国有企业改革必然使企业成为自主经营的经济实体，它们要与所有企业一起参与市场竞争。在这种情况下，企业由于背负沉重的职工福利负担，难以与新生企业公

---

①郑功成：《中国社会福利发展论纲》，载《社会保障制度》（人大复印资料），2001 年第 1 期。

平竞争，面临更大的破产风险，而且职工所在的企业一旦破产，职工及其家庭能够获得的福利待遇将没有保障。

（3）实施范围的身份限制。这种身份限制上的规定性是由于制度安排的不公平造成的，经济体制改革带来经济结构多元化，农村人口流入城镇，进入不同所有制企业和单位就业，他们连应当享受到的社会保险待遇都享受不到，何谈享受社会福利待遇？这种从制度建立之初就对农民实行的不平等待遇，在社会主义市场经济下不能再延续下去，否则会继续扩大城乡差距，城乡隔离的二元社会经济结构也就无法打破。

（4）职业福利严重异化。企业的福利待遇将企业与职工紧紧地拴在一起（如单位分配的住房、职工子弟就读的子弟学校等，形成了企业与职工之间的人身依附关系），不同企业或单位职工的福利待遇会有很大差异，有些单位职工的福利甚至高于工资，这就阻碍了劳动力的合理流动和市场经济所需要的劳动力市场的形成。而福利待遇由于是平均分配，不但没有发挥它激励劳动者积极性的功能，反而助长了人们的懒惰和依赖心理，影响企业的效率和发展。

（5）高度分散和分割，重复投资，资源浪费。原有的福利制度主要体现在企业福利上，实质上以企业福利取代了社会福利。在这种福利制度下，职工及家庭的福利事业都由单位举办，经费由单位承担，受益者也仅限于本单位的职工及家属，福利设施既不向社会开放，也不为其他企业和单位服务。而且，各单位重复投资，利用率很低，导致资源浪费和效率的下降。

（6）不能调动社会成员的工作积极性。从国家对发展社会福利事业的政策导向来看，发展社会福利事业是政府和企业的法定义务，而享受社会福利是社会成员和职工的法定权利。这种权利与义务的单向性，使社会成员和职工缺乏一种责任意识，而且在原有的福利制度下，福利待遇由于是平均分配，所以不但没有发挥它激励劳动者积极性的功能，反而助长了人们的懒惰和依赖心理，影响企业的效率和发展。

由此可见，在市场经济下，传统福利制度不但不能适应不同社会成员的需求（我国现有的社会福利服务只能满足 5% 的社会需求，这里的社会福利服务主要指为老年人、残疾人提供的养老和寄养机构），而且直接对企业的发展最终也对整个经济的发展产生影响，从而酿成社会不稳定因素。改革传统的福利制度势在必行。

（二）我国现行的社会福利制度

面对城市综合体制改革不断深入、社会福利需求日益增长，和广大群众举办福利事业的积极性不断高涨的发展趋势，社会福利社会化成为社会福利改革的先声。

我国"社会福利社会化"的改革经历了三个阶段：第一阶段是在 20 世纪 80 年代，当时的一系列社会福利事业单位改革工作经验交流会、座谈会逐渐明晰了"面向社会，多层次、多样化、多渠道举办社会福利事业"的思路，确定了社会福利事业要进一步向国家、集体、个人一起办的体制转变，实现社会福利事业由救济型向福利型转变、由供养型向供养康复型转变、由封闭型向开放型转变（简称"三个转变"）的发展战略和改革目标；第二阶段是在 20 世纪 90 年代，民政部全面论述了"社会福利社会化"的指导思想、发展目标、具体内容、实施步骤和具体措施，

国务院颁布了《社会福利业发展规划》，社会福利改革由制度调整进入制度转型；第三阶段是
2000 年至今。国务院办公厅《转发民政部等部门〈关于加快实现社会福利社会化意见〉的通知》，
提出投资主体多元化、服务对象公众化、服务方式多样化、服务队伍专业化及与志愿者队伍相
结合等意见，"社会福利社会化"从政策探索走向了制度安排。

经过三十多年的社会福利制度改革，我国基本建成了以国家兴办的社会福利机构为示范、
其他多种所有制形式的福利机构为骨干、社区服务为依托、居家养老为基础的社会福利服务网
络。"截至 2010 年 6 月，全国有 6 个省建立了高龄生活补贴制度；开展基本养老服务体系建设
试点工作；实施社会散居孤儿和福利机构儿童最低养育标准；通过福利企业优惠政策继续促进
残疾人就业。各类社会福利机构 40 250 个，床位数 299.3 万张，收养 236.2 万人，除民政对象
外，还收养社会自费人员 40.0 万人。"[1]这标志着我国民政福利正在向社会福利转型。

在职工福利改革方面，各级政府通过实行承包责任制，将企业的福利设施实行社会化开放。
20 世纪 90 年代，在大力发展第三产业的社会背景下，绝大多数企业和单位都打破过去封闭运
行的模式，成立了面向社会、有偿服务的劳动服务公司，并逐渐与原单位脱钩，成为独立的经
济实体并参与市场竞争。如，绝大多数的房修公司、托儿所、幼儿园、理发店等都是从原来的
企业或单位剥离出去的自负盈亏的经济实体。随着国有企业改革的不断深入，国有企业及其职
工的数量有了较大的减少，加之国有企业和国家机关、事业单位职工的福利事业逐步走向社会
化，因而单位和企业对于社会福利事业的投入大大减少，负担大大减轻。与此同时，国家和社
会举办的福利事业在迅速发展，不断满足不同社会成员对于福利项目的需求。

此外，国家对机关、事业单位职工福利基金提取办法也做了适当调整。职工福利基金是根
据劳动保险条例的规定，由企业按职工工资一定比例提取，然后用于职工医疗费、丧葬费、生
活困难补助以及集体福利设施等方面。1992 年财政部发布的《关于提高国营企业职工福利基金
提取比例，调整职工福利基金和职工教育经费计划基数的通知》规定，将"1985 年以来国务院
统一规定发给国营企业职工的各种副食品价格补贴，其中由企业福利基金负担的部分全部改为
从企业成本中列支"，"按规定列入成本的职工福利费，按职工工资总额扣除各种奖金后的 14%
从成本中提取"[2]。

为了解决职工福利基金管理混乱的问题，进一步理清福利、工资和保险三者之间的关系做
出以下调整：一是把各种带工资性质的福利补助纳入工资分配范畴，提高职工福利收入的工资
化、货币化程度。各种带工资性质的福利补贴，包括物价补贴、上下班交通补贴、洗理卫生费、
书报费、燃料补贴、冬季取暖补贴等，按照一般市场经济体制下的工资构成惯例，纳入职工工
资，直接进入成本，不再在企业职工福利基金中列支。二是把保险费用与福利费用严格分开，
避免相互挤占，混淆不清。通过设立企业社会保险基金，把在职职工和非在职职工的养老、医
疗、待业、工伤、生育等保险项目资金囊括其中。企业按法定标准提取的社会保险基金直接在

①成海军：《三十年来中国社会福利改革与转型》，载《马克思主义与现实》，2011 年第 1 期。
②《关于提高国营企业职工福利基金提取比例，调整职工福利基金和职工教育经费计划基数的通知》（财工
〔1992〕120 号），1992 年 4 月 30 日。

工资成本中列支，并实行社会统筹。2007 年 1 月 1 日施行的《企业财务通则》规定，已经没有了应付福利费及计提的踪迹，即企业不再按照工资总额的 4%计提职工福利费并列入企业成本。这标志着企业职工福利基金开始在企业税利润中提取、列支，即企业要根据自身条件和经济效益等状况来设置职工福利项目、决定职工福利水平及职工的福利待遇。

在住房福利改革方面，自 20 世纪 80 年代初开始，国家就对传统住房福利体制进行改革。自 20 世纪 80 年代初期推行"优惠售房"试点和 1986~1988 年推行"提租增资改革"，到 1989 年国务院颁布《关于在全国城镇分期分批推行住房改革的实施方案》后正式推进住房商品化进程，再到 1992 年在全国全面实行新房先卖后租、新房新租、有偿租房等改革举措，各地都在探索住房福利制度的改革之路。1994 年 7 月，国务院发布《关于深化城镇住房制度改革的决定》，确定了以标准价售房的政策；到 1998 年底，中央政府宣布停止企事业单位的福利分房，公房的出售进展较为顺利。与此同时，确立了由职工和所在单位共同负责（各自承担缴费 50%的责任）的住房公积金制度，推出了建设与出售经济适用房的举措，到 2000 年后又推出了廉租房或房租补贴政策。总之，住房福利制度经过近三十年的改革，与传统的福利分房制度相比，已经发生了重大变化。

在教育福利改革方面，从 20 世纪 80 年代开始，国家将原来高等院校的助学金制度改为贷学金制度。中小学实行九年制义务教育。由于计划经济时期平均主义的分配制度被打破，人们的收入出现了差距，一部分人先富了起来，收费昂贵的私立学校应运而生，先进的教学设备、优秀的师资、独特的教学方法为富人的子弟提供了优越的就学机会。从幼儿园到大学的多种办学模式，开辟了教育领域的竞争局面，为培养出适应时代发展要求的学生提供了可能。

（三）目前我国的社会福利事业

改革开放以来，我国政府十分重视发展社会福利事业，并结合我国的实际情况，对社会福利制度中一些不合理的、与市场导向的经济改革不相适应的内容进行了调整，使我国的社会福利制度向着法制化、标准化、专业化的方面转变。

1.社会福利企业

社会福利生产是对国家、集体和社会各界为帮助残疾人劳动就业而组织的各项生产经营活动的统称，从事社会福利生产的单位被称为社会福利企业。改革开放以来，民政部门对残疾人的安置工作坚持贯彻分散安置与集中安置相结合的方针，在积极发动全社会做好残疾人劳动就业工作的同时，大力发展社会福利生产。在发展社会福利生产的过程中，各级民政部门以多层次、多渠道、多种形式为原则，坚持走小规模、分散、多样生产的道路，采取由民政部门、城镇街道、厂矿企业、乡镇、村委会举办福利企业等各种形式，以促进集中安置残疾人主渠道的社会福利生产发展。

1981 年 5 月，国务院批转了民政部发布的《关于保护和扶持社会福利生产的请示报告》，要求根据其性质和任务，给予必要的保护和扶持，切实解决社会福利生产中出现的问题。1984 年 10 月，财政部发布了《关于对民政部门举办的社会福利生产单位免征税问题的通知》，该通知发布后直接刺激了社会福利生产的迅速发展。1999 年 9 月，为进一步做好残疾人劳动就业工作，国务院办公厅转发了劳动社会保障部等部门联合发布的《关于进一步做好残疾人劳动就业工作若干意见》。各地民政部门及福利企业管理部门不断加大改革创新力度，以使福利企业适应市场经济的客观要求；福利企业的改革、改制、改组的步伐明显加快，优惠政策和扶持保护措施相对稳定，福利企业管理得到加强，两个效益明显提高。同时，残疾人的就业也由过去的只能安置于福利企业而走向安置于福利企业与分散安置并重的格局。

2007 年，民政部门参与调整和完善福利企业优惠政策，出台了《福利企业资格认定办法》，进一步拓宽了残疾人的就业渠道。回顾社会福利事业的发展进程可以发现，"民政部门作为福利事务的主管部门，其职能正由传统的只能管理本部门直接经办的福利机构而变成全面管理全国福利机构与福利企业，这种转变意味着政府办的福利机构正逐步走向社会化，而本来就是社会化的民营福利机构也在成长"。[①]

2.公办社会福利机构

公办社会福利机构，是指由国家兴办，主要收养社会上那些无依无靠、无家可归、无生活来源的老人、儿童、残疾人的社会组织。

老年人社会福利机构是以老年人为专门服务对象，以收养、提供社会服务为保障手段的机构。我国的老年人社会福利机构有三种类型：一是收养性老年人社会福利机构，主要收养无依无靠、无家可归、无生活来源的孤寡老人；二是娱乐性老年人社会福利机构，主要为老年人提供文化娱乐活动场所和服务；三是一般服务性老年人社会福利机构，主要为老年人提供生活和健康方面的服务。

儿童社会福利机构是以收养和社会服务为保障手段，向孤儿、残疾儿童提供社会福利服务的机构。近年来，我国政府和社会各界兴办了许多儿童社会福利机构，并同联合国儿童基金会进行合作，开发社区残疾儿童康复网络。儿童社会福利机构有收养性儿童社会福利机构、康复性儿童福利机构和教育性儿童福利机构等。

残疾人社会福利机构是指以收养和社会服务为保障手段，向残疾人提供社会福利型服务的机构。我国的残疾人社会福利机构有三类，一是收养性残疾人社会福利机构，二是医疗康复性残疾人社会福利机构，三是教育性残疾人社会福利机构。

就拿"SOS 儿童村"[②]来说，我国目前在天津、烟台、齐齐哈尔等地建立了 SOS 村，这三地共收养孤儿 400 余名。由此可见，我国绝大多数孤残儿童或流落社会或由家庭抚养。公办社会福利机构是社会福利发展的终极目标，在国家财力不足的情况下，国家应担保发展社区服务，以弥补社会福利机构之不足。

---

①郑功成：《中国社会保障制度变迁与评估》，中国人民大学出版社 2002 年版，第 346 页。
②SOS 儿童村，是一个国际性的民间慈善组织，起源于第二次世界大战时期的奥地利，其特色在于采用家庭模式收养孤儿，让他们重新享有母爱和家庭温暖，并用 SOS 这个国际上通用的求救信号，呼吁全社会都来关心和帮助在灾难中幸存的孩子。

3.社会福利有奖募捐

社会福利有奖募捐是由国家组织实施，动员社会力量筹集社会福利资金的公益活动。我国社会福利有奖募捐的主要形式是发行福利彩票。募捐资金取之于民，用之于民。

为了支持社会福利事业的发展，补充国家经费的不足，1987 年我国政府批准由民政部正式组建"中国社会福利有奖募捐委员会"，1988 年推向全国。自此，我国开始发行福利彩票，通过发行福利彩票来筹集福利资金，这已成为发展福利事业的重要经济基础。

1990 年 12 月，中国社会福利有奖募捐委员会印发了《发行销售社会福利奖券奖励办法(试行)》及实施细则的通知。1994 年 12 月，民政部发布了《中国福利彩票管理办法》，对福利彩票的发行与销售、资金使用、监督与处罚等内容作了规定，使福利彩票的管理与运行有法可依。1998 年，国家民政部修订和颁布的《中国福利彩票发行与销售管理暂行办法》规定，福利彩票是指为筹集社会福利事业发展资金发行的，印有号码、图形或文字，供人们自愿购买并按照特定规则取得中奖权利的凭证。福利彩票的发行、销售及有关活动，须遵循公开、公正和公平的原则。福利彩票不记名，不挂失，不返还本金，不计付利息，不能流通使用。

自中国福利彩票事业恢复以来，坚持"扶残、助残、就孤、济困"的宗旨和"公平、公正、公开"的诚信原则，倡导理性购彩，奉献爱心，把社会责任放在首位。努力降低彩票发行中的负面影响，坚持规范管理，积极发行，"截至 2007 年 6 月 30 日，全国累计销售彩票 2423 亿元，为社会筹集公益金 809 亿元，资助、兴建各类社会福利等公益项目 15 万个"[1]，有力地支持了社会福利事业和公益事业的发展，走出了一条具有中国特色的福利彩票发展之路，为发展社会保障和社会公益事业、促进社会和谐发挥了重要作用。

4.假肢科研与生产

假肢行业是为肢残人生产装配假肢、矫形器等康复器具的特殊行业。把现代科学技术引入假肢与矫形器行业，同时不断提高制作师业务水平，以达到适应现代化水平的标准，已成为事关残疾人生命质量的大事。假肢科研与生产，指对残疾人使用的各种假肢、矫形辅助器、轮椅车等器具进行的研究与生产。

1979 年 5 月，随着我国经济技术的不断发展和人们健康理念的逐步改变，为保障残障群体的权益，发展我国康复辅具事业，民政部假肢科学研究所正式建立。2006 年 3 月，在假肢所的基础上组建成立了国家康复辅具研究中心。近年来，该中心在科研方面开展了残障人生活保障辅具、智能轮椅关键技术单元部件及目标产品的研发和伤后常用康复辅具应用方案等科技支撑计划、863 计划、国家自然科学基金项目的研究。

1980 年 3 月 20 日，民政部、财政部、国家劳动总局联合发布《关于加强假肢工厂经营管理的试行规定》，主要内容有：国家对假肢工厂实行"事业单位，企业管理"的经营管理原则；为残疾人生产、安装、修理假肢和其他康复器具，并直销这些产品；国家对假肢工厂的基本建设投资、流动资金、科研、新产品试制费及其他稽查专项费用给予拨款扶持。

---

① 何鹏：《福彩今日 20 岁，1000 万人受益公益金》，载《上海证券报》，2007 年 7 月 27 日。

1997 年 4 月 16 日，民政部顺应假肢生产规范化、科学化的需要和残疾人的要求，公布了《假肢与矫形器制作师执业资格制度暂行规定》，对于控制和制裁假肢生产中的违法行为、维护残疾人的合法权益将发生有力的保障作用。之后，民政部还成立了"全国假肢与矫形器执业资格考试委员会"，发布了"考试办法"和"考试大纲"，并于每年底举行考试。1998 年起，在全国推行注册假肢与矫形器制作师制度。

三、我国社会福利制度的发展方向

随着我国综合国力的不断增强，发展社会福利事业面临着良好的机遇。但是，现阶段我国还处于社会主义初级阶段，地区之间、城乡之间经济社会发展不平衡。因此，构建有中国特色的社会福利制度，必须从实际出发，确定符合我国国情的发展道路。

（一）我国社会福利制度改革的目标

20 世纪 80 年代初，我国开始经济体制改革，经济和社会发生了深层次转型和变化。在过去三十多年中，有着鲜明计划经济烙印的社会福利制度随着经济转轨经历了从初始的起步探索到后来逐渐转型和步入正轨的艰辛改革历程。职工福利分解、社会福利社会化、社区服务、农村社会福利重构、适度普惠型探索等，凝结为改革成果，初步形成了具有中国特色的新型社会福利体系。但"这些改革在目标模式上是低水平、不全面和不平衡的。加强福利体系建设，处理好发展与公平的关系，构建适度普惠型社会福利制度，是未来中国社会福利的目标选择"。[1]

适度普惠型社会福利制度，是我国学者根据英国社会学家著名菲利普·布朗在《资本主义与社会进步——经济全球化及人类社会未来》一书中提出的解决福利问题的四种途径（一是将福利变为普遍福利，从而向全体公民提供同样价值的福利，而不论他们的收入和财务状况如何；二是根据中产阶级和工人阶级的状况和期望提供不同种类的福利；三是向全体公民提供某种最低限度的福利；四是为贫困人群提供的指标福利）抽象出的三种福利形态（传统的补缺型或残补型社会福利模式、适度普惠型社会福利模式和普惠型社会福利或全民福利模式）之一，认为"适度普惠型社会福利是面向全体国民同时又涵盖社会生活基本领域的社会政策和制度"，"是由政府和社会基于本国经济和社会状况，向全体国民提供的涵盖其基本生活主要方面的社会福利，并具体指涵盖居民基本生活主要方面的社会福利，包括失业保险、贫困救助、医疗保险、住房保险及老人、残障服务等。与资本主义福利国家提出的大福利概念较为相似"。[2]

适度普惠型社会福利，是从传统的补缺型社会福利向全民普惠型社会福利转变的中间形态，它与特定的社会发展进程相联系。我国的适度普惠型社会福利制度，是指从步入小康社会到 21 世纪中叶达到中等发达国家水平这一阶段所要实现的一种福利化进程。其中，"普惠"是要建立一种全体国民均能享受的福利模式，"适度"是指我国社会福利的建设具有阶段性。在适度普惠型社会福利建设的初级阶段，人们所能享有的福利水平和获得的福利项目是低标准和不平衡的。

①成海军：《三十年来中国社会福利改革与转型》，载《马克思主义与现实》，2011 年第 1 期。
②戴建兵等：《论我国适度普惠型社会福利制度的构建与发展》，载《华东师范大学学报》，2012 年第 1 期。

随着经济发展和社会文明水平的提高，福利待遇和福利项目必然逐步走向全面化和高水平，并最终达到全国一致。

（二）我国社会福利制度改革的原则

为了实现我国发展适度普惠型社会福利制度的目标，当前我国社会福利制度的改革必须坚持以下原则：

（1）政府主导，多方参与。我国社会福利制度的发展必须发挥政府主导作用。只有加强政府的领导，才能进行整体规划，协调运作；才能保证足够的资金投入，制定高层次的法律法规。然而，根据福利多元主义原则，在政府主导的前提下，必须发挥各方能力，共同促进社会福利制度的发展。这包括以下措施：培育较为完善的非营利性的社会福利机构提供社会福利服务，形成政府向非营利性社会福利机构购买社会福利服务的机制；发挥各种社会团体和个人的力量，培育专业工作人员和志愿者，有效组织社会福利服务输送；吸引各种慈善组织和企业、个人捐赠，补充社会福利资金来源。

（2）协调发展，逐步实施。社会福利分为微观、中观和宏观三个层次，对应补缺型、适度普惠型和普惠型三种模式。这三种福利层次是与当时的经济、社会环境相适应的。各国社会福利制度发展的经验教训证明，社会福利项目的增加和水准的提高应与经济发展水平和经济增长速度相适应，与生产力发展水平相一致。否则，会给经济的发展带来不利的影响。当前我国推进社会福利由补缺型向适度普惠型转变，加快社会福利事业发展，建立与当前中等经济水平相适应的社会福利体系，是与当前较为强大的综合国力相适应的。随着社会经济的发展，未来我国还必将逐步建立起普惠型社会福利制度，为全国人民提供较高水平的社会福利。

（3）标准合理，满足需要。社会福利制度设立的根本目标是为被覆盖人群提供生活保障、心理帮助和服务帮助。改革原有的社会福利制度，就是要把发展社会福利与发展生产结合起来，形成福利促进生产、生产促进福利的良性循环。因此，社会福利的提供必须以人们的需要为根本点，根据需要设计福利项目和福利服务。只有从人们的需要出发，才能提供有效的福利服务。

（4）物质第一，兼顾精神。目前我国的社会福利模式，关注的重点主要是被覆盖对象的物质生活，而往往忽视他们的精神和心理需求。社会福利制度设立的根本目标是为被覆盖人群提供生活保障、心理帮助和服务帮助，因此社会福利的提供，必须以人们的需要为根本点，根据需要设计福利项目和福利服务。只有从人们的需要出发，才能提供有效的福利服务。

（5）严格评估，跟踪监测。评估是通过对工作绩效特征的分析提炼出的最能代表社会福利水平的若干关键指标，并以此为基础进行的绩效考核模式。通过对影响工作绩效因素的代表值的测定，确定社会福利水平及其变化趋势。绩效评估和效果监测，是现代社会福利体系运行的重要保证。在初创阶段，从起步阶段就应建立社会福利工作的绩效评估和效果监测机制，用群众的观点、发展的观点和全面的观点，来看待和评估社会福利制度中的各项工作。

（三）加快建立适合中国国情的社会福利制度

随着改革开放的不断深入，我国社会福利资源得到了有效的配置。今后，加快实现投资主体多元化、服务对象公众化、服务内容多样化、服务队伍专业化和志愿者相结合，不仅具有可能，而且势在必行。

（1）树立"社会福利社会化"的发展理念。社会福利社会化是指在政府的倡导、组织、支持和必要的资助下，动员社会力量建设社会福利机构与福利设施，为人们提供生活保障和福利服务，满足社会对福利的需要。具体表现为投资主体多元化、服务对象公众化、运行机制市场化、服务方式多样化、服务队伍专业化并与志愿者相结合。[①]今后，提升社会化水平是我国社会福利事业的基本发展方向，因此，各级政府必须树立社会福利社会化的发展理念，高度重视社会福利事业并把社会福利事业作为衡量一个地区经济与社会发展水平以及现代化程度的重要标志，加大资金投入，加大政策扶持力度，动员、鼓励社会力量投资举办社会福利事业，加快了社会福利社会化的进程。

（2）推进社会福利制度由补缺型向适度普惠型的转变。长期以来，我国传统社会福利的主要内容是国家机关、企事业单位举办的面向本单位职工及其家属封闭运行职业福利和由各地民政部门为"三无"老年人、残疾人和未成年人等提供基本的生活保障和服务的社会福利机构，这与世界上一些发达国家的普惠型福利不同，它是一种典型的补缺型福利。而为了体现以人为本、公平正义，必须将社会资源在更大社会成员范围内进行分配。目前，我国社会福利事业既不能像以往一样缩小保障范围，也无法一步实现全民保障，故搁置"发展型福利"和"普惠型福利"的争议，务实构建适度普惠型福利体系，将是基于现实的合理选择。

（3）坚持政府主导，健全我国社会福利工作体制。当前，我国政府应推进社会福利社会化的体制建设：一是加大社会力量举办社会福利服务机构的扶持力度，增强优惠政策的制定、实施力度，在规划、建设、税费减免、用地、用水、用电等方面予以优惠，鼓励和支持社会力量兴办社会福利机构。二是加大对社会福利事业的投入，对社会上的"三无"老年人、残疾人和未成年人，按照不低于当地平均生活水平的标准给予生活资金补贴，还要切实保障对社会福利机构、社区养老设施的建设和居家养老的投入，并采取民办公助、购买服务等方式支持、鼓励社会力量参与社会福利事业的建设。三是加大对社会参与社会福利服务的指导和规范力度，尤其是要规范各类养老福利机构的服务，努力创造公平竞争的环境，预防侵害服务对象权益现象的发生，维护广大老年人、残疾人和孤儿的合法权益，促进政府主导和社会参与的良性互动。

（4）调动社会力量，健全社会福利服务体系。坚持以市场为导向，以增强优惠政策和加强扶持力度为动力，进一步调动社会力量的积极性，引导社会力量参与社会福利事业的建设。第一，发扬家庭是养老、助残、扶孤的传统。我国的老年人、残疾人、孤儿的基数大，通过单纯建立福利机构解决供养问题不现实，必须发挥家庭的重要作用。因此，我们必须强化家庭在社会福利服务体系中的基础性地位。第二，发挥社区的依托作用，开展入户服务、紧急援助、日

---

①王子今等：《中国社会福利史》，中国社会出版社 2002 年版，第 366 页。

间照料、保健康复等多种服务。积极推进各级社区服务中心（站）的生活服务工作的发展，开展残疾人的社区康复、特殊教育及文化体育等活动。如"在孤儿较多的社区建立相应的保障机制，开展社区青少年活动、社区医疗服务，为孤残儿童提供优惠政策和便利条件"。[①]第三，推动福利事业和慈善事业的良性互动，继续扩大福利彩票的发行量，以缓解政府财力不足同全社会日益增长的巨大福利服务需求之间的矛盾，为健全社会福利服务体系开辟发展道路。

（5）用法制的手段保证社会福利事业与国民经济和其他社会事业协调发展。解决民生问题、提高民生水准，必须有制度支撑。建立健全社会福利制度，关键是要加强法制建设，强化法制手段。社会福利法制的系统化、规范化、科学化是中国社会福利走向全面、健康发展的基本保证。在建设社会福利法律制度过程中，应当先对已有的法律、法规、政策进行梳理、编撰、修订，实现社会福利法制系统化、规范化、科学化。如既可以依照《残疾人保障法》的方式颁行多部并行的福利法，也可以在制定综合性的《社会福利法》基础上，分别制定相关的、适用于各大福利项目的配套法规。同时，在法制建设中必须明确社会成员的福利权益和国家、社会的责任，并遵循社会化、全民化的原则，明确各社会福利项目的实施机制和管理、监督机制等。

---

①宋士云：《中国社会福利制度的改革与转型》，载《河南大学学报》，2010 年第 5 期。

第十章　社会优抚制度

　　每一个国家总有一批人，为了整个民族、社会利益或者人们的共同利益，做出了巨大牺牲和贡献。因此，国家理应对他们的牺牲和贡献给予补偿和褒扬。社会优抚工作是国家维护自身利益的需要，也是国家和社会的责任。社会优抚是针对国家有特殊贡献的人群及其家属建立的社会保障制度，是社会保障体系的重要组成部分。一个国家建立完善的社会优抚制度，对于维持社会稳定，保卫国家安全，促进国防和军队现代化建设，推动经济发展和社会进步，具有重要意义。

第一节　社会优抚概述

　　社会优抚是针对军人及其家属所建立的社会保障制度，是国家和社会对军人及其家属所提供的各种优待、抚恤、养老、就业安置等待遇和服务的社会保障制度。

一、社会优抚的内涵

　　社会优抚，是社会保障制度的一个重要组成部分。它是国家以法定的形式，通过政府行为，对社会有特殊贡献者及其家属实行的具有褒扬和优待抚恤性质的社会保障措施。

（一）社会优抚的含义

　　社会优抚是"优待"、"抚恤"和"安置"的统称。

　　从字面上理解，优抚中的"优"，是"优待"之意，包括精神、政治方面的优待和物质利益的优待；"抚"是"抚恤"之意，即抚慰和恤赈。"优、抚"合用，指国家给予在战争中阵亡、伤亡、积劳病故及因伤致残军人及其家属的一种特殊经济待遇和精神奖励。同时，对伤残人员和家属给予精神上的安抚。"安置"有广义和狭义两种理解。广义的安置是指对特定对象（复员退伍军人、军队离退休干部及其随军家属、无军籍退休退职职工）或者生产、生活有困难者（如遭受毁灭性自然灾害的灾民、流入城市的流浪乞讨人员等）的扶持、帮助或者安排就业。狭义的安置，仅指对复员退伍军人、军队离退休干部及其随军家属、无军籍退休退职职工的安置。

　　在现代社会，社会优抚是国家建立的，面向以军人（特别情势下惠及其家属）为重点保障对象的各种社会保障制度的统称，是国家以法定的形式，通过政府行为对社会有特殊贡献者及其家属实行的具有褒扬和优待、抚恤性质的社会保障措施。

保障优抚对象的生活是国家和社会的责任。社会优抚与社会保险、社会救助、社会福利不同，它不是一种普通的社会保障形式，而是一项针对特殊对象的社会保障制度。因此，在一些国家的社会保障体系中，它被划进"特殊保障"的范畴。优抚工作则是实施这一特殊保障制度的政府管理工作。

（二）社会优抚的特征

社会优抚与其他社会保障制度的不同之处，是其保障对象的特殊性，它是针对特殊社会成员所实行的优待抚恤。作为国家社会保障制度的组成部分，该制度有以下特征：

（1）保障对象的特定性。社会优抚是一种有着严格的职业身份限制的保障制度安排，优抚对象是社会上具有特殊贡献的那一部分人，包括有贡献者本人，也包括有贡献者的家属。这些对象是在维护国家民族利益，保护国家和民族的安全，牺牲个人利益，影响个人需求或利益发展，为国家和民族做出贡献的那部分人。

（2）保障待遇的优厚性。其他社会保障制度多以维持保障对象最低生活需要为基本目标，而优抚安置所提供的保障水平相对较高，待遇较为优厚。这是由于优抚具有补偿和褒扬性质，因此优抚待遇高于一般的社会保障标准，优抚对象能够优先优惠地享受国家和社会提供的各种优待、抚恤、服务和政策扶持。

（3）经费来源的单一性。军队是国家的军队，军人的职责是保卫国家的安全，军队的统一性及其肩负的特殊使命，决定了军人保障的经费来源主要是依靠中央政府来保证。尽管有的军人保障项目亦需要地方政府乃至社会分担一些责任，但中央财政承担主要责任却是各国军人保障制度的共同特征。

（4）优抚内容的综合性。社会优抚不像社会保险、社会救助、社会福利那样，仅承担社会保障对象某一方面的保障任务，而是包含了保险、救助、福利等相关内容，承担着对军人提供全面保障的责任。①内容涉及社会保险、社会救助和社会福利等，包括抚恤、优待、养老、就业安置等多方面的内容，是一种综合性的保障。

（5）保障目标的双重性。一般社会保障制度的目标，是保障社会成员的基本生活需要而维持社会稳定；而社会优抚制度的目标则包括稳定军心、巩固国防和稳定社会的双重目标，其中稳定军心、巩固国防是直接目标，并且是稳定社会的基础。这是社会保障其他子系统所不具备的。

（三）社会优抚制度的作用

国家制定并实施社会优抚制度的目的，在于保障优抚对象的生活，提高他们的社会地位、激励军人保卫祖国和建设祖国的献身精神，加强军队建设，增强国防力量。

（1）社会优抚有利于保障优抚对象的基本生活。抚恤待遇以及优待的实施，可以使优抚

---

①郑功成主编：《社会保障学》，中国劳动社会保障出版社 2007 年版，第 400～401 页。

对象在物质生活以及上学、医疗、住房等方面都有保障。通过在乘坐公共交通工具、邮寄、贷款等方面给他们提供优惠，国家和社会尽力为他们创造良好的生存环境，可以解除正在服役者的后顾之忧，使他们安心服役，尽心尽力，完成军队的任务。

（2）社会优抚有利于国家稳定与发展。优抚对象分布在社会的各个阶层、分散在社会的各个领域，始终是促进经济和社会发展、维护稳定的重要力量。做好优抚工作，就能保障优抚对象的根本权益，调动他们参与国家建设的积极性。国家通过优抚事业使军队在保家卫国、维护和平发挥积极作用，为经济建设和社会进步创造安定的环境。

（3）社会优抚有利于促进国防和军队建设。在战争年代，优抚工作始终是夺取战争胜利，建立和维护国家政权的重要保证；在和平年代，优抚工作是提高军队战斗力、激发官兵习武热情、积蓄强大后备力量的基本依靠。实践证明，做好优抚工作，有利于提高军人的社会地位，鼓舞部队士气，抚慰军人家属，促进国防和军队建设。

（4）社会优抚有利于推动一个社会的精神文明建设。社会优抚对象本身是精神文明建设的教科书，如烈士的事迹就是爱国主义教育的宝贵资源，优抚事业单位本身也是精神文明建设的重要基地。因此，做好优抚工作，有利于引导全社会成员树立正确的世界观、人生观、价值观，弘扬爱国主义和革命英雄主义，提高全社会的精神文明水平。

二、社会优抚制度的建立

社会优抚是一项古老的社会保障制度，它为军人提供生活、医疗及抚恤等方面的保障，是维护军队战斗力和激励军人为国效力的系列保障性政策。

（一）社会优抚的出现

历史上的优抚活动是和国家一同产生的。国家政治行为以维护统治阶级利益和巩固其统治为目的，军队是国家赖以存在并正常运行的后盾，因而优抚安置不仅是维护社会稳定的基本安全要求，更与国家机器自身的运作密切相关。优抚措施的妥当与否，直接影响到军心的稳固和战斗力的强弱。

早在奴隶社会，奴隶主之间因为用暴力争夺社会财富，因此出现了大规模有组织的军事冲突，国家机器也在历史发展中不断强化。统治者为了鼓舞士气，慰勉家属，稳定军心，巩固国防，开始尝试建立针对军事人员的优待抚恤规定。到了近代，各个国家把这些规定固定下来，形成法律或政策制度，给那些牺牲、病故军人优抚费，给烈军属、复员军人补助费，给伤残军人抚恤费，或者给见义勇为者以奖励等。

目前，世界各国都从各自的兵役法和国家稳定的需要出发，对现役军人的优待、抚恤和退役后的生活待遇等作出规定。从各国情况看，有些国家是将优抚条例单列，或作出特殊规定；有些国家是在一般性社会保障制度中对优抚对象给予优惠性保障。如，美国在1930年成立了退伍军人管理署，下设医疗、福利、阵亡纪念三个处。其主要保障项目是：军人病残退休补偿，阵亡军人遗属抚恤，退伍军人生活贫困补助，退伍军人死亡后其配偶、子女的补助，丧葬补助，职业培训，医疗，退伍军人安置；英国政府规定，对两次大战中的残废军人及其遗孀、孤儿等家属实现战争抚恤金制度。这种抚恤金制度由政府财政部门拨给，由保健和社会保障部门管理。

在中国，从奴隶社会到封建社会历经两千多年，合合分分，王朝更替，战事频繁。由于战争的需要，统治阶级建立并不断完善各自的军事制度，与之相配套的优抚制度也不断地发展起来。如西汉时的"彗殄敛"、三国时的"廪食恤抚"、宋朝时的"蠲除缓贷"、明朝时的"设坛临祭"和"免役赐复"、清朝时的"八旗优待制"等等。1949 年中华人民共和国政府成立后，随着国家财政实力的增强和人民生活水平的提高，国家对军人优待的范围越来越广泛，立法也越来越完善，逐步走向了规范化和法制化，对加强国防建设和加快社会主义建设起到了巨大的促进作用。

（二）建立社会优抚的原则

社会优抚制度的建立和实行要遵循必要的原则，只有以这些原则为基础，军人社会保障的作用才能充分发挥。

（1）坚持政治褒奖与物质保障相结合。从国家、社会和群众方面来说，一方面要从政治上给予一定荣誉，在优抚工作中大力弘扬优抚对象的先进事迹；另一方面在经济上给予适当的物质帮助，解决优抚对象的生活困难。

（2）坚持国家、社会和群众优待相三结合。国家优待对于社会优抚对象享受物质帮助起承担主要责任，但也不能由国家完全包下来，还必须广泛动员社会和群众力量，通过扶持生产、安排就业、解决医疗困难以及生活服务照顾等多种渠道，来保证军人保障对象的生活。

（3）坚持社会优抚与国民经济发展水平相适应。坚持这一原则，就是要根据国民经济发展的实际水平，科学、合理地确定军人社会保障的待遇标准，理顺社会优抚保障的运行机制，正确处理好积累与消费、生产与生活的关系，保证我国社会优抚工作沿着法制化、制度化和社会化的方向发展。

（4）坚持待遇标准与经济发展水平同步提高。这一原则强调军人社会保障对象要分享社会经济发展的成果。军人为保卫国家安全和人民利益做出了重大贡献，同时也在一定程度上牺牲了个人利益乃至生命。因此，军人有权分享经济发展的成果。这一原则可以通过各项保障待遇标准的不断调整来实现。

（三）社会优抚的类型

现代社会优抚事业是在社会保障制度不断完善的过程中形成的，是现代社会保障体系中的特殊组成部分。但是，社会优抚保障并不是一种与其他社会保障截然不同的、独立于其他保障措施之外的特殊形式，而是与其他保障形式互相结合、交叉发展的保障事业。

（1）社会保险式优抚。这种优抚活动是以社会保险方式实施社会优抚保障措施，将社会优抚纳入社会保险系列。美国政府在实行职业军人特殊退休制度的同时，从 1957 年开始，就对所有的军事人员实行"老残遗属及健康保险"的投保制度。

（2）社会救助式优抚。这种方式是由政府对退役人员或者现役军人家属提供的救济和帮助。如，美国的退役军人可以得到"农场贷款"和其他生产性贷款。日本的退役军人在患病期间可得到生活补助。我国对优抚对象特别是对农村的退伍军人及现役军人的家属给予社会救助，如定期补助、临时性补助，得到发展生产的资金或贷款及物资优惠等。

（3）社会福利式优抚。由于优抚对象在社会保障中具有特殊地位，所以福利褒扬性的措施较多。福利性是现代优抚活动的主要形式，包括资金保障和服务保障。资金保障，通常是向优抚对象提供各种生活津贴；服务保障，是对优抚对象优先安排就业和就学，优先安排就业前的职业培训。

总之，在一个国家中，政府可以采用多种优抚形式实现对优抚对象的保障。目前，由于社会保障整体水平提高，优抚对象的社会福利保障也有了更大的发展，福利性优抚已成为当代社会优抚的主要形式。

三、社会优抚资金

社会优抚资金是针对社会优抚对象开展抚恤、优抚、安置工作的专项经费和生活补助费等。做好社会优抚工作，实现社会优抚制度的良性运行，必须切实做好社会优抚资金的筹集和管理。保证社会优抚资金的正常筹集和顺利发放，是社会优抚制度正常运行的保证。

（一）资金来源

从世界范围内来看，社会优抚资金主要来自于国家财政拨款。这是因为，如社会优抚制度面对主要群体军人，其职责是保卫国家安全。而军队这一组织的统一性及其肩负的特殊使命，决定了军人保障的经费主要由国家财政来保证。

作为预算安排的优抚资金，是国家实行社会优抚制度的基本后盾，是第一来源，由民政部门负责管理和使用。其他社会保障制度虽然也体现政府的责任，但通常由中央与地方共同分担，甚至是地方政府承担主要责任。社会优抚项目也需要地方政府及社会承担一些责任，但中央政府要承担主要责任。

第二来源是社会统筹，即从社会集团、企业和个人捐助募集而来的优抚资金。即社会福利基金和社会各界的捐款、由集体筹建的优待军烈属资金，是社会优抚资金的重要补充。此外，有些国家开展个人投保，也是优抚资金的一个来源。

为了社会优抚工作顺利开展，必须保证社会优抚资金的筹集，加强资金的管理。社会优抚的管理工作由国家的民政部门、军队和地方各级政府共同实施。在我国，社会优抚资金主要由一个国家民政部门主管，组织和开展全国社会优抚工作，如军人优待、抚恤、军队干部离退休养老工作；县级以上地方各级政府的民政部门，主管本行政区域的军人优待、抚恤、军队干部离退休养老工作；少数军队离休干部的养老工作由军队政治部门主管；现役军人的有关福利待遇则由中央军委有关部门负责制定政策并实施。因此，社会保障管理实际上是由国家的民政部门与部队按分工负责的原则组织实施的，以民政部门为主。

另外，在中国，社会优抚资金还包括中央财政移交地方安置的军队离退休干部和退伍义务兵的安置费，包括离退休干部、无军籍职工的人员经费、生活补助、管理人员经费、管理机构及建房补助费等，采取中央和地方分别负担的办法。

（二）优抚金的支出与发放

社会优抚资金的支出分为抚恤、安置和补助三大类，抚恤安置费直接发放到优抚对象手中，补助分为国家补助和社会优待两部分。国家补助采用社会救助的方式，由国家民政部门提供给生活有困难的优抚对象，具体的补助方式有定期补助和临时补助两种。

社会优抚金的发放，指社会优抚的管理机构直接或通过中介机构，向符合享受社会优抚待遇的人员发放优抚金。社会优抚金实行社会化发放，主要有以下形式：

（1）银行发放。即充分利用银行营业网点多的优势，方便离退的休优抚人员领取养老金。在我国，根据劳动保障部和中国人民银行的规定，通过各类银行发放养老金的，免收手续费，此举有利于降低养老金社会化发放的成本。

（2）邮局寄发。各地对异地安置和居住在边远农村的离退休优抚人员多采用这种形式。

（3）经办机构直接发放。包括两种情况：一是只对极少数高龄孤老、行动不便以及有特殊困难的离退休优抚人员上门直接送发；另一种是采取与银行联办储蓄所等形式发放。

社会优抚资金社会化发放的优点是，简化离退休优抚人员取款手续，中介机构提供优质服务，可以防止经办人员克扣、贪污、为难服务对象。

（三）优抚待遇

随着社会经济的发展，所有社会群体的生活待遇、生活水平应不断提高。那么，优抚对象的抚恤补助标准、医疗保障待遇、住房待遇也应相应提高，这就给一个国家的社会优抚工作提出了更高的要求。

（1）建立健全优抚相关法律、法规，从法制层面上提高优抚对象的待遇。

（2）提高优抚对象的抚恤补助标准，地方建立健全并及时运作抚恤补助的自然增长机制，不断提高优抚对象的抚恤补助标准。

（3）建立适合社会发展的医疗保障机制，解决重点社会优抚对象的看病难、看病贵问题。

（4）建立健全优抚对象的住房保障制度，完善优抚对象的住房补助制度，使其住有所居。

（5）建立优抚对象的救助制度，完善救助机制。

当然，优抚工作也是社会工作的一部分，因此，有必要充分调动和发挥社会的各种资源，来提高优抚对象的各方面待遇。

第二节　社会优抚的内容

社会优抚是优待、抚恤和安置的统称，涉及社会保障的各个方面，内容比较广泛。优抚工作的目标是使优抚对象达到社会平均的生活水平，同时针对可能影响优抚对象的死亡、伤残、退役等情形，国家通过设立死亡抚恤、伤残抚恤、社会优待和退役安置以及社会褒扬等制度予以保障。

一、优待

社会优待是国家和社会按照立法规定和社会风俗，对优抚对象提供一定的经济和服务的优待性保障项目。

（一）优待对象

社会优待的对象是由各个国家的政府依法认定的应当受到国家和社会优待和抚恤的人。由于各国政治背景和社会发展水平不同，所以对优抚对象的范围确定也有所不同，主要包括现役军人、退役军人、现役军人的家属等。

在中国，享受社会优待的对象是：人民解放军（并适用于中国人民武装警察部队）现役军人、服现役或者退出现役的残疾军人以及复员军人、退伍军人，烈士遗属、因公牺牲军人遗属、病故军人遗属、现役军人家属等都是优抚对象，按规定享受抚恤优待。另外，我国对"家属"的界定，是军人（包括非军人的革命烈士）的父母、配偶、子女，依靠军人生活的 18 周岁以下的弟妹，抚养人（革命烈士或者军人的自幼曾依靠其抚养长大现在又必须依靠革命烈士或者军人生活的其他亲友）。重点保障对象包括"三属"（指烈士遗属、因公牺牲军人遗属、病故军人遗属）、"三红"（指在乡退伍红军老战士、西路红军老战士和红军失散人员）、残疾军人、复员军人（指 1954 年 10 月 31 日之前入伍，后经批准从部队复员的人员）和带病回乡退伍军人（指在服现役期间患病，尚未达到评定残疾等级条件并有军队医院证明，从部队退伍的人员）。

（二）优待手段

社会优待手段主要包括资金保障和服务保障。资金保障，通常是向优抚对象提供各种生活津贴；服务保障，通常是由社会各界（包括工作单位、社区组织或社会团体）提供，优待手段既有生活服务，又有生产服务。

社会优待通过上述手段以保证那些为国家做出贡献的人员及其家属维持一定的生活水平。在我国，对于符合条件的优待对象及其家属，国家在医疗、入学、就业、住房、参军等方面均给予一定的优待政策。优待的形式既包括经济的，也包括服务的。经济形式的优待通常是向优抚对象提供各种生活津贴；服务形式的优抚既有生活性服务，也有生产性服务。具体内容包括医疗优待、福利优待、交通优待。如一些国家对伤残军人乘坐火车、轮船、长途公共汽车和国内民航客机，凭《伤残军人证》准予优先购票，并按规定享受票价优待（飞机票减收 20%，火车、轮船、长途公共汽车减收 50%）；对军人家属，在随军、入学、就业、医疗、住房等方面也有一定照顾。如在政治方面通过贺功、贺喜、挂光荣牌匾、节日问候等形式，给予军烈属精神上的安慰，提高其社会政治地位。

（三）社会褒扬

社会褒扬是指政府和社会各界为优抚对象提供的各种优惠照顾措施以及授予优抚对象各种荣誉称号，进行节日慰问和表彰，表达人们对优抚对象的敬意，提高优抚对象的荣誉感和自豪感的一种社会优抚形式。如对烈士的褒扬，是一个国家对因保卫国家、民族和社会利益而牺牲的人员所进行的纪念活动，泛指为正义事业死难的人进行的各种形式的纪念活动，以教育、鼓舞和激励社会全体成员发扬献身精神的一种政治社会行为。具体表现为：兴建烈士纪念建筑物、举行悼念活动、对于烈士家属给予优厚的待遇等。

社会褒扬是一种激励，能促使优待对象更好地为国家和社会做出更大的贡献。在我国，1958 年，在北京天安门广场建立了人民英雄纪念碑，以纪念 1840～1949 年为中国革命而献身的人民英雄。1980 年 6 月，国务院又专门制定了《革命烈士褒扬条例》，使审批和褒扬烈士工作更加制度化。

二、抚恤

抚恤，即安抚、体恤，指对在战争中牺牲以及因公牺牲和导致病故的人员，对其家属支付给一定数额的抚恤金，对致伤致残的人员，按期付给一定数额的伤残抚恤金。同时，对伤残人员和家属给予精神上的安抚。抚恤包括死亡抚恤和残疾抚恤两种情况。

（一）死亡抚恤

死亡抚恤，是国家依法对死亡的现役军人家属提供保障其一定生活水平的资金的优抚保障项目。

军人若在服役中为国捐躯，必然使其家属尤其是被赡养人蒙受巨大的损失，因此，国家有责任保障其家属生活，提供既有褒扬意义又有物质补偿性的抚恤金。死亡抚恤待遇标准因军人死亡的性质（牺牲、病故）、生前是否立功和被授予荣誉称号、生前收入等情况的不同而不同。

死亡抚恤是优抚保障制度中最基本的内容，是政府按规定向军人遗属提供的。根据现役军人死亡的性质不同（战时牺牲、平时牺牲、因病去世）、生前是否立功和被授予荣誉称号以及生前收入和级别情况，确定了不同的抚恤金标准。

国际上，死亡抚恤主要包括以下三种方式：

（1）一次性抚恤。一次性抚恤是指国家按规定一次性发给革命烈士家属及因公牺牲、病故军人家属和因公牺牲、病故工作人员家属抚恤金的制度。一次性抚恤具有褒扬和补偿的性质。一次性抚恤金发给烈士、因公牺牲军人、病故军人的父母（抚养人）、配偶、子女；没有父母（抚养人）、配偶、子女的，发给未成年的兄弟姐妹或已成年但无生活费来源且由该军人生前供养的兄弟姐妹。

（2）定期抚恤。定期抚恤是指国家对符合规定条件的革命烈士家属、因公牺牲军人家属和病故军人家属，按照一定的标准，按月发给抚恤金的制度。定期抚恤的目的不仅在于抚恤死者家属，更主要的则是帮助其解决长期发生的生活困难，使其生活得到基本可靠的保障。因此，定期抚恤也称为"长期抚恤"，是一种具有救助性质的国家补助。定期抚恤金标准参照全国城乡居民家庭人均收入水平确定。

（3）特别抚恤金。指对国防和军队建设、科研工作者或现役军人在作战时死亡后，除上述抚恤金外，由国家国防部发给特殊性抚恤金。

（二）残疾抚恤

残疾抚恤，是指军人在服役期间受伤致残或者患病致残以后，会给其本人及其家属的生活带来很大困难，国家应当通过保障措施，对其本人及其家属进行褒扬和抚恤。

（1）伤残等级。伤残军人的伤残等级，根据丧失劳动能力及影响生活能力的程度确定。如，在我国，现役军人的残疾分为：因战致残、因公致残、因病致残三种类型。残疾抚恤标准，一般根据军人致残的性质、类型、劳动能力丧失程度及生活受影响的程度等因素决定。在我国优抚对象因战、因公致残的伤残等级，分为特等、一等、二等甲级、二等乙级、三等甲级、三等乙级。因病致残的伤残等级，由军队规定的审批机关在医疗终结后负责评定伤残等级，发给《革命伤残军人证》。

（2）伤残抚属待遇。伤残抚恤待遇分为两种，即残疾抚恤金和残疾护理。残疾抚恤金是对没有参加工作的革命残疾人员发给保障其基本生活的一种补偿费用；残疾护理是指退出现役的达到一定伤残等级的残疾军人，由国家供养终身。其中，对需要长年医疗或者独身一人不便分散安置的，一般采取集中供养；对分散安置的残疾军人发给护理费。

（3）残疾抚恤的资金保障。残疾抚恤包括按规定支付的抚恤费、保健费和护理费等；服务保障包括就业、就学、就养、康复治疗等社会优抚措施。残疾抚恤是在现役军人负伤或致残后由国家按照规定向其本人和家属提供，以保证现役军人致残后及其家属的生活能够达到当时的社会生活水平。保障方式既提供资金保障，又提供服务保障。

三、安置

安置，指国家和社会为退出现役的军人提供资金和服务，以帮助其重新就业的一项优抚保障制度。安置的对象包括转业的军官、复员志愿兵和退伍义务兵。内容包括资金保障和服务保障。资金保障方面包括提供安置费、各级临时性生活津贴和生产性贷款；服务保障包括就业安置、就学安置、落户安置、职业培训、技术培训等。

（一）退休安置

所谓退休，指军人因年老或因病残丧失工作能力而退出现役，交政府安置，按月发给一定的生活费用，赡养其终身。军人退休始于 17 世纪末的欧洲各国，当时基于职业军官人数增多，不少军官复员后生活没有着落，而军官又日益成为单独的社会阶层，因而需要在他们结束军人生涯以后，给他们提供经常性的物质保障。

（二）转业安置

所谓转业，指对军队转业干部的安置。在我国，特指对人民解放军或人民武装警察部队中的军官和城镇户口的士兵退出现役，分配到国家机关、企业、事业等单位，参加工作或参加生产。转业安置一般在保障其干部身份继续有效的前提下做到，按照学用一致的原则，对口分配工作，尽量避免所学非所用的现象；根据本人的德才条件并参照其原在部队所任职务，分配适当工作。

（三）复员军人安置

所谓复员军人安置，是指军队干部和士官退出现役，不保留公职人员身份，回原籍或入伍地重新就业。因此，复员军人安置又称为复员。在我国，对这部分人的安置，原则上由其入伍的县（市）人民政府接收安置。从城市入伍的，其配偶在中等以下城市工作的，可到配偶所在地安置。从农村入伍的，原征籍地无直系亲属，家庭确实有困难，也可到配偶所在地安置。

（四）军人退役安置

所谓军人退役对服役安置，包括对服役期满的年老和非年老安置。前者是为解决他们的老有所养问题，后者是为解决他们的再就业问题。退役安置作为军人社会保障重要组成部分，由国家和社会制定具体的政策，对退役人员提供必要的社会服务或就业培训，并采取一些鼓励非年老退役军人自谋职业的措施，使年老退役军人老有所养和非年老退役军人实现再就业。

第三节　我国的社会优抚制度

社会优抚工作是一项关系国家经济发展、社会稳定的重要工作。当前，在我国全面推进和谐社会和加快推进社会主义现代化建设的形势下，不断健全优抚保障体系，不断完善优抚保障功能，对促进我国经济建设、国防建设和保持社会稳定具有十分重要的意义。

一、我国社会优抚制度的建立

我国社会优抚制度的变迁与社会历史发展过程相伴随，经历了封建社会的萌芽、革命战争时期的初步建立、新中国成立初期的形成、改革开放时期的发展阶段，最终成为具有中国特色的现行社会优抚制度。

（一）新中国成立初期优抚制度的确立

新中国成立以来，我国政府十分重视优抚安置立法和相应的法制建设。1950 年经政务院批准，内务部公布了《革命烈士家属、革命军人家属优待暂行条例》、《革命残废军人优待抚恤暂行条例》、《革命军人牺牲、病故褒恤暂行条例》、《民兵民工伤亡抚恤暂行条例》，这些条例都对优抚对象应该享受的优待、抚恤待遇作了规定。

与革命战争年代的优抚法规相比，新中国成立初期制定的这些条例不仅详细地规定了优抚对象应该享有的实物、劳务、现金待遇，而且在许多民事权益和社会权益方面，为优抚对象规定了优先权。如，《革命烈士家属、革命军人家属优待暂行条例》规定，分配、出租、出借、出卖公有土地、房屋、场地等，烈军属有优先分得、承租、借用、购买权；企业、机关、学校等雇用员工，应优先雇用烈军属；政府举办社会救济、贷粮、贷款，烈军属有领取与借贷的优先权等等。这四个条例一直沿用到 1988 年《军人抚恤优待条例》后废止。

此外，国家还制定有其他优抚法规。如，1962 年 5 月总政治部《关于解决目前军属生活困难和加强优属工作给中央的报告》提出，鉴于农村目前一切实物都按工分分配，对家在农村缺乏劳动力的军官家属，可采取"优待工分"。1963 年 3 月，内务部关于《进一步加强对烈军属和残废军人的优待补助工作》的文件指出，优待劳动工分符合当前农村人民公社的分配形式，"一般地区都应采用这种方法"。农村实行联产承包责任制后，"优待工分"改为发放优待现金。

从 1949~1978 年，我国军人社会保障的内容主要集中在军人优抚、退役有工作能力者的职业保障及年老、伤残、疾病者的生活保障方面。这种军人社会保障制度模式在计划经济体制下，在维护军人的权益、保障军人的待遇等方面取得了显著的社会效果。[①]

（二）我国军人优抚制度的发展

改革开放以来，我国政府从国家宪法、法律到各级政府和部门对军人优抚制度及规定都作了充实。1978 年第七次全国民政会议将优抚工作的方针确定为"政治挂帅、安排生产、群众优待、国家抚恤"。1980 年 6 月 4 日，国务院公布施行了《革命烈士褒扬条例》，对批准烈士情形、批准烈士机关等作了原则性规定。1981 年 10 月，国务院、中央军委分别颁布了《关于军队干部退休的暂行规定》和《关于军队干部离职休养的暂行规定》，对军队干部离退休问题作了具体的规定。后来，1982 年修订的中华人民共和国宪法再次明确规定："国家和社会保障残废军人的生活，抚恤烈士家属，优待军人家属。" 1983 年第八次全国民政会议又将其修改为"思想教育、扶持生产、群众优待、国家抚恤"。

优抚工作的这一方针，在此后制定的一系列法律法规中得到充分体现。如 1984 年 5 月颁布的《中华人民共和国兵役法》，分别在第 52 条和第 54 条对优抚对象的优抚待遇作了规定；

---

①史柏年主编：《社会保障概论》，高等教育出版社 2005 年版，第 222~223 页。

1985 年 7 月 27 日，中共中央、国务院发出了《关于尊重、爱护军队，积极支持军队改革和建设的通知》，要求切实做好优抚工作。国务院有关部门要求抓紧修订优待、抚恤和安置工作条例、法规。1987 年，国务院和中央军委颁布了《中华人民共和国义务兵安置条例》，对义务兵的安置保障作了全面的规定。1988 年，国务院颁布了第一部综合性的优抚法规，即《军人抚恤优待条例》。这部条例第一次明确地提出了确定定期抚恤金的基本原则，并把抚恤对象在各个方面的优待以法律的形式固定下来。之后，各省、自治区、直辖市人民政府也制定了与之相配套的具体优待办法。

进入 20 世纪 90 年代，我国军人社会保障制度也进入了改革阶段。1994 年，民政部、财政部发布了《关于提高部分优抚对象抚恤补助标准的通知》，这是适应我国社会主义市场经济发展，切实保障抚恤对象生活条件，提高他们生活水平的重要规章。1998 年中央军委颁布了《军人伤亡保险暂行规定》，1999 年 8 月 1 日开始实施。2001 年 1 月 1 日，出台了军人退役医疗制度。军人伤亡保险和军人退役医疗制度的实施，使我国军人社会保险制度付诸实践。根据《国防法》、《兵役法》、《现役军官法》等法律法规和江泽民关于尽早建立军队转业干部安置制度的重要指示，中共中央、国务院、中央军委发出通知，决定颁布实施《军队转业干部安置暂行办法》，共 11 章 70 条，暂行办法指出："今后，国家对军队转业干部实行计划分配和自主择业相结合的方式进行安置。"[1]《中华人民共和国宪法》、《中华人民共和国兵役法》、《军人抚恤优待条例》和《革命烈士褒奖条例》等法律条例，形成了我国新时期开展优抚安置工作的基本法规，有力推动了优抚安置工作向法制化方向迈进。

（三）军人优抚制度的进一步完善

2004 年 8 月 24 日，我国政府公布新修订的《军人抚恤优待条例》，自 2004 年 10 月 1 日起施行。该条例共分 6 章 52 条，包括军人抚恤优待的原则、死亡抚恤、残疾抚恤、优待以及法律责任等内容。这一条例的公布，是我国军人社会保障史上的重要里程碑，标志着在社会主义市场经济条件下我国军人社会保障体系框架的基本建立。

与原条例有关规定相比，新条例主要有七大突破[2]：一是一次性抚恤金标准提高了 100%。二是增加了批准烈士的条件和程序。三是建立了各类优抚对象抚恤补助标准自然增长机制。四是调整了残疾等级设置、评定范围和抚恤金。五是确定了各类优抚对象的医疗待遇。六是扩大了对军人的优待。七是明确了军人抚恤优待工作中的法律责任。

2004 年之后，为推动优抚工作的制度化、规范化，我国政府积极构建与市场经济相衔接、与国防建设相适应、与优良传统相承接的优抚政策法规体系，除了施行新修订的《军人抚恤优待条例》，还出台了《军人残疾等级评定标准》、《新旧伤残等级套改办法》、《一至六级残疾军人医疗保障办法》、《优抚对象及其子女教育优待暂行办法》、《优抚对象医疗保障办法》等规定，为维护优抚对象的权益提供了制度保证。

---

①张东江主编：《当代军人社会保障制度》，法律出版社 2001 年版，第 259～260 页。
②《新〈军人抚恤优待条例〉的七大突破》，载《半月谈》，2004 年第 18 期。

2011 年 7 月 29 日，我国政府又对《军人抚恤优待条例》进行修订，从十个方面完善了批准烈士的情形，将执行反恐任务和在执行外交任务或者国家派遣的对外援助、维持国际和平任务中牺牲的，作为军人死亡批准为烈士的情形；增加了发给烈士遗属烈士褒扬金的规定，明确"现役军人死亡被批准为烈士的，依照《烈士褒扬条例》的规定发给烈士遗属烈士褒扬金"。烈士褒扬金标准是上一年度全国城镇居民人均可支配收入的 30 倍（按 2010 年标准计算约为 57 万元）。战时，参战牺牲的烈士褒扬金标准可以适当提高；调整并提高了烈士、因公牺牲和病故军人遗属一次性抚恤金标准，将烈士和因公牺牲军人遗属的一次性抚恤金标准分别由军人死亡时的 80 个月工资、40 个月工资统一调整为"上一年度全国城镇居民人均可支配收入的 20 倍（按 2010 年标准计算约为 38 万元）加本人 40 个月工资"；将病故军人遗属的一次性抚恤金标准由军人死亡的 20 个月工资调整为"上一年度全国城镇居民人均可支配收入的 2 倍（按 2010 年标准计算约为 3.8 万元）加本人 40 个月工资"；明确"月工资或者津贴低于排职少尉军官工资标准的，按照排职少尉军官工资标准计算"。[1]

2012 年 4 月 27 日，全国人大常委会通过了《中华人民共和国军人保险法》，决定建立国家军人保险制度，规定"军人伤亡保险、退役养老保险、退役医疗保险和随军未就业的军人配偶保险的建立、缴费和转移接续等适用本法"[2]。这部法律的颁布，将我国军人伤亡保险和军人退役医疗保险制度上升为法律规范，增强军人社会优抚政策制度的强制力和执行力。

二、我国社会优抚制度的内容

改革开放以来，我国的社会优待工作取得了突破性进展，走出了一条国家、社会、群众三结合的优待金社会统筹制度，使军人家属的生活得到了基本保障，促进了"双拥"工作的开展、社会的稳定和精神文明建设。

（一）优待的内容

根据我国《军人抚恤优待条例》的规定，优待的标准、范围都十分明确。优待的内容和措施主要有以下几个方面。

（1）义务兵优待。义务兵从部队发出的平信，免费邮递。在交通方面，优先购票乘坐境内运行的火车、轮船、长途公共汽车和民航班机，享受减收正常票价 50% 的优待，凭《中华人民共和国残疾军人证》免费乘坐市内公共汽车、电车和轨道交通工具。义务兵和初级士官本人退役后，享受复工复职等有关待遇。

（2）义务兵的家庭优待。义务兵服现役期间，其家庭由当地人民政府发给优待金或者给予其他优待，优待标准不低于当地平均生活水平。义务兵入伍前是农业户口的，他们在农村承包的责任田和分得的自留地（山、林）等继续保留；入伍前是企业事业单位职工的，其家属继续享受原有的劳动保险福利待遇。

---

[1]《〈军人抚恤优待条例〉修订了哪些内容》，载《解放军报》，2011 年 8 月 2 日。
[2]《中华人民共和国军人保险法》（2012 年 4 月 27 日，第十一届全国人大常务委员会第 26 次会议通过）。

（3）医疗待遇。二等乙级以上（含二等乙级）革命伤残军人，享受公费医疗待遇。三等革命伤残军人不享受公费医疗待遇的，伤口复发所需医疗费由当地民政部门解决；革命烈士、因公牺牲军人、病故军人、现役军人的家属以及带病回乡的复员退伍军人，不享受公费医疗待遇的，因病医疗无力支付军疗费，由当地卫生部门酌情给予减免。

（4）伤残优抚。在国家机关、社会团体、企业事业单位工作的因战、因公致残的革命伤残军人，享受与所在单位因公（工）伤残职工相同的生活福利待遇。革命伤残军人因伤残需要配制假肢、代步三轮车等辅助器械，由民政部门审批并负责解决。

（5）其他优待。优抚对象在与其他群众同等条件下，享有就业、入学、救济、贷款、分配住房的优先权。家属农村的革命烈士家属符合招工条件的，当地人民政府应安排其中一个就业。革命烈士、因公牺牲军人、病故军人的子女、弟妹，自愿参军又符合征兵条件的，在征兵期间可优先批准一人入伍。复员军人未工作，因年老体弱生活困难的，按照规定的条件，由当地民政部门给予定期定量补助，并逐步改革他们的生活待遇等。

（二）抚恤的内容

根据我国《军人抚恤优待条例》规定："现役军人死亡被批准为烈士、被确认为因公牺牲或者病故的，其遗属依照本条例的规定享受抚恤"。[①]现役军人残疾被认定为因战致残、因公致残或者因病致残的，依照规定享受残疾抚恤。

1.死亡抚恤

根据抚恤的内容和性质的不同，死亡抚恤分为一次性抚恤和定期抚恤两种形式。

（1）一次性抚恤金。现役军人死亡，根据其死亡性质和死亡时的月工资标准，发给其遗属一次性抚恤金，标准是：烈士，80个月工资；因公牺牲，40个月工资；病故，20个月工资。月工资或者津贴低于排职少尉军官工资标准的，按照排职少尉军官工资标准发给其遗属一次性抚恤金。获得荣誉称号或者立功的烈士、因公牺牲军人、病故军人，其遗属在应当享受的一次性抚恤金基础上，增发一定比例的一次性抚恤金；多次获得荣誉称号或者立功的烈士、因公牺牲军人、病故军人，其遗属由民政部门按照其中最高等级，增发一次性抚恤金。对生前有特殊贡献的烈士、因公牺牲军人、病故军人，除按照本条例规定发给其遗属一次性抚恤金外，军队也可以按照有关规定发给其遗属一次性特别抚恤金。

（2）定期抚恤金。对符合下列条件之一的烈士、因公牺牲军人、病故军人的遗属，发给定期抚恤金：一是父母（抚养人）、配偶无劳动能力、无生活费来源，或者收入水平低于当地居民平均生活水平的；二是子女未满18周岁或者已满18周岁但因上学或者残疾无生活费来源的；三是兄弟姐妹未满18周岁或者已满18周岁但因上学无生活费来源且由该军人生前供养的。对符合享受定期抚恤金条件的遗属，由县级人民政府民政部门发给《定期抚恤金领取证》。定期抚恤金标准应当参照全国城乡居民家庭人均收入水平确定。

2.残疾抚恤

---

① 《军人抚恤优待条例》（2011年7月29日修订，国务院令〔2011〕第413号）。

我国现行《军人抚恤优待条例》规定："现役军人残疾被认定为因战致残、因公致残或者因病致残的，依照条例的规定享受抚恤。"

（1）残疾等级评定。现役军人因战、因公致残，医疗终结后符合评定残疾等级条件的，应当评定残疾等级。根据劳动功能障碍程度和生活自理障碍程度确定，由重到轻分为一级至十级。具体评定标准由国务院民政部门、人力资源社会保障部门、卫生部门会同军队有关部门规定。因战、因公致残，残疾等级被评定为一级至十级的，享受抚恤；因病致残，残疾等级被评定为一级至六级的，享受抚恤。现役军人因战、因公致残，未及时评定残疾等级，退出现役后或者医疗终结满三年后，本人（精神病患者由其利害关系人）申请补办评定残疾等级，有档案记载或者有原始医疗证明的，可以评定残疾等级。现役军人被评定残疾等级后，在服现役期间或者退出现役后残疾情况发生严重恶化，原定残疾等级与残疾情况明显不符，本人（精神病患者由其利害关系人）申请调整残疾等级的，可以重新评定残疾等级。

（2）伤残抚恤待遇。伤残抚恤待遇分为残疾抚恤金和残疾护理。退出现役的残疾军人，按照残疾等级享受残疾抚恤金，由县级人民政府民政部门发给。因工作需要继续服现役的残疾军人，经军队军级以上单位批准，由所在部队按照规定发给残疾抚恤金；残疾护理是指退役后的残疾军人由国家供养的制度。退出现役的一级至四级残疾军人，由国家供养终身。其中，对需要长年医疗或者独身一人不便分散安置的，经省级人民政府民政部门批准可以集中供养。对分散安置的一级至四级残疾军人发给护理费；退出现役的残疾军人的护理费，由县级以上地方人民政府民政部门发给；未退出现役的残疾军人的护理费，经军队军级以上单位批准，由所在部队发给；残疾军人需要配制假肢、代步三轮车等辅助器械，正在服现役的由军队军级以上单位负责解决；退出现役的由省级人民政府民政部门负责解决。

（三）安置制度

我国现行社会优抚制度对优抚对象在安置方面的政策有：残疾军人、复员军人、带病回乡退伍军人、烈士遗属、因公牺牲军人遗属、病故军人遗属承租、购买住房依照有关规定享受优先、优惠待遇。居住农村的抚恤优待对象住房困难的，由地方人民政府帮助解决。

1.退伍义务兵安置

我国的退伍义务兵安置，目前执行的是 1987 年国务院发布的《退伍义务兵安置条例》。安置对象主要是：中国人民解放军和中国人民武装警察部队的下列人员:一是"服现役期满（包括超期服役）退出现役的"，二是"服现役期未满，因下列原因之一，经部队师级以上机关批准提前退出现役的：因战、因公负伤（包括因病）致残，部队发给《革命伤残军人抚恤证》的；经驻军医院证明，患病基本治愈，但不适宜在部队继续服现役以及精神病患者经治疗半年未愈的；部队编制员额缩减，需要退出现役的；家庭发生重大变故，经家庭所在地的县、市、市辖区民政部门和人民武装部证明，需要退出现役的国家建设需要调出部队的"人员，按照"从哪里来，回哪里去"的原则和"妥善安置，各得其所"的方针进行安置。①我国对退役军人

---

① 《退伍义务兵安置条例》（国发〔1987〕106 号）。

既提供资金保障，又提供服务保障。资金保障包括各种临时性生活津贴和生产性贷款；服务保障包括就业安置、休学安置、落户安置、职业培训、技术培训等项目。

2.军队转业干部安置

我国的军队转业干部安置，是根据《中国人民解放军干部服役条例》的规定，军队干部由于达到规定的现役最高年龄，或因军队编制员额裁减，或调往非军事部门工作，或因伤病残疾，或因其他原因不适合服现役，都要退出现役。其中，退出现役被分配到国家机关、企业、事业等单位工作的军队干部就是军队转业干部。军队转业干部安置是指军队转业干部的工资待遇、生活补助费、安家费、家属的随迁安置等方面的各种规定的总称。军队转业干部的配偶和符合条件的子女可随转业干部迁移，配偶工作安排、子女入学、入托及工作安排等，虽说是按规定执行，但都有一定的照顾。

3.军队干部复员安置

我国的军队干部复员安置，是对符合《中国人民解放军现役军官服役条例》、《文职干部暂行条例》规定的退出现役，本人自愿进行复员安置，以及犯有严重错误丧失干部条件不宜做转业安排又不具备退休条件的军官和文职干部给予的安置。自愿复员的干部，政府不负责安排工作，由本人自行就业。国家机关、企事业单位可优先录取符合条件的复员干部。对到边远艰苦地区、经济特区、开发区和重点建设工程、新建扩建单位工作的复员干部，国家给予优惠政策。对从事个体经营或开办私营企业的复员干部，国家在核发营业执照、税收、贷款等方面给予优惠。对复员回乡的干部应该优先安排去乡镇企业，不往乡镇企业安排的应按规定划给责任田和其他承保任务。

4.军队退（离）休干部安置

我国的军队退（离）休干部安置，指对军队中的干部和技术人员实行的退休保障制度。1978 年颁布的《中国人民解放军干部服役条例》和 1981 年颁布的《关于军队干部退休的暂行规定》，进一步完善了我国的军队干部退休制度。这些法规规定：军队现役干部，男年满 55 岁、女年满 50 岁，或因战因公致残、积劳成疾，基本丧失工作能力的，可以办理退休手续，退休后由民政部门安置管理，住房由安置地区解决。退休干部可以就地安置，也可以回到本人或者配偶原籍安置，还可以到配偶、子女、父母居住地区。志愿回农村安置的给予鼓励。凡符合退休条件的干部和技术人员退休后，除按月发给退休费，享受医疗费、福利费、差旅费等补贴，以及抚恤费、遗属生活费、补助费等待遇外，还在安置去向、住房、家属及子女就学等方面作出妥善安排，其待遇略高于一般退役军人。

5.无军籍退休退职职工安置

我国的无军籍退休退职职工安置，是对国防建设的特殊群体的安置，有在编职工和非在编职工两类。1992 年，民政部、财政部、卫生部、总后勤部等有关部门下发了《关于进一步做好军队无军籍退休退职职工安置工作的通知》，对安置办法、生活待遇、医疗保障以及安置范围等作了明确规定。

三、我国社会优抚制度的改革

虽然我国的社会优抚工作取得了很大的成效，但随着社会主义市场经济体制的建立，社会优抚制度又面临着调整和适应等问题。

（一）现阶段我国社会优抚制度的问题

新中国建立以来，我国的优抚安置制度在国家的社会经济生活和政治生活中发挥了很大作用，使军人及其家属生活得到切实保障，进而增强了社会的稳定和安宁。但是，也要看到我国现行优抚安置制度远非十分完善和有效，不少方面还需要切实地加以解决。

（1）立法相对滞后。社会优抚是我国社会保障体制中的重要组成部分，也是相对独立的一部分。但从总体上说，社会优抚立法还相对落后，国家还有颁布专门的调整社会优抚摸法律，目前所适用的一些法规带有一定的滞后性，难以适应新的时期军队现代化以及市场经济发展的要求。

（2）资金投入不足。我国社会优抚工作的经费严重不足，只够用于抚恤补助的人头经费，没有任何机动的余地，面对社会优抚工作中许多急需解决的问题和特殊困难，心有余而力不足。大部分优抚医院、光荣院、烈士纪念建筑物都已年代久远，房屋破旧，设备简陋，疏于修缮，早已不堪重负。

（3）社会力量参与不高。目前，我国社会优抚的社会化程度不高，社会力量参与社会优抚的途径不多，社会优抚还主要依靠国家和地方政府发放优待抚恤金。相当一部分保障对象因家庭人口素质较低、缺乏劳动力等因素，生活依旧十分困难。同时由于计划经济体制下的旧思想、旧观念，对社会保障工作的开展起了制约作用，不少生活困难的保障对象仍指望单纯依靠优抚金维持生计。因此，新时期社会优抚工作的难点和重点，应该在如何从传统的"输血"式保障转向"造血"式的保障转变。

（4）优抚对象的自身竞争力不强。由于历史、个人以及主客观等多方面的原因，我国部分优抚对象家庭特别是伤残军人、在乡老复员军人、带病回乡退伍军人家庭人口素质低，劳动力匮乏，年老体弱，参与社会竞争的能力先天不足，"等、靠、要"思想严重，从而使得部分优抚对象家庭自我保障、自我发展的能力十分薄弱。

（5）优抚对象生活保障地区差异较大。在我国，社会优抚的对象生活水平的地区差距在进一步加大。由于绝大部分革命老区也是贫困地区，经济不发达却优抚对象相对集中，依靠地区财政提高优抚待遇难度很大。虽然国家对老少边穷地区有财政照顾和政策倾斜，但这些主要用于开发和建设，短期内难以落实到保障对象身上。而经济发达地区，经济实力更为雄厚，需要保障的人数少，保障待遇自然不是革命老区所能比拟的。

（6）退伍转业干部安置难。在过去的计划经济体制下，安置工作可以通过各级政府逐级指定来完成。在市场经济体制下，计划经济体制下的那一套模式根本行不通，企业有用人自主权，各级政府机关事业单位定编定岗、精简机构，因此造成在一些地区不同程度出现了退伍转业干部安置难的问题。

（二）当前我国社会优抚制度面临的挑战

当前，我国社会优抚的现存问题，是我国经济体制转轨期诸多制度和体制矛盾造成的。今天，市场经济体制的不断发展与完善，对我国现行的军人保障制度提出了以下挑战。

（1）国家经济体制转型与现行保障模式的矛盾。目前，转型中的经济制度与现行军人保障模式之间存在两大制度性矛盾：一是军人保障覆盖面小，标准较低。我国现行军人保障体系长期以优抚制度为主，体系不完善，内容结构不尽合理，现代社会保障中的核心内容——军人保险也是近两三年才开始启动，且险种单一，保障范围狭小。从保障标准看，以固定标准计发的军人保障待遇没有建立与物价指数挂钩的变动调整机制和与国民经济发展水平相适应的增长运行机制，已表现出相当的滞后性。二是社会化程度低。严重依附传统经济体制的现行军人保障制度是一种单纯的国家和政府保障，国家不仅负责制定军人保障的各种政策法规，而且由国家预算拨款开展优抚安置、离退休保障和社会救济等项目，实行无偿保障。这种现收现付的保障方式导致社会保障后备基金短缺，保障需求和国家财力严重不足。

（2）发展社会优抚事业与国家财力和军费供应之间的矛盾。目前，我国社会优抚的发展受到许多硬约束的制约，其中国家财政状况和军事财政是两个最重要的因素。一方面，军费是社会优抚制度赖以建立和实施的财政基础和经济后盾；另一方面，社会优抚又是进行军费分配与再分配的重要途径，社会优抚支出是军费支出十分重要的有机组成部分。由于国家以经济建设为中心，军费短缺的矛盾短期内难以解决，供需缺口较大，要做好新时期军事斗争准备工作，有限的军费要突出重点，加强主要方向、重点部队建设，加大对高技术武器装备、科技训练、设施建设的投入等。因此，"军费供应的总量不足和投向投量变化决定了社会优抚建设面临着经费缺口严重、供需矛盾尖锐的现状"。[①]

（3）社会权利与义务的矛盾增大。随着我国社会主义市场经济的发展，市场竞争机制的作用将使集团、个人之间的收入差距拉大，使优抚安置制度面临新的问题。分配形式的多样化，以及其他不正常因素的作用造成的分配不公现象，将会使一部分优抚对象在就业、收入等方面受到不可避免的强烈冲击。如，随着住房制度的改革，优抚对象享受的特殊照顾和已不复存在；随着劳动用工制度的改革，企业用人自主权扩大，优抚对象受自身条件限制普遍就业困难，在竞争中被淘汰的比率增大；随着医疗保险制度的改革，原来规定的优抚对象的公费医疗费用和医疗费用减免待遇已难以落实。诸如此类的社会改革问题，使优抚安置制度面临着调整和适应的若干新问题。

（三）完善我国社会优抚制度的对策

我国完善社会优抚制度必须准确定位其改革和发展的总体目标，并建立与社会主义市场经济发展相适应、与国家社会保障体制改革相衔接，具有相对独立的管理体系、多渠道的资

---

①张苹：《社会优抚的矛盾分析与对策思考》，载《军事经济研究》，2001年第7期。

金来源、全方位的服务功能，形成项目齐备、网络健全、法规完善的运行机制。

（1）尽快制定社会优抚的相关法律。当前，我国应加快制定军人优待抚恤法，配套进行军人抚恤制度和优待保障制度的改革，建立军人抚恤待遇水平的自然增长机制，进一步明确界定优待保障内容、责任主体、经费来源和组织实施程序。要完善医疗减免制度，解决优待对象医疗难的问题。要根据优待对象的具体情况，相应采取公费医疗、办理职工医疗保险、开办合作医疗及其他辅助医疗措施，提高社会优抚对象享受医疗保障的待遇水平。同时，在覆盖范围上，应对人民群众同犯罪分子作斗争而致伤亡的抚恤以专门立法予以规定。对见义勇为而致伤亡的人员的抚恤应以立法保障，避免英雄"流了血又流泪"。

（2）科学划分社会优抚制度中的资金投入责任。新型社会优抚模式构建的核心内容，就是建立社会优抚制度运行中各基本主体间科学的责任分担机制，摆脱传统的单纯国家保障或军队保障的制度模式，依托社会化的发展道路，开发更多社会优抚资源，实现政府行为、军队行为、市场行为、社会行为及个人行为对军人的多重保障。但是，必须明确政府在总体上仍然处于主导地位，并在军人社会救助、军人基本社会保险部分、社会优抚和军人退役安置等项目中承担主要责任。

（3）逐步实现优抚保障的社会化。军人优抚社会化的基本要求，是把大量军人服务性保障交给社会组织，逐步形成军队与社会结合紧密、完整配套、运转高效的社会优抚体系。因此，我国"一方面要加强对优抚事业单位建设的投入，办好优抚事业单位，让优抚事业进入社区、融入社会，充分发挥优抚事业单位在优抚保障中的阵地和骨干作用；另一方面要发挥社会其他组织的作用，动员发动社会各方面力量，开展优抚保障工作，为优抚对象提供服务，帮助优抚对象解决实际困难，形成社会化服务网络，实现优抚保障社会化"[①]。

（4）提高优抚对象的自我保障能力。长期以来，我国的残疾军人、在乡老复员军人、军烈属等优抚对象存在着住房难、医疗难、生活难等问题，我们必须通过政策扶持，提高优抚对象的自立性等措施标本兼治予以解决。同时，革吉政府、社会团体等要为优待对象提供发展和创业平台，给予政策、资金、技术、项目、税收、人员等方面的支持和帮助，实现货币优抚向发展优抚的社会优抚模式转变；组织开展相应的帮扶和济困工程，并以制度或机制的形式规范下来。当然，优抚对象也要克服单纯依靠抚恤补助的思想，树立自我发展的精神。

（5）积极发展优抚事业。优抚事业是国家为优抚对象而建立的休养院、疗养院和光荣院等机构，在市场经济条件下，这些由国家全额拨款的事业单位普遍存在经费不足的问题，影响了优抚对象的生活。因此，要在全社会形成关心优抚事业的良好氛围，建立依托基层群众性拥军优属组织、志愿者队伍、基金赞助团体为依托，各行业共同参与的优抚保障服务体系，为优抚对象提供就医、供养、交通、文化、社会公益等方面的服务。

---

①周宗顺：《我国社会优抚模式选择的制约因素及对策》，载《军事经济学院学报》，2005年第4期。

第十一章　住房保障制度

住房保障，是一个包含范围很广的概念。广义地说，农村的"宅基地"、城市的"福利分房"都是住房保障制度的一种具体形式，它们是生产力水平较低的情况下保障"人人有房住"的制度。而"在市场经济条件下，为了保障每个人都有房子住，政府要实施一些特殊的政策措施，帮助单纯依靠市场解决住房有困难的群体。这个政策体系的总称，就叫做住房保障制度"①。住房是人的基本的生存权之一，人人享有适当住房，是解决住房问题的总目标。住房保障和救助、养老、失业、医疗等保障制度都是社会保障体系的组成部分。

第一节　住房保障概述

住房是人们保证生存的最基本的物质生活条件之一。住房问题对世界上任何一个工业化国家来说都不仅是一个重大的社会经济问题，而且在一定意义上是一个政治问题。

一、住房保障的内涵

住房保障制度，是一个国家或地区的多层次住房供应体制的重要组成部分，是国家通过行政手段对低收入家庭②提供适当住房的一项制度。这一制度弥补了市场配置住房资源的缺陷和不足，体现了社会公平和人道主义精神，是实现社会稳定、经济发展、社会进步以及公平正义的重要手段。

（一）住房保障的含义

住房保障，是指以国家和社会为责任主体，通过立法对国民收入进行分配和再分配，以满足中低收入阶层尤其是为生活特别困难的社会成员提供基本住房的制度安排。

具体地说，住房保障制度是政府或单位在住房领域实施社会保障职能，对城镇居民中低收入家庭*进行扶持和救助的一种住房政策措施的总和，是为解决中低收入家庭的住房问题而设置的社会保障性住房供给方式。

---

① 陈淮：《解读住房保障制度：要保障人人有房住》，载《中国经济时报》，2005 年 2 月 22 日。
② 低收入家庭，是指家庭人均年收入在当地财政局每年年初公布的受理标准以下的家庭。我国国家统计局习惯以七分法将中国城镇居民的收入分为最低收入户（10%）、低收入户（10%）、中等偏下户（20%）、中等收入户（20%）、中等偏上收入户（20%）、高收入户（10%）、最高收入户（10%）。

　　住房保障包括广义的住房保障和狭义的住房保障，前者是指对全体居民的住房社会保障，后者是指对一部分有特殊困难或低收入居民的住房社会保障。以上两者均具有阶段性的特征，是针对特定发展阶段居民的收入状况、居住状况、市场供求状况、产业政策目标以及宏观经济状况采取的阶段性政策选择，随着条件的变化而不断发展演进。

　　住房保障制度产生于 20 世纪初的英国。第一阶段从 1919 年开始，是公共住房投入期，主要政策有：租金管制，由区议会确定租金，房屋出租者无权决定租金，降低租房成本；政府收购住房，政府可以收购私有住房作为公共住房；政府投资兴建公共住房，以合理的租金租给无房者。第二阶段从 1979 年开始，是住房私有化时期，为减轻财政负担，刺激经济复苏，一方面改革公共部门的管理方式，转变政府角色和职能；另一方面推行民营化，减少政府对经济的干预。"对比英国住房保障制度两个阶段的变化，从政府直接供应转变到通过市场供应，从以租赁方式为主到住房私有化，从政府供应到非营利组织实施，交易费用成为制度变迁的关键，它型塑了英国住房保障制度变迁的路径。"[①]1934 年，美国政府颁布《国民住宅法》，标志着美国也开始建立住房保障制度。1960 年，新加坡成立建屋发展局，建立了以政府供应公共组屋为核心的住房保障制度。

（二）住房保障制度的特点

　　住房是市场经济下政府必须提供给社会成员的一个"公共产品"，住房保障是各国政府必须履行好的基本公共服务职能，是改善民生、完善社会保障制度的重要方面。这是一个文明社会起码的目标。与其他社会保障相比，住房保障制度具有以下特点。

　　（1）住房保障制度的责任主体是国家或政府。"人人拥有合适的住房"是公民的基本人权。解决全社会的住房问题的经济付出是巨大的，不是某个社会阶层所能承担的，只有政府具有调控全社会资源的经济能力。

　　（2）住房保障的对象是中低收入家庭。住房问题的主要表现是住房供给不足引起住房价格过高与中低收入阶层的住房购买能力低下的矛盾。政府主要通过经济适用住房、廉租住房、住房公积金等住房保障制度来缓解中低收入家庭的住房困难问题。

　　（3）住房保障制度的施行要有立法保证。现代住房社会保障制度必须以法律的形式规范政府的住房保障职能机构的设置、编制、职能、责任与工作程序，规范国家、企业、个人等保障主体之间的权利与义务，规范住房保障给付标准，以及调整住房保障的管理与投资运营等诸多问题。

　　（4）住房保障是一种政府再分配性质的保障。作为再分配性质的住房保障，实质上是一种政府的财政补贴，分为明补和暗补，前者是政府按照一定的标准给予符合条件的居民以特定金额的现金补贴，以支持其住房消费；后者是指政府对住房保障的非现金补贴，又可以分为侧重于住房供给的生产者补贴和侧重于住房消费的消费者补贴。

---

①肖淑元：《英国、美国、新加坡住房保障制度的产生演变及启示》，载《中国房地产》，2012 年第 5 期。

（三）住房保障制度的作用

现代社会，虽然人们的住房条件已经有了较大改善，但是部分人群住房困难的情况仍然存在，靠市场机制仍难以解决。因此，政府通过制定和执行住房福利政策，"可以缓解各种社会矛盾，防止形成'贫民窟'，并为增进人民的健康做出贡献"①。

（1）住房社会保障制度是完善社会保障体系的重大举措。住宅是确保人的生存权的基本物质条件，具有社会保障性。温饱解决之后，住房作为最基本的生活资料之一，必然成为人们的重要生活必需品。在中国，住宅福利曾经是城镇居民的主要福利内容，但是。改革开放三十多年，原有以单位为载体的住宅保障逐渐被摒弃，取而代之的是以住宅自有化或商品化的住房制度改革。但是，由于住房是价格昂贵的耐用消费品，这一改革使不少中低收入家庭难以"自住其力"。

（2）住房社会保障制度是弥补市场失灵的重要机制。住房问题是城市化与工业化的产物，国家和政府有责任为中低收入家庭提供住宅消费保障，弥补市场机制这只"看不见的手"的缺陷，实现居民住宅由单位保障向社会保障的转化。在中国，由于过去单位提供住房保障（尽管是低水平）的体制已经不复存在，中低收入家庭的住宅消费问题日益凸现，为体现社会公平，保证不同收入的家庭各得其所，必须建立健全多层次城镇住房的供应体制，既要发挥市场机制的作用，培育完善的住房市场；也要加快保障机制建设，逐步完善以市场机制和保障机制有机结合为基本特征的城镇住房新体制。

（3）保障性住房制度是确立现代住房制度的重要基石。19世纪和20世纪初，随着城市化进程的加快，城市人口迅速扩张，城市的住房问题日益突出。大批低收入居民拥挤在城市边缘地带，形成大量的贫民窟，继而带来疾病和犯罪率上升、社会规范和社会道德约束力下降等问题。美国、英国、德国、加拿大、日本、新加坡等国家和中国香港地区，虽然在经济体制、经济发展水平、城市化进程等方面存在差异，但政府面临解决低中收入家庭住房困难的问题却是共同的，不同的只是手段和方式的差异。因此，国际上把政府介入住房问题的解决，作为衡量建立现代住房制度的决定性环节。

二、住房保障的对象

住房保障对象的划分是住房保障体系的一个重要环节，如何科学地划分，对建立公平的社会保障制度有十分重要的意义。如果保障对象划分模糊，将导致住房保障的泛社会化，造成需要保障的家庭得不到保障。目前，我国住房保障的政策界定对象是低收入家庭。

（一）低收入家庭的概念

低收入家庭，是指家庭成员人均收入和家庭财产状况符合当地人民政府规定的低收入标准的居民家庭。

---

① 郑功成主编：《社会保障学》，中国劳动社会出版社2005年版，第373页。

　　低收入家庭是一个相对的、动态的概念。一般而言，低收入家庭的界定有绝对标准和相对标准之分。绝对标准指个体收入水平低于一定的标准，如低于国家规定的绝对贫困线、最低生活保障线、当地平均收入线等；相对标准是先将居民的收入水平从低到高分为若干层次进行排列，再将其中最低收入的某一个比例确定为低收入家庭。

　　如，我国国家统计局划分城镇居民家庭收入线采用的是"五等分法"，具体划分方法是：将调查户按平均每人年实际收入由低到高排列，然后按照各占 1/5 的比例划分为低收入户、中等偏下收入户、中等收入户、中等偏上收入户和高收入户五个组。又将低收入户划分为最低收入户和低收入户两组，各占总数的 10%，将 5% 的更低收入户作为困难户单列；将高收入户划分为最高收入户和高收入户两组，也是各占总数的 10%。在将低收入户和高收入户进一步划分为四个阶层之后，全部家庭按收入由低到高分为七个类别。因此，五等分法又称之为"收入七分法"[①]。

　　目前，我国各级城市政府每年都要进行"城镇居民家庭基本情况"统计并予以公布，在这项工作中，各地按照居民家庭收入的高低，采用"七分法"将城镇居民家庭依次划分为最低收入户(10%)、低收入户(10%)、中等偏下收入户(20%)、中等收入户(20%)、中等偏上收入户(20%)、高收入户(10%)和最高收入户(10%)。以统计分组法进行家庭细分的优点是：现阶段该类数据各城市每年都要统计公布，数据资料易于获得，且较为准确客观。但居民住房支付能力的影响因素不是只有家庭收入一项，仅仅依靠家庭收入统计分组法划定住房保障对象是不科学的。[②]

（二）低收入家庭的认定

　　低收入家庭的认定，是为了规范住房保障、医疗救助、教育救助中低收入家庭收入核定行为。如，2008 年 10 月 22 日，我国民政部等 11 部委曾联合下发《城市低收入家庭认定办法》，之后，民政部又发布了《关于积极开展城市低收入家庭认定工作的若干意见》。这两个文件对城市低收入家庭的认定作了三个方面的规定：第一，定义城市低收入家庭即"家庭成员人均收入和家庭财产状况符合当地人民政府规定的低收入的城市居民家庭"；第二，界定城市低收入家庭收入标准，主要包括"家庭收入和家庭财产两项指标，以满足城市居民基本生活需求为原则，按照不同救助项目的需求和家庭支付能力确定"；第三，规定低收入家庭的低收入标准"由市、县人民政府制定"。

　　目前，我国各地的执行情况是：有的城市把低收入标准与城镇居民可支配收入挂钩。如，广西南宁市廉租住房低收入家庭认定标准为上年度城市居民人均可支配收入的 60%。更多的城市与低保标准挂钩，如海南省城镇低收入家庭收入标准原则上以不高于当地城市低保标准的 150% 为准；哈尔滨市城市低收入标准在城市低保标准的 1.2 ~ 1.5 倍之间。[③]

---

　　①括号内为该收入阶层所占家庭总数的比例；有些城市采用的是"五分法"，即低收入户、中等偏下收入户、中等收入户、中等偏上收入户、高收入户各占 20%。

　　② 郭玉坤、杨坤：《住房保障对象划分研究》，载《城市发展研究》，2009 年第 9 期。

　　③ 汤腊梅：《基于住房支付能力的住房保障对象的界定》，载《城市发展研究》，2010 年第 10 期。

然而，由于低保标准在制定时就因权宜因素的影响，其本身具有非科学性，而且以单一的收入标准确定低收入家庭缺少必要的理论基础和事实依据。有些西方国家也曾以单纯的收入标准作为执行住房保障制度的基础，但目前在很大程度上已摒弃这一做法。

（三）保障低收入阶层住房的理论依据

在世界大多数国家，住房保障已经成为社会政策的重要内容。大多数国家的政府都比较重视低收入阶层的居住问题，一般都采用特殊方式的援助措施来解决。

（1）在一定范围之内，住宅是生活必需品。居住条件是人的基本生存条件的重要组成部分，居住需求属于人类的基本需求。因此，居住权也构成基本人权的组成部分。同时，住宅也是最昂贵的生活必需品。很多国家居民居住消费支出占其消费总支出的比重在 20% 上下，最低收入阶层是难以依靠自身力量解决住房问题的。在这种情况下，如果政府不提供住房保障或住房保障的力度不够，无家可归或居住条件恶化的人就会逐渐增多，从而造成社会的不稳定。

（2）住宅具有外部性，具有一定的准公共品性质。虽然住宅总体上属于私人产品，但是贫民窟、棚户区等的存在会使区域的环境和卫生状况恶化，也不利于社会的稳定。合理的公共政策选择，是对低收入阶层的居住问题给予某种形式的援助，使其居住条件和居住环境得到改善。

（3）住宅政策是社会政策的重要组成部分。1948 年通过的《世界人权宣言》指出，"拥有适当住房"是"享有适当生活标准"这一权利的一个组成部分。1960 年 6 月，国际劳工组织发布《关于工人住宅的劝告》，提出"为了确保向所有工人及其家属提供充分、适度的住宅及适当的生活环境，应当把在住宅政策的范畴内促进住宅及相关共同设施的建设作为国家的政策目标"。这说明，把住宅政策作为社会保障政策的组成部分，早已成为世界各国的共识。

三、保障性住房的形式

社会经济制度不同，住房保障制度的形式也不同；即使社会经济制度相同的国家，其住房保障制度的形式也有一定差异。从总体看，根据政府对住房保障的干预程度和市场在住房保障中作用的大小，住房保障制度大体上有以下形式。

（一）商品化为主的住房保障

所谓以商品化的住房保障，是指一国或地区的住房供给以商品化为主、政府参与为辅的住房保障制度，就是在住房经营中保持私人资本的支配地位，同时国家运用经济和行政手段对住房市场进行干预和调节。政府拿出一部分资金建造国有住宅，向低收入者廉价出租或给予房租、房价补贴。

商品化的住房保障制度有以下特点：一是广泛利用发达的金融机制，运用抵押贷款方式促进住房建设，提高居后购买自由住房的能力。二是给买房者以优惠，包括长期低息贷款和对用来还本付息的个人收入免所得税。这种贷款可用于自建、购置、改建或修建私有住宅。三是向低收入家庭提供福利贷款、住房津贴，并允许租住低租金的公共住房，或由政府给私人建房提供补贴。低租金的多户式公房，可以租给孤寡老人、残疾人和低收入者。

（二）商品化兼福利政策的住房保障

商品化兼福利政策的住房保障，指通过政府提供租房、贷款买房，多层次多渠道地保障居民的住房需求。一方面，大力发展商品化住宅，并加强政府对房地产市场的干预；另一方面，建设大量的公共住房，对中低收入阶层实行一系列住房福利政策。英国、加拿大、新加坡等国家都属于这种商品化兼福利政策的住房保障形式。

商品化兼福利政策住房保障的基本特点：一是对高收入者，政府鼓励他们购买市价商品房；二是对中低收入者，则帮助他们通过银行贷款方式购买住房；三是对一些不买房的家庭，则通过租赁私房或政府公房来解决。

（三）福利政策兼商品化的住房保障

东欧的大多数国家的住宅制度，在改革前一直实行着由国家统一分配的低租金福利住房政策。捷克、罗马尼亚、波兰和匈牙利等国家都制定了住房保障政策和住房建设计划。20 世纪 80 年代以后，各国先后进行了经济体制改革，使住房商品化程度加快。

福利政策兼商品化住房保障的主要特点：一是鼓励私人建房、买房，推行住宅私有化。住宅建设的方针就由国家投资转向国家、合作社、个人的多种渠道投资。二是合作建房现已成为住房建设的主要形式。合作社经费主要为社员的入社费，建房资金来自储蓄金和银行贷款。合作建房有使用权、继承权和换住权，但不得私自出售。三是改革租金制度。在推行住房私有化的同时，制订房租改革方案，有计划地提高房租，实行部分房屋商品化的办法。四是为低收入者提供公共住房。由国家直接投资建造公共住房，居民可以通过租、买、建三种形式取得住房。这种住房分配方法是提供给低收入家庭的一种福利。

（四）以福利政策为主的住房保障

实行以福利政策为主的"福利国家"，大都把解决住房问题作为一个福利纲领。国家解决住房问题的标准是每家有一套大小及内部设备符合要求的现代化住宅。国家出租的住宅，政府给予优惠补贴。如朝鲜的城市住宅，基本就是按照"六统一"（统一规划、统一投资、统一设计、统一施工、统一分配、统一管理）的办法建设和分配的。

从以上四种不同住房保障形式可以看出，虽然各个国家生产力发展水平不同，政治制度各异，但是住房保障的目标、政策和方式却有极为相似之处。例如，各国在公房私有政策，广集财源鼓励私人建房、买房政策，发挥金融信贷业在买房、建房和租房中的作用，对中低收入家庭及老年、病残者实行优惠政策，发展住宅产业和加强住宅立法及管理方面，都有不少相近的做法。

第二节 我国的住房保障政策

我国的住房制度改革，开始于由计划体制向市场体制转变过程中的住房金融制度创新，之后，又出现了面向中低收入群体的保障性住房建设和供应。保障性住房是指政府为中低收入住房困难家庭所提供的限定标准、限定价格或租金的住房，一般由经济适用住房、廉租住房和政策性租赁住房构成。

一、住房公积金

20 世纪 90 年代初期，在我国住房制度由计划体制向市场体制演变的过程中，住房公积金制度产生。住房公积金制度是一项广泛覆盖社会劳动者的强制性住房储蓄制度，一经推出，其强大的资金聚集功能立刻显现。

（一）住房公积金及其特点

根据 1999 年颁布、2002 年修订的《住房公积金管理条例》，"住房公积金是指国家机关、国有企业、城镇集体企业、外商投资企业、城镇私营企业及其他城镇企业、事业单位及其在职职工缴存的长期住房储金"[①]。

目前，住房公积金制度是我国城镇住房制度改革的重要内容之一，其目的是在国家、单位、个人三者分担的情况下筹集住房资金，加快住宅建设，并通过个人的长期储蓄积累，逐步增强职工个人住房消费支付能力。每一个城镇在职职工及其所在单位，自职工参加工作之日起至退休或者终止劳动关系的这一段时间内，都必须缴纳个人住房公积金或为职工补助缴存住房公积金。

住房公积金是一种带有强制性、义务性、互助性和社会保障性的长期住房储蓄金，是专为职工建、购、修住房设立的专项资金，具有以下特点。

（1）普遍性。城镇在职职工，无论其工作单位性质如何、家庭收入高低、是否已有住房，都必须按规定缴存住房公积金。

（2）强制性。住房公积金制度一经建立，职工在职期间必须不间断地按规定缴存，除职工离退休或发生文件规定的其他情形外，不得中止和中断。

（3）福利性。除职工缴存的住房公积金外，单位也要为职工交纳一定的金额，而且住房公积金贷款的利率低于商业性贷款。

（4）返还性。职工离休、退休，或完全丧失劳动能力并与单位终止劳动关系，户口迁出或出境定居等，缴存的住房公积金将返还职工个人。

---

① 《住房公积金管理条例》（国务院令〔2009〕第 350 号）。

（二）住房公积金制度的产生

1991 年 2 月 8 日，上海市第九届人民代表大会常务委员会第 24 次会议原则通过批准《上海市住房制度改革实施方案》，提出"推行公积金、提租发补贴、配房买债券、买房给优惠、建立房委会"的五项措施。其中"推行公积金"一节，阐明了公积金的性质"是一种义务性的长期储金"，同时就对象和范围、公积金缴交额、公积金的利率、公积金的来源、公积金的使用和提取（分个人的使用和提取、单位的使用两种）、公积金的管理六部分作出规定[①]。1991 年 12 月 1 日，山西省太原市推出"提租补贴，超标加租，推行住房公积金"的房改方案，第一次正式使用"住房公积金"的概念。[②]

1994 年 7 月 18 日，国务院在《关于深化城镇住房制度改革的决定》中充分肯定了住房公积会制度在推动转变住房分配体制、促进住房建设等方面的积极作用，将住房公积金制度作为房改的基本内容全面推广，要求所有行政和企事业单位及其职工均应按照"个人存储、单位资助、统一管理、专项使用"的原则交纳公积金、建立住房公积金制度，并规定了单位和个人的住房公积金缴交率分别掌握在 5%。[③]此后，全国县级以上城镇机关、事业和国有企业单位和职工，几乎都进入到住房公积金制度的覆盖范围，而这部分职工家庭恰恰是我国经济社会中最具生产力活力和消费潜力的成员群体，住房公积金制度为全社会汇聚了解决住房问题的庞大住房资金，这直接为确立个人和家庭成为住房市场消费主体，以及以市场机制配置住房资源，奠定了物质基础。

1995 年 2 月 6 日，国务院办公厅颁布"国家安居工程实施方案"，将普遍推行住房公积金制度、建立住房公积金制度的职工一般要达到 60%以上等作为实施国家安居工程城市要具备的条件之一。[④]同年 12 月 15 日，全国住房制度改革经验交流会在上海召开，有力促进了住房公积金制度从大中城市向其他城市的推广。1996 年，上海市人大常委会批准的《上海市住房公积金条例》，这是我国第一个住房公积金地方性法规，标志着住房公积金制度法制化建设的开始。

从国务院作出《关于深化城镇住房制度改革的决定》及《关于进一步深化城镇住房制度改革加快住房建设的通知》到 1998 年下半年开始停止住房实物分配，逐步实行住房分配货币化，我国城镇已开始全面推行和不断完善住房公积金制度。1999 年 4 月 3 日，国务院发布《住房公积金管理条例》（第 262 号令），提出"房委会决策、中心运作、银行专户、财政监督"[⑤]的原则，这标志着我国住房公积金管理步入规范化、法制化发展的新时期。

2002 年 3 月 24 日，国务院根据全国住房公积金制度的发展情况，总结了各地的经验教训，对《住房公积金管理条例》进行了修改，扩大了住房公积金缴存范围，增加了"民办

---

① 《住房公积金大事记（1991—1999）》，来源：住房公积金与住房保障网，2009-02-24。
② 景天魁等著：《当代中国社会福利思想与制度》，中国社会出版社 2011 年版，第 293 页。
③ 国务院：《关于深化城镇住房制度改革的决定》（国发〔1994〕43 号）。
④ 《关于转发国务院住房制度改革领导小组国家安居工程实施方案的通知》（国办发〔1995〕6 号）。
⑤ 国务院：《住房公积金管理条例》（国务院令〔1999〕第 262 号令）。

非企业单位、社会团体"①。5月，又印发了《关于进一步加强住房公积金管理的通知》，从调整和完善住房公积金决策体系、规范住房公积金管理机构设置、强化住房公积归集与使用等方面进一步完善住房公积金制度，规范了住房公积金管理。随着一系列配套政策的出台，住房公积金管理工作进一步加强和规范，住房公积金进入快速发展时期。

（三）住房公积金制度的内容

住房公积金制度是结合我国城镇经济发展水平的实际情况而推行的一种住房改革政策，它包括有关住房公积金的缴存、归集、管理、使用、偿还等诸环节有机构成的整个运作机制和管理制度。

（1）覆盖范围。国务院2002年修订颁布的《住房公积会管理条例》规定，国家机关、国有企业、城镇集体企业、外商投资企业、城镇私营企业以及其他城镇企业、事业单位、民办非企业单位、社会团体及其在职职工，都应当缴存住房公积金，因此，住房公积金制度的覆盖范围为在职职工。2005年，建设部、财政部等联合出台《关于住房公积金管理若干具体问题的指导意见》，规定："有条件的地方，城镇单位聘用进城务工人员，单位和职工可缴存住房公积金；城镇个体工商户，自由职业人员可申请缴存住房公积金。"②因此，现行的住房公积金制度覆盖范围有所拓宽，但由于各地执行力度不同，住房公积金的实际覆盖范围还存在很大距离。

（2）缴存基数与比例。我国住房公积金制度规定，在职职工和单位按照同样的比例缴存。"职工和单位住房公积金缴存比例不应低于5%，不得高于12%；缴存住房公积金的月工资基数最高不得超过职工工作地所在设区城市统计部门公布的上一年度职工月平均工资的3倍"③。除住房公积金以外，经地方政府批准后各个单位还可以为职工缴存补充公积金。在地方政府规定批准的缴存基数和比例范围内，单位缴存的公积金列入预算或成本，个人缴存的公积金可以免交个人所得税。单位和个人缴存的住房公积金存入个人住房公积金账户并按央行规定的利率计息，账户余额归个人所有。

（3）住房公积金的提取和使用。职工在下列情况下可以提取职工住房公积金账户内的存储余额：购买、建造、翻建、大修自住住房的；离休、退休的；完全丧失劳动能力并与单位终止劳动关系的：出境定居的；偿还购房贷款本息的；房租超出家庭工资收入的规定比例的。职工死亡的，住房公积金余额可以继承，无继承人的纳入住房公积金增值收益。2006年财政部发布《关于加强住房公积金管理等有关问题的通知》，要求各级财政部门要监督住房公积金管理中心将住房公积金增值收益扣除计提住房公积金贷款风险准备金后的余额全额上缴同级国库，实行"收支两条线"管理。同时确保将住房公积金增值收益扣除计提住房公积金贷款风险准备金和管理费用后的余额，全部用于城镇廉租住房保障支出。

①国务院：《住房公积金管理条例》（国务院令〔2002〕第350号）。
②建设部等：《关于住房公积金管理若干具体问题的指导意见》（建金管〔2005〕5号）。
③财政部：《关于加强住房公积金管理等有关问题的通知》（财综〔2005〕52号）。

二、经济适用房

经济适用房制度是我国目前城镇住房保障体系的主要组成部分，这一政策在解决我国城镇居民住房困难、提高居民居住水平方面发挥了重要作用。

（一）经济适用房及其特点

关于经济适用房的定义，2007 年建设部等七部门联合发布的《经济适用住房管理办法》规定："经济适用住房是指政府提供政策优惠，限定套型面积和销售价格，按照合理标准建设，面向城市低收入住房困难家庭供应，具有保障性质的政策性住房。"[①]

经济适用房是具有社会保障性质的商品住宅，具有以下特点：

（1）经济性。经济适用房的价格相对市场价格而言，是适中的，能够适应中低收入家庭的承受能力。为此，政府对经济适用住房建设实行扶持政策，具有政府行为。如优先提供适合的建设用地、免征地价、减免征收城市基础设施等市政配套费，切实将经济适用房开发成本降下来。

（2）适用性。经济适用房的建设和售价是在政府严格调控和指导下进行的。如投资规模、建设标准、户型大小、质量和环境、价格和开发商的利润，都要接受政府的调控和审批，符合微利商品房的定位，在住房设计及其建筑标准上强调住房的使用效果，而不是降低建筑标准。它是国家为解决中低收入家庭住房问题而修建的普通住房。

（3）福利性。经济适用房还兼具福利的性质，国家对其免收土地转让价，且对相关税费实行减免。经济适用房是面向中低收入家庭的安居方案，是指政府提供政策优惠，限定套型面积和销售价格，按照合理标准建设，面向中低收入住房困难家庭供应，具有保障性质的政策性住房。

（二）经济适用房制度的建立

我国的经济适用房政策作为一项基本的国家住房建设制度，旨在通过某种政策倾斜，达到扩大住房供给、调节房地产投资结构和启动市场有效需求的目的，它是基于我国特殊的房地产市场和住房市场发展阶段的一种政策选择。我国经济适用房制度是随着住房制度改革的不断深化而形成的。

1994 年 7 月 18 日，国务院下发《关于深化城镇住房制度改革的决定》，首次提出"要建立以中低收入家庭为对象、具有社会保障性质的经济适用住房供应体系和以高收入家庭为对象的商品房供应体系"[②]，并要求从 1995 年开始实施安居工程。12 月 15 日，建设部、国务院住房制度改革领导小组、财政部联合发布《城镇经济适用住房建设管理办法》，旨在配合住房体制改革，用新的体制为城镇中低收入家庭提供住房。

1998 年 7 月 3 日，国务院颁布《关于进一步深化城镇住房制度改革，加快住房建设的

---

①建设部等：《经济适用住房管理办法》（建住房〔2007〕258 号）。
②国务院：《关于深化城镇住房制度改革的决定》（国发〔1994〕43 号）。

通知》，要求建设和完善"以经济适用房为主的多层次城镇住房供应体系，最低收入家庭租赁由政府或单位提供的廉租住房，中低收入家庭购买经济适用住房，其他收入高的家庭购买、租赁市场价商品住房，经济适用住房被确定为我国住房供给体系的主体"①。1999 年 1 月 4 日，建设部发布了《城镇居民已购公有住房和经济适用住房上市出售管理暂行办法》，对已购经济适用房上市交易的条件、程序、必备文件、具体政策等作了明确规定。

2002 年 11 月 17 日，国家计委和建设部联合发布《经济适用房价格管理办法》，确定经济适用住房的价格应当以"保本微利"为原则。②2003 年 8 月 12 日，国务院发布《关于促进房地产市场持续健康发展的通知》，对住房供应体系进行调整，提出"完善住房供应政策，调整住房供应结构，逐步实现多数家庭购买或承租普通商品住房"③，把经济适用住房定位为具有保障性质的政策性商品住房，要求控制建设标准，限定供应对象，落实优惠政策，严格项目招投标制度和销售价格管理。

2004 年 5 月 13 日，建设部等四部门联合发布《经济适用住房管理办法》，细化了相关规定，强化了经济适用住房的建设和管理，并首次提出鼓励房地产企业开发用于出租的经济适用房。④2005 年 5 月 9 日，建设部等《关于做好稳定住房价格工作意见的通知》和 2006 年 5 月 24 日建设部等《关于调整住房供应结构稳定住房价格的意见的通知》进一步强调规范发展经济适用住房，继续抓好经济适用住房建设、完善经济适用住房制度，切实解决建设和销售中存在的问题，真正解决低收入家庭的住房需要。⑤特别是后一个文件，明确将终济适用住房定位于低收入家庭，进一步明确了经济适用住房制度的发展方向。

2007 年 8 月 7 日，国务院颁布了《关于解决城市低收入家庭住房困难的若干意见》，要求改进和规范经济适用住房制度，提出规范经济适用住房供应对象为城市低收入住房困难家庭，控制建筑面积为 60m2 左右，购买不满 5 年不得直接上市交易，并把单位集资合作建房纳入经济适用住房管理。⑥11 月 19 日，建设部等部委修订《经济适用住房管理办法》，对经济适用住房的功能定位、开发建设、销售管理等进行了详细的划定。这两个文件将经济适用住房的供应对象由城市中低收入家庭改为城市低收入住房困难家庭，淡化了"政策性商品房"的功能，突出强调了"保障性"。

总之，我国经济适用住房制度形成于被赋予拉动经济增长功能和住房过度市场化的过程中，其定位从作为解决中低收入家庭住房问题的主体，到具有保障性的政策性商品住房，再到 2007 年再回归其保障属性，最后基本定型为：一是具有经济性，要求其价格适当，中低收入家庭通常能够承受，具有较强的可支付性；二是具有适用性，要求住房设计建造标准符合居民的需要，面积适当，功能实用，交通便利，公用配套设施齐全等。其社会保障

①国务院：《关于进一步深化城镇住房制度改革，加快住房建设的通知》（国发〔1998〕23 号）。
②国家计委等：《经济适用房价格管理办法》（计价格〔2002〕2503 号）。
③国务院：《关于促进房地产市场持续健康发展的通知》（国发〔2003〕18 号）。
④建设部等：《经济适用住房管理办法》（建住房〔2007〕258 号）。
⑤建设部等：《关于调整住房供应结构稳定住房价格的意见的通知》（国办发〔2006〕37 号）。
⑥国务院：《关于解决城市低收入家庭住房困难的若干意见》（国发〔2007〕24 号）。

性主要体现在销售对象严格限定为城镇中低收入者，销售价格相对于普通商品住房有较大幅度降低。

（三）经济适用房制度的内容

我国现行的经济适用住房制度框架，是 2007 年由建设部等七部委联合颁布的《经济适用住房管理办法》及相关部门规章制度确定下来的，主要内容包括以下几个方面。

（1）保障范围。在 1994 年国务院颁发的《关于深化城镇住房制度改革的决定》和建设部出台的《城镇经济适用住房建设管理办法》，明确提出经济通用住房以中低收入家庭为对象，之后经过不断调整，把经济适用住房定位为"具有保障性质的政策性商品住房"，保障对象调整为"低收入家庭"，供应对象调整为"城市低收入住房困难家庭"，淡化了"政策性商品房"的功能，突出强调了"保障性"。根据《经济适用住房管理办法》的规定，我国现行的经济适用住房的保障对象为城市低收入住房困难家庭，也就是指城市和县人民政府所在地镇的范围内，家庭收入、住房状况等符合市、县人民政府规定条件的家庭。

（2）保障水平。由于经济适用住房具有一定的保障属性，其规划设计一般遵循"标准适度、功能齐全、经济适用、便利节能"的原则。2004 年建设部颁布《经济适用住房管理办法》规定："经济适用住房要严格控制在中小套型，中套住房面积控制在 80m2 左右，小套住房面积控制在 60m2 左右。市、县人民政府可根据本地区居民的收入和居住水平等因素，合理确定经济适用住房的户型面积和各种户型的比例，并严格进行管理。"[①]而现行的《经济适用房管理办法》则把经济适用住房单套的建筑面积控制在 60m2 左右，市、县人民政府应当根据当地经济发展水平、群众生活水平、住房状况、家庭结构和人口等因素，合理确定经济适用住房各种套型的比例。[②]

（3）保障方式。经济适用住房是政府用转移支付的方式，通过免交土地出让金、限制开发成本与价格的补贴来解决低收入家庭住房问题的特殊政策，主要通过相对较低的销售价格和金融支持来实现对低收入家庭的住房保障的。经济适用住房的保障方式有按照政府规定的价格出售和出租两种方式，但实际操作中一般都采取了只售不租的方式，现行的《经济适用住房管理办法》规定，"确定经济适用住房的价格应当以保本微利为原则"，其销售基准价格及浮动幅度由政府确定。房地产开发企业实施的经济适用住房项目利润率按不高于 3%核定；市、县人民政府直接组织建设的经济适用住房只能按成本价销售，不得有利润，购买经济适用住房可提取个人住房公积金和优先办理住房公积金贷款。

（4）供给渠道。经济适用住房的供给渠道主要包括通过房地产开发企业、集资合作建房和单位自建三种。2004 年以前，在全部经济适用房供给中，由房地产开发企业提供的经济适用房所占比重并不高，绝大部分来自于集资合作建房和单位自建渠道，2004 年以后，尽管《经济适用住房管理办法》继续明确单位集资合作建房是经济适用住房的组成部分，

---

①建设部等：《经济适用住房管理办法》（建住房〔2004〕77 号）。
②建设部等：《经济适用住房管理办法》（建住房〔2007〕258 号）。

但由于单位不再允许使用新征用或新购买土地而只能使用自有土地进行集资合作建房，随着自用地的枯竭，单位集资合作建房的比例逐渐降低，尤其在大中城市越来越少，通过房地产开发企业开发成为经济适用住房主要供给渠道。

经济适用房的实施完善了我国住房供应体系，及时解决部分城镇中低收入家庭的住房困难问题，但仍存在一些有待解决的问题。一是供应总量不足。经济适用房的销售对象是占城镇人口70%以上的中低收入家庭，它很难完全满足这个庞大群体的住房需求。二是销售对象错位。由于资格审查不严，一些高收入家庭通过不正当手段购买经济适用房。三是建设标准过高。经济适用房开发建设中，面积过大、房价过高现象比较普遍，造成保障对象难以承担。四是获利空间巨大。经济适用房交易虽有明确规定，却执行不严，住房一旦上市即可获得巨额利润，容易滋生腐败。

三、廉租房制度

廉租房制度是由政府拨款帮助弱势群体解决住房困难问题，是政府行使社会保障职能的具体体现。它是专门针对城镇最低收入家庭而设计的住房制度，在一定意义上，属于社会救助体系的范畴。这类住房既不同于商品房，也有别于政府扶持的经济适用房，而是福利性的租金补贴配房或实物配房。

（一）廉租房及其特点

廉租房从字面上理解就是廉价的出租住房，它是由政府提供、面向具有城镇常住居民户口的最低收入家庭的保障性住房，以租金补贴或实物配租的方式，向符合城镇居民最低生活保障标准且住房困难的家庭提供社会保障性质的住房。

廉租房是解决低收入家庭住房问题的住房政策，由政府以货币补贴和实物配租等方式，向具有城镇常住居民户口最低收入家庭提供最基本的住房保障。廉租房的建造标准以满足家庭基本居住需求为原则，建设数量视城市最低收入家庭（尤其是最迫切需要扶助的家庭）的数量确定，供给数量适当少于需求数量，申请入住廉租房的家庭有一个合理的轮候期。租金标准通常远远低于市场租金，且该租金水平受政府的严格控制。廉租住房不允许进入二手房市场，只能用于申请家庭及其成员自住，不得转租、转借或改变用途。

廉租住房作为面向最低收入者的住房政策，具有以下特点：

（1）供给对象的确定性。廉租房供应对象一般是住房条件比较差、收入低、通过市场租赁或购买住房缺乏支付能力的家庭，即城镇居民中住房困难的最低收入家庭。这就要求对申请租住的对象进行资格认定，然后才能按规定租住廉租房或接受租房补贴。

（2）房屋使用的动态性。一方面根据城市低收入住房困难家庭人口、收入、住房等变化情况，调整租赁住房补贴额度或实物配租面积、租金等；另一方面，通过定期审核，对不再符合规定条件的予以退出，停止发放租赁住房补贴，或者由承租人按照合同约定退回廉租住房。

（3）补贴方式的多样性。廉租住房的补贴方式可以分为两大类：一类是供给方补贴，（又叫"砖头补贴"），由政府或企业建造廉租住房，然后以低房租提供给市民或职工。另一类是需求方补贴，即向住房困难群体发放租房补贴，由其自由选择租房而不是直接对其提供住房。

（4）运作过程的程序性。廉租房供给有明确的办理流程：街道办事处证明低保资格—廉租住房管理部门审核—户口所在地公告—廉租住房管理部门登记—轮候配租—发放房租补贴(或分配廉租住房)—家庭人口与收入状况定期审核—停发、增减补贴(或腾退廉租住房)。廉租房无继承权。

（二）廉租住房制度的形成

我国住房制度改革始于 1980 年。1998 年 7 月 3 日，国务院颁布《关于进一步深化城镇住房制度改革，加快住房建设的通知》，首次提出建立廉租住房制度，规定："由政府或单位向最低收入家庭提供廉租住房租赁使用；廉租住房可以由腾退的旧公有住房中调剂解决，也可以由政府或单位出资新建，廉租住房的租金实行政府定价。"[1]1999 年，建设部根据国务院《关于进一步深化城镇住房制度改革加快住房建设的通知》的精神，制定了《城镇廉租住房管理办法》，规定："城镇廉租住房是指政府和单位在住房领域实施社会保障职能，向具有城镇常住居民户口的最低收入家庭提供的租金相对低廉的普通住房。"[2]至此，廉租住房的政策框架初步确立。

2001 年，《国民经济和社会发展"十五"规划纲要》中提出"建立廉租住房供应保障体系"，要求尽快建立健全适合中国国情的最低收入家庭住房保障体系。2003 年，国务院发布《关于促进房地产市场持续健康发展的通知》，提出要强化政府住房保障职能，形成稳定规范的住房保障资金来源，合理确定保障水平。其中，"保障方式以发放租赁补贴为主，实物配租和租金核减为辅"。[3]同年，建设部会同有关部门修订并颁布《城镇最低收入家庭廉租住房管理办法》，规定"城镇最低收入家庭人均廉租住房保障面积标准原则上不超过当地人均住房面积的 60%"，"符合市、县人民政府规定的住房困难的最低收入家庭，可以申请城镇最低收入家庭廉租住房"。明确解释了租赁住房补贴，是指市、县人民政府向符合条件的申请对象发放补贴，由其到市场上租赁住房；实物配租，是指市、县人民政府向符合条件的申请对象直接提供住房，并按照廉租住房租金标准收取租金；租金核减，是指产权单位按照当地市、县人民政府的规定，在一定时期内对现已承租公有住房的城镇最低收入家庭给予租金减免。[4]至此，基本确立了我国廉租住房制度。

在探索建立廉租房制度的过程中，我国初步形成了实物配租、租赁住房补贴和租金减免等三种保障方式。租赁住房补贴是对最低收入居民家庭发放补贴，由这些家庭直接到市

---

① 国务院：《关于进一步深化城镇住房制度改革，加快住房建设的通知》（国发〔1998〕23 号）。
② 建设部：《城镇廉租住房管理办法》（建设部〔1999〕第 70 令）。
③ 国务院：《关于促进房地产市场持续健康发展的通知》（国发〔2003〕18 号）。
④ 建设部等：《城镇最低收入家庭廉租住房管理办法》（建设部〔2003〕第 120 令）。

场租赁住房，补贴通过银行直接划给房屋出租人；实物配租是通过新建住房或者收购腾空旧房，向最低收入居民家庭出租；租金减免是对租住公房的最低收入居民家庭按照廉租住房租金标准收取租金，住户实际交纳租金与公房租金的差额由产权单位给予减免或由政府补贴。申请廉租住房的对象必须是最低收入家庭，目前大部分地区在起步阶段限定在低保家庭，同时必须符合当地住房困难标准。住房的面积以及廉租家庭能得到的补贴数额，因各地情况而异。

2007 年，国务院颁布了《关于解决城市低收入家庭住房困难的若干意见》，明确提出住房公积金增值收益在提取贷款风险准备金和管理费用之后全部用于廉租住房建设，要求"逐步扩大廉租住房制度的保障范围，做到应保尽保，并就保障对象、保障标准、房源和资金来源等诸多方面进行了规定"。[①]为贯彻这一文件，建设部等九部委联合发布了《廉租住房保障办法》，将廉租住房的保障对象扩大为"城市低收入住房困难家庭"，明确廉租住房保障工作目标、措施，并纳入各级政府国民经济与社会发展规划和住房建设规划，新建廉租住房建筑面积控制在 50m2 以内。[②]财政部印发《关于贯彻落实国务院关于解决城市低收入家庭住房困难若干意见的通知》、《中央廉租住房保障专项补助资金实施办法》、《廉租住房保障资金管理办法》，国家发展改革委印发了《中央预算内投资对中西部财政困难地区新建廉租住房项目的支持办法》。至此，廉租房的相关配套政策已经基本完备。

（三）廉租住房制度的内容

我国的廉租住房制度框架，是根据 2007 年建设部等几部委联合颁布的《廉租住房保障办法》及住房和城乡建设部、财政部、国家发展改革委等部发布的相关文件确立的，其主要内容包括以下几个方面。

（1）保障范围。根据 1999 年《城镇廉租住房管理办法》和 2003 年《城镇最低收入家庭廉租住房管理办法》，我国廉租住房的保障范围最初限定为具有城镇常住居民户口的最低收入家庭。随着经济的发展、社会的变迁以及住房价格的持续上涨，我国廉租住房的保障范围也逐步放宽，2007 年的《廉租住房保障办法》将我国现行廉租住房保障范围确定为城市低收入住房困难家庭，也就是"城市和县人民政府所在地的镇范围内，家庭收入、住房状况等符合市、县人民政府规定条件的家庭"。

（2）责任主体。随着我国住房制度改革的不断推进，实施廉租住房保障职能的责任主体从最初的"政府和单位"到现在明确并强化为地方人民政府。2005 年国务院发布的《国务院办公厅转发建设部等部门关于做好稳定住房价格工作意见的通知》明确提出城镇廉租住房制度建设情况要纳入省级人民政府对市（区）、县人民政府工作的目标责任制管理。2007年的《廉租住房保障办法》同样要求市、县人民政府要明确廉租住房保障工作目标、措施，并纳入本级国民经济与社会发展规划和住房建设规划。

---

①国务院：《关于解决城市低收入家庭住房困难的若干意见》（国发〔2007〕24 号）。
②建设部等：《廉租住房保障办法》（建设部〔2007〕第 162 令）。

（3）保障方式。廉租住房保障方式有货币补贴、实物配租两种方式。货币补贴是指县级以上地方人民政府向申请廉租住房保障的城市低收入住房困难家庭发放租赁住房补贴，由其自行承租住房；实物配租是指直接向保障对象提供廉租住房，并按规定标准收取租金。廉租住房保障方式一般实行货币补贴和实物配租等方式相结合，在实施过程中究竟采用哪一种保障方式，主要取决于住房市场供求关系，各城市也不尽相同。

（4）保障水平。廉租住房保障水平以满足家庭基本居住需求为原则，由市、县人民政府根据当地家庭住房水平、财政承受能力以及城市低收入住房困难家庭的人口数量、结构等因素，以户为单位确定廉租住房保障面积标准。采取货币补贴方式的，补贴额度按市城市低收入住房困难家庭现住房面积与保障面积标准的差额、每平方米租赁住房补贴标准确定；采取实物配租方式的，配租面积为城市低收入住房困难家庭住房面积与保障面积标准的差额，实物配租的住房租金标准实行政府定价。

（5）房源保障。廉租住房建设的保障资金采取多种渠道筹措，主要包括年度财政预算安排的廉租住房保障资金、提取贷款风险准备金和管理费用后的住房公积金收益余额、土地出让净收益中安排的廉租住房保障资金、政府的捐赠及其他方式收入等；实物配租的廉租住房来源包括政府新建或收购的住房、腾退的公有住房、社会捐赠的住房、其他渠道筹集的住房。新建廉租住房，采取配套建设与相对集中建设相结合的方式，主要在经济适用住房、普通商品住房项目中配套建设，单套的建筑面积控制在 50m2 以内。

总之，我国从 2007 年建立起来的廉租住房制度，对于我国城市最低收入者而言，廉租房政策比经济适用房政策更容易落到实处，更能使之真正受惠。

四、公共租赁住房

在我国的住房保障体系中，廉租住房由中央和地方投资建设，保障面很难超过 5%；经济适用房由房地产开发商投资建设，尽管是微利出售，但要购买仍需相当的实力。公共租赁住房的对象，正是针对既租不上廉租房又买不起经济适用房的"夹心层"。

（一）公共租赁住房及其特征

公共租赁住房是指由国家提供政策支持，各种社会主体通过新建或者其他方式筹集房源，专门面向中低收入群体出租的保障性住房，是一个国家住房保障体系的重要组成部分。公共租赁住房不归个人所有，是由政府或公共机构所有，用低于市场价或者承租者承受得起的价格，向新就业职工出租，包括大学毕业生、从外地迁移到城市工作的群体。

公共租赁住房是有别于廉租住房、经济适用房的一种新型保障性住房，其特征如下：

（1）保障性。住房权是得到《世界人权宣言》、《经济、社会和文化权利国际公约》、《消除一切形式种族歧视公约》等国际公约一致确认的一项基本人权。大力发展公共租赁住房，是完善住房供应体系、培育住房租赁市场、满足城市中等偏下收入家庭基本住房需求的重要举措。由此可见，发展公共租赁住房是我国政府继廉租住房、经济适用房之后推出的保障居民住有所居的一种新型保障性住房。

（2）政策支持性。公共租赁住房不是在房地产市场中自发生成的，而是由国家推动出现的，是国家为了住房保障的目的人为设计的新型住房类别，因此公共租赁住房的发展，尤其是在发展初期，只有在国家特殊政策的支持下，才能步入正常的发展轨道。同时，基于公共租赁住房的保障性特质，国家也有责任通过政策支持来推动公共租赁住房的发展。

（3）租赁性。这是公共租赁住房的核心特征，也是公共租赁住房与经济适用房的最大区别。经济适用房是为目标群体提供的低于市场价格的产权住房，而公共租赁住房则是向目标群体提供适当的租赁住房来保障其住有所居。

（4）专业性。这是公共租赁住房与个人出租住房最大的区别。传统的个人出租住房的首要功能是产权者自住，而公共租赁住房不论是通过新建、改建、收购，还是通过在市场上长期租赁住房等方式筹集的房源，都不是为了自住，而是专门用于出租的。

（5）广泛性。公共租赁住房的供应对象主要是城市中等偏下收入住房困难家庭，有条件的地区，可以将新就业职工和有稳定职业并在城市居住一定年限的外来务工人员纳入供应范围。

（二）公共租赁住房政策的形成

"公共租赁房"概念的提出，其现实意义在于帮助那些既租不上廉租房又买不起经济适用房的低收入家庭解决住房困难。而更广泛的意义在于，国家住房保障体系将向"非低收入群体"着力的理念转变。这样的转变，其出发点是政府认可的那些非传统意义上的低收入群体也需要帮助。

2010年6月8日，住房和城乡建设部等七部制发《关于加快发展公共租赁住房的指导意见》，规定"公共租赁住房房源通过新建、改建、收购、在市场上长期租赁住房等方式多渠道筹集"，"面向用工单位或园区就业人员出租"，"成套建设的公共租赁住房，单套建筑面积要严格控制在 $60m^2$ 以下"，公共租赁住房建设实行"谁投资，谁所有"，投资者权益可依法转让。[1]

该指导意见对租赁管理的方法提出了以下原则：

（1）公共租赁住房供应对象主要是城市中等偏下收入住房困难家庭。有条件的地区，可以将新就业职工和有稳定职业并在城市居住一定年限的外来务工人员纳入供应范围。已享受廉租住房实物配租和经济适用住房政策的家庭，不得承租公共租赁住房。

（2）公共租赁住房租金水平，由市、县人民政府统筹考虑住房市场租金水平和供应对象的支付能力等因素合理确定，并按年度实行动态调整。符合廉租住房保障条件的家庭承租公共租赁住房的，可以申请廉租住房租赁补贴。

（3）公共租赁住房出租人与承租人应签订书面租赁合同。公共租赁住房租赁合同期限一般为3至5年。承租人应当按照合同约定合理使用住房，及时缴纳租金和其他费用。租

---

[1]住房和城乡建设部等：《关于加快发展公共租赁住房的指导意见》（建保〔2010〕87号）。

赁合同期满后承租人仍符合规定条件的，可以申请续租。

（4）公共租赁住房只能用于承租人自住，不得出借、转租或闲置，也不得用于从事其他经营活动。承租人违反规定使用公共租赁住房的，应当责令退出。承租人购买、受赠、继承或者租赁其他住房的，应当退出。

（三）公共租赁住房的优势

国家之所以将发展公共租赁住房建设作为解决当前住房困难问题的政策选择，是因为公共租赁住房相比较个人购买、廉租住房、经济适用房和个人出租等方式，具有以下优势：

（1）公共租赁住房有利于引导国民"先租后买"，合理住房消费。实现"住有所居"的目标，通常有两种方式：一种是购买住房，另一种是租赁住房。据了解，在发达国家，首次购房人的年龄比我国要大很多，年轻人长期租房是一种普遍状态。而我国，现阶段人们特别关注购房，而租房则处于相对被忽视的境地。鉴于此，国家应在正确引导国民的住房消费理念方面有所作为，即住房应"从租到买，由小及大"。公共租赁住房为居民提供可租赁适当房源，这不仅可以引导鼓励居民租房，减轻中低收入群体购买住房的经济压力，而且可以减少"被买房"群体的数量，对抑制过高房价起到积极作用。

（2）公共租赁住房有助于克服廉租住房和经济适用房的弊端。首先，公共租赁住房扩大了保障范围。因为廉租住房面向的是最低收入群体，经济适用房尽管保障对象是中等收入群体，但其价格仍然偏高。由于廉租住房、经济适用房和商品房三者之间不能实现对接，形成两个数量庞大的"夹心层"，即收入超过廉租住房申请标准但无力购买经济适用房的人群和收入超过经济适用房申请标准但无力购买商品房的人群。公共租赁住房面向中等以下收入群体出租，在保障范围上实现了与商品房的对接。其次，经济适用房是产权房，存在套利空间，且通过行政手段进行分配，极易诱发权力寻租现象的发生；而公共租赁住房则是面向中等以下收入群体出租住房，不存在引发上述弊端的空间或土壤。

（3）公共租赁住房有益于弥补个人出租住房的不足。在我国，个人出租住房主要存在以下不足：一是数量少，尤其是在大城市，可供出租的房屋数量远远不能满足需求。二是我国城市人口膨胀，住房资源紧缺，加之各城市纷纷出台"限购令"，致使私人出租住房难以成为租赁住房的主体，发展空间较小。三是因可供出租的房屋远远不能满足需求，直接导致了过高的租金和"合租"现象。四是房屋租赁专业经营机构少，出租房屋都是私人闲置房屋，出租并非首要目的，稳定性差，租赁房的居住功能存在缺陷，难以达到产权房的居家效果。与此不同，公共租赁住房则解决了个人出租住房数量短缺、运营不规范等问题，为中低收入无房群体提供数量充足、租期稳定、价格合理的住房。

因此，2013年12月，住房城乡建设部、财政部、国家发展改革委联合印发《关于公共租赁住房和廉租住房并轨运行的通知》提出，"从2014年起，廉租住房将并入公共租赁住房，合并后统称公共租赁住房"并轨运行。"廉租住房建设计划将（含购改租等筹集方式）统一并入公共租赁住房年度建设计划，此前已经列入廉租住房建设计划的项目继续建设，建成后全部纳入公共租赁住房进行管理。"[1]

---

[1]住房和城乡建设部等：《关于公共租赁住房和廉租住房并轨运行的通知》（建保〔2013〕178号）。

第三节　我国住房保障制度的完善

随着我国经济的发展、城市化水平的加快，住房价格的上涨远远超出了中等收入家庭的承受能力。而住房是人们的安身立命之所，关系到广大群众的切身利益，因此住房保障制度建设成为民生工程的重中之重。所以，只有不断地完善我国的住房保障制度，才能满足广大人民群众的迫切需求，保障人民群众的切身利益，保障和谐社会的构建。

一、我国住房保障制度的沿革

新中国成立以来，解决城镇居民的住房困难一直是我国政府在住房制度问题上的最大关切。今天，我国的经济社会发展既处于"黄金发展期"，又处于"矛盾凸显期"。回顾中国特色的住房保障制度的建立和发展，对政府加快转变经济发展方式、保障和改善民生具有十分重要的意义。

（一）住房福利分配阶段（1949年~1987年）

新中国成立后，受国内经济条件制约，以及国际政治环境和原苏联模式的影响，我国逐步建立起高度集中的计划经济体制，长期奉行"先生产，后生活"的政策。这一时期，城镇居民收入极低，我国政府必须实行完全福利化的城镇居民住房政策。在住房福利分配制度内，所有城镇住房由国家和单位统一筹集资金建设，统一进行实物配给，以收取极低租金和国家专门补贴的方式进行维护管理。不可否认，在相当长的时间内，传统的住房福利分配制度基本上保障了广大城镇居民最低的住房需求。

但是，随着国内经济社会不断发展，其弊端也愈发明显：一是政府以及企事业单位统揽职工住房建设、分配和管理的所有问题，由于不同地区经济条件不一，不同单位行政权力大小、经济效益好坏千差万别，极易造成不同城市、不同系统之间的住房标准悬殊。此外，单纯行政指令式的分配方式在一定程度上也助长了权力寻租现象的发生。二是住房建设资金筹集渠道单一，所有建设投资几乎没有任何回报。住房再生产仅靠收取较低住房租金和国家专项补贴勉强维持，甚至难以为继。新开工住房建筑面积在很长时间内都无法明显增长，与城镇居民日益迫切的住房刚性需求形成了巨大的矛盾。三是完全否认市场机制在住房建设和配置中的作用，限制了房地产市场及其相关产业链的健康发展。

（二）住房制度改革阶段（1988年~1997年）

在传统的住房福利分配政策逐步向住房商品化政策转变过程中，如何正确处理住房制度改革与对低收入家庭住房保障之间的关系便成为一个亟待解决的新课题。在这一阶段，我国住房制度改革试行了"提租补贴"、建立住房公积金、实施国家安居工程的方案。

1988年，国务院印发了《在全国城镇分期分批推行住房制度改革实施方案的通知》，这是我国第一个住房制度改革总体方案，一般也可称作"提租补贴"方案，主要内容是：合理提高公房租金，同时以发放住房券的形式对住公房的职工进行补贴。1991年，部分省市开始实行住房公积金制度，随后在全国范围逐步推开。这一制度可以看作是国家以货币形式向每个劳动者提供了一份最基本的住房保障。1995年，《国家安居工程实施方案》发布并从当年开始实施，根据政府维持、单位支持、个人负担的原则集资建设。住房建成后直接以成本价向中低收入家庭出售，并优先出售给无房户、危房户和住房困难户，在同等条件下优先出售给离退休职工、教师中的住房困难户。这是我国政府结合城镇住房制度改革解决中低收入家庭住房保障问题的第一次尝试。

（三）多层次住房保障阶段（1998年至今）

1998年，我国结束了近五十年的住房实物分配，开始逐步实行住房分配货币化。政府明确提出依据收入状况解决住房问题，建立和完善住房分层供应体系，在制度上保证各收入阶层的住房需求，实现"人人享有适当的住房"的目标。当时国务院《关于进一步深化城镇住房制度改革加快住房建设的通知》首次提出，"建立和完善以经济适用住房为主的多层次城镇住房供应体系"[①]的概念，开始对不同收入家庭实行不同的住房供应政策。

城镇住房制度改革的不断推进，使我国逐渐形成了高收入家庭购买、租赁市场价商品住房，中低收入家庭的住房问题则通过构建多层次保障体系予以解决的住房供应体系。经过十多年的实践，经济适用房、公共租赁住房、廉租住房等保障性安居工程逐步构建起一个比较完整的城镇住房保障体系，有力缓解了中低收入家庭住房实际困难。

二、我国住房保障制度存在的问题

从1998年至今，我国已经建立起较为完整、多层次的城镇住房供应体系。但由于我国住房保障制度启动较晚，住房刚性需求过快，保障覆盖面小，所以我国的住房保障问题在短时间内很难得到圆满解决。

（一）住房法制建设滞后，审查和监督机制缺失

纵观我国住房保障制度经历的改革与调整过程，中央政府均是以通知、意见和办法等文件形式来推动的，这样导致住房保障制度的立法层次较低，覆盖范围比较狭窄，政策措施的强制性力度不足，保障性住房在定位、申请、分配的标准上也没有准确界定。

（1）保障性住房体系层次过多。廉租房的保障功能更强，但会给政府供给带来更大的财政压力，经济适用房可以减轻财政压力但有可能失去保障性住房的目的。所以，在产权上应当加以限制，明确其界定标准，弱化保障性住房的投资功能。

（2）中低收入标准差异大。虽然住房保障制度明确规定其保障对象是城市中低收入家庭，但由于中低收入家庭所占城市家庭比重较大，不同区域、不同职业的收入差距让整个

---

①国务院，《关于进一步深化城镇住房制度改革加快住房建设的通知》（国发〔1998〕23号）。

社会对中低收入标准的认识也各不相同，使得这一范围过于宽泛，很难界定。

（3）审查和监督机制缺失。我国的保障性住房的审查和监督机制的缺失表现在至今各地政府尚没有专门的机构对保障性住房的建设与出售、申请人员的购房条件、享受保障住房的人员进行全面审核和监督。

（二）运行机制不完善，保障性住房的公平性不高

当前，我国保障性住房在运行机制上实行的是审批核准制，但在实践操作中，这种"申请—审批—公示"程序的审批核准制，在各个环节都存在一些缺陷，致使保障性住房的实施效果与预期之间存在很大差异，公平性严重受损。

（1）缺乏严格的家庭收入调查。尽管政策规定必须对购买对象进行资格审核，采取多种分配方式，但由于政府在资格审查制度上未能正视我国社会个人收入不透明、社会信用制度缺失、权力监督不力和收入审查不力的现实，难以保证审核的有效性和分配的公平性。

（2）缺乏科学严格的退出机制。经济适用房或廉租房的购买者或租用者，在一定年限后，随着自身经济状况的改善和提高，许多不再符合申请资格的家庭继续占用这些住房，导致大量排队等候的家庭无法正常进入，失去了保障住房本来的作用。

（3）我国的公积金覆盖率非常低，公积金缴存对象范围窄，公积金运用效率低。职工提交的公积金根据缴存比例、应付工资、公积金最高上限额来确定，且不计入所得税收入范围。目前的公积金制度，倾向于高收入者，实际上拉大了贫富之差。

（三）建设标准偏高，结构不合理，供应严重不足

保障性住房建造标准的提高，虽提升了保障住房的品质，但较大地抬高了住房的价格，导致许多有机会购买保障性住房的中低收入家庭因价格过高无力购买而放弃。

（1）我国的经济适用房政策因管理、监督水平不高。最为世人诟病的问题是在立项、开发、建设、销售和消费等各个环节缺乏严格控制和有效的监管，特别是在销售过程中，无法识别真正的政策对象，无法保证开发商按规定审核对象，也难保资源分配方式、手段的合理性。

（2）现阶段的廉租住房和公共租赁住房政策在平行运行过程中也出现了一些问题：一是两者虽都属于租赁型的保障房，但面向的群体不完全一样，申请人容易混淆；二是住房保障需求和供应是一个动态的过程，近年来部分地方出现了保障房与保障对象不相匹配的情况；三是平行运行不利于两项制度间的政策衔接，给老百姓造成不必要的麻烦。

（3）廉租住房制度总体上房源普遍紧缺，覆盖面还比较小。虽然政府大力提倡保障性住房的兴建，但由于资金、土地来源不足，保障性住房的供给数量仍然远远不够。大部分地区对享受保障住房的标准要求较高，使得住房保障的覆盖面积相当有限，无法涉及所有的住房困难家庭，有相当一部分"夹心层"仍然面临着住房困难。

（4）保障性住房的建设面积和计算标准没有明确规定。因为我国没有明确规定保障性

住房的建设面积和计算标准，因此许多地方不顾自己的实际情况，忽视对户型、区位的合理规划，致使最需要得到住房保障的居民享受不到应有的优惠政策，很难使保障性住房的利用效率达到最大化。

三、完善我国住房保障制度的对策

我国的住房保障制度，无论是计划经济时期的住房福利分配或者是经济体制改革时期开始推行的住房商品化，还是目前正在建立中的住房多层次保障体系，可以说每一次改革都是我国政府为实现"住有所居"目标所做的努力，而且必将随着经济体制改革的历史进程不断发展和完善。

（一）加强保障性住房政策的法制化和规范化

政府作为一国经济的宏观调控者，担负着促进社会全面发展的职责，理应成为构建住房保障体系的主体。所以，发达国家的住房保障法律也都是国家管理的重要立法，旨在制定符合国情的住房保障法规，从立法上明确政府的职责，规定住房保障的对象、保障标准、保障水平、保障资金的来源、专门管理机构的建立，以及对一些骗取保障优惠的行为予以严惩等。在我国，应当尽快制定《住宅法》、《住房保障法》，从根本上明确住房保障的对象、住房供给结构、审核监督机制等保障住房保障制度有效运行的方法。目前，各地政府都出台了一些保障性住房建设的政策意见或管理办法，对保障性住房建设的标准和要求作了初步的规定。但在此基础上，应将有关的政策意见和管理办法进行完善，纳入法制化建设的轨道，上升为地方性的法律法规，确实做到有法可依、违法必究，从法制上为保障性住房建设保驾护航。

（二）多渠道筹集资金和增加房源

住房保障可以采取货币补贴，也可以采取实物配租和配售的方式，但无论是采取哪一种方式，都需要一定的资金和房源。为了确保住房保障的资金来源，应将住房保障的资金列入公共财政预算，按照目前中央、省和市县财政体制，确定各级财政的投入比例，并将住房保障支出纳入年度财政预算安排。当然，仅有资金还不够，还必须建立覆盖全体住房困难居民的住房保障供应体系。第一，大力增加保障性住房的供给数量。我国应大力兴建经济适用住房、廉租住房、合作社住宅等保障性住房，力争使保障性住房的供应量与社会上中等收入居民的需求量相适应。第二，适度扩大住房保障的适用范围。应尽快取消享受保障性住房的户籍限制，使进城务工人员等流动人口能够居有定所。适度提高享受住房保障的条件，使城镇中一部分既无能力购买普通商品房又超过享受保障住房购买条件的中等收入家庭能够享受到住房保障的优惠政策。第三，适量建设合作社住宅、集体宿舍等其他类型的保障性住房。通过建设合作社住宅、集体宿舍，对棚户区进行改造，不仅能扩大保障性住房的房源，而且更能尽快地满足一部分住房困难居民的实际需求。

（三）合理规范保障性住房的建设标准和结构

作为我国住房保障制度改革的一种过渡性措施，经济适用住房具有一定的时代合理性，发挥了一定的住房保障功能。但随着廉租住房保障功能的增强，经济适用住房应慢慢退出，各级政府应将原本用于经济适用住房的土地和资金转向廉租房建设，多渠道加快廉租住房的建设。保障性住房建设和供给的目的都是为了满足基本生存需要，因此不可以将其标准定得过高。根据 2012 年 6 月《深圳市保障性住房建设标准（试行）》的规定，保障性住房户型分为四类：A 类户型为一个或两个居住空间模式，建筑面积约 35m2；B 类户型为三个居住空间模式，建筑面积 50m2；C 类户型为三个居住空间模式，并考虑可改造为四个居住空间的设计，建筑面积约 65m2；D 类户型为四个居住空间的模式，建筑面积约 80m2。[①] 深圳的这一保障性住房标准具有推广意义。

（四）完善保障性住房的管理运行机制

保障性住房进入与退出机制包含三个相互联系的环节：保障标准的界定环节、保障对象监管环节、退出环节。首先是准入机制。设定保障标准是保障性住房进入环节的关键，也是保障性住房进入与退出机制的开端。保障标准包括两个指标：家庭收入标准和住房面积标准。在目前的规定中，只有同时满足这两个指标，才符合保障性住房保障标准，才有可能成为保障对象，进入保障体系。其次是监管机制。包括审核和管理。审核环节主要是主管部门对申请者提供的申请材料进行有效甄别的过程。管理环节分两个层面，一是在保障性住房保障分配到户以后，主管部门对受保障家庭的收入、人口和住房等状况进行复核，并根据复核结果对享受保障的资格、方式、额度等进行及时调整。二是对整个保障进入与退出管理过程的监管。再次是退出机制。退出是指当受保家庭条件得到改善，已经不再符合保障性住房保障条件时，取消受保家庭的保障资格，收回保障性住房，停止发放租赁补贴，停止租金核减。为此，我国一方面应设立专门的住房保障审查监督机构，另一方面应充分发挥社会监督的作用。这就要求住房保障运行的每一个环节都应该公开透明，最终结果应当以各种方式向社会公布。

当然，不同的地区其保障性住房所面临的具体问题也会有所不同，因而各地政府所采取的应对政策也应存在差异。但改革住房保障制度目的都是为了加快建设保障性安居工程，不断完善住房保障体系，从而改变房地产市场的整体格局，实现保障性住房与商品房的双轨供应。采用符合国情的、切实可行的保障性住房措施，不仅在扩大内需、改善民生方面起着重大的作用，而且将有助于各个地区保持经济稳定、较快地发展，对我国构建和谐社会具有极其重要的意义。

[①] 《深圳市保障性住房建设标准（试行）》（深建字〔2012〕189 号）。

第十二章　社会互助制度

社会互助是由社会团体和社会成员自愿组织和参与的一种扶弱济困活动，是人类社会赖以生存的最基本的观念和行为之一。社会互助是基本社会保障如社会保险、社会救助和社会福利的重要补充。对中国而言，人口众多，地区发展不平衡，加之社会成员贫富分化加剧，在国家的财力有限的情况下，任何完美的基本社会保障均不能满足社会成员的所有保障，这就决定了在建立社会保障制度过程中，仍需互助保障的补充与配合。一般来说，基本社会保障虽然也提供相关服务，但主要在经济保障上，而社会互助特别是社区服务主要体现在服务保障和精神慰藉上。这是任何正规的社会保障内容都无法替代的。

第一节　社会互助概述

其实，人们从原始社会开始就过着群体生活，有福同享，有难同当。之后，人类社会的共同利益，使人与人之间构成了以积极的互动关系为经纬的社会支持网络。可以说，各个历史时期民间互助组织及其互助活动，在政府介入之前一直承担着社会保障的功能。

一、社会互助的内涵

社会互助，是指在政府鼓励和支持下，社会团体和社会成员自愿组织和参与的扶弱济困活动。表现为个人与社会组织或家庭之外其他社会成员之间，从社会整体利益出发，与社会保障相关的、积极的互动关系。

（一）社会互助的特点

社会互助具有自愿和非营利的特征，其资金主要来源于社会捐赠和成员自愿交费，政府往往从税收等方面给予支持。它具有以下三个特点。

（1）群体的认同性。社会互助行为的产生源于人群之间的相互依存需要，源于每一个社会成员在长期的社会生活中约定俗成、信奉和遵守的行为规范和价值准则。只有这样，人类社会才具有凝聚力，才能成为一个整体。

（2）利益的一致性。为了维护整体的利益，每一个社会成员不可以为所欲为，而必须学会妥协，学会让步，学会约束，克制自己的欲望。约定俗成的结果，就产生了社会成员都必须信奉和遵守的行为规范和价值准则，从而使人类社会有了凝聚力，成为一个最具生命力的整体。[①]

（3）无私的利他性。社会互助有两个层次：一是从人类最为朴素的情感出发纯粹的相互支持，二是从功利主义出发的相互依存。从人类社会的发展历史看，第一层次的社会互助是贯穿始终的，只要有人类社会，就有这种支持；第二层次的社会互助从阶级出现后就出现了，甚至成为国家的一个重要职责。这也是现代社会保障制度建立的基本立足点。

（二）社会互助的层次

现代社会，社会互助的两个层次交织在一起，成为建立社会保障制度的基本立足点。由这两个层次散发开去，出现了社会互助的以下四个方面。

（1）个人为社区服务。个人为社区服务是每一个公民应尽的社会责任和义务。这种社区服务，在绝大多数国家都是以个人志愿为基础的。在中国，个人为社区服务表现为两种形式，一是社区居民不定期地参与保护社区环境的清洁卫生工作和其他社区公益活动；二是社区志愿者的定期社区服务。

（2）人际相互服务。人际相互服务是个人为社区服务的自然延伸。每个人既是服务的主体，又是服务的对象；既向别人提供服务，又接受他人提供的服务。人们开展相互服务是社会互助服务提出的初衷，实际上是一种社会交换行为。从性质上来说，它也是一种民间行为，能够起到上为政府分忧、下为百姓解愁的作用。

（3）社区和企业相互服务。从性质上来说，它是人际相互服务的扩大。尽管它仍然是一种民间性质的社区服务，但从实践层面上，服务的主体和对象由个人扩展到单位和整个社区。因为介入"街企共建"的单位大多数是机关、学校、部队和国有大中型企业，这就使"街企"双向服务带有某种官方的性质，它是一种准政府行为。

（4）社区为居民服务。社区为居民服务是社区服务的最初宗旨。这一层次社区服务的最新发展是社会互助网络的建立，像"求助电话"、"求助门铃"、"街企共建"和志愿者组织等，这种社会资源的调动和组织是其最成功之处。在中国，由于社区不是一个独立的行政实体，亦无强大的经济实力，所以在这个层次上的服务尚不尽如人意。

（三）社会互助的作用

从严格意义上说，社会互助虽然很难独立承担社会保障的功能，但是它在解决社会成员的具体生活困难、方便人们生活方面却具有不可替代的作用，成为政府之外社会保障制度的重要补充。

（1）人们通过建立社会互助彰显爱心。社会互助的观念，在社会发展中可以起到黏合剂的作用。社会互助通过促使社会成员采取多种形式济贫帮困，彰显人类爱心，有利于公民道德素质的提高，有利于传统伦理道德的继承发展，有利于国家统一、民族团结、社会进步，最终形成良好的社会风气和文明的社会风尚。

---

①百度百科·社会互助，来源：www.baike.baidu.com/2010-6-12。

（2）社会互助可以扶持社会弱势群体。在社会结构急剧转型、快速发展的条件下，每个社会都会有一部分不适应这种变化的社会成员在社会利益的新分配格局中被弱势化。建立社会互助网络、构筑弱势群体社会支持平台，可以为弱势群体成员提供直接服务与帮助，为其提供人、财、物和知识、技能、场地、设施等多方面的直接支援。

（3）社会互助是社会保障体系的重要补充。随着社会结构的急剧转型，各个国家的社会保障问题都日渐突出。建立全方位、多层次的社会互助网络，是关系到经济社会全面发展的一项战略措施。而在政府鼓励和支持下的社会互助作为一种民间行为，是社会保险和社会救助制度的重要补充。

二、社会互助的主体

随着现代化进程及市场经济的推进，社会分化与整合程度不断提高。与之相适应，社会中间层在社会中所起的作用越来越大，他们对社会弱者的支持力度也越来越明显。这些构成社会中间层的群体，就是社会互助的主体——社会组织。

（一）社会组织

人们共同活动的群体形式，最初是以血缘关系为纽带的血缘家庭和家族及稍后出现的以地缘关系为纽带的村社等。随着社会分工的发展、阶级的出现，人们之间的社会关系以及人们的社会活动日趋复杂，社会组织适应社会及社会成员的需要逐渐形成并发挥作用。进入工业社会以后，社会生活和社会关系越来越复杂，初级社会群体在很多方面已无法适应社会发展和社会活动的需要。因此，完成特定目标和承担特定功能的社会组织的大发展就成为近代社会发展的必然趋势。

现代社会组织的概念有广义、狭义之分。广义的社会组织，是人们从事共同活动的所有群体形式，包括氏族、家庭、秘密团体、政府、军队和学校等。狭义的社会组织，是为了实现特定的目标而有意识地组合起来的社会群体，如企业、政府、学校、医院、社会团体等，只是指人类的组织形式中的一部分。本书关注的社会组织取狭义的内涵。

在现代社会，人们无论从生理上还是智力上，都无法以个人的形式满足自己的需要，只能以群体的形式来加强满足需要的能力。建立在社会分工基础上的专业化组织，将具有不同能力的人聚合在一起，以特定的目标和明确的规范协调人的活动和能力，从而更有效地满足人们的多种需要。大小不同、功能各异的社会组织，构成了现代社会的主要基础。

（二）社会组织的特征

社会组织是指联结政府与社会组织及个人的社团，即具有某些共同特征的人相聚而成的互益组织，具有非营利和民间化的基本组织特征。社会组织的主要特征是：

（1）有特定的目标。组织目标一般是明确的、具体的，表明某一组织的性质与功能，人们围绕某一特定的目标才形成从事共同活动的社会组织。组织目标是组织活动的灵魂。

它可以是单一的，也可以是具有内在联系的目标体系。

（2）有一定量的成员。社会组织是由至少两个或两个以上的人组成的系统。组织成员是相对固定的，成员明确地意识到自己属于某一组织；社会组织如无固定的成员就失去了自身存在的实体基础。进入或退出一个组织必须按照一定的程序进行，特别是组织成员资格的取得，一般都要经过组织的考核与审查。

（3）有制度化的结构。为了实现特定的目标并提高活动效益，一般都具有根据功能和分工而制度化的职位分层与部门分工结构。只有通过不同职位的权力结构体系，协调各个职能部门或个人的活动，才能顺利开展组织活动并达到组织目标。

（4）有统一的行为规范。组织的行动规范一般是以章程的形式出现，并作为组织成员进行活动的依据。这些规范是每个成员必须遵守的，它通过辅助的奖惩制度制约组织成员的活动，并维护组织活动的统一性。

（三）社会组织的功能

任何一个社会组织都有其在一定时间和空间内要争取实现的目的，或者说社会组织必然会通过自身努力去完成组织的总体使命，表现自己存在的价值。

（1）整合力量。指调整对象中不同构成要素之间的关系，使之达到有序化、统一化、整体化的过程。通过组织整合，一方面可以使组织成员的活动由无序状态变为有序状态；另一方面，又可以把分散的个体粘合为一个新的强大的集体，把有限的个体力量变为强大的集体合力。

（2）协调步骤。指组织的各职能部门、人员都要服从组织的统一要求。由于现实中的人们都有各自的目标、需要、利益等，也有实现或满足自己需要的方式和程度，因此组织成员之间或组织的各职能部门之间必然存在一些矛盾和冲突。这就需要组织充分发挥协调功能，调节和化解各种冲突和矛盾，以保持组织成员的密切合作。

（3）维护权利。指组织维护组织利益的功能。社会组织是基于一定的利益需要而产生的，组织利益与个人利益息息相关，不同的组织是人们利益分化的结果。维护组织利益功能的有效发挥，能充分调动组织成员的积极性、主动性和创造性，提高组织的凝聚力，增强组织成员的向心力，从而顺利高效地实现组织目标。

（4）统一方向。组织目标的实现要依靠组织成员的统一力量，而这种统一力量的形成，需要组织整合和协调功能的发挥作为基础，以维护利益为动力，才能使组织达标功能充分发挥。当组织发展方向确定以后，为了实现目标，组织才会以适当的组织结构为基础运行。

三、社会互助的形式

社会互助可以分为提供资金的社会互助和提供服务的社会互助。社会互助的形式主要包括以下内容：群众团体有组织的群众性互助活动、民间公益事业团体组织的公益活动、城乡居民自发组成的各种形式的社区互助服务等。

（一）团体互助

国际上，由于各国在文化传统和语言习惯方面存在着不同，社会组织在不同的国家和地区有多种不同的称谓，如非政府组织、非营利组织、公民社会、第三部门或独立部门、志愿者组织、慈善组织、免税组织等等。这些叫法在内涵上区别不大，旨在与政府、企业相区别。社会组织具有非营利性、非政府性、独立性、志愿性、公益性等基本特征。

一般来说，社会互助的运作需要以下条件：

（1）依法成立。有两种成立方式：一种是依法不需要办理法人登记而又具备了法人应具备的条件的，这种社会团体从成立之日起，即具备了法人资格，如县以上各级工会组织。另一种是需要经核准登记后才能取得法人资格的，这种社会团体必须在经过核准登记后，才能取得法人资格，如各种协会、学会等。

（2）有必要的财产和经费。社会团体要开展活动，就要有相应的财产和经费。这种财产和经费可以是国家拨给的，也可以是其他组织或公民个人提供的，还可以是集资得来的。但不管来自何种途径，这些财产和经费应由社会团体独立支配使用，并能以之来承担民事责任，才符合法人资格的要求。

（3）有自己的名称、组织机构和场所。社会团体的性质不同，其名称也不同，组织机构和活动场所也不一样，但都有自己的名称，如××工会委员会、××协会等。如果社会团体没有自己的名称和组织机构，而只是附属于其上级单位或是某机构的一部分，就不具备法人资格。

（4）能够独立承担民事责任。社会团体还要独立承担民事责任才完全符合法人的条件，如果不能独立承担民事责任，就不具备法人资格，而必须由具有法人资格的上级单位或机关来承担民事责任。

最后，团队互助有两方面的表现：一是团队内部成员之间的互助，强调在团队内部一种积极的良性互动，通过团队内部的互助从而实现团队目标；二是团队间的互助，强调在团队与团队之间通过积极的良性互动弥补不足从而实现大集体的利益最大化。

（二）公益活动

公益，从字面意思来看，是公众的利益。公益活动是指一定的组织或个人向社会捐赠财物、时间、精力和知识等活动。社会组织开展公益活动的目的，一是彰显爱心，二是宣传自己。公益活动的对象和内容非常广泛，这里介绍几种常见的类型。

（1）福利慈善。指赞助社会福利和慈善事业，是社会组织通过出资参加社区市政建设，为各种需要社会照顾的人提供物质帮助和开展义务服务活动等。常见的赞助社会福利和慈善事业形式有赞助养老院、福利院、康复中心、公园、少年宫，或在一些地区或单位遭受灾难时提供资助，出资修建社区路面、健身场所，或赞助残疾人事业等。

（2）爱心传递。指整合公益资源，为组织、个人和企业搭建互动交流平台，提供个性化服务。公益互助平台是一个致力于整合公益资源，为组织、个人和企业搭建互动交流空间的公益产业平台。如，2008年5月四川汶川大地震之后，"公益中国爱心满世界"机构成立，举办了一场"庆六一大型晚会"，全国众多的影视明星和著名书画家都到场助兴。

（3）教育赞助。指社会组织赞助、支持发展教育事业。社会组织赞助教育事业不仅有利于教育事业的发展，而且有利于融洽社会组织与教育单位的关系。常见的赞助方式有：赞助学校的基本建设，如图书馆、实验楼建设，或为贫困地区建校办学、修缮校舍或场地；赞助学校专项经费，如设立科研基金和奖学金，赞助教学用品等。

（4）文化赞助。指社会组织出资对文化生活进行赞助。社会组织进行文化生活方面的赞助，不仅可以促进文化事业的发展，而且提高组织的知名度。文化赞助的方式：一是对文化活动的赞助，如对大型联欢晚会、文艺演出、影视节目制作提供赞助。二是对文化事业的赞助，如对科学与艺术研究、图书的出版和文化艺术团体等提供赞助。

（5）体育赞助。指社会组织出资对体育活动、竞技项目开展的赞助。体育活动拥有广泛的观众，往往也是新闻媒体报道的对象，对公众的吸引力比较大。因此，赞助体育活动，往往是社会组织公益活动的重要选择。常见的有赞助某一项体育运动、赞助某一次体育比赛和赞助体育设施的购置等多种方式。

（三）邻里互助

邻里是地缘相邻并构成互动关系的初级群体。住地毗连的人们，因为认同特定的一组角色，据此形成密切的互动关系，由此构成相对独立的小群体，即邻里。

位于社区服务内的邻里，一般具有相互支持和社会化的功能，有时还具有社会控制的功能。相互支持功能主要是指在一定区域内提供合理的相互保护和相互帮助，使邻里间有安全感和信任感，在生活中互通有无，共同解决生活难题等。社会化功能指邻里提供一套价值观与规范体系，并以此教化邻里中的居民和儿童。同时，邻里还为社区居民提供多方面的社会交往，是居民与外界社区交往的媒介。邻里的社会控制功能则通过有关活动与规范约束居民的行为，调整居民的关系，维持社区的一致性。在农村社区中，邻里的功能比城市更为人所重视，也更为完整。

俗话说得好，远亲不如近邻。邻里和谐，文明祥和，才可能让人人心情舒畅，人人有归属感、安全感，生活才能丰富多彩。目前在社会老龄化的形势下，邻里互助的作用十分重大。如邻里之间可以为社区内的孤寡老人、低保户和残疾人进行帮扶活动，可以弥补家庭成员有时"远水不解近渴"的不足。

当然，邻里互助与亲戚、朋友之间的互助有着显著差别。亲戚之间的互助，是基于社会的亲属制度和相互认同的传统规范。朋友之间的互助，依靠个人之间相互确认的契约或承诺。邻里之间的互助，首先是需要有住在左邻右舍的地缘条件，其次是基于地域性一致认同的文化规范。在农村的邻里互动，还带有一定的血缘关系。而今天随着工业化与都市化的发展，邻里的内涵、构成与互动、凝聚力等等都在发生着变化。例如，邻里人群可能关系不甚密切，而不住在近邻的人们，却可借助通讯与交通设施而加强联系。

第二节　互助保障的内容

社会互助保障是世界各国在政府的倡导和组织下，以单位与社会为依托，广泛发动社会各方面力量，积极开展扶贫济困、尊老爱幼、扶弱助残、邻里互助等多层次、多形式的互助活动的统称。在中国，主要表现为公益捐赠、慈善事业和社区服务三种形式。

一、公益捐赠

公益捐赠，是自然人、法人或者其他组织自愿无偿向依法成立的公益性社会团体和公益性非营利的事业单位捐赠财产，用于公益事业的行为。公益捐赠是带有公益性、救济性的捐赠，捐赠对象是教育、民政等公益事业和遭受自然灾害地区、贫困地区。

（一）公益事业

公益事业的概念有广义与狭义之分。广义的公益事业，指直接或间接地为经济活动、社会活动和居民生活服务的部门、企业及其设施。包括自来水生产供应系统、公共交通系统、电气热供应系统、卫生保健系统、文化教育系统、体育娱乐系统、邮电通讯系统、园林绿化系统等。

狭义的公益事业，指特定的救助灾害、救济贫困、扶助残疾人等困难的社会群体和个人的活动，教育、科学、文化、卫生、体育事业，环境保护、社会公共设施建设和促进社会发展和进步的其他社会公共和福利事业。

公益事业的实质是社会财富的再次分配。其特点在于：

（1）社会性。大部分公益事业主要依靠社会投资和建设项目，资金依靠国家财政解决，投资主要表现为社会效益和环境效益，为全体公民共享。

（2）无形性。公益事业所提供的产品大多是无形的服务，而不是有形的物质产品。

（3）福利性。公益事业所提供的产品带有很大成分的社会服务和社会福利性质。

（4）外在性。属于公益事业的部门和企业及其活动一般处在直接生产过程、个别经营活动和居民的日常生活之外，独立存在并运转。

（二）社会捐赠

社会捐赠是社会公众（或机构）为了公益事业、公共目的或其他特定目的，将其财产无偿、自愿捐献给其他个人或组织的行为。社会捐赠作为收入的"第三次分配"，对于组织调动社会资源、平衡协调分配关系、缓解贫富差距、促进社会公平和稳定具有积极意义。

（1）社会捐赠是自愿和无偿的，禁止强行摊派或者变相摊派，不得以捐赠为名从事营利性活动。

（2）社会捐赠的财产使用应当尊重捐赠人的意愿，符合公益目的，不得将捐赠财产挪作他用。

（3）社会捐赠应遵守法律、法规，不得违背社会公德，不得损害公共利益和其他公民的合法权益。

（4）公益性社会团体受赠的财产及其增值为社会公共财产，受国家法律保护，任何单位和个人不得侵占、挪用和损毁。

（三）捐赠和受赠

公益捐赠是出于人道主义的目的，捐赠或资助慈善事业的社会活动，所有自然人、法人或者其他组织都可以选择符合其捐赠意愿的公益性社会团体和公益性非营利的事业单位进行捐赠。

1.捐赠人与受赠人

捐赠人，是选择符合其捐赠意愿的公益性社会团体和公益性非营利的事业单位进行捐赠的自然人、法人或者其他组织。而其捐赠的财产应当是其有权处分的合法财产。

受赠人，是可以依法接受捐赠的公益性社会团体和公益性非营利的事业单位。

上述定义中的"公益性社会团体"，是指依法成立的，以发展公益事业为宗旨的基金会、慈善组织等社会团体；"公益性非营利的事业单位"是指依法成立的从事公益事业的不以营利为目的的教育机构、科学研究机构、医疗卫生机构、社会公共文化机构、社会公共体育机构和社会福利机构等。

公益性社会团体应当严格遵守国家的有关规定，按照合法、安全、有效的原则，积极实现捐赠财产的保值增值。公益性非营利的事业单位应当将受赠财产用于发展本单位的公益事业，不得挪作他用。

境外捐赠人捐赠的财产，由受赠人按照国家有关规定办理入境手续；捐赠实行许可证管理的物品，由受赠人按照国家有关规定办理许可证申领手续，海关凭许可证验放、监管。华侨向境内捐赠的，县级以上人民政府的侨务部门可以协助办理有关入境手续，为捐赠人实施捐赠项目提供帮助。

2.捐赠人的权利

捐赠人应依法履行捐赠协议，按照捐赠协议约定的期限和方式将捐赠财产转移给受赠人，并就捐赠财产的种类、质量、数量和用途等内容订立捐赠协议。

捐赠人享有以下权利：捐赠人有权决定捐赠的数量、用途和方式；捐赠人有权向受赠人查询捐赠财产的使用、管理情况，并提出意见和建议。对于捐赠人的查询，受赠人应当如实答复；捐赠人对于捐赠的公益事业工程项目可以留名纪念；捐赠人单独捐赠的工程项目或者主要由捐赠人出资兴建的工程项目，可以由捐赠人提出工程项目的名称；捐赠人（公司和其他企业）依法捐赠财产用于公益事业，依照法律、行政法规的规定享受企业所得税方面的优惠；捐赠人（自然人和个体工商户）依法捐赠财产用于公益事业，依照法律、行政法规的规定享受个人所得税方面的优惠。

境外捐赠人向公益性社会团体和公益性非营利的事业单位捐赠的用于公益事业的物资，依照法律、行政法规的规定减征或者免征进口关税和进口环节的增值税。

3.公益捐赠的条件

公益性捐赠是一种很高尚的行为，国家一般通过一定的法律、优惠政策予以鼓励。但这一条款的实施却是有一定条件的。公益性捐赠只有在满足这些条件的情况下才可能得到全额免税，否则便应全额或部分缴纳税款。公益捐赠一般有一定的条件限制。

（1）捐赠应该通过特定机构进行。纳税人只有通过境内的社会团体、国家机关进行的捐赠，才能够免税，而纳税人自行进行的捐赠，不能享受免税待遇。这里所说的社会团体，是如青少年发展基金会、减灾委员会、红十字会、残疾人联合会等公益性组织。

（2）捐赠必须针对特定的对象。捐赠的对象包括：向红十字会的捐款；向基金会的捐赠；对特定教育事业的捐赠；对某些特定文化事业的捐赠；向某些团体的捐款；对于风灾、火灾、震灾、水灾等的捐赠等等。不符合上述条件的为非公益性捐赠。

（3）捐赠有一定的限额规定。纳税人经过特定程序进行的公益性捐赠，除了外资企业可以全额扣除外，都有限额规定。我国现行《企业所得税法》第九条规定："企业发生的公益性捐赠支出，在年度利润总额 12%以内的部分，准予在计算应纳税所得额时扣除。"[①]年度利润总额，是指企业依照国家统一会计制度的规定计算的大于零的数额，所得款将捐给贫困地区。

还应该注意的是，捐赠一般免的是所得税。对于这些物资应缴纳的增值税，税法并没有规定予以免征。在中国，依据《增值税暂行条例实施细则》第四条第八款规定，"将资产、委托加工或购买的货物无偿捐赠他人，应视同销售货物行为"[②]。

二、慈善事业

慈善事业，人称为社会第三次分配的一种形式，是社会保障体系的必要和有益的补充。作为一项需要社会成员广泛参与的民营公益事业，慈善事业成为人类社会互助行为在现代社会的基本载体，并具有不可替代性。

（一）慈善事业的含义

慈善事业是建立在社会捐赠基础之上的民营性社会救助事业，它是一种有组织的群众性的互助活动，或者说它是指众多社会成员之间建立在自愿基础上所从事的一种无偿对不幸、无助人群的援助行为。

慈善事业区别于分散的慈善行为，是指建立在社会捐赠基础之上的民营社会救助事业，以民间公益组织为实施主体，为救助特定群体为服务对象。构成慈善事业的内涵包括：

（1）慈善事业是道德性事业。没有关爱之心，亦不会有无偿捐献的动机和热情。捐献

---

① 《企业所得税法》（中华人民共和国第十届全国人民代表大会第五次会议 2007 年 3 月 16 日通过）。

② 《增值税暂行条例实施细则》（财政部、国家税务总局令第 50 号，2008 年 12 月 18 日公布）。

是慈善事业的立身之本，没有捐献便没有慈善。

（2）慈善事业是民营性事业。现代社会，慈善事业必须是民营公益机构举办的，各国政府举办的社会保障事业不是慈善事业。

（3）慈善事业是社会性事业。个体的慈善活动或行为不能构成慈善事业，而只有社会性的慈善行为才真正构成慈善事业的主体。

（4）慈善事业是救助性事业。慈善事业的根本目的"是救助现实社会中的贫民、灾民、孤老残幼等脆弱社会成员，他们才是慈善事业的工作对象"[1]。

在参与慈善事业方式上，不只限捐钱一种方式，还有捐物和劳务等方式。同时，也不能简单地把慈善事业理解为救灾济贫，因为现代慈善事业所涉足的领域已扩展到文化教育、环境保护等许多公益领域。

（二）现代慈善事业的特点

现代慈善事业具有扶危济困、协调社会发展、润滑社会阶层关系的内在职能，它通过合法的社会组织，以社会捐助的方式把社会上人们的爱心捐献集中起来，再通过合法途径，把它用之于公益事业。

（1）慈善事业是慈善事业道德基础。慈善属于道德范畴，慈善事业的非强制性和慈善行为的自愿性，决定了社会成员的善爱之心对慈善事业的发展起着道德支配作用。善爱之心是在人与人之间的交互作用中产生和发展起来的。一个缺乏对弱者关爱的社会，不可能有真正意义上的慈善事业；一个缺乏善爱之心的社会成员，也不会真正无偿地向慈善机构或社会脆弱成员捐献。

（2）贫富差距是慈善事业的社会基础。任何社会都存在着不同程度的贫富差距现象。慈善事业的工作对象是那些由于各种原因而导致贫困的"脆弱群体"。共同贫穷的社会或时代不会产生慈善事业，因为社会成员都需要得到援助，而社会成员又都无能力来帮助他人。一个财富占有极其均等的社会不具备慈善事业发展的有利社会条件。只有存在贫富差距，才能既形成援助活动的供给和需求两方，形成"慈善市场"，进而很好地发展慈善事业。

（3）社会捐助是慈善事业的经济基础。慈善事业不会排斥政府的财政援助，但无社会捐献则无慈善事业，慈善事业生存与发展的经济基础只能是社会捐献，也就是说，社会各界尤其是社会成员的自愿捐献构成整个慈善事业生存与发展的经济基础，这是国内外慈善事业发展实践证明了的一条重要规律。这个经济基础不仅代表以资金为符号的经济价值，更重要的是道德价值和经济价值的混合，是传递社会中人与人之间"善性"的纽带。

（4）民营机构是慈善事业的组织基础。慈善事业由民间公益组织承担具体的组织实施工作，这是慈善事业区别于单个施舍行为和强制性社会保障事业或官方社会救助的重要特征，也是它作为一项社会性救助事业而不被纳入法定社会保障或官办社会救助体系的重要原因所在。慈善事业需要政府支持，但政府不能将慈善事业变成政府工作，原因就在于政

---

[1] 郑功成等：《中华慈善事业》，广东经济出版社 1999 年版，第 8～13 页。

府干预可能改变慈善事业的性质并背离捐献者的意愿，进而妨碍慈善事业的正常发展。

（5）捐赠意愿是慈善事业的实施基础，志愿服务是现代慈善事业的核心价值体现。现代慈善事业不仅是捐钱、捐物的事业，而且更为重要的是倡导人们奉献志愿服务的行动。慈善事业的经济基础是社会捐献，这就决定了慈善组织需要坚持以捐献者的意愿作为实施基础。捐献者有权指定所捐款物用于指定的慈善项目，而慈善组织有义务按捐献者的意愿进行组织实施。

（6）公民参与是慈善事业的发展基础。发达国家或地区的发展实践已经证明，当慈善行为仅仅是少数富人的事情时，慈善事业发展应有的社会氛围尚无法形成；只有社会成员普遍参与，才能形成一种有利的、自觉促进慈善事业发展的社会氛围，从而使慈善事业具有更加广泛、厚实的经济基础，最终使单个的慈善行为集约成一项宏伟的事业。在美国，65.5%的家庭参与社会捐献，70%的成年社会成员参与志愿者服务；在中国香港每年参与捐赠的人数达 200 多万人，占全香港人口总数的 40%左右；以义工形式参与慈善事业的人数近 200 万人。我国内地目前有 1000 万～1200 万志愿者，仅占人口总数的 8%。[①]

可见，与政府举办的以稳定社会为政治基础、以财政拨款或强制筹款为经济基础、以官营或公营机构为组织基础、以法律制度为实施基础的社会保障制度相比，慈善事业具有自己的明显特征。

（三）慈善事业与社会保障的关系

现代慈善事业是现代社会保障体系的一个有机组成部分，与政府举办的基本社会保障制度相比，慈善事业既是社会救助机制也是道德工程，两者的主要区别在于：

（1）工作对象不同。社会保障是国家和社会依法对社会成员的基本生活给予保障的制度。其主要对象是全体社会成员，重点是老年人、残疾人、贫困者、灾民、优抚对象等。慈善事业的工作对象是那些由于各种原因而导致贫困的社会脆弱群体和困难群众。

（2）资金来源不同。法定的社会保障以财政拨款或强制性筹款为经济基础，而慈善事业在资金来源上以社会捐献为主。

（3）组织机制不同。社会保障以官营或公营机构为组织基础，以法律制度为实施基础。慈善事业在组织机制上是民办或私营性质，是建立在自愿基础上的。

（4）目的、宗旨不同。社会保障是以稳定社会为政治基础，是一种强制性利益调节机制，与道德并无直接关系。慈善事业虽然具有社会保障的某些功能，但它在目标上却较法定社会保障制度多了一层弘扬助他与互助美德的宗旨，是一项道德工程。

由于慈善事业的道德性、自愿性和民营性，它在现代社会只能构成社会保障体系不可或缺的补充保障机制。一般而言，如果法定的社会保障制度完备、功能健全，慈善事业就相对萎缩；反之，慈善事业就有广阔的发展空间。不过，无论怎样，各国的经验表明，慈善事业的功能是法定的社会保障制度及其他补充保障机制所无法替代或完全替代的。

[①] 郑功成：《社会保障概论》，复旦大学出版社 2005 年版，第 359 页。

三、社区服务

社区服务是以社区为主体、以社会福利为主要内容的社会服务。社区服务在解决社区社会问题和居民生活困难方面有不可忽视的作用。社区服务是社会保障的重要组成部分。

（一）社区服务的含义

社区是相互有联系、有某些共同特征的人群共同居住的一定的区域。社区服务是社会互助保障的有效载体。

所谓社区服务，有广义和狭义之分。从广义上讲，是社区组织或社区成员实施的福利性项目。从狭义上讲，又称为"社区照顾"，是指发动社区成员，通过互助性的社会服务，就地解决本地的社会问题。广义上的社区服务内容，是指在社区内为人们的物质生活和精神生活所提供的各种社会福利和社会服务；狭义上的社区服务内容，是指社区的社会福利和便民利民的社会服务。

综合说来，社区服务是指在政府的倡导和扶持下，为提高社区居民生活质量，增进社区公共福利，以基层社区为主体、以社区成员的自助和互助为基础，动员各种社区资源开展的具有福利性质的社会服务。

社区服务是工业化、城市化、社会化大生产和社会分工专业化的产物。18世纪中叶英国工业革命后，欧洲工业国家为了应付当时工业发展带来的一系列社会问题，在社区内开展了一系列社会工作。对原有的社会福利制度和救济制度进行了改革，越来越多地注重调动社区自身和全社会相关方面的积极性，增进人们参与社区福利的主动性。于是，社区服务作为早期资本主义社会福利的一种形式开始出现。

一百多年的社区服务实践表明，社区服务不是仅由少数人参与的、为其他人提供服务的社会活动，它是以社区全体居民的参与为基础，以自助与互助相结合的社会公益活动。社区服务的开展，有利于扩大就业，解决社会问题，化解社会矛盾，促进社会和谐；有利于不断满足居民群众需求，提高人民生活质量，促进人的全面发展。

（二）社区服务的特点

社区服务是一项系统工程，是社会保障和社会服务体系中的组成部分。社区居民的需求纷繁复杂，社区的社会与经济发展水平不尽相同，由此决定了社区服务工作具有福利性、群众性、地缘性、社会性等特点。

（1）福利性。福利性是社区服务的根本特征，提高社区成员的生活质量、增进社区公共福利是开展社区服务的宗旨。社区内的"三无"人员、残疾人、优抚对象等是社区福利服务的重点对象，其中大量的服务是无偿的，对全体社区居民提供的有偿服务也不以赢利为目的，服务便利，收费标准较低，同样体现着公共福利和社会公平的原则。

（2）群众性。社区服务从本质上说是一种群众性的互助服务，首先，它不但需要发动和依靠群众参与，而且其组织形式大多采取社会团体主办或政府机构与民间机构相结合；

其次，在服务内容上，服务项目以社区居民社会生活需要为目标，福利性与服务性相结合，按社区群众的实际需要，合理布局，内容广泛，方式灵活。

（3）地缘性。地缘性的特点主要表现在：服务范围有一定的地域限定，是一种就近性、属地性服务；服务对象以辖区成员为主，具有相对稳定的服务关系；服务工作着眼于利用和开发本社区资源；服务内容的确立，服务方式的选择，都要根据社区情况而定，具有自主性、针对性和灵活性。

（4）社会性。虽然社区服务表现出明显的地缘性特点，但是，它仍然具有很强的社会性色彩。无论是从服务的倡导者、扶持者、提供者和组织者来看还是从其服务手段来看，往往都超出了社区的范围而具有社会化的特点。特别是在当代社区融入社会的背景下，社区服务往往和更广泛的资源、文化和政治形势有关，和社会各界，包括政府、社团、中介组织、企事业单位有着密切的关系。

（三）社区服务与社会保障的联系

社会保障有两种形式：一是自上而下，以政府为主体，直接向居民提供服务，称为政府服务；二是把服务重心放在基层，政府予以必要的指导和适当的资助，由社区组织居民进行自我服务。这第二种形式即为社区服务。社区服务的兴起，使服务保障的内在结构和外在关系发生变化，使服务对象、服务工作突破了原有范围，使社会保障的内容更为丰富。

社区服务是社会保障的重要载体，它与其他的社会保障项目相比，差别也很大。

（1）对象不同。社会保障的对象包括全体社会成员，依靠统一的社会保障政策、法规，覆盖全部保障对象。社区服务的对象不仅是居住在该社区的全体居民，也包含部分特殊的优抚对象和弱势群体。因此，社区服务的对象是由该社区共同的生活环境、风俗文化、集体行动整合在一起的群体。

（2）资金来源不同。社会保障的资金主要来自于企业及个人缴纳的各种社会保障税费，通过财政支出发送；社区服务除政府财政拨款外，可以发掘和利用自己独特的社区资源，增加供给。

（3）目的不同。社会保障的目的是为了保障社会成员的基本生活权利和需求，在宏观上降低和消除市场失灵所产生的社会风险与不稳定因素，促进国民经济的持续发展和社会的全面进步。社区服务则是在微观上为社区居民的基本生活权利等提供安全保护，以确保居民不因暂时的生活困境或永久性的困难而陷入孤立无援的境地，维护社会秩序与稳定。

第三节　我国的社会互助制度

目前，我国正处于社会发展的战略机遇期，但也是我国社会矛盾问题的凸显期，贫富差距逐渐扩大，凭借社会第一、二次分配形式还不能在短时间解决社会公平的问题，因此，发挥社会互助保障的作用也就显得十分必要。

一、我国社会互助的现状

在我国，社会互助是指在政府的鼓励和支持下，由社会团体和社会成员自愿组织和参与的扶弱济困活动。既包括为受助者提供资金的捐赠、义演义赛义卖活动，还包括为受助者提供服务的邻里互助、团体互助和慈善事业等社会活动。

（一）我国公益捐赠的状况

1988 年，国务院颁布的《基金会管理办法》是我国第一部关于基金会的立法，第一次通过行政法规的形式明确了基金会的法律性质和法律地位。1999 年 6 月 28 日，为了鼓励捐赠，规范捐赠和受赠行为，第九届全国人大常务委员会又通过《公益事业捐赠法》。2006年 1 月，建立了国家减灾委员会，之后又出台了《国家自然灾害救助应急预案》（2011）、《救灾捐赠管理办法》（2007）等。

目前，我国已有不少公益组织不断萌芽和发展起来，在自然环保、健康、教育扶贫、残疾助老、妇女儿童、法律援助等方面发挥着重大作用。如，全国性社会团体有近 2000 个，其中使用行政编制或事业编制，由国家财政拨款的社会团体约 200 个。在这约 200 个社会团体中，全国总工会、共青团、全国妇联的政治地位最高。[①]还有中国文联、中国科协、全国侨联、中国作协、中国残联、宋庆龄基金会、中国红十字总会、欧美同学会等 16 个社会团体的地位也比较特殊。其中，工会、残联、基金会、红十字总会等机构参与社会互助的功能十分突出，承担着组织公益捐赠的主要工作。

（1）国内捐赠。当一个社会成员或社会群体急需资金或物资而不能从正式的社会保障渠道得到或能从正式的社会保障渠道得到但仍不敷使用时，其他社会成员出于同情而自发地向其馈赠资金或物资，或者是某个社会组织（单位、社区、社团）出资或出面组织群众向其馈赠资金或物资，这种行为或活动就是社会捐赠。在中国，1999 年 6 月 28 日，九届人大十次会议通过了《中华人民共和国公益事业捐赠法》，鼓励自然人、法人或者其他组织对公益事业进行捐赠，规定社会公益事业是包括救助灾害、救济贫困、扶助残疾人等困难的社会群体和个人的捐赠事项。

（2）海外捐赠。海外捐赠是指国外的个人（主要是华侨）或组织（主要是国际组织或华侨组织）出于人道主义或家乡感情向国内某个人、团体或项目馈赠的与社会保障有关的资金或物资的行为或活动。海外侨胞素来情系祖国，乐善好施。据不完全统计，从新中国成立以来，海外侨胞、港澳同胞对我国公益事业的捐赠达 500 多亿元人民币，为促进我国教育、科学、文化、卫生以及其他社会公共事业和福利事业的发展，推进社会的进步，发挥了重要的积极作用。改革开放以来，这种传统得到了发扬光大。海外捐赠在广东、福建等侨乡地区极为普遍，甚至有的县、市的社会事业建设方方面面基本上都有华侨的捐款。

（3）基金募集。募集，是指为某项事业筹集人力或物力。募集分定向筹集和社会募集，

---

① 《社会团体：2007 中国事实与数据》，来源：中国网，2011-03-12。

前者是向少数特定对象的筹集方式。后者是向社会公开募集，没有特定的筹集对象。即由国内或国外的某个社会组织（单位、社区、社团）出面，为事先设定的某些与社会保障相关的目标而拨出专款或专门筹集资金，也可以再吸收社会上的个人和团体的捐款，从而形成一笔基金，用于解决与社会保障相关的问题。如"希望工程"就是一个互助基金的典型。此外，互助基金的筹集还有由国内或国外的某个社会组织（单位、社区、社团）出面组织或由从事文艺、体育或商务等的团体或个人自行组织的、其所得全部或大部用于社会保障目的的文艺演出、体育比赛或商业活动等义演义赛义卖的形式。

据《中国慈善事业发展指导纲要》披露，"十一五"时期，我国社会捐赠数额大幅上升。2006年，社会捐赠总额首次突破100亿元，以后逐年上升，对困难群体的帮扶力度不断加大。2008年，南方部分地区严重低温，雨雪冰冻灾害及汶川特大地震引发捐赠热潮，社会捐赠总额突破1000亿元，创历史之最，有力支援了抗震救灾和灾后恢复重建工作。[1]

（二）我国慈善事业的状况

21世纪以来，我国的慈善事业蓬勃发展，近年来各级政府不断加大对慈善事业发展的指导扶持力度，使我国慈善事业快速发展，取得了帮扶困难群众、支持社会发展的显著成绩。"慈善组织体系进一步发展，服务能力进一步提升，发展环境进一步改善，社会公众的慈善意识不断增强，中国特色慈善事业发展格局初步形成。"[2]

（1）加强了慈善事业法规政策建设。《公益事业捐赠法》得到有效贯彻，《慈善事业法（草案）》经过多次论证，已纳入国家立法规划；志愿服务立法工作已经启动，17个省（自治区、直辖市）和7个副省级城市颁布实施了志愿服务条例或办法；2014年12月18日，国务院出台了《关于促进慈善事业健康发展的指导意见》，围绕扶贫济困、衔接社会救助工作确立了慈善事业发展的总体要求。[3]

（2）公益慈善组织快速发展。截至2010年底，在民政部门依法登记的各类社会组织数量由2005年底的31万个增加到44万个，其中基金会数量从975个增加到2200个，许多社会组织将慈善作为服务宗旨。全国已建立3.1万个经常性社会捐助工作站（点）和慈善超市，初步形成了多种类型、分工协作的社会捐赠网络。公益慈善组织已成为吸纳就业、服务社会的重要平台。

（3）志愿服务活动广泛开展。志愿服务组织大量涌现，志愿者队伍不断壮大。上百万志愿者参加了北京奥运会、上海世博会、广州亚运会等重大活动的服务工作，众多志愿者埋头奉献在汶川特大地震、玉树特大地震、舟曲特大山洪泥石流等抗灾救灾一线，以实际行动向世人展示了志愿者的良好风貌。

（4）慈善理论研究与宣传普及工作进一步加强。开展了对慈善事业地位、作用、发展

①民政部：《中国慈善事业发展指导纲要（2011—2015年）》，来源：民政部网，2011-07-15。
②民政部：《中国慈善事业发展指导纲要（2011—2015年）》，来源：民政部网，2011-07-15。
③何源：《关于促进慈善事业健康发展的指导意见发布》，来源：中国广播网，2014-12-19。

规律、推进措施等重大问题的研究，形成了专门的慈善研究机构和研究队伍。表彰和宣传了大批"中华慈善奖"获得者和先进慈善人物，促进了慈善文化的普及。各地创建了形式多样的慈善日、慈善活动周等平台，举办了大量慈善活动，加大慈善宣传力度，扩大了慈善的社会影响与人们的参与度。

（5）慈善事业服务和管理机制进一步完善。2008 年根据国务院规定，民政部成立了社会福利和慈善事业促进司，各省（自治区、直辖市）及部分基层民政部门增设或明确了促进慈善事业发展的职能机构。各地采取公益慈善组织在民政部门直接登记、建设公益慈善组织孵化器、推进公益慈善组织信息公开、开展政府购买服务、加强资金支持和项目扶持、创新慈善募捐载体等多种方式，加强了对慈善事业发展的支持与管理。

（三）我国社区服务的状况

我国的社区服务业，是在改革开放中发展起来的新兴社会服务业，是在政府倡导下，为满足社会成员多种需求，以街道、镇和居委会的社区组织为依托，具有社会福利性的居民服务业，是社会保障体系和社会化服务体系中的一个重要行业。

1989 年 12 月 26 日，全国人大通过的《城市居民委员会组织法》第一次将"社区服务"的概念以法律条文的形式固定下来。1993 年 8 月 27 日，民政部等十四部委联合发布了《关于加快发展社区服务业的意见》，对社区服务业的任务、社区服务业的统筹规划、社区服务业的扶持、社区服务业发展资金筹措、社区服务价格体系的建立、社区服务业的管理等问题作了原则性规定，具有重要的引导、指导作用。

从 1987 年民政部倡导兴办社区服务业以来，社区服务在全国大中城市已初具规模。经过二十多年发展，已经基本形成了"面向老年人、残疾人、优抚对象等提供福利服务；面向社区居民提供公益性的便民利民服务；面向社区企事业单位和机关团体开展双向服务"的三大服务体系，从而奠定了我国社区服务项目的基本框架。

（1）在社会福利服务方面，主要有针对老年人在衣、食、住、行、医、学、乐等方面的特殊需求而开办的服务，针对残疾人的康复服务，针对社会优抚对象的社区服务，针对社区内孤寡老人、无经济来源的贫困户及下岗工人就业困难而提供的扶助服务，以及学龄前儿童以及小学生的学龄前教育和课外活动服务等。

（2）在便民利民服务方面，采取无偿、低偿、有偿的形式，开展不以赢利为目的生活服务。主要有：在区、街、居民社区服务站设立"便民热线电话"，并建立与之相适应的服务支撑体系，使服务需求者"一拨即通，一呼即到"；利用科技手段，整合社区资源，建立社区服务信息网络系统；提供老人饭桌、电器修理、婚姻介绍、绿化养护、服装裁剪、换房中介、殡葬料理等生活服务。

（3）在社区卫生服务方面，"实施区域卫生规划，统筹利用社区卫生服务资源；突出社会效益，强化社区公共卫生服务功能；坚持以人为本、健康为中心，提高社区卫生服务能力"[1]。构建以社区卫生服务为基础的新型医疗卫生服务体系，形成了"小病在社区，大病到医院，康复回社区"的医疗卫生服务格局。

二、我国社会互助面临的挑战

在我国的社会保障体系当中，社会互助作为非正式的社会支持网络，其发展主要在于一个民族的凝聚力大小和民族的文化取向的高低。因此，对于社会互助的发展不仅需要国家的宣传与教育，更需要我们每一个人的努力。

（一）我国公益捐赠存在的问题

近年来，在我国各级政府的支持和社会各界的关心下，我国社会捐赠工作已经取得了较大发展。但是，由于我国社会捐赠事业起点较低，起步较晚，仍然存在诸如捐赠的总量与人均捐赠数量仍相对较少、社会捐赠运作规范、社会捐赠款物发挥效用不佳等问题。

（1）社会捐赠的发起存在一定的随意性。在我国，由于慈善组织数量众多，而捐赠资源相对稀少，面向公众直接劝募的成本大、风险高，众多慈善组织都将目光瞄准了企业或少数慈善家。而我国现行的《公益事业捐赠法》覆盖面较小、可操作性不强，对规范捐赠行为和劝募行为所起的实际作用并不大。如，谁是社会捐赠的主管部门？在什么情况下有资格发起募捐？目前，众多慈善组织为了生存，或直接向企业或慈善家化缘，或通过政府间接施压，各种劝募纷纷抢滩登陆，劝募手段无所不用其极，不分时机，不讲条件，不考虑承受能力，甚至直接干扰企业正常经营，企业疲于应付。

（2）社会捐赠钱物的运作不够透明。[2]在社会捐赠中，捐赠人最为关心的问题是捐赠款物有没有及时送达受助人。捐赠人的愿望能否得到实现，募捐机构(发起人)能否规范、透明运作尤为重要。当前，有的募捐机构(发起人)因为管理上存在漏洞，缺少必要的行业自律，缺乏有效的监督机制，致使其公信力遭到社会质疑。有的募捐机构(发起人)工作不够透明，造成监督主体与被监督主体之间的信息不对称，致使捐赠者与受助人无法获得必要的知情权，社会也无法对捐赠款物的使用情况进行有效的监督。由于以上原因，已经出现不少募捐机构（发起人）挪用、侵占、克扣捐赠款物的现象，近几年频频见诸报端"善款未善用"的新闻，说明公众的担忧并非"杞人忧天"。

（3）普通民众的捐赠资源有待挖掘。提及社会捐赠，大多数人都把目光投向富人，或认为与普通民众的关系不大。如近年来，"虽然我国慈善捐赠水平不断提高，但与美国这样的发达国家相比，仍有很大的差距。根据《美国慈善（2008）》的统计，2007 年美国民间慈善捐赠总额为 3064 亿美元，占到美国国内生产总值的 2.2%，而同期中国慈善捐赠总额为 223.16 亿元（折合约为 30.53 亿美元），仅占 GDP 的 0.09%。即使考虑经济发展水平的

---

① 北京市人民政府：《关于统筹城乡卫生事业发展，进一步加强社区卫生服务工作的意见》（京政发〔2005〕24 号）。

② 林守钦：《浅议社会捐赠存在的问题与对策》，载《中国民政》，2008 年第 11 期。

差异，美国慈善捐赠也是中国的 24 倍。从人均水平来看，美国人均捐赠为 1024 美元，而中国仅为 2.35 美元，美国是中国的 436 倍"[1]。

（4）公益机构自身的管理与运作存在缺陷。目前，我国社会慈善组织大多规模较小，资源有限，无法形成竞争优势。加之，我国社会公益机构透明度不够、公信力不足，降低了捐赠者的意愿。专业性较差、服务内容单一、效率低下，影响慈善捐赠的效果。由于慈善组织自身发展程度不高，机制不够公开和透明，企业对慈善资源的使用没有知情权和必要的监督权，而且相关的内外监督制度尚未建立，无论是官方还是民间慈善组织，公信力都普遍不足。在 2008 年的抗震救灾中，中国红十字会、中国青少年发展基金会等机构都曾被社会质疑。由于信息不对称，慈善组织公信力又不足，捐赠者在与这类组织合作时，不得不加大管理控制力度和成本。

（二）我国慈善事业发展中的问题

改革开放以来，我国的慈善事业有了大发展，一些非营利性的公益慈善机构相继成立，在一定程度上填补了国内相关领域的空白。但是，由于长期以来慈善观念落后、慈善事业起步较晚和运作机制不健全，我国的慈善公益事业存在不足就在所难免。

（1）慈善公益机构发展缓慢。我国慈善市场发育不够成熟，慈善组织数量有限，降低了捐赠者的选择自由度。而在西方国家，社会福利性组织的社会地位在各类社团中位居前列，对社会弱者的救助工作很大程度上都由福利社团承担。但在我国，这种比较典型的社会福利团体，如慈善性组织只是刚刚出现，运作机制不健全，加之行政色彩浓厚，缺乏公信力，专业社团支持社会弱者的功能与西方国家相比还较弱。

（2）慈善机构募捐能力还较弱。相对于发达国家的慈善事业，我国社会的慈善机构的募捐能力还比较弱，动员社会资源的能力较差，慈善捐赠水平较低。在我国，慈善机构自身的管理与运作方面存在缺陷，大量的慈善组织为了生存，利用现有的监管漏洞，向企业和慈善家大肆劝募，干扰了捐赠者的正常生活。另外，现有的慈善机构普遍存在着从业人员专业性不强、内部分工不合理等问题，严重影响着我国慈善事业的募捐能力。

（3）社会成员的慈善观念十分薄弱。中国社会长期以来没有西方福利国家的传统，慈善意识普及率低，慈善活动开展不多，慈善事业宣传力度不够，使得慈善组织、慈善理念和慈善行动没有深入人心。据了解，许多公民误认为慈善事业属于政府的救济行为，绝大部分参加过捐款捐物活动的公民，主要是通过工作单位、学校、居住街道被动捐赠，经常主动捐赠的人很少。

（4）财政政策作用尚未得到发挥。在中国，目前只有极少数慈善机构获得了政府的特别许可，有权开出可以得到政府财政部门认可的捐赠证明，因此捐赠者的选择范围非常狭小。这种慈善事业领域中的垄断，加大了中国慈善事业发展的成本。更严重的是，维持垄断格局，必然使慈善事业依附于政府，无法变成真正的社会活动，也无法吸引具有企业家

---

① 《中国企业慈善捐赠》，来源：中国网，2009-12-27。

精神和公益精神的人士进入慈善领域，从而使慈善组织无法发育成熟，不能实现专业化。

（5）相关法律、法规滞后。20世纪90年代以来，我国虽然制定了《中华人民共和国公益事业捐赠法》，颁布了《社会团体登记管理条例》、《基金会管理条例》等涉及慈善事业捐赠和税收、所得税与社团管理的法律和条例。同时，国务院发布的有关通知和财政、税务、海关、民政的部门规章，也从不同角度对慈善事业进行了规范，但现行的法律法规尚不足以规范、保护和促进慈善事业的发展。但是，政府部门的强力监管又限制了慈善市场的竞争，强化了官办慈善组织的垄断地位，在综合考虑成本和收益后，经济合算、效果上佳的慈善组织少之又少。

（三）我国社区服务存在的问题

发展社区服务，是我国全面建设和谐社会的必然要求。然而，由于我国社区服务还处于初级阶段，加之定位模糊，致使在社区服务体系建设中还存在着行政化、市场化倾向以及专业化程度低、居民参与率不高的问题。

（1）社区服务的定位模糊。虽然早在1992年，我国政府就颁布了《关于加快发展第三产业的决定》，提出了"社区服务业"的概念，并明确了社区服务的产业属性。1993年，民政部等13个部委也颁布了《关于加快发展社区服务业的意见》，明确了社区服务"是在政府倡导下，为满足社会成员多种需求，以街道、镇、居委会和社区组织为依托、具有社会福利性的居民服务业"。但是，在社区服务的具体实践中，人们对社区服务概念的认识仍存在着不少分歧，主要表现在：社区服务究竟是福利性的社会事业还是经营性的社会产业？社区服务要不要走产业化道路？社区服务究竟是以弱势群体为主要服务对象，还是以社区全体居民为主要服务对象？

（2）行政化倾向与社区自治的矛盾。目前，我国的社区建设是在城市政府的统一领导下自上而下通过"放权"的方式逐级推进的，最后落实在街道和居委会。社区管理基本上是由街道、居委会组织实施，这是我国城市社区建设的重要特征。但是，从社区的本质特征看，社区管理的发展趋势应该是"依法自治"，即按照"自立、自治、自律"的原则和思想实现"自我管理"。因而，目前我国社区服务的行政化倾向过重与社区自治发展不完善之间的矛盾十分突出。社区服务的行政化倾向具体表现在社区服务组织体系的构成、社区服务的开办和管理等方面。不论从横向联系还是纵向联系看，政府都位于社区服务体系的中心，发挥着主导作用，它与社区服务组织的关系实际上是领导与被领导的关系。

（3）市场化倾向。经过十多年的发展，中国的社区服务业已经由最初的为社会特困群体提供社会救助和福利服务，转向同时面向社区居民提供便民利民服务、面向社区单位提供社会化服务、面向下岗职工提供再就业服务和社会保障社会化服务等等。服务项目由过去的十几项到现在的数百项，反映了居民物质与精神需要的方方面面。但是，在进行社区服务运作、满足居民需要的过程中出现了市场化倾向，把社区服务当作营利性行业对待。社区服务的双重属性使它在实际操作中，特别是在目前社区服务资金来源不稳定、资源分配不足的情况下，很难做到不偏不倚，兼而顾之。

（4）社区工作者待遇偏低。社区干部是政府履行职能最基层的工作人员，是与老百姓零距离的服务者。多年来，社区工作者为我国的经济发展、社会和谐付出了艰辛的劳动，但他们却处于责大权小、收入偏低、社会地位不高的困境。"上面千条线，下面一根针"，各种任务一项接一项，卫生创建、安全生产、社会维稳、计生服务、养老服务、流动人口管理，再加上像人口普查、流行病防治等非常规性任务，每一项工作都责任重大，需要通过考核。把大量行政性事务推到社区解决，使居委会工作行政化，而真正需要为老百姓服务的事情却没有多少精力去做了。这种尴尬的社会地位，又直接影响了我国社区服务专业化、职业化建设水平，社区服务人员的整体素质与社会发展要求不相适应。

（5）社区服务的水平和居民参与率不高。居民参与是社区发展的主要力量，也是社区建设的目标和本质所在。目前，我国社区服务参与者和从业者主要是家庭妇女、离退休老人以及下岗失业人员，他们大都没有接受过比较系统和专业的社区服务工作的相关培训，其服务水平和质量偏低，制约了社区服务的发展。而社区居民对社区服务的积极性普遍不高，甚至逃避参与社区公共事务。这种态度不但使城乡社区的各种服务项目难以推进，也给社区的长远发展带来不利影响。另外，由于投入渠道比较单一，资金来源不稳定，社区服务项目都是以无偿或者低偿服务为主。自我发展能力差，直接造成了社区服务的设施供应力不足，服务规模小，无法满足社区居民日益丰富的社会文化生活。

三、完善我国社会互助保障的建议

社会互助不能只存在于自然灾害事件之中，而应该存在于平素的社会生活中。社区互助服务是新时期社会保障体系的一个重要组成部分，必须动员全社会力量广泛参与。

（一）引导社会捐赠活动向经常化、制度化发展

在我国，由于现有的社会捐赠制度不完善、捐赠资金的用途不透明、公益组织自律机制不健全，影响了企业和企业家捐赠的积极性和主动性。为此，建议各级政府大力引导社会捐赠活动向经常化、制度化发展。

（1）提高人们对社会捐助的认识水平。我们应广泛开展以公民、法人和其他社会组织自愿捐赠资产和劳动，为扶贫济困、安老助孤、帮残助弱、支教助学等慈善事业奉献爱心的活动。多渠道筹集社会福利资金，减轻地方财政压力，从根本上解决制约社会救助体系建设瓶颈问题。

（2）以舆论引导为突破，充分发挥新闻媒体机构的导向作用。要做好对企业尤其是大中型企业慈善定向宣传工作，定期向企业介绍慈善文化、优惠政策、慈善项目内容等，建立专门面向企业的慈善制度。要拓宽捐赠渠道，以党政机关、事业单位、学校、公共场所等为平台，面向社会做好个人的慈善劝募工作，为捐赠者提供便利的条件。同时，对捐赠事业有突出成就的个人或企业，政府应给予大力表彰和广泛宣传。

（3）健全社会捐助的制度保障。公益机构应强化内部规范管理，规范运行。要建立和规范慈善工作财务管理、专户专账管理监管制度，全过程监督慈善资金的运作。要规范社

会捐赠，开展专项和经常性的捐赠活动。要尽快建立和健全慈善组织网络体系和管理制度，在基层社会单位（社区）逐步建立起社会捐助接收点。实施社会性慈善捐赠活动须严格按程序报民政部门审批，民政部门要建立社会性慈善捐赠活动审批公布制度，及时通过新闻媒体向社会公布已批准的社会性慈善捐赠活动相关内容。

（4）从税收优惠政策上对社会捐助行为予以激励。要建立有利于激励个人、组织更积极的慈善捐赠行为的制度，提高慈善捐款免税的额度，争取做到准予捐赠在所得税前全额扣除，以此减轻税收负担，激励捐赠行为。同时，要简化免税申请程序，放开受助对象限制，允许企业和个人直接向慈善机构和受助人捐赠的慈善款在所得税前扣除。

（二）大力推进慈善事业的健康发展

加快中国慈善事业的发展，对于新形势下调节利益分配、缓解社会矛盾、促进社会公平、增进社会和谐，对于提高公民社会责任意识、营造良好社会风气、促进社会主义精神文明建设、增强民族凝聚力，具有重要作用。

（1）积极培育和树立慈善精神。"善人有好报"是慈善事业发展的内在逻辑。我们需要采取一系列的措施和方法鼓励和推动我国公民参与志愿服务活动，要普及慈善意识，传播慈善文化，广泛开展慈善活动，聚集广大群众广泛参与，利用社会舆论力量加强道德建设，推动慈善事业的发展，从而调动和凝聚社会力量，促进慈善事业的长期蓬勃发展。

（2）提高公益慈善组织的社会公信力。慈善组织要大力加强自身的行业自律、能力建设及专业化发展步伐，迅速提高慈善公益组织的整体素质。大力推动公益慈善组织建立健全内部治理制度，逐步推行决策、执行和监督分离的运行机制，建立规范公开的财务管理制度和捐赠款物使用的追踪、反馈机制和公示制度。推动慈善组织制定行业规则和行业标准，加强行业监督，形成自律机制。

（3）制定鼓励慈善事业的财政政策。在税收及财政政策上，国家应对慈善事业要有所倾斜，通过对慈善公益捐赠减免税收，实现对公益事业参与者的税收照顾和优惠。同时，在技术条件成熟后开征遗产税、赠予税乃至特别消费税等，引导富裕阶层承担更多的社会责任，应用政策和法律调控机制，促使更多的社会资源整合起来，为我国的慈善事业发展贡献力量。

（4）完善慈善服务网络体系建设。我国弱势人群非常多，这其中有很多需要社会救助的人群，他们由于缺乏寻求帮助的信息平台，常常不能为社会其他成员所了解。因此，我们一方面应建立一个信息平台，为社会成员与那些急需帮助的弱势人群之间架起桥梁；另一方面，要推广"慈善超市"和"爱心超市专区（柜）"等慈善服务平台建设，定期收集、统计困难群众的需求，发布救助需求信息，引导社会各界按需求捐助物品，使受助的群众更加便捷化、社会捐赠的项目更加合理化、捐助资源的利用达到最优化。

（5）建立健全彩票公益金支持慈善事业发展的机制。坚持发行福利彩票"扶老、助残、救孤、济困"的宗旨，广泛宣传福利彩票的意义和作用，扩大福利彩票的影响力，完善运营机制，调整分配关系，创新发行方式，加强销售网点建设、组织建设、技术系统建设、诚信体系建设、管理制度建设、人才队伍建设，促进发行，提高销量，建立健全福利彩票公益金支持福利事业发展的机制，加大投入力度，促进社会救助体系建设。

（三）完善中国特色的社区互助服务

社区服务是一项专业性的工作，我国应大力借鉴国外社区服务工作的有益经验，丰富我国社区服务的方式。

（1）明确政府在社区服务中的职能。政府在社区建设中的作用，表现为倡导、动员、一定的经济和政策支持、监督、评价和经验推广，用宏观调控的手段去促进社区建设资源的聚集和社区的持续健康发展。与此同时，各级政府要合理引入市场机制，通过政府政策的调节、资助以及规范，使本来属于义务的、无偿的变成有偿的或低偿的服务，以刺激大量服务供给者的产生，解决社区服务设施建设资金短缺问题。

（2）加强社区服务管理。为了加强社区服务管理工作，区、街道、居委会应根据实际需要成立社区互助志愿者服务指导委员会或协会，形成较为完整的组织、引导体系，使互助服务在组织上有所依托。要采取分行业、分区域管理的办法，配套建立相应的组织管理制度和服务规范，搞好对各级各类互助服务组织和人员的登记注册、业务指导以及服务成果检验等项工作，促进互助服务健康有序地发展。

（3）推进社区工作队伍的职业化。目前，我国"社工发展同社会需求还很不适应，社会救助工作是社工发挥作用的重要领域，一定要把办法规定的这项任务落实好"[1]。因此，建立高素质、专业化的社区工作队伍，是开展社区服务的骨干力量，是最为宝贵、最重要的资源。拥有一支优秀的社工队伍，社区服务才能顺利展开，也是提高社区服务质量的必然要求。否则，有利的因素也可能得不到有效运用，还会不断产生许多新问题。

（4）提高社区居民自我服务意识。社区居民的参与，既是社区服务发展的动力，也是社区服务追求的目标。社区居委会应协助城市基层政府提供社区公共服务，组织社区成员开展自助和互助服务，为发展社区服务提供便利条件。社区民间服务组织也是社区服务兴办主体之一，可以提供形式多样的生活服务类民间组织。社区内外机构的全方位参与，有利于调动一切社会资源，推动社区服务的良性和持续发展。

（5）丰富社区服务的内容和形式。社区互助服务应以便民、利民为宗旨，内容要全面，形式要灵活。"邻里相见招招手，彼此主动互问候；谁有困难帮帮手，真情关爱做朋友；美化环境动动手，齐心共把美景留；社区安全联联手，防火防水防盗偷；文体活动牵牵手，笑满庭院歌满楼"[2]等都是简便易行的形式。要大力推行单项服务、双向服务、协同包户服务、集中设点服务、挂牌服务、专项服务队及志愿者之间电话联网等多种服务形式，积极应用现代科技手段，广开新的服务领域。

---

①史竞男、刘陆：《民政部：鼓励社会力量参与社会救助》，来源：新华网，2014-02-28。

②牛显达：《哈尔滨邻里文明和谐牵"五手"》，来源：哈尔滨文明网，2014-07-24。

第十三章　中国社会保障制度改革

新的历史时期，我国经济体制改革的基本目标是建立有中国特色的社会主义市场经济体制。而健康运行的社会主义市场经济，是一个以市场机制为基础配置社会资源的经济，不仅需要合格的市场主体，即自主经营、自负盈亏的企业，而且需要统一开放的市场体系和以间接手段为主的宏观调控机制，需要相对完备的法律体系和健全的多层次的社会体系。这几者缺一不可，是相辅相成的有机整体。因此，较为完善的、具有中国特色的社会保障制度，是社会主义市场经济体制的基本内容和重要支柱，直接关系到我国能否建立社会主义市场经济体制的大局。

第一节　我国社会保障建设的成就

2004 年 9 月，中国政府发表《中国的社会保障状况和政策》白皮书，指出："20 世纪80 年代中期以来，伴随着社会主义市场经济体制的建立和完善，中国对计划经济时期的社会保障制度进行了一系列改革，逐步建立起与市场经济体制相适应，由中央政府和地方政府分级负责的社会保障体系基本框架。"[1]

一、社会保障体系基本形成

"十一五"期间，我国社会保障体系基本确立，城乡养老、医疗保障制度建设取得突破性进展，各项社会保险覆盖人数迅速增长，资金规模进一步扩大，保障水平逐步提高。为维护改革发展稳定大局发挥了重要作用。

（一）制度建设取得突破性进展

随着社会保障事业的不断发展，我国政府依法推进社会保障事业稳定和可持续发展。21 世纪以来，最显著的成绩是先后颁布实施了《中华人民共和国社会保险法》、《中华人民共和国军人保险法》，修订了《工伤保险条例》等，出台了一系列配套规章和实施办法，基本形成了具有中国特色的社会保障法律体系。

近年来，我国政府及时把各地自发开展的企业退休费用社会统筹改革尝试上升为国家

---

[1]国务院新闻办公室：《中国的社会保障状况和政策》，来源：新华社，2004 年 9 月 7 日电。

规定，明确了企业养老保险制度改革的总体目标和基本原则，同时建立完善医疗、失业、工伤和生育保险制度，基本形成了与中国生产力发展水平相适应的社会保障体系框架；在资金投入上，各级政府积极承担制度改革成本，努力调整财政支出结构，投入大量资金用于补助下岗职工基本生活保障和养老金支付缺口，有力地保障了各项社会保障制度的持续稳定运行；在基金监管上，各级政府和有关部门通过制定一系列基金监管法规政策，建立各项基金监管制度，健全基金监督组织体系，积极发挥行政监督、专门监督、社会监督和舆论监督的作用，总体上确保了基金的安全完整；在管理服务上，各级政府不断加大投入，积极推进"金保工程"，加快公共服务设施和服务网络建设，不断改善经办服务机构的工作环境和工作条件，有力地促进了社会保障经办管理服务能力、质量和效率的提高。

经过三十多年的改革探索，我国传统的单位式的就业保障制度，逐步向社会化的社会保障制度转化，社会保险管理体制也从分散走向统一。社会保障领域的法律法规更加完善，填补了多项社会保障制度建设的空白，成为新中国成立以来社会保障体系建设推进最快的时期，为保障和改善民生、促进经济社会和谐发展发挥了重要作用。

（二）责任共担机制逐步完善

社会保障是政府为了化解人们在市场经济条件下的种种风险而提供的一种制度化保障，必须由政府主动承担责任并发挥主导作用。在社会保障制度改革过程中，我国始终坚持政府主导，不断强化社会管理和公共服务的责任。

一是建立固定的财政拨款机制。必须建立配套的社会保障预算，把社会保障作为财政转移支付的重中之重，要抓住"自助十救助"的制度特征，重点应放在规范社会保障供给范围，控制支出标准。"以丰补歉"与积极平衡，逐步扩大收支规模；通过政策上和财力上的相应措施对自助型部分的保障收支实施调控和引导。

二是明确界定企业的责任。企业缴费是支撑社会保险制度的重要经济基础，但目前各企业缴费率没有体现公平原则，构成了市场经济公平竞争环境的破坏因素和企业竞争力的损害因素。以基本养老保险费率为例，参加养老保险的国有企业负担沉重，而未参加的企业却无须支付社会保险费用。

三是落实个人承担的责任。让劳动者分担相应的社会保险费是加快建立城乡居民社会保障体系的必要举措。目前规范工资统计范畴，根据实际工资收入征收各项应当征收的社会保险费，杜绝瞒报、漏报收入的现象；要扩大社会保险覆盖面，让年轻的劳动者分担起中老年职工的部分责任。

四是引导社会各界分担相应的责任。在明确政府、企业、个人责任的同时，应当积极引导社会各界分担相应的社会保障责任。在这方面，政府可以用税收优惠的政策来调动各界参与慈善公益事业捐献的积极性。这种非强制性的筹资方式将能够筹集到大量的资金，它们是补充政府、企业、个人直接承担能力不足的重要且有益的补充。

（三）社保基金加大监管力度

在改革开放过程中，社会保障工作既面临一系列突出的历史遗留问题，又面临制度改革的艰巨任务。因此，必须坚持顶层设计、统筹兼顾、量力而行，着眼于可持续发展，建立和完善社会保障制度，确保社会保险基金安全平稳运行。

社会保险基金是老百姓的"保命钱"，也是社会保障制度有效运行的物质基础，因此必须加强社会保险基金监管，确保基金安全完整。随着社会保障覆盖范围、统筹层次的不断提高，职工养老、医疗、失业、工伤、生育、城镇居民医疗、农村养老等收入项目越来越多，社会保险基金以较快的速度逐年增长，规模越来越大，各级政府进一步完善监管制度，建立健全经办机构内部控制和稽核制度，建立经常性监督和要情报告制度。进一步加大监督力度，形成劳动保障行政监督，审计、财政专门监督，群众、舆论、社会监督相结合的体系，把强化监督覆盖到各类社会保险基金，贯穿到征收、管理、支付、运营的各个环节，提高基金监管透明度，坚决杜绝一切违法违规侵占、挪用社保基金的行为，确保基金安全完整，切实提高政府的公信力。

为加强对社保基金的监督和管理，劳动保障部、财政部等部门会同有关部门依据国家法律、法规制定了《社会保险费征缴条例》、《社会保险基金财务制度》、《社会保险基金行政监督办法》、《社会保险基金监督举报工作管理办法》等，初步建立起我国社保基金监管制度。《社会保险法》的颁布实施，更是进一步明确了社保基金的监管要求，国务院、省、自治区、直辖市人民政府都建立健全社会保险基金监督管理制度，保障社会保险基金安全、有效运行。

二、社会保障覆盖范围逐步扩大

进入21世纪以来，我国政府以"促进经济平稳较快发展为主线，统筹兼顾，突出重点，全面实施，促进经济平稳较快发展的一揽子计划，大规模增加政府投资，大范围实施调整振兴产业规划，大力推进自主创新，大幅度提高社会保障水平"[1]，使越来越多的城乡居民享受到基本社会保障。

（一）社会保险制度覆盖全国城乡

近年来，我国坚持以农村、居民和部分特殊群体为重点，着力解决城乡居民社会保障制度缺失和特殊人群保障问题。社会保险项目的推进应先城市，后农村。先在经济条件较好的农村区域和中心城镇辐射区开始试运行，然后逐步普遍推开。农村的社会保障制度应从最低生活救济、新型合作医疗入手，逐步向养老等其他项目扩展。先后出台了新型农村合作医疗、农村社会养老保险、城镇居民社会保险制度，建立起了世界上最大的社会保障计划，使社会保障覆盖人数成倍增长。

---

[1]新华社：《中央政治局会议提出大幅提高社保水平》，来源：新华网，2009-02-23。

从 2008 年到 2012 年，我国参加社会保险的人数迅速扩大，越来越多的人享受到社会保障。2012 年底，全国参加城镇职工基本养老保险、基本医疗保险、失业保险、工伤保险和生育保险人数分别为 3.04 亿人、5.36 亿人、1.52 亿人、1.90 亿人、1.54 亿人，分别比 2007 年底增长 50.9%、140.2%、30.7%、56.0%、98.6%；新型农村社会养老保险和城镇居民社会养老保险参保人数达到 4.84 亿人，新型农村社会合作医疗参合人数达到 8.05 亿人，经常性救助对象和享受国家抚恤补助的优抚对象每年达到 9100 万人，城乡低保对象基本做到应保尽保。短短几年，数亿人被纳入社会保障覆盖范围，建立起世界上最大的社会保障计划，这是一个巨大的成就。

同时，中央和地方财政安排专项资金，着力解决了一批突出的历史遗留问题。"十一五"时期，帮助地方将关闭破产国有企业未参保退休人员全部纳入城镇职工基本医疗保险，并统筹解决其他关闭破产企业退休人员和困难企业职工纳入医疗保险问题；将国有企业"老工伤"人员纳入工伤保险统筹管理，将未参保集体企业和"五七工"、"家属工"等群体纳入养老保险。2012 年末，参加各项养老保险人员达到 7.9 亿人，除已有其他养老保障制度安排的（机关事业单位和军队等）人员、不在养老保险制度覆盖范围内的（少年儿童和高中及以上在校学生）人员，尚未参加养老保险的人员约为 1.9 亿人；参加各项医疗保险的人员超过 13 亿人，基本医疗保险覆盖人口已达 95%以上。[①]

（二）居民基本生活得到有效保障

新中国成立以来，特别是改革开放以来三十多年间，我国政府始终坚持把自己的基本国情与社会保障的客观规律结合起来，在社会保障制度改革之初就确立了保基本、多层次等基本原则，并适应经济社会发展水平的要求适时进行制度改革和制度拓展，保证了社会保障制度改革的推进、健全和完善，形成了广覆盖、多层次的社会保障体系。

历史遗留问题关系着群众的切身利益，我国政府在实施每一项重大改革时，都十分注意把解决历史遗留问题与建立长效机制结合起来，保持基本制度的连续性和稳定性。在 1993 年改革养老金计发办法时，通过对部分退休人员发给过渡性补贴的方式，保证了所有实行新计发办法的退休人员不降低待遇，并在此基础上形成了更为科学合理的过渡性养老金计发办法，促进了全国养老金计发办法的统一。在推进基本医疗保险改革时，通过保障特殊群体的医疗待遇不降低，顺利化解了历史遗留问题，保证了改革的顺利推进。通过把解决历史遗留问题和建立长效机制结合起来，保持政策的连续性和稳定性，社会保障制度赢得了群众的信任和支持，从而使制度改革总体平稳，事业迅速发展。

"十二五"期内，我国政府继续坚持广覆盖、保基本、多层次、可持续的基本方针，以增强公平性、适应流动性、保证可持续性为重点，更加注重保障公平，把人人享有基本社会保障作为优先目标，着力解决制度缺失问题，逐步缩小相关群体保障水平的差距；更加注重统筹城乡发展，做好转移接续，加快制度整合，提高统筹层次，促进城乡统筹；更加

---

①国研室：《我国社会保障体系建设取得哪些突出成就》，来源：中央政府门户网站，2013-03-29。

注重优质高效服务，建立健全基本公共服务体系，提高社会保障服务的可及性、便利性和质量；更加注重可持续发展，巩固权利与义务相对应的机制，拓宽多元化筹资渠道，加大公共财政对社会保障的支持力度，使社会保障制度基本完备，体系比较健全，覆盖范围进一步扩大，保障水平稳步提高，历史遗留问题基本得到解决，为全面建设小康社会提供水平适度、持续稳定的社会保障网。[①]

（三）公共服务体系初成网络

改革开放以来，与经济体制改革相适应，我国社会领域的改革也一直向前推进，其标志性实践是打破了过去完全由国家经办的体制，调动了全体社会成员的积极性。

一是管理服务体系初步建立。形成了以各级社会保险经办机构为主干、以银行及各类定点服务机构为依托、以社区劳动保障工作平台为基础的社会保障管理服务组织体系和服务网络，并逐步向乡镇、行政村延伸。全国县及县以上经办机构 8000 多个，工作人员达16 万人；全国街道、社区、乡镇、行政村建立的基层服务站所超过 19 万个，专兼职工作人员达 37 万人；医保定点医院 9.6 万个，定点零售药店 11.3 万个。建立了中央、省、市三级网络，并全部实现了省、部联网，实现了数亿名参保人员的监测数据上传。到 2012 年 8月底，社会保障卡已发行 2.52 亿张。全面实现了企业离退休人员基本养老金的社会化发放，企业退休人员社会化管理率达到 77.8%。[②]

二是进一步落实和完善再就业政策，对招用就业困难人员的各类企业以及就业困难人员灵活就业的，在一定期限内给予养老、医疗、失业三项社会保险补贴及适当的岗位补贴。将关闭破产国有企业未参保退休人员全部纳入城镇职工基本医疗保险，并统筹解决其他关闭破产企业退休人员和困难企业职工纳入医疗保险问题。将国有企业"老工伤"人员全部纳入工伤保险统筹管理，将未参保集体企业退休人员等纳入职工基本养老保险。[③]这些重大历史遗留问题的逐步解决，为维护社会稳定发挥了重要的促进作用。

三是出现了有序竞争和多元化参与的局面。"十一五"时期，我国政府意识到"由政府保障的基本公共服务，也要深化改革、提高绩效"。[④]在服务提供上，逐渐发挥和利用社会资源，建立购买服务的机制。各个地方政府做到凡适合面向市场购买的基本公共服务，都采取购买服务的方式；不适合或不具备条件购买服务的，再由政府直接提供。鼓励社会资本投资建立非营利性公益服务机构。促进各类社会机构和企业参与基本公共服务，只要具备资质、符合条件，就应当鼓励进入。政府择优为人民群众购买服务，基本公共服务领域逐步形成了有序竞争和多元化参与的局面。

①《十六大以来我国社会保障工作取得突破性进展》，来源：中国劳动保障科研网，2012-10-23。

②白天亮：《中国社会保障体系趋完善，民众幸福指数不断提升》，来源：中国新闻网，2011-03-16。

③白天亮：《中国社会保障体系趋完善，民众幸福指数不断提升》，来源：中国新闻网，2011-03-16。

④温家宝：《关于发展社会事业和改善民生的几个问题》，载《求是》，2010 年第 7 期。

三、社会保障待遇不断提高

"十一五"时期，我国社保覆盖范围从国有企业扩大到各类企业，从单位职工扩大到灵活就业人员和居民，从城镇扩大到农村，越来越多的人享有基本的社会保障，保障水平不断提高。

（一）"统账结合"筹资模式趋向成熟

我国社会保障制度在建立和改革的过程中，始终坚持把开展试点作为把握客观规律、积累经验的重要途径，避免利益格局调整带来社会的不稳定，保证了制度建立和改革的顺利推进。在完善养老保险制度方面，1984年到1991年，国家通过指导各地开展退休费用统筹试点，建立了有利于企业改革的由企业和个人共同缴费的养老保险制度，并通过实践检验选择实行"社会统筹与个人账户相结合"的筹资模式。其后，为应对人口老龄化，本世纪初又组织开展完善城镇社会保障体系试点，为完善"统账结合"的养老保险制度积累了经验，并全面推进了城镇职工基本养老保险制度改革。在建立医疗保险制度方面，通过开展城镇居民基本医疗保险试点，不断完善制度和政策，推动了基本医疗保险从城镇职工向城镇非从业居民拓展。

社会统筹与个人账户相结合，是借鉴国际上社会保险发展经验教训的产物，今天已经成为城镇职工养老与医疗保险制度改革的基本原则。它力求把公平与效率结合起来，把社会互济与自我保障结合起来，把保障基本生活与鼓励勤奋劳动结合起来。这是一种既避免完全的国家责任又保持一定社会互助性质的制度选择。我国社会统筹与个人账户相结合的办法，是把社会保险基金运行的现收现付制度与基金积累制度结合起来，是一种"混账"管理的部分积累制度或者混合模式，是在城镇职工基本养老保险与基本医疗保险制度框架内，设立个人账户制度。它是"基本"保险制度的组成部分，不是一般意义上的"补充"保险。这种改革方案在世界社会保障制度发展史上是一个新的尝试，从而构成了社会保险制度的"中国特色"。

在筹资标准上，各项社会保障都充分考虑不同阶段国家、企业和个人的承受能力来确定缴费比例，并由政府承担部分制度改革成本，以减轻企业和个人的负担，保护企业的竞争力，促进社会保障事业的长远发展。在待遇标准上，充分把握福利增长的规律，坚持尽力而为，量力而行，从低水平起步，根据经济社会发展水平和物价水平调整各项社会保障待遇标准。在总体改革稳步推进的同时，国家还紧紧抓住近年来经济持续快速发展、财政收入大幅增加的有利时机，加快完善各项社会保障制度，积极向城镇非从业居民和农村居民延伸，提高各项待遇标准，让广大城乡群众更多地分享经济发展和社会进步的成果，为制度改革和事业发展创造了良好的社会环境。

（二）社会保障基金规模不断扩大

坚持顶层设计、统筹兼顾、量力而行，着眼于可持续发展，建立和完善社会保障制度。

从制度层面讲，一是按照权利与义务相对应、公平与效率相结合的原则，建立参保缴费与待遇挂钩的激励约束机制，鼓励人们参保缴费；二是改变目前主要依靠基本保险、保障形式单一的局面，推进企业年金和补充医疗保险，发展商业保险和社会救助，建立多层次的保障体系；三是建立保障费用正常增长机制，根据经济发展、职工工资、物价变动等情况，适时调整和提高保障水平。

社保待遇提高的背后，是国家强大的资金支持。"十一五"期间，中央财政对社会保障的投入力度不断增加，及时兑现各项社会保险待遇。截至 2011 年的十年间，"各级财政对五项社会保险的投入累计达到 14 542 亿元，其中中央财政支出 10 881 亿元，有力支持了社会保障事业的可持续发展，确保了及时足额支付各项社会保障待遇"。"改革创新，努力破解群众和社会反映强烈的重大体制机制问题。根据城镇化提速、老龄化加剧、人口流动性增强等新形势，大力推进农村社会保障制度建设，制定实施了城镇职工基本养老保险关系转移接续办法、基本医疗保险关系转移接续办法，以退休人员为重点推动异地就医结算。针对国际金融危机，社会保险领域首次实施对困难企业缓缴 5 项社会保险费、降低 4 项社会保险费率，并加大三项社会保险补贴力度的措施。"[1]

2009 年至 2010 年，为了应对国际金融危机，我国政府在社会保险领域首次实施对困难企业缓缴五项社会保险费、降低四项社会保险费率，并加大三项社会保险补贴力度的措施，直接为企业减负 800 多亿元，为 6000 万名职工稳定了就业岗位，促进了经济较快企稳回升。[2]2011 年，城镇五项社会保险基金收入、支出和累计结余分别达到 2.37 万亿元、1.79 万亿元和 2.86 万亿元。各级政府加大对社会保障的财政投入，社保基金收支和管理进一步规范，通过做实个人账户、探索基金投资运营等途径，社保基金规模不断扩大。"2012 年城镇五项社会保险基金总收入、总支出和累计结余规模分别为 2.85 万亿元、2.21 万亿元和3.54 万亿元，分别比 2007 年增长 163.3%、179.7%和 214.1%。目前全国社会保障基金总规模为 1 万亿元。"[3]

同时，各级政府加大对社会保障的财政投入，社保基金收支和管理进一步规范，通过做实个人账户、探索基金投资运营等途径，社保基金规模不断扩大，抗风险能力显著增强，进一步夯实了社会保障制度平稳运行的物质基础。

（三）保障待遇大幅度提高

完善的社会保障体系，不仅取决于覆盖范围的大小，而且取决于保障水平的高低。近年来，我们的 GDP、财政收入、职工工资增长较快，而退休人员基本养老金水平仍然较低，群众"看病难"、"看病贵"的问题还没有得到较好解决，最低生活保障、新型农村合作医疗、社会救助的标准也都较低。因此，在扩大覆盖面的同时，不断提高社会保障水平，是广大

---

①尹蔚民：《十六大以来人力资源和社会保障工作的成就和经验》，载《新华人才》，2012 年 11 月 12 日。
②尹蔚民：《十六大以来人力资源和社会保障工作的成就和经验》，载《四川劳动保障》，2012 年第 11 期。
③国研室：《我国社会保障体系建设取得哪些突出成就》，来源：中央政府门户网站，2013-03-29。

人民群众共享改革发展成果的需要。

有统计数据表明，2005 年至 2013 年，我国政府连年调整（提高）企业退休人员养老金水平。如 2012 年全国企业退休人员人月均基本养老金已经达到 1700 多元，是 2002 年的 2.8 倍。新农保试点地区有 3400 多万 60 岁以上的农民领取了政府发给的每月至少 55 元的基础养老金。城乡基本医疗保险报销比例逐步提高。这些措施改善了广大群众特别是低收入群体的生活，使更多的人分享到经济社会发展成果。开展了门诊统筹，逐步提高城乡基本医疗保险报销比例，最高支付限额由职工年平均工资的 4 倍提高到 6 倍。城镇居民基本医疗、新型农村合作医疗的最高支付限额，分别达到居民年人均可支配收入、农民年人均纯收入的 6 倍以上。①各级财政对城镇居民基本医疗保险、新型农村合作医疗补助标准，从每人每年 40 元提高到 2012 年的 240 元以上。失业保险、工伤保险、生育保险待遇，以及城乡低保、农村五保、优抚对象抚恤和生活补助标准进一步提高。②从 2008 到 2013 年的五年，我国城乡低保实际救助水平分别提高了 137%、188%，农村"五保"、优抚对象抚恤和生活补助标准明显提高。③目前，我国有 13 个省份开展了做实基本养老保险个人账户的试点，推进现收现付模式向部分积累模式转变。社会保障水平的提高，为改善人民生活，使更多的人分享经济社会发展成果创造了有利条件。

为了保证各项社会保障待遇足额发放，2011 年 7 月 1 日，人力资源和社会保障部制定并施行了《社会保险基金先行支付暂行办法》，规定："参加基本医疗保险的职工或者居民（以下简称个人）由于第三人的侵权行为造成伤病的，其医疗费用应当由第三人按照确定的责任大小依法承担。超过第三人责任部分的医疗费用，由基本医疗保险基金按照国家规定支付。"④制定实施了基本养老保险和基本医疗保险关系跨地区转移接续政策，参保人实现了"不论人在哪里干，社会保险接着算"的期盼，维护了流动人员特别是广大参保农民工的权益。⑤与此同时，许多地方还提出了在保证足额发放的同时，提高工作效率，力争做到 10 个工作日支付到位，真正把惠民政策落到实处。

第二节　我国社会保障制度面临的形势

近年来，我国的社会保障制度改革虽取得了一些突破性进展，但是，广大农村地区严重滞后，一些基本保障制度覆盖面比较窄、基金统筹层次低、保障水平不高等问题仍然比较突出。这些都要求我们必须加快完善社会保障体系建设。

---

①白天亮：《中国社会保障体系趋完善，民众幸福指数不断提升》，来源：中国新闻网，2011-03-16。
②尹蔚民：《十六大以来人力资源和社会保障工作的成就和经验》，载《四川劳动保障》，2012 年第 11 期。
③白天亮：《中国社会保障体系趋完善，民众幸福指数不断提升》，来源：中国新闻网，2011-03-16。
④尹成基：《我国社保覆盖范围不断扩大》，来源：中央人民政府门户网站，2010-07-23。
⑤徐博：《我国社会保障体系取得突破性进展》，载《人民日报》，2011 年 3 月 21 日。

一、我国社会保障制度面临的挑战

2004 年 6 月，时任劳动和社会保障部部长郑斯林指出，我国社会保障制度面临的四大挑战是"人口老龄化、就业形式多样化、城市化加快、经济全球化"[①]。十年之后的 2014 年 9 月，由中国劳动保障科学研究院发布的《中国劳动保障发展报告（2014）》，再次梳理了未来中国社保制度发展面临的挑战。[②]

（一）宏观经济形势变化对参保和政府投入带来不利影响

2014 年世界经济增长情况有望好于 2013 年，增长格局由新兴经济体主导转变为发达经济体主导，国际货币基金组织预测世界总产出 2013 年增长 2.9%，2014 年增长 3.6%，提高 0.7 个百分点。一是美、欧、日等发达国家经济呈持续复苏态势。二是新兴经济体增长动能疲弱。三是影响全球经济稳定的不确定因素仍然存在。纵观世界经济，发达国家新的增长动力尚不明朗，美国等国家货币政策存在退出可能，世界贸易投资格局变化方向不确定，全球债务风险没有完全得到解决，区域动荡给世界经济带来不稳定性。当前，中国经济潜在增长率下行，要素禀赋情况发生变化，经济领域呈现出若干问题，中共十八届三中全会与中央经济会议针对中国经济发展阶段长期与短期特征、问题，提出了中长期改革方向与 2014 年宏观调控思路。政策取向将显著影响今年宏观经济走势与结构调整取向。[③]

（二）人口老龄化加速，可持续发展问题凸显

当今世界，人口老龄化已成为世界问题，尽管西方主要工业国家人均国民收入高于我国目前水平，社会保障体系也更加完备，但老龄化仍给他们带来了严峻挑战。目前，中国虽然还不是世界上老龄化程度最高的国家，但受特殊计划生育政策、快速城市化和工业化进程中生育意愿迅速变化等多方面因素影响，正在进入快速的老龄化社会。据联合国人口基金会以及中国老龄委等预测，"到 2025 年前后，中国 60 岁及以上老年人口占总人口的比重将超过 20%，65 岁及以上老年人口比例将达到 14% 左右。换句话说，中国将仅用 25 年左右的时间完成西方发达国家上百年才完成的老龄化过程。而且，未来一个时期，中国将进入一个急速老龄化阶段。2030 年，60 岁及以上老年人比重将超过 24%，65 岁及以上老年人比重将达到 17%"[④]。我国的人口老龄化不仅给家庭和社会稳定、社会保障带来巨大影响，也给卫生服务体系建设、卫生资源配置、服务模式转变以及体制、机制改革等带来了前所未有的挑战。

（三）城镇化加快，对制度适应流动性提出更高要求

未来十几年，我国的城镇化率将以每年 1 个百分点的速度提高，城镇常住人口将超过

---

①郑斯林：《我国社会保障制度改革面临四项挑战》，来源：新华网，2004-06-07。
②徐蔚冰：《我国社会保障发展现状与前景展望》，来源：中国经济新闻网，2014-10-08。
③闫敏：《2014 年中国宏观经济形势与展望》，来源：中国发展门户网，2014-03-13。
④赵海娟：《人口老龄化加速 我们该怎么办》，载《中国经济时报》，2013 年 9 月 27 日。

农村人口。"城镇化发展方向要由单纯速度向速度与质量并重转变，城镇化进入以推进深度人口城镇化为特征、促进城乡一体化的新阶段。城镇化速度与质量并重，意味着既要保持一定速度，更要注重质量，要在保证城镇化质量的基础上，继续保持较快的发展速度"。[①]随着城市化的加快，针对城镇人口设计实施的社会保障制度，已经不能满足进城务工农民、被征地农民和农村务农农民的社会保障需求。而且大量青壮年农民进入城市后，农村老弱人群的社会保障问题更加突出。为此，积极建立和完善城乡一体的公共服务体系，要通过提供均等化的公共服务，降低农民进城务工和落户条件和成本，将符合条件的进城务工人员转化为城镇人口。要逐步在全国范围内建立统一的教育、就业、医疗卫生、养老、住房、基本生活保障等公共服务体系；要适应农民工高流动性要求，尽快实现社会保险权益可顺畅转移、接续。

（四）人民群众对公平享有社会保障的诉求日益增强

中国共产党十八大描绘了夺取建设中国特色社会主义新胜利的宏伟蓝图，提出了全面建成小康社会和全面深化改革开放的奋斗目标，人民群众对美好生活的追求有了新的期待和要求。这就要求我国各级政府在集中精力抓发展的同时，更多地关注人民群众的民生感受，着力保障和改善民生，让群众不断得到更多的实惠。同时，缩小收入差距，实现共同富裕，已逐渐成为广大人民群众的一种强烈共识和共同期盼，因此要着力解决收入分配差距较大的问题，让全体人民共享改革发展成果；在政策上进一步向民生倾斜，将更多的公共资源投入民生领域，加大财政支持力度；要加快发展各项社会事业，推进基本公共服务均等化，顺应人民群众在就业、教育、医疗、社保、住房、收入等方面的新期盼；不断改善低收入群体的生活条件，减轻他们的生活负担，帮助他们同步实现全面小康的目标；努力满足人民群众合理的民生诉求，积极维护和保障人民群众权益，真正做到情为民系、权为民用、利为民谋。

二、我国社会保障制度面临的主要问题

在看到中国社会保障制度的建立和改革取得成绩的同时，我们也清醒地认识到，我国社会保障体系建设还面临着城镇化和人口老龄化带来的巨大挑战，有许多体制性、制度性的重大问题亟待解决，改革和发展的任务十分艰巨。

（一）社会保障立法滞后，法制建设不规范

从法律体系来说，社会保障法是社会法律体系中的一个独立的法律部门，应尽快形成一个具有中国特色的统一的、科学的社会保障法律体系，以适应现代化市场经济和社会保障改革发展的需要。目前，我国现行的社会保障法还很不完善，法律化程度较低，尚不能给国家解决社会保障面临的问题提供充分、有效的法律支持。在我国现行的社会保障法律

①张占斌：《推进我国城镇化的基本思路和体制机制》，载《中国经济时报》，2012年11月15日。

体系中，当前仅有全国人大常委会颁布的《社会保险法》，还缺乏更为系统、操作性强的社会保障法律。虽然由国务院及其相关部门制定的现行规定和条例较多，但都不能代替法律的作用。首先，规定和条例不具备法律的权威性，执行起来有相当大的回旋余地。其次，有的规定或条例制定得较早，已不适应改革开放的需要。最后，有的规定和办法只是"权宜之计"。这些都不利于我国社会保障制度的建立和健康发展。

（二）社会保障覆盖面狭窄，保障水平较为低下

我国社会保障制度另一个突出问题就是社会保障的覆盖面狭窄，保障水平还不充分。我国的社会主义市场经济是由以前单一的公有制转轨而来，以前单一的计划经济体制导致相应的社会保障制度也比较单一。社会保障的对象只限于国家机关、事业单位和国有集体企业的职工，而众多的农民、城镇居民、外企职工和个体工商业户是被排除在社会保障体系之外的。健全的社会保障制度应该覆盖全体社会成员。即使在已经享受社会保障的人群中，享受的社会保障水平也是参差不齐的。由于资金来源渠道等原因的影响，机关事业单位的退休人员与企业的退休人员在养老保险方面和医疗保险方面的待遇相差巨大，这也是近年来造成公务员热的重要原因之一。

（三）社会保险基金监管手段薄弱，资金运行效率不高

社会保险制度是社会保障制度的核心内容，我国社会保险制度的完善程度，直接决定着我国社会保障制度的有效性。而社会保险基金管理作为社会保险制度管理的一个抓手，显得十分重要。在社会保险基金的监管方面，由于起步较晚，基础薄弱，社会保险基金的收支、管理等环节还存在一定的风险和隐患。"社保基金的筹集乏力、挤占挪用社保基金的事件时有发生。轰动一时的陈良宇挪用社保基金案就是一个让人胆战心惊的例子。在社会保险基金的运行管理方面，资金运行效率较低。社保基金缺乏积极运用，保值、增值的手段单一，缺乏一定的进取心。在近年来通货膨胀率居高不下的情况下，社保基金不能做到顺势而动、积极进取，将造成社会资金的人为闲置和巨大浪费"。[①]

（四）社会保障管理体制不顺，管理水平还较落后

当前，我国社会保障管理体制不顺，主要表现是管理结构重叠，政出多门。社会保障的政策制定、行政管理与社会保险基金的收、支、管、用主要都由一个机构承担，主管社会保险的行政部门既负责制定政策和规章制度（包括财会制度）又负责操作经办，既负责具体实施又负责监管，这实际上不可能执行严格的监督。在地方上，到处都能够看到，劳动部门管理企业的失业保险，社会保险部门管理城镇养老保险，而民政部门管理农村养老保险，这种各自为政、分散管理的体制增加了管理成本，造成了巨大浪费，延缓了社会保障制度的改革进程。同时，目前社会保障的种类、管理与运营方式、基金的筹集办法、征

---

①徐治彬：《中国社会保障制度建设的基本经验和主要问题探析》，载《经济研究导刊》，2010 年第 1 期。

缴率、支付标准、社会保障基金给付与监督等均缺乏一套具体统一的政策法规。特别是没有建立一套涉及各类社会保障基金和经办机构的统一的财务会计制度，导致社会保障基金征收不规范、制度不健全、账务不清楚等混乱现象。不少地方和有关部门仍在执行自行制定的社会保障财务会计制度，带有明显的维护本部门利益的倾向。

三、当前我国社会保障制度改革的主要任务

目前，我国社会保障事业处于重要发展期，同时也面临着经济发展方式转变、城镇化、老龄化对社会保障带来的巨大挑战，社会保障制度改革和事业发展的任务十分艰巨。根据中国共产党十八大关于社会保障工作要"全覆盖、保基本、多层次、可持续"[①]的方针，今后一个时期，我国发展社会保障事业有以下三大主要任务。

（一）加快机关事业单位养老保险制度改革

今天，我国的社会保险制度经过二十多年改革，已经建成从国有企业扩展到所有企业，从企业的基本养老保险和失业保险制度扩展到基本医疗保险、工伤和生育保险以及城乡居民低保、社会救助等内容齐全、体系更加完整的社会保障制度体系。但是，行政事业单位的社会保险制度改革一直滞后，其养老、医疗仍然沿用传统的财政供给制，由此导致企业与行政事业单位之间社会保险缴费与待遇不平等，社会保障制度缺乏统一性和规范性。这就客观上要求加快行政事业单位社会保险制度改革，为统一规范的社会保障体系的形成创造条件。可惜的是，2015年1月14日，国务院《关于机关事业单位工作人员养老保险制度改革的决定》发布，这份文件的发布意味着养老金双轨制的终结。当前，我国改革完善我国社会保险制度的重点，是在推进事业单位分类改革的基础上，同步推进机关事业单位社会保险制度改革，实现新老制度的合理衔接和平稳过渡。"十二五"期间，我们要在继续完善企业职工养老保险制度的同时，完善机关事业单位养老保险制度改革，结合收入分配制度改革和研究养老保险制度顶层设计，着力研究解决养老保险与工资制度的关联、多层次保障体系、待遇水平与企业同类人员的平衡关系、过渡期设置及平滑衔接等问题，同时推动公务员养老保险制度改革，在全社会形成基础制度统一、公平的取向，给各类群体积极正确的预期。重点是实行"统账结合"的基本制度，适应人员流动的需要；实行适合机关事业单位特点的补充养老保险办法，实现多层次的保障；要确保国家规定的原有待遇水平不降低，实现新老制度的合理衔接和平稳过渡。

（二）全面建设多层次的社会保障体系

综合世界各国建立和发展社会保障事业的经验，多层次的社会保障体系主要分三个层次：第一，托底层，主要通过最低生活保障、医疗救助、农村"五保"等制度对城乡的贫困

[①] 胡锦涛：《坚定不移沿着中国特色社会主义道路前进，为全面建成小康社会而奋斗》，人民出版社2012年版，第36页。

家庭和居民给予社会救助，通过社会福利制度对鳏寡孤独等特定群体给予照顾，所需资金全部由政府支出；第二，主干层，主要是通过实施权利与义务相联系的社会保险制度，为参保人员提供养老、医疗、失业、工伤、生育等基本保障；第三，补充层，国家鼓励和引导用人单位根据条件，建立企业年金、职业年金和补充医疗保险制度，发展商业保险，以满足不同社会成员的保障需求。根据1993年《中共中央关于建立社会主义市场经济体制若干问题的决定》提出的"要建立多层次的社会保障体系"的任务，经过二十年建设，我国已经形成了第一二层次的建设。2014年中国共产党十八届三中全会进一步提出了"加快发展企业年金、职业年金、商业保险，构建多层次社会保障体系"[①]第三层次的建设问题。为此，我们应从以下方面着力推进：第一，推进城乡居民最低生活保障制度统筹发展，逐步扩大最低生活保障制度和医疗救助制度保障范围，逐步提高城乡低保、农村五保、医疗救助等待遇水平，切实保障城乡贫困人口、在校贫困大学生等群体的基本生活；第二，建立健全符合国情的住房保障和供应体系；第三，积极发展和规范养老保险的企业年金和职业年金，通过更有力的税收优惠政策鼓励用人单位为劳动者建立补充保险；第四，加快建立社会养老服务体系，发展商业人寿和健康保险，引导和规范各类社会机构和市场主体兴办补充性社会保障事业，满足人民群众更高的或特定的保障需求；第五，健全特殊群体（农村留守儿童、妇女、老年人保障，残疾人保障，困境儿童分类保障）的服务保障制度。

（三）建立可持续的社会保障运行机制

良好的社会保障运行机制，包括兼顾各类人员的社会保障待遇确定机制和正常调整机制，合理确定社会保障待遇水平，实现社会保障待遇的正常调整，处理好各类人员的社会保障待遇关系，使保障水平持续、有序、合理地提高。因此，首先，应明确政府所承担的社会保障责任，更好地发挥公共财政在民生保障中的作用。通过实施预算管理，增强社会保障资金管理使用的透明度和约束力；建立健全合理兼顾各类人员的社会保障待遇确定和正常调整机制；其次，应以职工和居民收入为基础合理确定社会保障水平，建立综合考虑收入增长、物价变动等主要因素的正常调整机制，实现社会保障待遇与经济社会发展相联系的持续、有序、合理增长；再次，应加强社会保险基金投资管理和监督，推进基金市场化、多元化投资运营。在确保当期养老金发放和保证基金安全的前提下，积极稳妥推进基金的市场化、多元化投资运营，健全基金监管体制，实现保值增值；第四，应加强对社保基金的法律监督、行政监督和社会监督，确保基金安全和有效使用。综合考虑我国人口结构、就业结构变化趋势和社会保障可持续发展要求，采取与此相适应的渐进式调整延迟退休年龄办法，逐步完善职工退休年龄政策；第五，应加强社会保障经办管理规范化、标准化、信息化建设，优化经办服务流程，建立标准统一、全国联网的社会保障管理信息系统，实现精确管理和便捷服务。

---

① 《中共中央关于全面深化改革若干重大问题的决定》，人民出版社2003年版，第48页。

第三节　中国特色社会保障制度的完善

根据我国经济发展的特点和社会保障的现实状况，我国今后社会保障制度改革的方针、战略和策略的选择，既要考虑长远的理论目标，又要从实际出发，实事求是；既要考虑影响经济发展的"瓶颈"，加快改革步伐，又要充分注意约束条件，循序渐进。

一、我国社会保障制度改革的原则

社会保障制度建设关乎基本民生改善和社会公平正义，是实现基本公共服务均等化的重要体现，社会关注度高，利益诉求多样化。特别是在我国人口老龄化加剧和城镇化进程加快的新形势下，深化社会保障制度改革的任务更加艰巨和紧迫。为确保改革稳步推进，取得实效，必须把握以下几个原则。

（一）坚持以人为本

建立和完善中国的社会保障制度，必须坚持以科学发展观统领经济社会发展全局，按照"民主法治、公平正义、诚信友爱、充满活力、安定有序、人与自然和谐相处"[1]的总要求，以解决人民群众最关心、最直接、最现实的利益问题为重点，着力发展社会事业，促进社会公平正义，做到发展为了人民，发展依靠人民，发展成果由人民共享，促进人的全面发展。世界各国社会保障的覆盖范围有大有小、保障水平有高有低，这与其经济社会发展阶段和水平有关，也与政治体制和历史传统有关。但就制度建设的基本原则和基本保障项目而言，却是大同小异的。经过多年的实践，我们总结出 12 个字，即"广覆盖、保基本、多层次、可持续"，也可以说是社会保障体系的基本方针。[2]

（二）坚持从国情出发

我国正处于并将长期处于社会主义初级阶段，生产力发展水平总体上还比较低，城乡和地区之间发展差距比较大，社会保障制度发展的经济基础仍然比较薄弱，统筹兼顾的难度依然很大。因此，在社会保障制度改革进程中，要善于把我国基本国情与社会保障事业发展规律结合起来，巩固完善具有中国特色的社会保障制度模式，坚持与经济社会发展水平相适应，恰当把握改革的进度和力度；从我国人口结构、城乡二元结构正在发生显著变化的实际出发，积极应对人口老龄化加快给社会保障制度带来的严峻挑战，努力推进城乡社会保障统筹发展；以全覆盖、保基本为优先目标，尽力而为，量力而行，扩大社会保障覆盖范围，稳步提高各项社会保障待遇标准，既要让城乡居民更多分享改革发展成果，又要引导广大人民群众形成对社会保障的合理预期。

---

①新华社：《胡锦涛强调扎实做好工作大力促进社会和谐团结》，来源：新华网，2005-02-19。
②温家宝：《关于发展社会事业和改善民生的几个问题》，载《求是》，2010 年第 7 期。

（三）坚持层次性推进

社会保障是由多项具体制度构成的制度体系，各项制度既相互独立又紧密联系，既关乎当前又涉及长远。因此，我国的社会保障制度改革一方面必须加强顶层设计，增强制度的公平性和可持续性，增强改革的整体性和协调性。社会保障制度改革关系广大人民群众的切身利益，必须在坚持不懈地推进单项社会保障制度改革完善的同时，更加注重从整体上进行制度的顶层设计，实现各项制度的有效整合和成熟定型；另一方面必须坚持试点先行，通过试点掌握规律，积累经验，探索途径。及时总结推广改革创新经验，在总结试点的基础上逐步推开。要充分考虑各方面的承受能力，合理把握改革的节奏和力度，避免因局部利益调整带来社会不稳定；积极鼓励基层大胆创新，并及时把成功的经验做法上升为普遍性政策和法规制度，使各项社会保障制度在创新实践中不断完善。

（四）坚持科学决策

社会保障制度改革是一项涉及多领域、多学科的系统工程，复杂性、敏感性都很强，必须按照科学严谨、公开透明的程序进行科学民主决策。在设计制订改革方案前，要深入开展调查研究，反复进行理论研究，使方案更加符合客观实际，更好遵循客观规律；在研究形成改革方案时，要充分听取专家意见，广泛征求公众意见，使方案更加具有可行性，更好体现社会意愿；在发布实施改革方案后，要深入细致地进行宣传解读，及时跟踪督导改革进程，实事求是地向社会通报改革成效和存在的矛盾，注重健全社会监督机制，畅通社会监督渠道，使广大人民群众对改革拥有更加充分的知情权，以更高的热情参与到社会保障制度改革进程中来。同时，对改革方案的研究论证和改革实施，要接受社会监督。

二、我国社会保障制度的工作目标

中国共产党十八大报告提出"全覆盖、保基本、多层次、可持续"[1]的工作方针，把"广覆盖"调整为"全覆盖"，要求实现人人享有基本社会保障的目标。首次提出以增强公平性、适应流动性、保证可持续性为重点的社会保障制度改革原则，具有很强的针对性和前瞻性，我们应当深刻理解，认真贯彻。

（一）畅通社会保障基金的筹资渠道

社会保险基金关乎参保人员的切身利益，是参保人员的养命钱和保命钱，既要确保各项待遇当期支付和基金安全，切实加强基金监管，又要加快建立社会保险基金投资运营制度，积极稳妥推进基金投资运营，适当拓宽基本养老保险基金投资渠道和运营方式，努力实现保值增值。为有效应对我国人口老龄化问题，实现社会保障基金的长期平衡，现阶段，必须抓住经济平稳较快发展的有利时机，扩大和开辟新的社会保障资金筹集渠道，建立社

---

①胡锦涛：《坚定不移沿着中国特色社会主义道路前进，为全面建成小康社会而奋斗》，人民出版社2012年版，第36页。

会保障战略储备基金，进一步充实已经建立的全国社会保障基金。为此，必须扩大和开辟新的社会保障资金筹资渠道，扩大社会保障基金筹资渠道，建立社会保险基金投资运营制度，确保基金安全和保值增值。必须进一步加强基金征缴工作，充分发挥其主渠道作用；必须要进一步加强监管工作，建立健全内部控制制度、信息披露制度和情况报告制度；必须完善社会保障监督委员会的工作机制，发挥行政监督、专门监督和社会监督的协同作用，形成人人关心基金安全、重视基金安全、维护基金安全的社会氛围。

（二）努力扩大社会保障的覆盖范围

覆盖面大小是反映社会保障制度可及性和有效性的首要指标。经过三十多年的改革和探索，我国形成了以养老、医疗、失业、工伤、生育保险和城市居民最低生活保障制度为主要内容的社会保障体系，但覆盖面窄的问题仍然十分突出。应该进一步扩大社会保险的覆盖范围，争取做到应保尽保。在城镇，应当继续完善养老、医疗、失业、工伤、生育保险制度，逐步把各类职工和灵活就业人员都纳入覆盖范围，同时抓紧建立城镇居民医疗保险和农民工社会保险制度，加紧研究制定城镇没有参加养老保险的困难集体企业和无工作老年人的基本生活保障办法。在农村，应当全面建立农村最低生活保障制度，进一步推进新型农村合作医疗，探索农村社会养老保险制度，建立与家庭保障、土地保障相结合的保障体系。根据我国经济发展的实际情况，首先，可以将已经实现工业化和城镇化的人群纳入到社会保险的覆盖对象之中。其次，随着我国城镇化和工业化进程的不断推进，可以尝试将正处于城镇化和工业化过程中的人群纳入社会保险的保障范围之内。第三，随着我国综合实力的进一步增强，再将农村的广大农民纳入社会保险的覆盖范围之内。完善覆盖城乡的社会保障体系，就要统筹考虑城乡社会保障制度，逐步将各类人群纳入覆盖范围，实现城乡统筹和应保尽保。当前，要特别注意解决被征地农民的就业和社会保障问题，做到即征即保，确保他们的生活水平不因征地而降低。

（三）提高各类人群的社会保障待遇

完善的社会保障体系，不仅取决于覆盖范围的大小，而且取决于保障水平的高低。改革开放以来，随着经济持续快速发展，我国政府提供给各类社会成员的社会保障水平不断提高。而根据社会保障水平的"适度"和"刚性"特征，"十二五"时期，我们还要进一步提高社会保障待遇水平，使人民群众切实分享经济社会发展成果。但是，我国人口多、底子薄、差别大，提高社会保障水平必须始终坚持"保基本"的方针，积极而为，量力而行，加大公共财政对社会保障的投入，区别轻重缓急循序渐进，逐步缩小地区之间、城乡之间和各类群体之间的待遇差距。一是继续提高企业退休人员基本养老金待遇，并研究建立与经济发展、工资增长、物价水平相联系的正常调整机制；二是通过实行门诊统筹，把多发病、常见病的诊疗费用纳入基本医疗保险支付范围，扩大受益面，稳步提高职工医保、居民医保和新农合的报销水平和最高支付限额；三是大幅度提高工亡待遇及相关工伤保险待遇标准；

四是扩大失业保险基金支付范围，发挥预防失业、促进就业的作用，并建立预防、补偿、康复三位一体的工伤保险体系，使参保者不是消极地等待风险补偿，而是从积极的社会保险政策中获益。

三、加快我国社会保障制度改革的对策

加强社会保障制度改革，必须明确社会保障责任主体的职责。即必须划清政府职责的界限，处理好国家、企业与个人的关系，中央政府与地方政府的关系，政府与市场的关系，才能通过资源重新配置，加强政策引导与扶持，激发各主体的积极性。

（一）加快保证社会保障事业发展的立法进程

社会保障制度是依法建立起来的面向全体成员遭遇各种社会风险时提供的补偿和给付机制，是一项关系国计民生的重要工作，要推进社会保障事业的可持续发展，应当建立相应的法律保障体系，使得政府在发挥保障职能时有法可依。改革开放三十多年来，我国社会保障工作中存在的诸多问题已说明，立法滞后是制约其发展的重要因素。目前，政策主导型的社会保障基础仍然明显。我国目前没有社会保障建设方面的专门法律，应该加快"社会保障法"等基本法律的立法进程，逐步建立起以"社会保障法"为统帅，以"社会救助法"、"社会福利法"、"社会保险法"、"社会优抚法"为重要组成部分的社会保障法律体系。在实际工作中，推进社会保障工作遇到的很多矛盾和问题，都与法制不健全、监察手段不足有关，因此迫切需要加强法制建设。当前需要加快这方面的工作步伐，尽快把成熟的经验和做法上升为法律，尽快出台社会保障的法律法规。加强法制建设，形成基本法律、行政法规和政策措施相结合的法律政策体系，为社会保障事业发展提供法律依据，推动社会保障事业的健康有序发展。

（二）切实发挥政府的社会保障职能

作为一项公共产品和服务，社会保障是政府工作的重要内容。政府是社会保障制度的制定者、执行者，同时也是主导者。无论从维护社会稳定、调整收入差距的角度，还是从促进经济可持续发展的角度而言，政府在社会保障工作中承担着四大职责：一是制度供给，社会保障的政府主导性决定了政府在社会保障的制度供给中的主体地位；二是财政支持，政府通过财政的直接支持和补贴不仅有必要，而且也可能；三是监管和实施，因为社会保障制度的良性运行及社会保障与宏观关系的正确处理，均需要建立健全的社会保障监控机制；四是风险兜底，应对社会保障基金的筹集和营运存在系统和非系统风险，为此，政府一要强化政府责任意识，充分认识到转型阶段社会矛盾的复杂性和发展社会保障的重要性；二要充分认识到转型阶段社会矛盾的复杂性和发展社会保障的重要性；三要强化政府的社会保障立法职责和管理职责，形成比较健全的劳动和社会保障法律法规体系；四要明确划分中央政府与地方政府的社会保障职责，并在人大立法中予以明确。

（三）健全社会保障社会化服务体系

目前，我国的社会保障管理服务体系已在全国普遍建立，随着社会保障制度覆盖人群的扩大和社保基金规模的增长，对服务高效、便捷和管理严密、精细的要求也越来越高。"十二五"时期，要进一步强化社保机构能力建设，特别是要健全对特殊群体的服务保障，如积极应对人口老龄化，加快建立社会养老服务体系和发展老年服务产业，更好地满足老年人特殊的服务保障需求。健全农村留守儿童、妇女、老年人关爱服务体系，特别是健全困境儿童分类保障制度，重点围绕留守人员的基本生活保障、教育、就业、卫生健康、思想情感等方面实施有效的关爱服务。健全残疾人权益保障制度，大力营造尊重残疾人的良好社会氛围。完善工作机制和监管机制，加强政策制度创新和服务体系建设。目前，健全社会化的社会保障服务体系的工作主要有：一是以社区为重点加强社会保障基层服务平台建设；二是加强社会保障信息网络建设，提高社会保障的规范化、信息化和专业化水平；三是大力推进标准统一、功能兼容的社会保障卡的应用，争取早日实现"人手一卡"和"一卡通"。

（四）积极开展社会保障理论和战略研究

从现代社会保障制度在各国的发展实践来看，它必然要受所在国家经济、政治、社会乃至历史文化传统等多种因素影响。因此，世界上并不存在公认的最佳社会保障制度模式。所谓合理的社会保障模式，其实是与所在国家所处时代和国情特征相适应的制度安排。我国人口多，经济发展总体水平不高，城乡和地区之间发展不平衡，这是建立和完善社会保障制度的基本国情。从计划经济体制向社会主义市场经济体制转换，这是我们建立和完善社会保障制度的历史特点。人口老龄化、就业方式多样化和城镇化呈加速发展之势，这是建立和完善社会保障体系面临的新形势和新挑战。但长期以来，我国社会保障理论与战略研究滞后，社会保障规划和制度设计缺乏系统性，政策不衔接，责任不清晰，使有限的资源得不到充分利用，影响和制约着社会保障事业的发展。因此，我国迫切需要推动社会各界深入开展有关社会保障的理论和战略研究，对社会保障改革实践中的一些基本和重大问题给予科学回答，以有效地指导社会保障实践。

总之，建立完善的社会保障制度，是中国走向现代化的重要基础，直接保障人民生活，维护社会稳定，拉动经济发展，促进社会公平，增进国富民强。但是，完善社会保障制度是一项长期的、系统的工程，当前我国政府必须认真研究完善社会主义市场经济体制的客观要求，主动吸取西方资本主义国家的经验和教训，精心谋划和实施社会保障制度改革，做到立足国情，巩固成果，避免资本主义国家走过的弯路，使全体中国公民共享改革开放的发展成果。

参考文献

拉罗克等.21世纪社会保障展望［M］.唐钧等译.北京:华夏出版社，1989

美国社会保障总署编.全球社会保障制度［M］.魏新武等译.北京:华夏出版社，1989

安东尼·吉登斯.第三条道路［M］.郑戈译.北京:北京大学出版社，2000

联合国国际劳工组织.社会保障基础［M］.王刚义译.长春:吉林大学出版社，1989

日本国委员会编.各国社会福利［M］.张萍译.北京:华夏出版社，1988

简明不列颠百科全书（中文版）［M］.北京:中国大百科全书出版社，1985

美国社会保障署编.全球社会保障——1995［M］.北京:华夏出版社，1996

考斯塔等.福利资本主义的三个世界［M］.北京:中国劳动社会保障出版社，2003

尼古拉斯·巴尔.福利国家经济学［M］.邹明泇等译.北京:中国劳动社会保障出版社，2003

郑功成.社会保障学［M］.北京:中国劳动保障出版社，2005

郑功成等.中国社会保障制度变迁与评估［M］.北京:中国人民大学出版社，2002

林毓铭.社会保障管理体制［M］.北京:社会科学文献出版社，2006

穆怀中主编.社会保障国际比较［M］.北京:中国劳动社会保障出版社，2002

郑秉文等.新中国60年社会保障制度回顾［J］.北京:当代中国史研究，2010(2)

李珍.社会保障理论［M］.北京:中国劳动社会保障出版社，2001

史柏年主编.社会保障概论［M］.北京:高等教育出版社，2004

陈银娥主编.社会福利［M］.北京:中国人民大学出版社，2004

张京萍.社会保障法［M］.北京:中国劳动社会保障出版社，2005

郭士征主编.社会保险基金管理［M］.上海:上海财经大学出版社，2006

丁建定.社会保障概论［M］.上海:华东师范大学出版社，2006

马斌.社会保障理论与实践［M］.北京:中国劳动社会保障出版社，2006

孙光德，董克用.社会保障概论［M］.北京:中国人民大学出版社，2004

陈良瑾主编.社会保障教程［M］.北京:知识出版社，1990

刘钧.社会保障理论与实务［M］.北京:清华大学出版社，2005

王东进主编.中国社会保障制度［M］.北京:企业管理出版社，1998

石秀和等.中国农村社会保障问题研究［M］.北京:人民出版社，2006

邓大松等.社会保障理论与实践发展研究［M］.北京:人民出版社，2007

丁开杰.社会保障体制改革［M］.北京:社会科学文献出版社，2004

王延中.中国的劳动与社会保障问题［M］.北京:经济管理出版社，2004

陈佳贵.中国社会保障发展报告（2001—2004）［M］.北京:社会科学文献出版社，2004

黄黎若莲.中国社会主义的社会福利［M］.北京:中国社会科学出版社，1995

褚福灵.社会保障国际比较［M］.北京:中国劳动社会保障出版社，2006

阮凤英主编.社会保障通论［M］.济南:山东大学出版社，2004

花菊香.社会政策与法规［M］.北京:社会科学文献出版社，2002

吴忠民.社会公正论［M］.济南:山东人民出版社，2004

张民省.继承与创新［M］.北京:科学出版社，2012

后 记

　　社会保障学在我国是一门新兴的理论与应用兼备的综合学科，但是，由于我国的社会保障学科建设起步较晚，近些年来虽然国内不断有诸如社会保障学、社会保障概论、社会保障管理体制等教材问世，但是，总感觉比较缺乏系统性和科学性，大多数教材停留在对社会保障制度、政策的介绍和说明上，未能勾画出社会保障学学科的全貌。

　　本书的完成，是笔者致力于描述中国社会保障学知识体系的一次努力。其基本框架是我在多年给山西大学政治与公共管理学院的劳动与社会保障专业本科生和硕士研究生教学和研究工作的基础上形成的，而推动中国社会保障学科体系的建立和完善，是笔者编写本书的直接目的！

　　但是，毋庸讳言，在本书的编写过程中，现代媒体网络搜索引擎的强大应用功能和政府门户网站的丰富信息，为笔者广泛地查阅资料提供了有力的技术支持和极大便利。同时，笔者也参考和引用了大量国内社会保障理论与实践者的研究著作、论文和工作体会，在此谨向相关研究人员、高校同行和实践工作者们表示诚挚的谢意。还要感谢笔者所在的山西大学政治与公共管理学院的新老领导、同事对本教材知识体系的建立给予的指导和帮助。希望我们的努力，能有助于我国社会保障学科的理论与实践体系进一步走向完善。

　　同时，特别感谢山西人民出版社责任编辑冯灵芝老师，她为本书认真把关，极大地保证了本书的质量。还要感谢山西大学印刷厂的刘灵芝女士精心设计的封面以及对本书不厌其烦的改正。但是，由于社会保障学的学科体系在我国仍然处于起步未久的探索阶段，加之笔者的理论功底和学术水平有限，本书中的罅漏之处恐怕在所难免。敬请各位专家、学者及读者不吝指正！

张 民 省

2015 年 4 月 10 日于山西大学